Petra Anders / Michael Staiger /
Christian Albrecht / Manfred Rüsel /
Claudia Vorst

Einführung in die Filmdidaktik

Kino, Fernsehen, Video, Internet

Mit zahlreichen Abbildungen

J. B. Metzler Verlag

Die Autorinnen und Autoren
Petra Anders ist Professorin für Deutschunterricht und seine Didaktik in der Primarstufe an der Humboldt-Universität zu Berlin.
Michael Staiger ist Professor für Neuere deutsche Literatur und ihre Didaktik an der Universität zu Köln.
Christian Albrecht ist Wissenschaftlicher Mitarbeiter am Lehrstuhl für Didaktik der deutschen Sprache und Literatur an der Universität Erlangen-Nürnberg.
Manfred Rüsel ist Lehrer an einem Gymnasium in Aachen und bundesweit als Film- und Medienpädagoge tätig.
Claudia Vorst ist Professorin für deutsche Literatur und ihre Didaktik an der Pädagogischen Hochschule Schwäbisch Gmünd.

ISBN 978-3-476-04764-9
ISBN 978-3-476-04765-6 (eBook)
https://doi.org/10.1007/978-3-476-04765-6

Die Deutsche Nationalbibliothek verzeichnet diese Publikation in der Deutschen Nationalbibliografie; detaillierte bibliografische Daten sind im Internet über http://dnb.d-nb.de abrufbar.

J. B. Metzler
© Springer-Verlag GmbH Deutschland, ein Teil von Springer Nature 2019

Das Werk einschließlich aller seiner Teile ist urheberrechtlich geschützt. Jede Verwertung, die nicht ausdrücklich vom Urheberrechtsgesetz zugelassen ist, bedarf der vorherigen Zustimmung des Verlags. Das gilt insbesondere für Vervielfältigungen, Bearbeitungen, Übersetzungen, Mikroverfilmungen und die Einspeicherung und Verarbeitung in elektronischen Systemen.
Die Wiedergabe von allgemein beschreibenden Bezeichnungen, Marken, Unternehmensnamen etc. in diesem Werk bedeutet nicht, dass diese frei durch jedermann benutzt werden dürfen. Die Berechtigung zur Benutzung unterliegt, auch ohne gesonderten Hinweis hierzu, den Regeln des Markenrechts. Die Rechte des jeweiligen Zeicheninhabers sind zu beachten.
Der Verlag, die Autoren und die Herausgeber gehen davon aus, dass die Angaben und Informationen in diesem Werk zum Zeitpunkt der Veröffentlichung vollständig und korrekt sind. Weder der Verlag noch die Autoren oder die Herausgeber übernehmen, ausdrücklich oder implizit, Gewähr für den Inhalt des Werkes, etwaige Fehler oder Äußerungen. Der Verlag bleibt im Hinblick auf geografische Zuordnungen und Gebietsbezeichnungen in veröffentlichten Karten und Institutionsadressen neutral.

Einbandgestaltung: Finken & Bumiller, Stuttgart (Foto: AdobeStock.com)

J. B. Metzler ist ein Imprint der eingetragenen Gesellschaft
Springer-Verlag GmbH, DE und ist ein Teil von Springer Nature
Die Anschrift der Gesellschaft ist: Heidelberger Platz 3, 14197 Berlin, Germany

Inhaltsverzeichnis

Vorwort		VII
I	**Filmdidaktische Grundlagen**	**1**
1	**Film in der kulturellen Praxis**	
	(Petra Anders / Michael Staiger)	3
1.1	Kulturelles Handlungsfeld Film	3
1.2	Filmrezeption durch Kinder und Jugendliche	9
2	**Film in der Schule**	
	(Petra Anders)	21
2.1	Konzepte, Standards und Curricula	21
2.2	Filmvorführungen in der Schulklasse	31
3	**Filmdidaktische Ansatzpunkte**	
	(Michael Staiger)	35
3.1	Zieldimensionen von Filmunterricht	35
3.2	Filmdidaktische Konzeptionen	39
3.3	Verfahren im Umgang mit Filmen	41
3.4	Planung von Filmunterricht	44
II	**Fiktionale Genres**	**47**
4	**Kinderspielfilm**	
	(Michael Staiger)	49
4.1	Definition des Kinderfilms	49
4.2	Qualitätskriterien für Kinderfilme	52
4.3	Grundbegriffe der Filmanalyse	53
4.4	Kinderfilmanalyse am Beispiel von ANTBOY	56
4.5	Filmdidaktische Überlegungen	60
4.6	Unterrichtspraktische Vorschläge zu ANTBOY	62
5	**Märchenanimationsfilm**	
	(Christian Albrecht)	65
5.1	Merkmale und Geschichte des Genres	65
5.2	Technik und Ästhetik des Animationsfilms	69
5.3	Märchenfilmanalyse am Beispiel von DIE EISKÖNIGIN – VÖLLIG UNVERFROREN	71
5.4	Filmdidaktische Überlegungen	75
5.5	Unterrichtspraktische Vorschläge zu DIE EISKÖNIGIN – VÖLLIG UNVERFROREN	78
6	**Literaturverfilmung**	
	(Michael Staiger)	81
6.1	Medienwechsel vom Buch zum Film	81
6.2	Medienvergleich von Roman und Film am Beispiel TSCHICK	84

6.3	Filmdidaktische Überlegungen	90
6.4	Unterrichtspraktische Vorschläge zu Tschick	92
6.5	Anregung für eine Leistungsüberprüfung in der Sekundarstufe II	94
7	**Filmklassiker** (Manfred Rüsel)	97
7.1	Merkmale	97
7.2	Analyse eines Filmklassikers am Beispiel von Vertigo	98
7.3	Filmdidaktische Überlegungen	106
7.4	Unterrichtspraktische Vorschläge zu Vertigo	108
8	**Horrorfilm** (Manfred Rüsel)	113
8.1	Elemente des Horrorfilms	113
8.2	Analysen entlang der Geschichte des Horrorfilms	116
8.3	Filmdidaktische Überlegungen	122
8.4	Unterrichtspraktische Vorschläge	123
III	**Nicht-fiktionale Genres und Formate**	127
9	**Dokumentarfilm** (Petra Anders)	129
9.1	Merkmale und Ausprägungen	129
9.2	Analyse eines Dokumentarfilms am Beispiel von Ein Tag bei den Kühen	134
9.3	Filmdidaktische Überlegungen	136
9.4	Unterrichtspraktische Vorschläge	138
10	**Kindernachrichten** (Claudia Vorst)	141
10.1	Nutzung von Nachrichtensendungen	141
10.2	Analyse von Kindernachrichten am Beispiel von logo!	143
10.3	Filmdidaktische Überlegungen	148
10.4	Unterrichtspraktische Vorschläge zu logo!	150
10.5	Anregungen für eine Leistungsüberprüfung in der Primarstufe	151
11	**Castingshow** (Christian Albrecht)	153
11.1	Typische Merkmale des Genres	153
11.2	Geschichte der Castingshow	156
11.3	Rezeption von Castingshows	158
11.4	Castingshow-Analyse am Beispiel von Germany's Next Topmodel	159
11.5	Filmdidaktische Überlegungen	165
11.6	Unterrichtspraktische Vorschläge zu Germany's Next Topmodel	166

| IV | **Serielle Formate** | 171 |

12	**Jugendserie**	
	(Michael Staiger)	173
12.1	Serielles Erzählen in TV-Serien	173
12.2	Teen Drama als Subgenre der Jugendserie	176
12.3	Serienanalyse am Beispiel von Veronica Mars	177
12.4	Filmdidaktische Überlegungen	182
12.5	Unterrichtspraktische Vorschläge zu Veronica Mars	183

13	**Sitcom**	
	(Christian Albrecht)	187
13.1	Geschichte des Genres	187
13.2	Formen und Funktionsweisen von Komik	192
13.3	Sitcomanalyse am Beispiel von The Big Bang Theory	194
13.4	Filmdidaktische Überlegungen	197
13.5	Unterrichtspraktische Vorschläge zu The Big Bang Theory	199
13.6	Anregungen für eine Leistungsüberprüfung in der Sekundarstufe I	200

14	**Kinderserie**	
	(Claudia Vorst)	203
14.1	Animationsserien für Kinder	203
14.2	Der Anime als Subgenre des Animationsfilms	204
14.3	Analyse einer Animationsserie am Beispiel von Wickie und die starken Männer	206
14.4	Filmdidaktische Überlegungen	211
14.5	Unterrichtspraktische Vorschläge zu Wickie und die starken Männer	212

| V | **Filmische Kurzformen** | 215 |

15	**Gedichtfilm und Poetry Clip**	
	(Petra Anders)	217
15.1	Genretypische Merkmale	217
15.2	Verbreitung und Typen des Gedichtfilms	220
15.3	Analyse eines Poetry Clips am Beispiel von Ponys	224
15.4	Filmdidaktische Überlegungen	226
15.5	Unterrichtspraktische Vorschläge	227

16	**Kurzstummfilm**	
	(Claudia Vorst)	231
16.1	Geschichte und Ästhetik der Stummfilmkomödie	231
16.2	Laurel und Hardy als Stummfilm-Duo	233
16.3	Analyse eines Kurzstummfilms am Beispiel von The Finishing Touch	236
16.4	Filmdidaktische Überlegungen	239
16.5	Unterrichtspraktische Vorschläge zu The Finishing Touch	241

17	**Werbespot**	
	(Manfred Rüsel)	243
17.1	Funktion und Verbreitung	243
17.2	Genretypische Merkmale	245
17.3	Analysen entlang der Geschichte des Werbespots	246
17.4	Filmdidaktische Überlegungen	251
17.5	Unterrichtspraktische Vorschläge	252
18	**Erklärvideo**	
	(Petra Anders)	255
18.1	Genretypische Merkmale	255
18.2	Stil und Technik bei der Produktion	258
18.3	Erklärvideoanalyse am Beispiel	
	von DEUTSCHSTUNDEONLINE	262
18.4	Filmdidaktische Überlegungen	264
18.5	Unterrichtspraktische Vorschläge	267
VI	**Anhang**	**269**
19	**Filmdidaktische Ressourcen**	
	(Michael Staiger)	271
19.1	Interaktive Medien: Software, Apps und DVDs	271
19.2	Internetportale und Webseiten	273
20	**Literatur zur Filmanalyse und Filmdidaktik**	
	(Michael Staiger)	279
20.1	Bibliographien und Datenbanken	279
20.2	Theorie, Analyse und Geschichte audiovisueller Texte	280
20.3	Filmproduktion	281
20.4	Filmbildung allgemein	282
20.5	Filmdidaktik für den Deutschunterricht	284
21	**Autorinnen und Autoren**	287
22	**Sachregister**	289

Vorwort

Das Interesse an schulischer Filmbildung ist in den vergangenen zwei Jahrzehnten enorm gestiegen: Bis zum Ende des 20. Jahrhunderts war hierzulande das Medium Film in der Schule noch fast ausschließlich ein Unterrichtsmittel, das zur Veranschaulichung oder Bebilderung eines bestimmten Sachverhalts oder Themas diente. Hilfreich war der Film darüber hinaus bei der Überbrückung von Vertretungsstunden oder als ›Bonbon‹ am letzten Schultag vor den Sommerferien. Das hat sich inzwischen – zumindest theoretisch – geändert: Der große Stellenwert, den das Medium Film in der gegenwärtigen Medienkultur einnimmt, wird zunehmend sowohl von der Bildungspolitik als auch den Bildungswissenschaften sowie Fachdidaktiken anerkannt. Das Medium Film ist im Begriff, als Unterrichtsgegenstand ernstgenommen zu werden.

Zu Filmbildung und Filmdidaktik: Wegbereitend für den Einzug des Mediums Film in die Curricula war die Öffnung und Erweiterung des Diskurses über Filmbildung und Filmdidaktik seit der Jahrtausendwende. Nachdem hier lange Zeit medienpädagogische Positionen und Ansätze zur außerschulischen Filmarbeit prägend waren, haben die Fachdidaktiken inzwischen die Notwendigkeit einer fachspezifischen Auseinandersetzung mit dem Medium Film erkannt und eine beträchtliche Anzahl von Konzeptionen zum rezeptions- und produktionsorientierten Umgang mit Filmen entwickelt. Das Spektrum dieser Ansätze umfasst alle Schularten und Schulstufen, unterschiedliche Lerngruppen und -settings, z. B. den inklusiven Unterricht, sowie fächerübergreifende Modelle. Zudem lässt sich eine zunehmende Internationalisierung von Filmbildung und Filmdidaktik feststellen: Neben Kongressen, die Ansätze aus unterschiedlichen Ländern vorstellen und vergleichen, wurde 2018 mit dem *Film Education Journal* die erste wissenschaftliche Zeitschrift gegründet, die sich ausschließlich mit dem Diskurs über Filmbildung befasst und die filmdidaktische Forschung international aufstellt.

Filmbildung ist – wie ihr Gegenstand – unvermeidlich ein interdisziplinäres Unterfangen. Allerdings unterscheiden sich je nach Schulfach die didaktischen Zieldimensionen und die methodischen Zugänge zum Medium Film teilweise erheblich. In dem vorliegenden Band wird eine Filmdidaktik vor dem Hintergrund der Deutschdidaktik vorgestellt. Fokus ist also der Deutschunterricht von der Primarstufe bis zur Oberstufe, wobei sich einige der hier vorgestellten Modelle sicherlich auf Fragestellungen anderer Schulfächer übertragen lassen oder zumindest – so hoffen wir – als Inspiration für filmdidaktische Überlegungen in anderen Fächern dienen können. An vielen Stellen dieses Buches wird darüber hinaus deutlich, dass Film ein integrativer Lerngegenstand ist, der sich grundsätzlich für fächerübergreifendes Arbeiten anbietet.

Zum Filmbegriff: Wenn hier von ›Film‹ die Rede ist, dann impliziert dies – im Sinne eines integrativen Medienbegriffs – vier Ebenen: Erstens ist Film ein Zeichensystem, das Sprache, Bild, Musik und Geräusch miteinander kombiniert. Zweitens ist Film mit verschiedenen Aufzeichnungstechniken (analog und digital) und Trägermedien (z. B. Zelluloid, DVD) sowie Aufführungsmedien (z. B. Kino, Fernsehen, Internet) verbunden. Drittens besitzt das Medium Film eine ökonomische und institutionelle Dimension (z. B. Filmstudio, Kinobetreiber, Fernsehanstalt, Streaming-Anbieter). Viertens existieren zahlreiche unterschiedliche filmische Medienangebote (z. B. Kurz- und Langfilm, Spiel- und Dokumentarfilm). Dass die genannten Ebenen eng aufeinander bezogen und untrennbar miteinander verbunden sind, spiegelt sich in den filmdidaktischen Modellen dieses Bandes wider.

Zum Konzept und Aufbau: Diese Einführung in die Filmdidaktik möchte einen Beitrag zu einer kulturwissenschaftlich fundierten, systematischen Filmvermittlung in der Schule leisten. Das kompetenzorientierte Konzept zur Filmbildung der Länderkonferenz *MedienBildung* (s. Kap. 2.1.1) dient dem Lehrbuch hierbei als Orientierungsrahmen, weil es sämtliche Schulstufen umfasst, prinzipiell auf alle Formen audiovisueller Texte übertragbar ist und Filmbildung als Aufgabe aller Schulfächer begreift. Da dieses Konzept in Zusammenarbeit von Landesmedienzentren mehrerer Bundesländer, Schulbehörden, Institutionen der Filmbildung sowie Filmdidaktikerinnen und Filmdidaktikern entstanden ist, schlägt es eine Brücke zwischen Schulpraxis und wissenschaftlicher Filmdidaktik.

Der erste Teil dieses Bandes (Kap. I) stellt überblicksartig die Eckpunkte einer Filmdidaktik für das Schulfach Deutsch dar und legt die Grundlagen für die weiteren Kapitel. Der zweite Teil (Kap. II bis Kap. V) bietet einen Überblick über konkrete filmdidaktische Themenfelder, gegliedert nach fiktionalen und nicht-fiktionalen Genres, nach seriellen Formaten und filmischen Kurzformen. Die einzelnen Kapitel vermitteln anhand ausgewählter Gegenstände notwendige fachliche Grundlagen und zeigen darauf aufbauend filmdidaktische Zugänge auf. Hierbei kommt ein breites Spektrum sowohl an rezeptions- als auch produktionsorientierten Verfahren zum Einsatz. Für jede Schulstufe wird an einer Stelle exemplarisch aufgezeigt, wie eine Leistungsüberprüfung im Bereich Film aussehen kann.

Entstehung: Dieser Band ist das Ergebnis eines kollaborativen Projekts. Für die Konzeption des Lehrbuchs und die theoretisch-didaktische Fundierung im ersten Teil sind Petra Anders und Michael Staiger verantwortlich. Die Aufarbeitung der filmdidaktischen Themenfelder im zweiten Teil und die Konkretisierung der Überlegungen am Beispiel ausgewählter Gegenstände erfolgte zusammen mit Claudia Vorst, Christian Albrecht und Manfred Rüsel. Wir danken der Beiträgerin und den Beiträgern sehr herzlich für das Einbringen ihrer filmdidaktischen Expertise und für die hervorragende Zusammenarbeit. Unser Dank gilt darüber hinaus dem J. B. Metzler Verlag und insbesondere unserer Lektorin, Ute Hechtfischer, sowie Fritz Kempas und Dilara Demirdögen, die uns als studentische Mitarbeiter/innen tatkräftig bei der Druckvorbereitung unterstützt haben.

Berlin und Köln, im April 2019
Petra Anders und Michael Staiger

I Filmdidaktische Grundlagen

1 Film in der kulturellen Praxis

1.1 Kulturelles Handlungsfeld Film
1.2 Filmrezeption durch Kinder und Jugendliche

1.1 | Kulturelles Handlungsfeld Film

1.1.1 | Filmbegriff, Filmgenres und Medientechnik

Etymologie und Definition: ›Film‹ ist als Wort bereits im 16. Jahrhundert gängig, meinte aber ursprünglich eine ›dünne Haut‹. Mit der Erfindung der Fotografie wurde der Begriff Film als Bezeichnung für ein chemisches Gel (sinngemäß: dünne Haut) auf den Fotoplatten übernommen, das durch Belichtung verändert werden konnte (vgl. Wulff 2014). Seit Anfang des 20. Jahrhunderts bezeichnete man dann das als fluide wahrgenommene Erscheinen der bewegten Einzelbilder als Film (*motion picture, movie, cinema*). Trotz der Digitalisierung bei der Filmproduktion blieb der Begriff Film erhalten, mit dem heutzutage drei Bedeutungen verbunden sind: Film als künstlerische Ausdrucksform, Film als eines der Massenmedien und Film als Wirtschaftsfaktor. Diese drei Dimensionen des Begriffes spiegeln sich im **kulturellen Handlungsfeld Film** wider, dessen Erschließung die zentrale Aufgabe von Filmbildung und Filmunterricht darstellt (s. Kap. 2).

Filmbegriff

Filmarten und Filmgenres: Seit der ersten Filmvorführung durch die Brüder Lumière im Jahr 1895 sind zahlreiche unterschiedliche Filmformate entstanden. Zu ihrer Benennung und Kategorisierung existiert eine Vielzahl von Begriffen, die jedoch – vergleichbar mit den literarischen Gattungen – **keiner einheitlichen Systematik** folgen. Michael Klant und Raphael Spielmann (2008, S. 21) haben in ihrem Schulbuch *Grundkurs Film* einen Vorschlag zur Klassifikation in Form eines Filmkompasses vorgelegt (s. Abb. 1.1).

Die unterschiedlichen Filmberufe und die Geschichte des Films sind medien- und filmwissenschaftlich sowie filmdidaktisch (vgl. z. B. Frederking u. a. 2018 sowie Kepser 2016) bereits relativ gut erschlossen. Diese Einführung legt daher in diesem Kapitel einen Schwerpunkt auf die Rolle des Films in der digital geprägten Medienkultur und skizziert die jeweiligen Aspekte des Handlungsfeldes Film in den Unterkapiteln (Kap. 4–18 dieses Bandes) anhand ausgewählter Filmformate.

Film und Medientechnik: Der technische Medienwandel des 20. und 21. Jahrhunderts brachte tiefgreifende Konsequenzen für die Produktion, die Distribution, die Vorführung und die Rezeption von Filmen mit sich. War Film in der Frühzeit des Mediums noch an das **Kino** als Aufführungsort und an das Trägermedium Zelluloid (35 mm-Film) gebunden, erweiterte sich die Zugänglichkeit von audiovisuellen Texten grundlegend mit der massenhaften Verbreitung des **Fernsehens** ab den 1950er Jahren (zunächst über Antenne, später über Satellit und Kabel, inzwischen auch

1 Film in der kulturellen Praxis

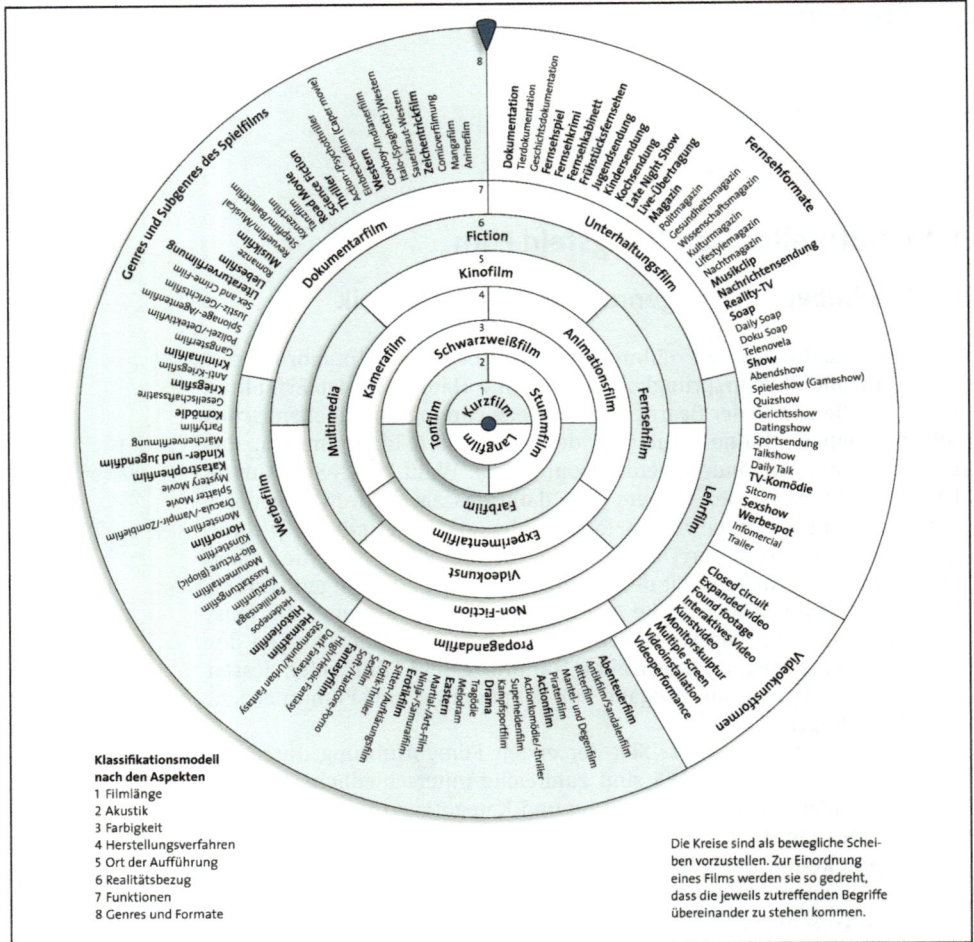

Abb. 1.1: Filmkompass mit einem Klassifikationsmodell nach acht Aspekten (Klant/Spielmann 2008, S. 21)

digital über Antenne) und des **Heimvideorekorders** ab den 1970er-Jahren. Das Trägermedium VHS-Videokassette wurde dann zum Ende des 20. Jahrhunderts in einem relativ kurzen Zeitraum vom digitalen Speichermedium DVD abgelöst, ab den 2000er Jahren ergänzt durch die Blu-ray Disc, die genügend Speicherkapazität für hochauflösende Videoformate bietet. Mittlerweile erfolgt selbst die Projektion von Kinofilmen in den allermeisten Fällen in digitaler Form.

Das Internet spielt heute für die Verbreitung von Filmen neben dem linearen Fernsehen und den genannten digitalen Video-Trägermedien eine zentrale Rolle: Zahlreiche Streaming-Anbieter eröffnen den Zugang zu einem riesigen **Video-on-Demand**-Angebot mit Filmen zur Ausleihe, zum Kauf oder als Flatrate im Abonnement. Damit ist Filmrezeption (s. Kap. 1.2) nun nicht mehr räumlich und zeitlich gebunden, sondern über Smartphone oder Tablet prinzipiell jederzeit und überall möglich. Die mit Abstand wichtigste Online-Videoplattform für Jugendliche ist

YouTube (vgl. Feierabend u. a. 2018, S. 48). Filme, Serien und Clips können dort nicht nur angesehen, bewertet und kommentiert werden, sondern die User können dort auch selbst eigene Filme einstellen und veröffentlichen.

1.1.2 | Stellenwert des Films in einer digital geprägten Medienkultur

Partizipation und Transmedialität: Die sogenannte »Partizipationskultur« (Jenkins 2006) basiert auf dem Prinzip, dass vormals getrennte Medienformen und Technologien, allmählich zusammenwachsend, konvergieren. Ein Beispiel für die **technische Medienkonvergenz** ist das Smartphone, das u. a. die Einzelmedien Radio, Fotoapparat, Telefon, Zeitung, Brief in nur einem Gerät vereint. Ein Beispiel für die **inhaltliche** Medienkonvergenz ist der Medienverbund zu STAR WARS: Eine Geschichte wird parallel über mehrere mediale Vermittlungsformen dargeboten und immer detaillierter weitererzählt, z. B. als Film, Animationsserie, Graphic Novel, Spielzeug und Computerspiel.

Im Rahmen eines solchen transmedialen Erzählens entsteht über das einzelne Medium hinaus eine gemeinsame **Storyworld**. Im Idealfall, so Henry Jenkins (2007), leistet jedes beteiligte Medium einen spezifischen, einzigartigen Beitrag zur Entfaltung der Geschichte und zur Konstruktion dieser Storyworld. Die transmediale Kommunikation beschränkt sich in einer digitalen Medienkultur laut Jenkins nicht mehr auf professionelle Geschichtenerzähler wie Filmemacher oder Autoren, sie entsteht vielmehr in der Partizipation von Lesern, Zuschauern, Spielern und Internetnutzern. So stehen neben aufwändig produzierten Blockbuster-Filmen beispielsweise unzählige Amateurvideos, die als Meme durchaus eigene Popularität in der Fancommunity erzielen können (s. Kasten). *Transmedia Storytelling* ist also nicht nur eine neue Form des Erzählens, sondern vor allem auch eine veränderte Form der Medienrezeption. Es geht, so Claudia Söller-Eckert (2017, S. 108), um »kollektive Erlebnisse in medial verteilten Storywelten«.

Transmediales Erzählen

> **STAR WARS KID als Meme und Cyberbullying**
>
> Schon vor der Popularität von YouTube gab es Filesharing-Plattformen (Internettauschbörsen), auf denen Nutzer im Peer-to-Peer-Verfahren Inhalte hochladen und austauschen konnten. Das kurze Video STAR WARS KID wurde 2003 auf diesem Distributionsweg zu einem ersten **Meme** (virales Internetphänomen) der digitalen Medienkultur: Ein Jugendlicher aus Kanada hatte sich selbst dabei gefilmt, wie er mit einer Golfballangel Lichtschwertbewegungen von Darth Maul aus dem Film STAR WARS: EPISODE I (1999) nachahmt. Mitschüler fanden das Video, digitalisierten und verbreiteten es ohne den Jugendlichen um Erlaubnis zu fragen. Einerseits bekam STAR WARS KID durch zahlreiche Anspielungen in der Popkultur Kultstatus, andererseits gehört es zu einem der prominentesten Fälle des Cyberbullying.

Zur Vertiefung

Film in der kulturellen Praxis

Kultur der Digitalität: Im Zuge der Konvergenz von Technik und Inhalt übertragen sich digitale Kommunikationsformen auch auf das analoge Miteinander, sodass von einer Kultur der Digitalität (vgl. Castells 2017; Stalder 2017) gesprochen wird. Virale Internetphänomene, die meist als Text-Bild-Kombinationen oder Videos in Umlauf gebracht werden, sind typisch für eine solche Kultur, die durch Referenzialität, Gemeinschaftlichkeit und Algorithmizität gekennzeichnet ist. Wie im Beispiel des Films STAR WARS KID (s. Kasten) schreibt sich eine Person z. B. durch das Online-Stellen eigener oder fremder Bilder und Videos oder deren Remix in kulturelle Prozesse ein (**Referenzialität**). Sie behauptet damit auf einer Plattform wie YouTube eine Bedeutsamkeit der zur Verfügung gestellten Daten. Die **Gemeinschaftlichkeit** der Personen, die durch die Wahrnehmung des Videos bzw. Postings eine Community bilden, verweigert entweder dem Video eine größere Aufmerksamkeit oder verleiht diesem nach ihren eigenen Regeln, z. B. Likes und Weiterleitung, eine mehr oder weniger große Bedeutung im Netz. So wurde z. B. STAR WARS KID bis 2009 bereits 900 Millionen mal aufgerufen. Trotz dieser vermeintlichen Selbstbestimmung beim Einbringen und Verteilen eigener Inhalte steuern **Algorithmen** die Handlungsmöglichkeiten des Einzelnen und der Gemeinschaft im Netz unter Einbeziehung der individuellen Nutzungshistorien, sie generieren und kartographieren die online zugänglichen Inhalte für jeden User. Selbst der analoge Raum ist dadurch geprägt: Der Jugendliche, der in STAR WARS KID zu sehen ist, kann seiner eigenen durch andere im Netz hervorgerufenen Popularität nicht mehr entgehen. Der **Film als Bewegtbild jeglicher Art** und Qualität ist in einer medienkonvergenten Gesellschaft und in der Kultur der Digitalität also ein allgegenwärtiges Medium, über das generationenübergreifend die Welt erfasst und mitgestaltet wird.

Einfluss der Videosphäre: Régis Debray (1999) unterteilt die Epochen der Menschheit mithilfe vier verschiedener Mediosphären. Die jetzige Zeit bezeichnet er als **Videosphäre**. Sie zeichnet sich durch die Dominanz des Visuellen aus und hat Auswirkungen auf das Zeitempfinden:

»Für die Tradierung von Wissen und Kultur gewinnen das Bewegtbild und damit die Produzenten des Fernsehens an Bedeutung. Die gesellschaftliche Prägung durch Film- und Fernsehbilder führt dazu, dass der direkte und kurzlebige Eindruck gegenüber einem langfristigen, auf die Zukunft ausgerichteten Denken die Oberhand gewinnt.« (Schaumburg/Prasse 2019, S. 39)

Audiovisuelle Sozialisation

Heranwachsende, die durch Kurzfilmformate von Online-Plattformen wie YouTube sozialisiert sind und sich daran gewöhnt haben, auch Kürzestformate jederzeit online zu kommentieren und zwischen verschiedenen Medienangeboten hin- und herzuwechseln, bringen möglicherweise kaum die Geduld auf, ein Medienangebot in Spielfilmlänge zu rezipieren, das – wenn es im Kino oder in der Schulklasse rezipiert wird – den Verzicht auf **Interaktion und Medienwechsel** bedeutet. Während die Filmdidaktik den Langfilm in den Unterricht zu integrieren versucht und damit argumentiert, dass der Film das narrative Leitmedium von Heranwachsenden sei (vgl. Arbeitskreis Filmbildung 2015, S. 4), empfinden viele Heranwachsende den langformatigen Film bzw. das Kinoerlebnis vermutlich zunehmend als nicht mehr zeitgemäß und als ihren Rezeptionsgewohnheiten wenig entsprechend. Schule erfüllt an dieser Stelle die Aufgabe, über die Filmauswahl für Heranwachsende auch Differenzerfahrungen zu bieten. Hierzu gehört auch eine angemessene Anschlusskommunikation, zum Beispiel durch Bildgespräche (vgl. Abraham/Sowa 2016, S. 107 ff.):

Anschlusskommunikation

»Bildbedeutungen sind – wie Sprachbedeutungen – im Zwischenraum zwischen Menschen verankert. Die Bezugnahme auf einen *sensus communis* im Bildverstehen kann davor schützen, Bilder als rein subjektiv-empfindungshafte Wahrnehmungsanlässe misszuverstehen (»Was fühlst du, wenn du diese Bilder siehst?«) oder sie in ihrer Bedeutung als restlos objektiv festgeschrieben zu betrachten (»Was bedeutet das Bild?«). [...] Das dialogische Verhandeln eines gemeinsam zu verstehenden Sinns ist eine substanzielle Erfahrungsebene [und] eine Basiserfahrung, die in unserer Kultur von großer Bedeutung ist.« (Abraham/Sowa 2016, S. 108)

Amateurfilme: Angesichts einer durch Amateure dominierten Filmproduktion im Internet, die von Millionen Zuschauern Aufmerksamkeit erhält und ohne jegliche Filmberufe, Storyboard, Maske oder Kostüm auskommt, greifen Kompetenzerwartungen der schulischen Filmbildung (s. Kap. 1.2), die an der Spielfilmproduktion ausgerichtet sind, wie »Musik und Geräusche entsprechend der Geschichte auswählen« (Arbeitskreis Filmbildung 2015, S. 15) zu kurz. Wenn Kinder und Jugendliche in einer Partizipationskultur vorwiegend kontextlose Videoschnipsel und kommentierte Bilder rezipieren, digital editieren und meist unreflektiert weiterleiten, sollten sie ergänzend Kompetenzen für den gestaltenden und beurteilenden **Umgang mit filmischen Kürzestformaten**, die im Internet kursieren, erwerben.

New Media Literacies: Jenkins (2006, S. 4) schlägt für eine kompetente Teilhabe an der digital geprägten Medien- und Partizipationskultur elf kulturelle und soziale Fähigkeiten vor, die das Lesen und Schreiben nicht ersetzen, sondern als **Social Skills** die bisherigen Kompetenzen ergänzen (hier sinngemäß übersetzt und in veränderter Reihenfolge präsentiert):
- Eigenes Umfeld problemlösend erkunden (*experiment with the surroundings*)
- Verteilung von Inhalten über verschiedene Medien verfolgen (*flow of information*)
- Erkennen und Aushandeln von Regeln und Ansichten bestimmter communities in Netzwerken (*travel across communities*)
- Medieninhalte aneignen (*mix, sample*)
- Informationen auswählen und hervorheben (gleichzeitiges Scannen und Shiften)
- Urteilsvermögen (unterschiedliche Quellen prüfen und bewerten)
- Informationen vernetzen (Informationen suchen, zusammenfügen, verteilen)
- Mit Informationen Modelle bilden (Welten bauen und Prozesse simulieren)
- Verschiedene Rollen beim Gestalten übernehmen (andere Identitäten, Improvisation)

- Eigene Aufnahmefähigkeit erweitern (Navigations- und Bewertungs-Apps)
- Schwarmintelligenz aufbauen (*pool knowledge*)

Jenkins' Vorschläge zeugen von einer eher affirmativen, positiven Haltung gegenüber den in einer Partizipationskultur verbreiteten Inhalten. Die (film-)ästhetische und medienethische Dimension von filmischen Texten und ihren Inhalten befinden sich zumindest in den elf Social Skills nicht in seinem Blickfeld, sind aber aus filmdidaktischer Perspektive zentral.

Umgang mit Gewaltdarstellungen: Filme transportieren auch verstörende Inhalte. Sie können fiktional wie der Horrorfilm (s. Kap. 8), aber auch faktual sein. Szenen realer Gewalt, z. B. in Demütigungs-, Folter- oder Tötungsvideos, oder pornographische Inhalte, treffen auf Heranwachsende, u. a. weil sie über Messenger-Dienste und Sozialnetzwerke im Umlauf sind. Diese Gewaltdarstellungen wirken **deutlich belastender,** als wenn sie über die klassischen Massenmedien (Fernsehen, Radio, Film, Buch) rezipiert werden (vgl. Grimm u. a. 2008). Schaumburg/Prasse (2019, S. 72) nehmen als Gründe hierfür an, dass insbesondere die Aspekte reale oder vermeintliche Authentizität, Kontextlosigkeit und Anonymität »die kognitive Distanzierung vom Gesehenen erschweren bzw. unmöglich machen«. Diese Inhalte im Unterricht aufzugreifen, zu rekontextualisieren und die subjektive Involviertheit in kritische Distanznahme umzuwandeln (vgl. dazu Merlin 2018) ist ein wichtiger Teil der schulischen Filmbildung:

»Auch wenn wir explizite Bilder des Grauens und der sexuellen Lust in all ihren Spielarten nicht zeigen dürfen und wollen, müssen Wege gefunden werden, auf denen sich Kinder und Jugendliche mit solchen Filmerlebnissen im geschützten Rahmen der Schule auseinandersetzen können.« (Kepser 2015, S. 7)

Orientierungsfunktion: Filme haben für die Heranwachsenden eine Orientierungsfunktion für die Bewältigung von Entwicklungsaufgaben, etwa indem sie Rollenvorbilder oder Handlungsoptionen anbieten (vgl. Fleischer/Grebe 2014). Nicht nur der Film als Kunstform, sondern auch die **Filmindustrie** gibt Anlass zu intensiven Auseinandersetzungen mit gesellschaftspolitischen Themen, wie z. B. die weltweite Aktion #MeToo zeigt. Eine kritische Distanznahme, etwa zu stereotypen Geschlechterrollen, die viele Medienfiguren verkörpern, leisten jedoch Heranwachsende kaum von alleine (vgl. Niesyto 2010) und sie ist daher didaktisch zu modellieren (s. z.B. Kap. 5 und 11; vgl. Arbeitskreis Filmbildung 2015, S. 21).

1.2 | Filmrezeption durch Kinder und Jugendliche

1.2.1 | Formen und Häufigkeit der Film- und Fernsehnutzung

Filmnutzung in der Freizeit: Die Einführung neuer Medientechniken geht immer mit einer veränderten Mediennutzung einher. Dies lässt sich beispielsweise an der Entwicklung des **Kinopublikums** in den vergangenen drei Jahrzehnten ablesen: Während zu Beginn der 1990er-Jahre noch mehr als drei Viertel der Kinokarten an Zuschauer unter 30 Jahren verkauft wurden, liegt der Anteil dieser Altersgruppe heute bei etwa der Hälfte; gleichzeitig verdoppelte sich die Anzahl der über 60-jährigen Zuschauer (vgl. hierzu die jährlichen Statistiken in *Der Kinobesucher* der Filmförderanstalt FFA). Das hat zum einen mit der soziodemographischen Entwicklung insgesamt zu tun, steht zum anderen vermutlich aber auch im Zusammenhang mit dem ständig wachsenden Filmangebot im Internet.

Im Rahmen der **Mediennutzung von Kindern** sind die Veränderungen in den vergangenen Jahren nicht so grundlegend. Hier spielt nach wie vor das klassische, lineare Fernsehen die wichtigste Rolle. Studien zur Mediennutzung von Kindern (z. B. KIM-Studie, s. Kap. 19.2.8) belegen regelmäßig den hohen Stellenwert des Fernsehens insbesondere für Grundschulkinder: Laut der Kinder-Medien-Studie 2018 sehen über 90 Prozent der 6- bis 13-Jährigen fast jeden Tag bzw. mehrmals pro Woche Filme oder Serien im linearen Fernsehen, also zu dem Zeitpunkt, an dem die Sendung ausgestrahlt wird. Die wichtigsten Fernsehsender für Grundschulkinder sind der öffentlich-rechtliche Kinderkanal KiKA und der Privatsender SuperRTL, außerdem Nickelodeon und der Disney Channel. Beliebte Formate sind Animations- und Realserien, aber auch Wissenssendungen. Die meisten Kinder finden sich in der Zeit von ca. 18 bis 21 Uhr vor dem Fernsehgerät ein, ihr favorisierter Wochentag zum Fernsehen ist der Sonntag (vgl. Feierabend/Scolari 2018, S. 166 f.).

Fernsehen als wichtigstes Medium für Kinder

Mit Beginn der Pubertät verschiebt sich die Medienpräferenz hin zum Smartphone und zum Computer. Das hat Konsequenzen für die **Filmrezeption von Jugendlichen:** Die Nutzungsdauer des linearen Fernsehens nimmt deutlich ab, während wesentlich mehr Zeit im Internet verbracht wird. Diese Online-Zeit wird jedoch nicht zuletzt dazu genutzt, um Filme oder Serien anzusehen: Laut der JIM-Studie 2018 sind über 80 Prozent der Jugendlichen mehrmals pro Woche auf einer Online-Videoplattform wie YouTube unterwegs, nutzen Streaming-Anbieter wie Netflix und Amazon Prime Video oder greifen auf die Filmangebote der Mediatheken der Fernsehsender zu (vgl. Feierabend u. a. 2018, S. 46).

Spätestens ab dem zwölften Lebensjahr wechseln im Vergleich zur kindlichen Filmnutzung auch die Genrepräferenzen: Populär sind nun vor allem Sitcoms und Comedy-Formate, Animationsserien, Casting-Shows sowie Soaps. Der beliebteste Fernsehsender ist laut JIM-Studie 2018 dann mit großem Abstand und konstant seit vielen Jahren ProSieben (vgl. Feierabend u. a. 2018, S. 45).

Neue Nutzungsformen: In Bezug auf die Filmrezeption besteht laut Claudia Wegener (2015, S. 67 ff.) ein Zusammenhang zwischen der Wahl der Inhalte und den Modi der Nutzung. Das lineare Fernsehen wird von Jugendlichen in erster Linie für beiläufige Unterhaltung benutzt (›anschalten um abzuschalten‹), während auf dem PC-Bildschirm oder dem Tablet gezielt eine bestimmte Sendung oder ein bewusst ausgewählter Film angesehen wird. Das Smartphone wiederum dient vor allem als Kommunikationsmedium, die Filmrezeption beschränkt sich hier auf wenige kurze Clips zwischendurch (›mal ein Video‹), insbesondere auf YouTube.

Die verschiedenen Nutzungsarten der Filmrezeption werden von Jugendlichen inzwischen häufig in Form des **»Second Screening«** (ebd., S. 68) miteinander kombiniert, entweder additiv (z. B. ein Fußballspiel im linearen Fernsehen plus zusätzliche Informationen, Kameraperspektiven usw. über eine App auf dem Tablet) oder ungerichtet (unterschiedliche, nicht zusammenhängende Inhalte auf verschiedenen Geräten). Unterstützt wird diese Nutzungsform durch die Medientechnik: Auf dem iPad kann man sich beispielsweise einen Film in einem kleinen Fenster ansehen und nebenbei im Internet surfen oder Nachrichten im Messenger schreiben. Bemerkenswert ist, dass trotz der veränderten Nutzungsbedingungen viele jugendliche Zuschauer das Kino nach wie vor als besonderen und herausragenden Ort des Filmerlebens schätzen (vgl. ebd., S. 69).

Neben medienspezifischen entstehen auch neue formatspezifische Nutzungsformen. Musste der Zuschauer im linearen Fernsehen etwa auf den Ausstrahlungszeitpunkt einer jeweils neuen Episode seiner Lieblingsserie bis zum nächsten Tag oder sogar eine ganze Woche lang warten, werden heute viele Serien von den Streaming-Anbietern und Mediatheken staffelweise zur Verfügung gestellt. Jugendlichen ermöglicht ein solches Angebot das sogenannte **Binge Watching**, also das Schauen mehrerer Serienepisoden oder einer ganzen Staffel am Stück. Auch wenn der Begriff ›binge‹ (engl. für ›Gelage‹) eindeutig negativ konnotiert ist, entspricht dies laut Daniela Schlütz (2018, S. 21) unter Jugendlichen einer gängigen Rezeptionssituation von Serien, vergleichbar mit dem ausdauernden Lesen eines Romans.

Ein Binge Watching-Effekt ist durchaus schon bei Kindern im Vor- und Grundschulbereich zu beobachten. Die hier rezipierten Formate sind zwar in der Regel sehr kurz und in sich abgeschlossen (z. B. Peppa Wutz, Paw Patrol oder Heidi), die Streaming-Anbieter und Videoportale fördern jedoch gezielt eine serielle Nutzung dieser Kurzformate durch eine Verlinkung der nächsten Episode im Abspann (s. Abb. 1.2). Außerdem werden teilweise Aufforderungen eingeblendet, denselben Film noch einmal anzusehen. Die für die Mediensozialisation wichtigen familiären oder peergestützten Phasen der Anschlusskommunikation finden in einer solchen als Endlosschleife konzipierten Filmrezeption leider kaum einen Platz.

Abb. 1.2: Einblendung eines Links zur nächsten Serienepisode am Ende von Peppa Wutz (S10 E01) bei Amazon Prime Video

1.2.2 | Filmwahrnehmung, Filmverstehen und Filmerleben

Dass man das Lesen schriftlicher Texte lernen muss, stellt niemand in Frage. Denn allein die Dekodierung von Buchstabenfolgen bedarf eines Wissens darüber, was diese Zeichen zu bedeuten haben. Man könnte nun annehmen, das sei bei einem Film grundlegend anders: Aufgrund seiner fotografischen Bilder und der Wiedergabe von realistisch klingenden Geräuschen und Tönen müsste sich doch eigentlich die Wahrnehmung eines Films von der Wahrnehmung der Realität nicht sonderlich unterscheiden. Doch stimmt es wirklich, dass man Filme sehen – im Gegensatz zum Lesen von Schrifttexten – nicht lernen muss?

Filmverstehen als Kulturtechnik: Der Kognitionspsychologe Stephan Schwan und die Filmwissenschaftlerin Sermin Ildirar haben sich mit dieser Frage auseinandergesetzt. In einer Feldstudie konnten sie empirisch nachweisen, dass Erwachsene, die zum ersten Mal in ihrem Leben einen Film sehen (Bewohner einer weit abgelegenen Bergregion in der Türkei), auf einer basalen Ebene durchaus einer einfachen Filmhandlung folgen können (vgl. Ildirar/Schwan 2015; Schwan 2015). Sie erkennen in mehreren aufeinanderfolgenden Einstellungen z. B. gleiche Personen, Objekte und Orte wieder. Sobald die filmische Gestaltung jedoch etwas komplexer wird und auf gängige **filmische Konventionen** zurückgreift – z. B. räumlich (ein Haus wird zuerst von innen, dann von außen gezeigt) oder zeitlich (ein Zeitsprung zwischen zwei Einstellungen) –, kommen die Probanden schnell an ihre (Verstehens-)Grenze. Damit ist empirisch belegt, dass Filme eben nicht ausschließlich auf Grundlage unserer natürlichen Wahrnehmung erschlossen werden können, sondern dass das Filmverstehen eine Kulturtechnik darstellt, die man erwerben muss.

Erwerb von Filmlesefähigkeit: Eine grundlegende Voraussetzung für das Filmverstehen ist die Fähigkeit zur Entschlüsselung der filmischen audiovisuellen Codes. Patricia M. Greenfield (1987, S. 10) bezeichnet diese als »television literacy« bzw. »**film literacy**« (in der deutschen Fassung ihres Buches übersetzt mit »Film-Lesefähigkeit«, ebd.). Hierzu gehört neben der basalen Wahrnehmung von visuellen und auditiven Elementen sowie ihres wechselseitigen Bezugs zueinander insbesondere ein Verständnis für filmische Erzähl- und Gestaltungstechniken wie z. B. der Filmmontage. Während die filmunerfahrenen Probanden der Studie von Ildirar und Schwan (s. o.) hiermit offenbar große Probleme hatten, nimmt ein filmerfahrener erwachsener Zuschauer die zahlreichen Filmschnitte, die den konventionellen Prinzipien der Filmmontage (›unsichtbarer Schnitt‹) folgen, gar nicht mehr bewusst wahr. Ein Beispiel hierfür ist das ständige Hin- und Herschneiden zwischen den sprechenden Figuren in einer Dialogsequenz (Schuss-Gegenschuss-Prinzip).

Gerhild Nieding und Ute Ritterfeld (2008, S. 348 ff.) berichten von Studien aus der Medienpsychologie, die zeigen, dass sich das Wissen über Schnittkonventionen und Montageprinzipien in der Kindheit schrittweise entwickelt und zwischen dem vierten und zehnten Lebensjahr deutlich zunimmt. So brauchen bereits achtjährige Kinder länger, einen regelkonformen Schnitt zu erkennen als einen nicht-konformen Schnitt. Das bedeutet, dass sie in ihrer Filmrezeption unbewusst bereits Schnittkonven-

Erwerb von Filmlesefähigkeit

tionen berücksichtigen. Komplexere Montagesequenzen, in denen die Chronologie der Ereignisse aufgehoben wird (z. B. Rückblenden oder Parallelmontagen), werden von Zehnjährigen wesentlich besser nachvollzogen als von Sechsjährigen. Außerdem konnte gezeigt werden, dass während der Filmrezeption die Beanspruchung des visuell-räumlichen Arbeitsgedächtnisses beim Auftreten von Filmschnitten umso höher ausfällt, je komplexer die Montageprinzipien sind (vgl. ebd., S. 350). Diese Studienergebnisse belegen somit die Annahme, dass die Filmlesefähigkeit im Kindesalter schrittweise zunimmt.

Zur Vertiefung

Verständnis von Filmmontagetechniken
Kinder verstehen zuerst Techniken, die vergleichsweise geringere kognitive Anforderungen stellen (vgl. Ohler/Nieding 2012, S. 710; Nieding/Ritterfeld 2008, S. 349). Solche Editierregeln 1. Ordnung entsprechen am ehesten der natürlichen Wahrnehmung, ein Beispiel: Bei einem Schnitt von einer Totalen (z. B. Überblick über ein Zimmer) zu einer Großeinstellung (z. B. Kopf einer Figur) müssen die Kinder verstehen, dass die gezeigten Objekte dabei nicht näherkommen, sondern ihre Position im filmischen Raum beibehalten. Editierregeln 2. Ordnung finden sich bei zeitlich-räumlichen Übergängen, z. B. bei Dialogszenen. Um solche Montagetechniken zu verstehen, muss mental ein räumliches Schema der gezeigten Szene aufgebaut werden. Noch schwerer sind Editierregeln 3. Ordnung zu verstehen, da sie sich auf die Kontinuität von Ereignisfolgen beziehen. Bei einer Parallelmontage z. B. muss das Kind erkennen, dass die abwechselnd gezeigten Ereignisse gleichzeitig stattfinden (vgl. ebd.).

Aktives oder passives Verstehen: Ein gängiges Vorurteil in Bezug auf die Filmrezeption von Kindern ist, dass es sich hierbei um ein passives Verhalten handele (vgl. Nieding/Ritterfeld 2008, S. 352). Diese Position geht davon aus, dass z. B. eine hohe Schnittfrequenz oder die Spezialeffekte eines Films die Aufmerksamkeit des Kindes bereits weitgehend binden, sodass der Inhalt des Films nicht richtig verstanden wird. Demgegenüber konstatiert das Modell des aktiven Sehverhaltens, dass ein Kind seine Aufmerksamkeit selbst steuern kann und diese immer dann erhöht, wenn es relevante Informationen zu erkennen glaubt. Die empirische Überprüfung dieser Modelle an siebenjährigen Kindern sprechen eindeutig gegen die Hypothese des passiven Sehverhaltens: Es konnte gezeigt werden, dass formale filmische Mittel nicht genuin die Aufmerksamkeit der Kinder bestimmen, sondern vielmehr »in ihrer Korrespondenz zu Strukturelementen der erzählten Geschichte« (ebd., S. 354). Wenn an einer Stelle im Film besondere filmische Mittel zum Einsatz kommen, so wird das von Kindern als ›Marker‹ wahrgenommen, dass hier besonders relevante Inhalte vermittelt werden. Das heißt, dass Kindern das **Zusammenwirken von Form und Inhalt** durchaus bewusst ist. Neben formalen Merkmalen bestimmen darüber hinaus das Interesse für den Inhalt und das inhaltsbezogene Vorwissen die Aufmerksamkeit bei der Filmrezeption (vgl. ebd.).

Flache oder tiefe Verarbeitung: Ein weiteres, weit verbreitetes Vorurteil lautet, ein Film würde von Kindern aufgrund seiner Bildhaftigkeit oberflächlicher verstanden als ein schriftlicher Text. Empirisch konnte auch dies nicht belegt werden, im Gegenteil: Beentjes und van der Voort präsentierten Kindern einen Film und einen in Bezug auf die Inhalte vergleichbaren schriftlichen Text (vgl. Ohler/Nieding 2012, S. 715). Die Selbstauskunft der Kinder ergab zwar eine – gefühlt – geringere mentale Anstrengung beim Film im Vergleich zum Text, die parallel durchgeführte empirische Erfassung zeigte jedoch, dass die mentale Anstrengung im Umgang mit dem schriftlichen Text tatsächlich niedriger ausfiel. Während direkt nach der Rezeption die im Film und im schriftlichen Text enthaltenen Informationen von den Kindern gleich gut wiedergegeben werden konnten, wurden zwei Wochen später vom Film sogar mehr Informationen erinnert und mehr relevante Schlussfolgerungen gezogen. Das bedeutet, dass ein Film nicht weniger tief verarbeitet wird als ein vergleichbarer schriftlicher Text.

Emotionales Filmerleben: Neben dem kognitiven Verstehen bildet das emotionale Erleben eine zentrale Ebene der Filmrezeption. Audiovisuelle Texte stellen zum einen in ihren erzählten Geschichten und Figuren auf vielfältige Weise Emotionen dar, zum anderen erzeugen sie beim Zuschauer zahlreiche affektive Reaktionen (vgl. Bartsch u. a. 2007, S. 9). Hierbei lenken die eingesetzten **filmischen Mittel** die Art und Weise, wie der Rezipient eine Szene oder eine Figur wahrnimmt: Beispielsweise können über Einstellungsgrößen Nähe oder Distanz zu einer Figur (vgl. Adler/Schwab 2018, S. 36) und über Filmmusik die Gefühle einer Figur oder eine Gesamtstimmung vermittelt werden (vgl. Uhrig 2015, S. 49). Darüber hinaus spielen für den Zuschauer emotionale Erwartungen bereits vor der Rezeption eine entscheidende Rolle, insbesondere bei der Auswahl eines bestimmten Films oder eines Filmgenres. Diese Erwartungen prägen danach die Verarbeitung des Gesehenen und führen zu einer bestimmten **Rezeptionshaltung**: Wer einen Krimi auswählt, erwartet Spannung, bei einem Horrorfilm besteht der Reiz in der Angstlust usw.

Horst Schäfer (2014, S. 105) konstatiert, dass Kinder im Rahmen der Filmrezeption eine besonders hohe Bereitschaft zum emotionalen Miterleben und zur Identifikation besitzen: »Das Spektrum des altersspezifischen Rezeptionsvermögens reicht vom ›totalen‹ Erleben bei den Vorschulkindern bis zur emotionalen Distanzierung bei den älteren Kindern« (ebd.). Die spezifische Erlebnisqualität eines Films hängt u. a. ab von der Nachvollziehbarkeit der Handlung, von der Dramaturgie der Erzählung und dem Identifikationspotenzial der Figuren. Dabei bevorzugen sowohl Kinder als auch Jugendliche positiv gezeichnete Protagonisten, die ihre Gefühle ehrlich zeigen (vgl. ebd.; Götz 2014).

Welche Art von Filmerleben Kinder und Jugendliche bevorzugen, zeigt eine Studie mit 7- bis 17-Jährigen von Claudia Wegener und Arne Brücks (2010, S. 44): Über 95 Prozent der Heranwachsenden wünschen sich Filme, die Spaß machen, die sie zum Lachen bringen und die spannend sind. Nur ein Viertel der befragten Kinder und Jugendlichen wollen durch Filme zum Nachdenken oder Träumen angeregt werden und weniger als 20 Prozent wünschen sich beim Filmsehen Gefühle wie Mitleid oder Trau-

Wunsch nach Spaß und Spannung

rigkeit. Ein Drittel der Probanden gruseln sich gerne bei der Filmrezeption, ängstigen sollen die Filme sie jedoch nicht. Diese Zahlen verdeutlichen, welche Rolle dem schulischen Filmunterricht zukommt: Einerseits sollte gerade der Unterricht die Kinder und Jugendlichen mit Filmen konfrontieren, die zum Nachdenken einladen und eine **Differenzerfahrung** zum freizeitlichen Filmerleben schaffen. Anderseits sollte der Unterricht an die **Rezeptionsgewohnheiten** und -vorlieben der Lernenden anknüpfen, also durchaus auch lustige, spannende oder gruselige Filme als Unterrichtsgegenstände anbieten, um den Umgang mit solchen Filmen zu vertiefen und diese mit den schulischen Lern- und Kompetenzbereichen zu verbinden.

1.2.3 | Altersgerechte Filmauswahl

Kein Phasenmodell

Die Kompetenzen zum Filmverstehen und die Qualität des Filmerlebens eines Kindes sind nicht nur abhängig von der Häufigkeit der individuellen Häufigkeit der Filmnutzung, sondern sie sind vor allem auch entwicklungsbedingt (vgl. Tatsch 2010, S. 145). Da die individuellen Entwicklungsverläufe von Kindern sehr unterschiedlich sein können, kann es kein allgemein gültiges Phasenmodell der altersspezifischen Fähigkeiten im Hinblick auf die Filmrezeption geben. Allerdings ist es möglich und sinnvoll, Eckpunkte zu formulieren, an denen sich eine pädagogische Altersempfehlung für Filme sowie die Filmauswahl für den Unterricht orientieren kann. Das Kinder- und Jugendfilmzentrum in Deutschland (KJF) hat hierzu im Jahr 2011 ein überaus hilfreiches Kriterienraster vorgelegt, das auf Erkenntnissen der Wahrnehmungspsychologie, der Mediensozialisation und der Entwicklungspsychologie basiert (s. Kasten).

Zur Vertiefung

Kriterienraster für pädagogische Altersempfehlungen bei Kinofilmen für Kinder (KJF 2011, leicht gekürzt)

Kinder 4 bis 5 Jahre
Fähigkeiten
- (ab etwa 4) eigenes Denken und Handeln und das der Mitmenschen wird verstanden
- einzelne fremde Personen werden physisch unterschieden
- Konzentration auf eine (die eigene) Handlungsperspektive (egozentrische Sichtweise)
- (ab etwa 5) zielgerichtetes Handeln wird verstanden, subjektives Verständnis sozialer Beziehungen wird entwickelt
- Erschließung einzelner Elemente der Filmhandlung (nicht kontextbezogen, sondern eher assoziativ)
- emotionales Filmerleben steht im Mittelpunkt (fast ausschließlich orientiert an den Figuren)

Formale Kriterien
- kurze Filmgeschichten bis max. 30 Minuten, in sich abgeschlossen
- einfacher Aufbau der Geschichte, klare Formen
- episodische Erzählweise (kurze Handlungsstränge, keine dramatischen Zuspitzungen)

- chronologische Erzählweise mit linearen Handlungsabläufen ohne Nebenhandlungen und zeitliche oder örtliche Sprünge
- verständliche Sprache, keine bedrohlichen Tonexperimente oder emotional belastende Musikuntermalung
- begrenzte Anzahl und damit eine überschaubare Anordnung von Filmfiguren
- Spannungsaufbau und -abbau, der leicht nachvollziehbar ist
- Filmende mit harmonischem oder positivem Ausgang (›Happy End‹)
- alle Genres, insbesondere Märchen und Tierfilme

Inhaltliche Kriterien
- Tiergeschichten, die Spaß machen und zur unmittelbaren Identifikation einladen
- kleine Helden erkunden ihre Umwelt, nehmen ihr Schicksal schon selbst in die Hand und wachsen anhand von solchen Erfolgsmomenten über sich hinaus
- Einbettung der Filmfiguren in familiäre Bezüge
- gute Unterhaltung mit positiven Erlebnissen und Gefühlen
- Abenteuerreisen aus einer vertrauten Umgebung heraus, die später wieder in eine vertraute Gemeinschaft zurückführen
- Aufgreifen und kindgerechte Beantwortung von einfachen Wissensfragen

Grundschulkinder 6 bis 7 Jahre
Fähigkeiten
- (ab etwa 7) Verständnis für die Relativität einzelner Handlungsperspektiven
- Unterscheidung zwischen Realität und Fantasie (erste distanzierte Betrachtung)
- Entwicklung eigener Schutzmechanismen (Augen oder Ohren zuhalten), um sich vor unangenehmen Filminhalten zu schützen; Familie als Schutzraum

Formale Kriterien
- längere und vielschichtigere Geschichten, aber noch unter der Spielfilmlänge von 90 Minuten
- nicht allzu spannende, abwechslungsreiche Inszenierung mit genügend Entspannungsmomenten
- epische und episodische Erzählweisen, keine übermäßig dramatischen Zuspitzungen, Handlungsebenen müssen deutlich erkennbar sein
- Filmgeschichten mit nachvollziehbarem Abschluss, möglichst auch noch in Form eines Happy Ends
- vom Gefühl her nachvollziehbare Zeichnung und Darstellung der Figuren
- unterhaltsame und abwechslungsreiche Präsentation von Informationen, aber keine Informationsflut
- alle Genres, die auf nachvollziehbare Weise Bezug auf die Erlebnis- und Alltagswelt von Kindern dieser Altersgruppe nehmen

Inhaltliche Kriterien
- Alltagsgeschichten mit Bezug zur kindlichen Lebenswelt (auch durch den Schuleintritt sich verändernde Familienbilder, neue Themen wie Schule und Freundschaft jenseits der häuslichen Umgebung)

- Rollenbilder und -angebote für Jungen und Mädchen, auch die Rollen der Erwachsenen dürfen bereits vorsichtig hinterfragt werden
- Abenteuer- und Fantasy-Geschichten
- Überlieferung traditioneller und moderner Kinderliteratur (etwa Märchen)
- Wissenswertes auch schon außerhalb des normalen Alltagsgeschehens

Schulkinder 8 bis 9 Jahre
Fähigkeiten
- klares Erkennen von Motiven und Handlungsintentionen der einzelnen Filmfiguren
- (ab etwa 9) Interesse auch für die filmischen Gestaltungsmittel, erste Genrekenntnisse
- dramaturgische Mittel der Spannungssteigerung werden als solche erkannt
- Entstehung erster Ansätze zur Interpretation eines Films, wobei das abstrahierende Denken noch nicht voll ausgebildet ist

Formale Kriterien
- Geschichten in normaler Spielfilmlänge, aber nicht wesentlich darüber hinaus
- gute Identifikationsmöglichkeiten mit den Figuren
- temporeiche Erzählweise mit deutlichen Spannungskurven
- anspruchsvolle Handlungsabläufe, auch mit mehreren Figuren
- Wechsel von Erzählperspektiven und Zeitebenen
- nachvollziehbarer Humor, aber keine Ironie und erst recht kein Sarkasmus
- nachvollziehbarer Ausgang von Geschichten, auch offene Enden
- unterhaltsame und abwechslungsreiche Präsentation von Sachinformationen
- alle Genres, die Bezug auf die Erlebnis- und Alltagswelt von Kindern dieser Altersgruppe nehmen

Inhaltliche Kriterien
- Alltagsgeschichten aller Art, in denen Empathie mit den Figuren möglich oder sogar erforderlich ist
- Freundschafts-, Schul-, Fantasy-, Abenteuer-, Science Fiction-, Tier-Geschichten
- Themen des sozialen Miteinanders und über die Funktion von Gemeinschaften
- Informationen zu Wissensgebieten und aktuellen Ereignissen zur Erweiterung persönlicher Erfahrungen

Schulkinder 10 bis 12 Jahre
Fähigkeiten
- voll entwickelte Fähigkeit zur distanzierten Wahrnehmung und rationalen Verarbeitung
- Parallelen zwischen der eigenen Welterfahrung und der filmischen Darstellung werden gezogen, unterschiedliche Standpunkte erkannt und miteinander in Beziehung gesetzt
- Reflexion von Filmwelten und Filmklischees
- Unterscheidung zwischen Realität und Fiktion erfolgt schon so präzise, dass auch erste Formen der Angst-Lust positiv verarbeitet werden können

- Orientierung an sozialen Normen und Werten, Handeln von fiktionalen Personen wird an diesen Normen gemessen und verglichen, moralische Urteile entwickelt

Formale Kriterien
- Geschichten können normale Spielfilmlänge überschreiten
- Identifikationsfiguren dürfen Ecken und Kanten haben
- komplex angelegte Handlungsabläufe, die herausfordern
- Inszenierungen, die ästhetisch besonders ausgereift sind
- Zusatzebenen möglich wie leichte Ironie, Kritik, gesellschaftliche, soziale und politische Hintergründe
- herausfordernde Spannungsbögen, die beispielsweise über die Form der Parallelmontage oder des schnellen Schnitts hinausweisen
- Informationsaufbereitung und -veranschaulichung von gesellschaftlich wichtigen Sachthemen
- alle Genres, auch wenn sie nur in indirekter Weise Bezug auf die Erlebnis- und Alltagswelt von Kindern dieser Altersgruppe nehmen

Inhaltliche Kriterien
- Filmfiguren, die sich deutlich von den Erwachsenen abgrenzen
- Konfliktproblematisierung und Möglichkeiten der Konfliktbewältigung
- erste Liebesbeziehungen und Bewährungsproben
- Abschluss der Kindheit und erste Schwierigkeiten des Erwachsenwerdens, die aber zur positiven Identifikation einladen sollten
- soziales Zusammenleben und kulturelle Besonderheiten

Schulkinder 13 bis 14 Jahre

Fähigkeiten
- Gesamthandlung eines Kinospielfilms wird nachvollzogen, auch längere Spannungsmomente werden ausgehalten
- Realität und Fiktion werden klar voneinander getrennt, der Film als Medieninszenierung erkannt und die Botschaften eines Films klar dechiffriert
- endgültiger Abschluss der Kindheit in der Pubertät, Einstellung neuer Erwartungshaltungen, Herausforderungen und neuer Sensibilitäten, etwa in Bezug auf die Umsetzung eines Filmstoffes und auf Vorbilder

Formale Kriterien
- Geschichten aller Art ohne zeitliche und formale Beschränkungen
- positive, aber auch negative Identifikationsfiguren, insofern sie zur kritischen Auseinandersetzung mit eigenen Verhaltensweisen beitragen können
- verschachtelte Handlungsabläufe mit komplexeren Montageformen
- Inszenierungen, die zur Auseinandersetzung über das Verhältnis von Inhalt und Form anregen
- Zusatzebenen wie Ironie und Satire, handfeste Kritik, umfassende gesellschaftliche, soziale und politische Hintergründe
- Filme, die klassische Erwartungshaltungen an einen Spannungsbogen nicht voll erfüllen
- wichtige Sachthemen aus dem Bereich von Politik, Gesellschaft und der Geschichte
- keine Einschränkung in den Genres, insofern sie den Belangen des Jugendschutzes gerecht werden

Inhaltliche Kriterien
- Filmfiguren, die mit der Welt der Erwachsenen offen in Konflikt geraten
- Alternativen im Umgang mit Problemen und Konflikten (etwa De-Eskalation von Gewalt, Hass und Intoleranz)
- Unterscheidung zwischen Realität und Fiktion, Auseinandersetzung Mischformen der filmischen Herangehensweise
- Auseinandersetzung mit den Eltern und mit ihren Traditionen
- Liebesbeziehungen und Rollenmuster (sexuelle Identität)
- handfeste Schwierigkeiten des Erwachsenwerdens (Coming of Age-Themen)
- Begegnung und Auseinandersetzung mit fremden Kulturen

Literatur

Abraham, Ulf/Sowa, Hubert: *Bild und Text im Unterricht.* Seelze 2016.

Adler, Dorothea/Schwab, Frank: »Fernsehen: durch die Augen direkt in den Bauch. Wie Medienbilder Emotionen erzeugen«. In: *tv diskurs* 22/1 (2018), S. 32–37.

Arbeitskreis Filmbildung (2015): *Filmbildung – Kompetenzorientiertes Konzept*, https://lkm.lernnetz.de/index.php/filmbildung.html (7.2.2019).

Bartsch, Anne/Eder, Jens/Fahlenbrach, Kathrin: »Einleitung: Emotionsdarstellung und Emotionsvermittlung durch audiovisuelle Medien«. In: Dies. (Hg.): *Audiovisuelle Emotionen. Emotionsdarstellung und Emotionsvermittlung durch audiovisuelle Medienangebote.* Köln 2007, S. 8–38.

Blue Ocean Entertainment AG u. a.: *Kinder-Medien-Studie 2018.* Berichtsband, https://kinder-medien-studie.de/wp-content/uploads/2018/08/KMS2018_Berichtsband_v2.pdf (7.2.2019).

Castells, Manuel: *Der Aufstieg der Netzwerkgesellschaft.* Wiesbaden 2017.

Debray, Régis: *Jenseits der Bilder. Eine Bildbetrachtung im Abendland.* Rodenbach 1999.

Feierabend, Sabine/Rathgeb, Thomas/Reutter, Theresa: *JIM 2018 – Jugend, Information, Medien. Basisuntersuchung zum Medienumgang 12- bis 19-Jähriger in Deutschland (2018)*, https://www.mpfs.de/fileadmin/files/Studien/JIM/2018/Studie/JIM_2018_Gesamt.pdf (7.2.2019).

Feierabend, Sabine/Scolari, Julia: »Was Kinder sehen. Eine Analyse der Fernsehnutzung Drei- bis 13-Jähriger 2017«. In: *Media Perspektiven* 4 (2018), S. 163–175.

Fleischer, Sandra/Grebe, Claudia: »Entwicklungsaufgaben und kritische Lebensereignisse«. In: Angela Tillmann/Sandra Fleischer/Kai-Uwe Hugger (Hg.): *Handbuch Kinder und Medien.* Wiesbaden 2014, S. 153–162.

Frederking, Volker/Krommer, Axel/Maiwald, Klaus: *Mediendidaktik Deutsch.* Berlin 2018.

Götz, Maya: »Was Kinder und Jugendliche im Alltag und beim Fernsehen fühlen. Standardisierte Befragung in Deutschland und 16 weiteren Ländern«. In: *TelevIZIon* 27/2 (2014), S. 59–63.

Greenfield, Patricia M. (Hg.): *Kinder und neue Medien. Die Wirkung von Fernsehen, Videospielen und Computern.* München 1987.

Grimm, Petra/Rhein, Stefanie/Clausen-Muradian, Elisabeth/Koch, Elisabeth/Eisemann, Christoph: *Gewalt im Web 2.0. Der Umgang Jugendlicher mit gewalthaltigen Inhalten und CyberMobbing sowie die rechtliche Einordnung der Problematik.* Berlin 2008, https://www.nlm.de/fileadmin/dateien/pdf/Band_23.pdf (7.2.2019).

Ildirar, Sermin/Schwan, Stephan: »First-time viewers' comprehension of films: Bridging shot transitions«. In: *British Journal of Psychology* 106/1 (2015), S. 133–151.

Jenkins, Henry: *Confronting the challenges of participatory culture*. Cambridge MA 2006, https://www.macfound.org/media/article_pdfs/JENKINS_WHITE_PAPER.PDF (7.2.2019).

Jenkins, Henry: *Transmedia Storytelling 101* (2007), http://henryjenkins.org/2007/03/transmedia_storytelling_101.html (7.2.2019).

Kepser, Matthis: *Film im Kontext schulischer Bildung. Herausforderungen, Potenziale und Perspektiven*. Vortrag im Filmmuseum Potsdam 2015, https://bildungsserver.berlin-brandenburg.de/fileadmin/bbb/themen/Medienbildung/filmbildung/Tagungsdoku_Klappe/Klappe_1/Vortragskript_Prof._Matthis_Kepser.pdf (7.2.2019).

Kepser, Matthis unter Mitarbeit von Finja Wünsch: *Teilkommentierte Fachbibliographie Film- und Fernsehdidaktik im Schulfach Deutsch*. Bremen 2016, http://elib.suub.uni-bremen.de/edocs/00105670-1.pdf (7.2.2019).

KJF: *Pädagogische Altersempfehlung für Kinderfilme. Eine Expertise des Kinder- und Jugendfilmzentrums in Deutschland* (2011), http://www.kjf.de/tl_files/downloads/Expertise_Altersempfehlung.pdf (7.2.2019).

Klant, Michael/Spielmann, Raphael: *Grundkurs Film 1: Kino, Fernsehen, Videokunst*. Braunschweig 2008.

Merlin, Dieter: »Kriegsbilder als Schreibanlass«. In: Petra Anders/Petra Wieler (Hg.): *Literalität und Partizipation*. Tübingen 2018, S. 139–152.

Nieding, Gerhild/Ritterfeld, Ute: »Mediennutzung, Medienwirkung und Medienkompetenz bei Kindern und Jugendlichen«. In: Franz Petermann/Wolfgang Schneider (Hg.): *Angewandte Entwicklungspsychologie*. Göttingen 2008, S. 331–388.

Niesyto, Horst: »Kritische Anmerkungen zu Theorien der Mediennutzung und Mediensozialisation«. In: Dagmar Hoffmann/Lothar Mikos (Hg.): *Mediensozialisationstheorien. Neue Modelle und Ansätze in der Diskussion*. Wiesbaden ²2010, S. 47–66.

Ohler, Peter/Nieding, Gerhild: »Medien und Entwicklung«. In: Wolfgang Schneider/Ulman Lindenberger (Hg.): *Entwicklungspsychologie* ⁷2012, S. 705–719.

Schäfer, Horst: »Filmsprache und Filmanalyse in der Medienpädagogik«. In: *Medienwelten – Zeitschrift für Medienpädagogik* 3 (2014), S. 92–118, DOI: 10.13141/zfm.2014-3.60.

Schaumburg, Heike/Prasse, Doreen: *Medien und Schule*. München 2019.

Schlütz, Daniela: »Binging Quality-TV. Nutzung und Rezeption fiktionaler Qualitätsserien«. In: *Der Deutschunterricht* 70/6 (2018), S. 18–25.

Schwan, Stephan: *Muss man Filme sehen lernen?* Vortrag bei den Science Notes im Tübinger Schlachthaus am 7.5.2015, https://www.youtube.com/watch?v=rS4RhVZcS5I (7.2.2019).

Söller-Eckert, Claudia: »Transmediales Erzählen«. In: Matías Martínez (Hg.): *Erzählen. Ein interdisziplinäres Handbuch*. Stuttgart 2017, S. 108–110.

Stalder, Felix: *Kultur der Digitalität*. Berlin 2017.

Tatsch, Isabell: »Filmwahrnehmung und Filmerleben von Kindern«. In: Petra Josting/Klaus Maiwald (Hg.): *Verfilmte Kinderliteratur. Gattungen, Produktion, Distribution, Rezeption und Modelle für den Deutschunterricht*. München 2010, S. 143–153.

Uhrig, Meike: *Darstellung, Rezeption und Wirkung von Emotionen im Film. Eine interdisziplinäre Studie*. Wiesbaden 2015.

Wegener, Claudia/Brücks, Arne: »Genre, Themen, Emotionen. Eine Studie zum Filmerleben von Kindern und Jugendlichen«. In: *Kinder- und Jugendfilm Korrespondenz* 31/121 (2010), S. 43–46.

Wegener, Claudia: »Vom Kino zum Social-Cinema. Bewegtbildnutzung im Wandel«. In: Anja Hartung-Griemberg/Thomas Ballhausen/Christine Trültzsch-Wijnen/Alessandro Barberi/Katharina Kaiser-Müller (Hg.): *Filmbildung im Wandel*. Wien 2015, S. 65–77.

Film in der kulturellen Praxis

Wulff, Hans Jürgen: »Film«. In: *Lexikon der Filmbegriffe*, 28.12.2014, http://filmlexikon.uni-kiel.de/index.php?action=lexikon&tag=det&id=159 (7.2.2019).

Petra Anders / Michael Staiger

2 Film in der Schule

2.1 Konzepte, Standards und Curricula
2.2 Filmvorführungen in der Schulklasse

2.1 | Konzepte, Standards und Curricula

2.1.1 | Vom Gegenstand zum Handlungsfeld

Die schulische Filmbildung lässt sich als eine konzeptionelle Entwicklung vom Gegenstand Film hin zum kulturellen Handlungsfeld Film charakterisieren. In Deutschland sind seit 2008 verschiedene Konzepte entstanden, die für den schulischen Einsatz von Filmen Empfehlungscharakter haben. Sie sind nicht verbindlich, tragen aber zu einer systematischen Filmvermittlung bei, die Abraham/Kepser (2009, S. 173 ff.) als wünschenswerte Rahmenbedingungen für die Didaktik des Spielfilms formuliert haben.

Rahmenbedingungen einer systematischen Filmvermittlung:
- Bereitschaft der Lehrkräfte, Filme in den **Regelunterricht** zu integrieren
- Auseinandersetzung nicht nur mit dem Film, sondern mit dem **gesamten Handlungsfeld** Film
- entsprechende **Spiralcurricula**, die den Film fokussieren
- **integrative** Auseinandersetzung mit dem Film, d. h.
  - Unterrichtsfächer arbeiten zum Lerngegenstand Film zusammen
  - zum Film wird nicht nur literarisches und mediales, sondern auch sprachliches Lernen angeregt
  - alle Großgattungen (Dramatik, Epik, Lyrik) sind in Bezug auf Film zu berücksichtigen, z. B. filmische Adaptionen von Dramentexten, Kinderromanen oder Gedichtfilmen.
- **Unterrichtsmaterialien**, die Lehrkräfte methodisch-didaktisch und Schülerinnen und Schüler inhaltlich-methodisch unterstützen
- ein **auch produktions- und handlungsorientierter** Umgang mit Film
- verbindliche **Leistungskontrollen**, die erreichte Filmkompetenzen überprüfen

Kompetenzorientiertes Filmbildungskonzept: Das für die Filmdidaktik grundlegende Papier *Filmbildung – Kompetenzorientiertes Konzept für die Schule* wurde vom Arbeitskreis Filmbildung der Länderkonferenz MedienBildung und Vertretern der Vision Kino sowie des Bundesverbandes Jugend und Film im Jahre 2009 entwickelt und 2015 nach Beratung mit weiteren Fachleuten überarbeitet (vgl. Arbeitskreis Filmbildung 2015, S. 2). Die Konzeptentwickler argumentieren, dass Film das narrative Leitmedium für Kinder und Jugendliche sei (vgl. ebd., S. 3); das Konzept sehe daher vor, dass Schülerinnen und Schüler in einem Spiralcurriculum von der Primarstufe bis zur weiterführenden Schule bzw. dem Abiturjahrgang entsprechende Kompetenzen für das sogenannte **Handlungsfeld**

Film als narratives Leitmedium

2 Film in der Schule

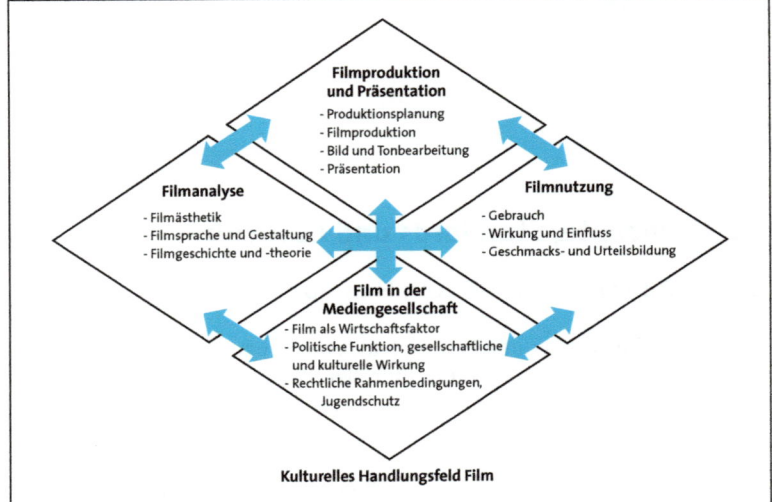

Abb. 2.1: Kompetenzbereiche und ihre Inhalte für das Handlungsfeld Film (vgl. Arbeitskreis Filmbildung 2015, S. 5)

Film (s. Abb. 2.1) erwerben sollten. Im Konzept selbst ist kein Curriculum ausformuliert, wohl aber sind die jeweiligen Kompetenzerwartungen nach Klasse 4, 10 und 12 angegeben. Schulische Filmbildung orientiert sich nach diesem Konzept an der kulturellen Praxis, d. h. der Art und Weise, wie Film in der Gesellschaft genutzt und analysiert, produziert und präsentiert, distribuiert und verwertet wird (vgl. die Kompetenzbereiche und ihre Inhalte in Abb. 2.1).

Kritik: Zwar geht das Konzept (Arbeitskreis Filmbildung 2015, S. 3) von einem »umfassenden Filmbegriff« aus, der »alle möglichen Formen des Bewegtbildes« einschließt. Die Kompetenzerwartungen sollen sich jedoch grundlegend auf den Spiel- und Dokumentarfilm als »Urform des audiovisuellen Erzählens« beziehen.

Diese Engführung ist aus drei Gründen problematisch:
- Erstens bezieht sich das Handlungsfeld dann in erster Linie auf Kinoproduktionen, obwohl Heranwachsende aber Bewegtbilder jeglicher Art über das Fernsehen sowie Streaming- und Online-Portale rezipieren und in ganz unterschiedlicher Qualität sowie nach diversen filmischen Vorbildern produzieren (vgl. Senatsverwaltung für Bildung, Jugend und Wissenschaft 2016, S. 3).
- Außerdem ist der Dokumentarfilm noch nicht lange genug für die Schulfächer didaktisch erschlossen, um im Unterricht angemessen behandelt zu werden; für den Deutschunterricht liegen durch Kammerer/Kepser erst seit 2014 Überlegungen zu einer Didaktik des Dokumentarfilms für die schulische Arbeit vor. Darin findet sich auch ein eigenes **Curriculum für den Dokumentarfilm**, das an das Filmbildungskonzept des Arbeitskreises Filmbildung direkt anknüpft.
- Drittens erscheint diese Einschränkung nicht nötig, da die im Filmbildungskonzept formulierten Kompetenzen auch auf andere filmische Genres und Formate übertragbar sind, wie diese Einführung in Teil II zeigt.

2.1 Konzepte, Standards und Curricula

Kapitel dieses Lehrbuchs	Bezüge zum kulturellen Handlungsfeld Film
4 Kinderspielfilm	▪ Filmanalyse: Narration/Dramaturgie, Genre ▪ Filmnutzung: Gebrauch/Wirkung und Einfluss
5 Märchenanimationsfilm	▪ Filmanalyse: Genre, Filmästhetik ▪ Film in der Mediengesellschaft: Medienverbund ▪ Produktion und Präsentation: Filmproduktion
6 Literaturverfilmung	▪ Filmanalyse: Filmsprache und Gestaltung ▪ Filmnutzung: Gebrauch/Wirkung und Einfluss ▪ Film in der Mediengesellschaft: Film als Wirtschaftsfaktor
7 Filmklassiker	▪ Filmanalyse: Filmästhetik, Filmgeschichte ▪ Filmnutzung: Gebrauch/Wirkung und Einfluss
8 Horrorfilm	▪ Filmanalyse: Filmsprache und -gestaltung, Filmwirkung, Filmgeschichte ▪ Film in der Mediengesellschaft: Rechtliche Rahmenbedingungen, Jugendmedienschutz
9 Dokumentarfilm	▪ Filmnutzung: Wirkung und Einfluss ▪ Film in der Mediengesellschaft: Politische Funktion, gesellschaftliche und kulturelle Wirkung
10 Kindernachrichten	▪ Filmnutzung: Wirkung und Einfluss ▪ Film in der Mediengesellschaft: Politische Funktion, gesellschaftliche und kulturelle Wirkung
11 Castingshow	▪ Filmanalyse: Filmsprache/Filmgestaltung ▪ Film in der Mediengesellschaft: Geschmacks- und Urteilsbildung/Unterscheidung von Fiktion und Wirklichkeit
12 Jugendserie	▪ Filmanalyse: Narration/Dramaturgie ▪ Filmnutzung: Gebrauch/Wirkung und Einfluss
13 Sitcom	▪ Filmanalyse: Narration/Dramaturgie ▪ Filmnutzung: Gebrauch/Wirkung und Einfluss ▪ Film in der Mediengesellschaft: Film als Wirtschaftsfaktor
14 Kinderserie	▪ Filmanalyse: Filmästhetik ▪ Filmnutzung: Gebrauch/Wirkung und Einfluss
15 Gedichtfilm und Poetry Clip	▪ Filmanalyse: Filmästhetik ▪ Filmproduktion und Präsentation: Produktion
16 Kurzstummfilm	▪ Filmanalyse: Filmgeschichte/Filmästhetik ▪ Produktion und Präsentation: Filmproduktion
17 Werbespot	▪ Filmnutzung: Gebrauch/Wirkung und Einfluss ▪ Filmanalyse: Filmsprache und Gestaltung/Filmkontexte
18 Erklärvideo	▪ Filmnutzung: Wirkung und Einfluss ▪ Film in der Mediengesellschaft: Politische Funktion, gesellschaftliche und kulturelle Wirkung, Film als Wirtschaftsfaktor ▪ Produktion und Präsentation: Filmproduktion

Tab. 2.1: Schwerpunkte der filmdidaktischen Themenfelder in Kap. 4–18

Neben dem kompetenzorientierten Filmbildungskonzept, dem auch diese Einführung in die Filmdidaktik folgt, gibt es folgende **weitere Filmcurricula** und konzeptuelle Ansätze, die das obige Konzept vorbereitet haben bzw. inhaltlich-methodisch flankieren und ergänzen:

Freiburger Filmcurriculum: Eine interdisziplinäre Projektgruppe entwickelte ein »fächerübergreifendes Kompetenzmodell für die zukünftige Filmbildung an Schulen« (Fuchs u. a. 2008, S. 84) und lenkte das Augenmerk auf den Film als Gesamtkunstwerk mit visuellen, auditiven und narrativen Elementen. Dieses Gesamtcurriculum von der Primar- bis zur Kursstufe verknüpft dementsprechend die Fächer Kunst, Musik und Deutsch in Bezug auf den Lerngegenstand Film. Die drei Fächer sollen jeweils korrespondierende Kompetenzen an bestimmten Inhalten fördern.

Zur Vertiefung

Filmunterricht in der Grundschule

Im Freiburger Filmcurriculum sollen Kinder bis zum Ende der zweiten Klasse z. B. zum Animationsfilm die folgenden Kompetenzen erwerben (vgl. Fuchs u. a. 2008, S. 85):
- »einfache Fragen zur Handlung und zu den Figuren eines Films beantworten« (vermittelt im Fach Deutsch),
- »Zusammenhänge von Filmbildern und musikalischen Ereignissen erkennen und beschreiben« (vermittelt im Fach Musik),
- »Zusammenhänge zwischen optischen Spielzeugen und Animationsfilmen erkennen und beschreiben« (vermittelt im Fach Kunst).

Ein **integrativer Aspekt** ist an diesem Beispiel, dass Schülerinnen und Schüler unterscheiden können, welche Informationen auf der Bildebene und auf der Tonebene eines Films vermittelt werden.

Zur Stärke des Freiburger Filmcurriculums gehört u. a., dass den Lehrkräften nicht nur Kompetenzerwartungen, sondern auch dazu passende **Verfahren** (z. B. zu den obigen Kompetenzen »Filmsequenzen mit und ohne Ton ansehen«) und **Fachbegriffe** (z. B. Figur, Kamera, Filmmusik) an die Hand gegeben werden.

Als Schwächen dieser Konzeption kristallisieren sich heraus:
- Die Passgenauigkeit der Kompetenzen ist nicht immer ersichtlich (im obigen Beispiel vermittelt das Fach Kunst filmgeschichtliche anstatt bildanalytische Kompetenzen).
- Film wird als Gesamtkunstwerk synästhetisch wahrgenommen und die Dimensionen auditiv, visuell, narrativ sollten immer integrativ, und nicht separat, im Unterricht aufgegriffen werden (vgl. Kepser 2010, S. 15).
- Die Fächer Kunst und Musik werden oft alternierend im Schuljahr unterrichtet, zudem ist eine Kooperation mit anderen Fachlehrkräften die Voraussetzung für dieses Konzept (dazu hilfreich: Film-Klassenbuch, vgl. Kepser 2015).

Sprachen- und kulturübergreifende Filmbildung: Statt einer fächerübergreifenden Filmbildung sieht dieses Modell (Blell u. a. 2016) einen fächerverbindenden Ansatz vor, sodass die Fächer in Bezug auf die Filmvermittlung aufeinander aufbauen und Doppelungen (z. B. in jedem Fach immer wieder neu mit den Grundlagen der Filmanalyse zu beginnen) vermeiden. Diese Konzeption hilft bei der Entwicklung schulinterner Curricula zur fächerintegrativen Filmbildung von der Primarstufe bis zum Ende der Sekundarstufe II. Hier sind nicht Musik und Kunst, sondern die Fremdsprachen (**Englisch, Französisch, Spanisch**) mit dem Fach **Deutsch** verknüpft, da in der Fremdsprachendidaktik Film oft eingesetzt wird und diesem Medium eine besondere Rolle der Sprach- und Kulturvermittlung zukommt. Ein Verdienst dieses Filmbildungskonzepts ist die **Modellierung des sprachlichen Handelns zum Film** in einem eigenen Kompetenzbereich »Filmbezogen sprachlich handeln«. Film wird dadurch konzeptionell im Sprach- und Schreibunterricht verankert (vgl. Kepser/Abraham 2016, S. 215).

Ein Nachteil dieses Ansatzes könnte darin liegen, dass in Deutschland das Erlernen einer Fremdsprache nicht bundesweit zum Anfangsunterricht gehört. Der Kern der Filmbildung verlagert sich daher in die weiterführende Schule. Wie im Freiburger Filmcurriculum sind auch in diesem Modell weitere urteilsbildende Fächer (Politik, Geschichte, Philosophie) nicht mitgedacht, die hier gemeinte Filmbildung betrifft schwerpunktmäßig den analytischen und produktiven Umgang mit filmästhetischen Mitteln. Auch wenn der Film in der Mediengesellschaft reflektiert wird (vgl. Kompetenzbereich »Film kontextualisieren« in diesem Modell), spielen explizit medienethische oder gesellschaftspolitische Fragen rund um das Medium Film eine eher nachgeordnete Rolle.

Kritik

Die Rolle der Fächer bei der Filmbildung

In allen Konzepten, Standards und Curricula spielt das **Fach Deutsch** eine bedeutsame oder gar zentrale Rolle für die Filmbildung. Grundsätzlich können aber alle Fächer auf Basis entsprechender Anknüpfungen an die jeweiligen fachlichen Anforderungen das Handlungsfeld Film zum Lerngegenstand machen.

Eine mögliche (aber auch kontrovers diskutierbare) Zuordnung findet sich in einem Orientierungsrahmen für Berlin/Brandenburg (Senatsverwaltung für Bildung, Jugend und Wissenschaft 2016, S. 4):
- Leitfunktion: Fach Deutsch, Fächer mit künstlerischem Gegenstandsbereich wie Kunst, Musik und Theater
- Fremdsprachenunterricht: Film als Medium interkulturellen Lernens
- Gesellschaftswissenschaftliche Fächer: historische und gesellschaftspolitische Fragestellungen zum Film
- Mathematik und naturwissenschaftliche Fächern: Film zur Veranschaulichung
- Ethik, Religions- und lebensweltlicher Unterricht: Film zur Bearbeitung ethischer und religiöser Fragestellungen

Zur Vertiefung

Kino als Kunst: Der seit 2006 in Deutschland populär gewordene Ansatz des Franzosen Alain Bergala – selbst Filmschaffender, Filmkritiker und Berater für die Filmbildung in Frankreich – stellt den Prozess des Filmemachens und der Filmwahrnehmung ins Zentrum seiner theoretischen und schulpraktischen Überlegungen. Heranwachsende sollen u. a. dazu befähigt werden, ästhetische Entscheidungen des Filmemachers (z. B. anhand der Arbeit mit Filmausschnitten, Fragmenten) nachzuvollziehen und sich selbst durch das Filmerleben persönlich zu entwickeln. Dieser **ganzheitliche Filmbildungsansatz** zu anspruchsvollen Filmen vermag es, möglicherweise »erhebliche Verschiebungen persönlicher Weltsichten« (Merlin 2014, S. 415) auszulösen (vgl. hierzu ausführlich Henzler 2013).

Während die oben genannten Konzepte vor allem auf Möglichkeiten der festen Verankerung des Films und seines Handlungsfeldes im Unterricht abzielen, richtet Bergala aus seiner Perspektive als Filmschaffender und -kritiker das Augenmerk auf die mit Film hervorgerufenen Wahrnehmungs- und Persönlichkeitsentwicklungen der kindlichen oder jugendlichen Zuschauenden. Dieser Ansatz findet sich in dem internationalen Filmbildungsprojekt »*Cinema en curs*« wieder (s. S. 135): Das u. a. in Deutschland, Spanien und Südamerika laufende Dokumentarfilmprojekt setzt nach intensiver Analyse von Filmfragmenten der Filmgeschichte auf die ästhetische Erkundung der eigenen Lebenswelt durch Schülerinnen und Schüler. Auch das empirisch begleitete Projekt *Film – A language without borders* (UK/D/DK) betont die Persönlichkeitsbildung und macht ausgewählte Europäische Kinder- und Jugendfilme zum »common third« (gemeinsames Drittes, vgl. Lihme 1988) im Unterricht: Die schreibende, sprechende und gestaltende Auseinandersetzung mit den Filmen trägt zur Selbst- und Fremdwahrnehmung und zum gemeinsamen Umgang mit schwierigen Themen wie Flucht oder Unterdrückung bei.

Fachspezifische und allgemeine Filmdidaktik: Kepser forderte 2010 (S. 32) für die schulische Filmbildung einerseits eine fachspezifische Forschung zum Film in der Fachdidaktik und eine übergreifende, allgemeine Filmdidaktik. In Ansätzen ist diese Forderung inzwischen verwirklicht: Normative Konzepte zur schulischen Filmbildung, die aber nur teilweise empirisch unterfüttert sind, liegen vor und gehen mit dem Ansatz des Handlungsfeldes Film über eine bloße Gegenstandsorientierung hinaus. Sie dienen als Grundlage für weitere Standardisierungen und Ausdifferenzierungen (s. Kap. 3.2) und eröffnen Forschungsmöglichkeiten, vor allem für übergreifende filmdidaktische Fragestellungen. Eine neue Herausforderung scheint die Integration der filmdidaktischen Forschung in die Forschung zu Digitalisierungsprozessen und zum Lehren und Lernen mit digitalen Medien zu sein.

2.1.2 | Das inklusive Handlungsfeld Film

Die filmische Produktion und Rezeption in der kulturellen Praxis trägt inklusive Züge und zeigt deutlich, dass Kultur von Vielfalt profitiert:

Teilhabemöglichkeiten: Mehrsprachige Filme, Filme mit Untertiteln in den Herkunftssprachen der Zuschauerinnen und Zuschauer, darunter auch gebärdensprachübersetzte Filme, Filme in Gebärdensprache, Audiodeskriptionen (vgl. Abraham/Kepser 2012), Unterstützungstechnologien wie die GRETA-App (Audiodeskriptionen und Untertitel im Kino über das Smartphone), barrierefreie Zugänge am Lernort Kino, international ausgerichtete und teilweise simultan übersetzte Filmfestivals sowie vielfältige filmische Identifikationsfiguren ermöglichen für alle Zielgruppen größtmögliche Teilhabe. Dass Vielfalt Reichtum bedeutet, kann gerade anhand des Handlungsfeldes Film inhaltlich aufgezeigt und methodisch aufgegriffen werden (z. B. eigene Untertitel erstellen, mehrsprachige Kurzfilme selbst drehen) und eine **Wertschätzung diverser kultureller und sprachlicher Ressourcen** im Klassenraum signalisieren.

Filme als alternativer Textzugang: Aus deutschdidaktischer und sonderpädagogischer Perspektive (vgl. Bosse 2016; Anders 2016; Anders/Riegert 2018) kommt dem Lerngegenstand Film eine besondere Rolle als alternativer (Thäle/Riegert 2014) oder entlastender (Riegert 2016) Textzugang zu. Schülerinnen und Schüler, für die Schrifttexte eine Barriere für den Zugang zu (welt-)literarischen Stoffen darstellen, haben durch die Rezeption und Produktion von Filmen die Möglichkeit, sich unabhängig von ihrer Lesekompetenz am Diskurs über Themen zu beteiligen. Riegert (2015, S. 375) macht jedoch darauf aufmerksam, dass literarische Bildungsprozesse zwar durch andere Erzählmedien wie Filme angestoßen werden können, diese aber *medienspezifische* Erfahrungsmöglichkeiten eröffnen. Bisher didaktisch-methodisch noch wenig erschlossen ist die Frage, wie (auch) im inklusiven Unterricht möglichst alle Lernenden **medienspezifisch mit Film** umgehen, z. B. filmanalytische Kompetenzen aufbauen und Filmerleben versprachlichen. Denn auch wenn Filme niedrigschwellige Medien zur Themenerschließung sind, bleibt die Erschließung eines Films als audiovisuellem Text kognitiv anspruchsvoll (s. Kap. 1.2.2).

Mit Scaffolding zur Fachsprache Film: Fachsprachlich über Filme sprechen und schreiben zu können, ist für den Filmunterricht höchst relevant. Hahn/Schöler entwickelten 2013 ein vom DaF-Unterricht der Mittelstufe ausgehendes Konzept, um Schülerinnen und Schülern fachsprachliche Beschreibungsmittel näherzubringen. Der Rahmenlehrplan »Deutsch als Fremdsprache« für das Auslandsschulwesen (Zentralstelle für das Auslandsschulwesen 2009) bietet eine gute Grundlage dafür: Der Film ist durchgängig als Bildungsmedium verankert und im Bereich Hör-Seh-Verstehen sind bereits filmanalytische Kompetenzen vorgesehen (vgl. Hahn/Schöler 2013, S. 595 f.). Die DaF-Lernenden benötigten aber »ein bestimmtes sprachliches Instrumentarium bei der Filmarbeit« (ebd., S. 596). Diese Spracharbeit sei im Mikro- und Makro-Scaffolding vor und während des Unterrichts umsetzbar (ebd., S. 589) und auch auf andere Fächer und Zielgruppen adaptierbar (ebd., S. 584). Die zahlreichen Vorschläge der Autorinnen (u. a. gemeinsamer Aufbau eines mehrsprachigen Filmglossars, Synonymbildung zu fachsprachlichen Begriffen, sprachpraktische Arbeit mit Filmvokabularen) bauen Wortschatz zum Handlungsfeld Film auf und **ergänzen das Modell zur sprachen- und kulturübergreifenden Filmbildung** (s. o.).

Film im DaF-Unterricht

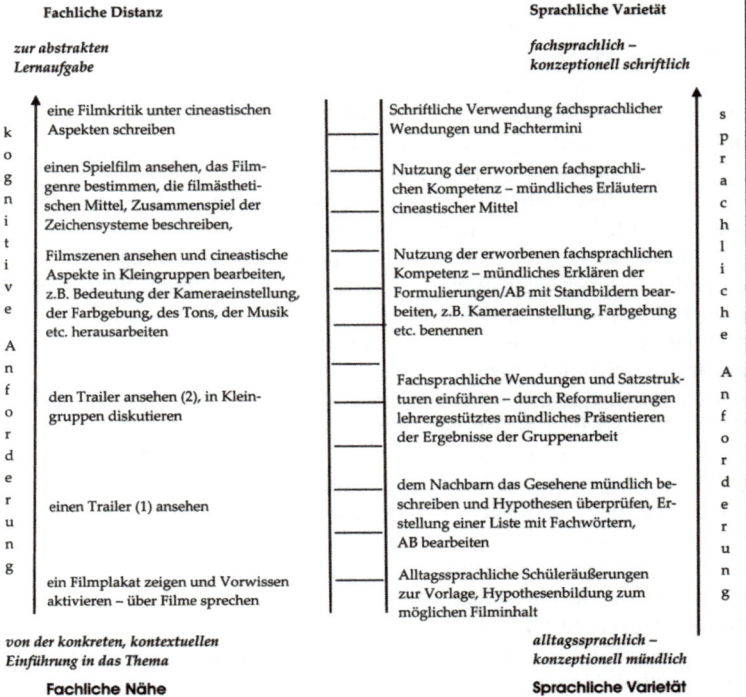

Abb. 2.2: Aufbau der Fachsprache zum Handlungsfeld Film (Hahn/Schöler 2013, S. 612)

Zur Vertiefung

Lernen mit Filmen

Godwin C. Chu und Wilbur Schramm haben bereits 1967 zahlreiche Studien über das Lernen mit Spiel- und Instruktionsfilmen referiert, die zeigen, dass ein didaktisch gut vorbereiteter Filmeinsatz (z. B. Filmgespräche, wiederholtes Zeigen des Films, Filmsichtung in Intervallen statt in der Gesamtlänge, Übungsaufgaben zu Filmen, inhaltliche Zusammenfassung nach der Filmsichtung) einen Lernzuwachs bedeutet (vgl. Chu/Schramm 1967, S. 34).

2.1.3 | Film in Bildungsstandards und Lehrplänen

Medienbildung und Filmbildung: Die Schule ist neben der Familie und der Peer-Group eine wichtige Instanz der Mediensozialisation. Deshalb ist dort laut Beschluss der Kultusministerkonferenz (KMK 2012b) eine »grundlegende, umfassende und systematische Medienbildung« (S. 4) erforderlich, die sich als »dauerhafter, pädagogisch strukturierter und begleiteter Prozess der konstruktiven und kritischen Auseinandersetzung mit der Medienwelt« (S. 3) versteht. Medienkompetenz wird von der KMK neben Lesen, Rechnen und Schreiben als »eine weitere wichtige **Kultur-**

technik« (ebd., S. 9) bezeichnet. Die Filmbildung spielt in diesem Zusammenhang insbesondere im Rahmen der kulturellen Bildung eine wichtige Rolle:

> »In der Begegnung mit dem Medium Film, seiner Sprache und seiner Wirkung wird die Sinneswahrnehmung geschult, die ästhetische Sensibilität gefördert, die Geschmacks- und Urteilsbildung unterstützt und die individuelle Ausdrucksfähigkeit erweitert.« (KMK 2012b, S. 5)

KMK-Bildungsstandards: Während sich in den ersten Fassungen der nationalen Bildungsstandards der Kultusministerkonferenz für das Fach Deutsch aus dem Jahr 2003 noch ein relativ enger Textbegriff findet, der sich ausschließlich auf schriftliche Texte bezieht, ist in den Standards für die Allgemeine Hochschulreife aus dem Jahr 2012 von »Texten unterschiedlicher medialer Form« (KMK 2012a, S. 24) und mehrfach explizit von »Film« und »audiovisueller Präsentationsform« die Rede. Diese Neuerung spiegelt sich jedoch noch nicht in den noch aus dem Jahr 2004 stammenden Bildungsstandards für die Primarstufe. Der Film findet in diesen Standardbeschreibungen überhaupt keine Erwähnung. Im Kompetenzbereich »Lesen – mit Texten und Medien umgehen« soll Kindern lediglich vermittelt werden, dass sie sich »ihrem Alter entsprechend in der Medienwelt orientieren, d. h. in Druckmedien, in elektronischen Medien sowie in Massenmedien« (KMK 2004, S. 9). Zum gedruckten literarischen Text tritt der Hörtext (vgl. ebd., S. 11), aber nicht der audiovisuelle Text. Umso wünschenswerter im Sinne der Filmbildung wären daher gerade für die Grundschule ergänzende bildungspolitische Initiativen und Beschlüsse sowie länderspezifische Rahmenlehrpläne, die den Film auch für die Primarstufe explizit als Lerngegenstand benennen.

Enger Text- und Literaturbegriff

Lehrpläne der Bundesländer: Die in den neueren Beschlüssen der Kultusministerkonferenz festzustellende Erweiterung des Textbegriffs und die Anerkennung des Bildungspotenzials des Film spiegelt sich seit geraumer Zeit auch in den Lehrplänen der Bundesländer wider: In aktuellen Lehrplanrevisionen findet sich für das Fach Deutsch z. B. eine durchgehende Verankerung des Films als Textgrundlage neben Schrifttexten von der Grundschule bis zum Gymnasium (LehrplanPLUS in Bayern, seit 2014) oder in den Sekundarstufen (Bildungsplan 2016 in Baden-Württemberg).

In Berlin-Brandenburg ergänzt ein eigener **Orientierungs- und Handlungsrahmen für die Filmbildung** seit 2016 den geltenden Rahmenlehrplan für die Jahrgangsstufen 1–10 und bietet Lehrkräften unterschiedlicher Fächer Anknüpfungsmöglichkeiten zur Zusammenarbeit zum Lerngegenstand Film. Die für den Unterricht umzusetzenden Standards sind bis zum Ende der Grundschulzeit und der Sekundarstufe I ausgewiesen. Die zentrale Kompetenz lautet: Mit Film (gestaltend) handeln. Sie speist sich aus den Kompetenzbereichen Filme lesen, Filme machen, Film kontextualisieren. Diese verbindliche Konzeption setzt sich explizit von der oben genannten Engführung des kompetenzorientierten Konzepts zur Filmbildung auf den Spiel- und Dokumentarfilm als »Urform audiovisuellen Erzählens« ab:

2 Film in der Schule

»Der Bildungs- und Lerngegenstand ›Film‹ im oben beschriebenen Sinne definiert sich folglich nicht allein durch die Filmwerke, den Spiel- und Dokumentarfilm, das bewegte Bild in all seinen Formen und den Prozess ihrer Entstehung, sondern gleichermaßen durch die vielfältigen Bezüge zwischen Film und Gesellschaft sowie durch den Umgang der Heranwachsenden damit.« (Senatsverwaltung für Bildung, Jugend und Wissenschaft, 2016, S. 3)

Der Orientierungs- und Handlungsrahmen versteht Film als **kulturelles Handlungsfeld** mit vier Dimensionen (künstlerisch, individuell, [inter-]kulturell, gesellschaftlich), in denen Schülerinnen und Schüler sowohl analytisch und reflektierend als auch praktisch mit Film umgehen. Diese Art schulischer Filmbildung soll den Heranwachsenden helfen, schulische und außerschulische Lebenswelten zu verknüpfen und das Medium Film so zu nutzen, »dass es die eigene Entwicklung und die private und berufliche Zukunft bereichert, nicht schädigt« (ebd., S. 5).

Tab. 2.2: Kulturelles Handlungsfeld Film im Orientierungs- und Handlungsrahmen für die Filmbildung in Berlin-Brandenburg (Senatsverwaltung 2016, S. 12)

Individuelle Dimension	Künstlerische Dimension	(Inter-)Kulturelle Dimension	Gesellschaftliche Dimension
Filmvorlieben; Stars/Idole; Rollen-/Lebensmodelle; Erweiterung von Weltwissen; ästhetisches Erleben; kulturelle und interkulturelle Bildung	Gattung; Genre; Narration; Bild-/Ton- Gestaltung; Produktion; Mainstream-Arthouse; Filmemacher; Filmgeschichte; ästhetische Urteilsbildung	Kulturorte; kulturelle Selbstverständigung; Geschichtskultur; interkulturelle Begegnung; Intertextualität; Symbolsysteme; Kommunikation	Meinungsbildung; Wertebildung; Schlüsselthemen; Fiktion-Realität; Produktionsbedingungen; rechtliche Vorgaben

Bildung in der digitalen Welt: Mit der Verabschiedung dieser KMK-Strategie im Jahr 2016 verständigten sich die Bundesländer auf einen verbindlichen Rahmen für Bildungsprozesse in einer durch Digitalisierung geprägten Welt. Der Kompetenzrahmen erweitert die bisherigen Konzepte zur Medienbildung und wird die Grundlage für die künftige Überarbeitung von Bildungs-, Lehr- und Rahmenplänen der Unterrichtsfächer durch die Länder sein (vgl. KMK 2016, S. 15). Der Film zählt in dieser Konzeption als **Bildungsmedium** (ebd., S. 31). Die formulierten Ziele zur zukünftigen technischen und infrastrukturellen Ausstattung der Schulen betrifft die Filmbildung ebenfalls: Durch Breitband-Anbindung soll z. B. der »Download großer Datenvolumina (Filme, Videos usw.)« ermöglicht werden. Das ländereigene Institut für Film und Bild in Wissenschaft und Unterricht (FWU) soll die neuen Anforderungen an eine bundesweite Bildungsmedieninfrastruktur unterstützen. Der Einsatz von Filmen für Lehrkräfte und der Zugang zu Filmen für Schülerinnen und Schüler könnte durch die bereits vorhandene Ausstattung (interaktive Whiteboards) sowie zusätzliche, internetbasierte Open Educational Resources erheblich erleichtert werden. Da die Strategie keine fachdidaktischen Aussagen über den Umgang mit einem vielfältigeren Filmangebot macht, ist es für die Lehrkräfte umso wichtiger, film- und mediendidaktische Konzeptionen sowie deren didaktisch-methodische Implikationen zu kennen, um einer **neuen Quantität an verfügbaren Medien** auch mit Qualität hinsichtlich der Film- und Medienbildung zu begegnen und die konzeptionell erarbeitete Orientierung am Handlungsfeld Film (s. Kap. 2.1.1) nicht für eine neue Gegenstandsorientierung aufzugeben.

2.2 | Filmvorführungen in der Schulklasse

Neues Urheberrecht: Während es laut KMK-Strategie zur Bildung in der digitalen Welt (s. Kap. 2.1.3) und im privaten Bereich immer leichter wird, Filme über Streaming-Anbieter zu beziehen, gibt es gegenwärtig für die Filmvorführung in der Schule besondere rechtliche Rahmenbedingungen. So gilt seit 1. März 2018 (bis vorerst 2022) in Deutschland ein neues Urhebergesetz, das eine Wissenschafts- und Bildungsschranke vorsieht. Damit ist nun gesetzlich geregelt, dass **bis zu 15 Prozent eines Films** oder eines anderen audiovisuellen Textes ohne eine Lizenz oder sonstige Genehmigung im Unterricht vorgeführt sowie zu Lehrzwecken gespeichert und auf Online-Lernplattformen hochgeladen dürfen (vgl. Film + Schule NRW 2018, S. 4). Dasselbe gilt für **Kurzfilme**, die **kürzer als fünf Minuten** sind. Allerdings dürfen solche Filmausschnitte bzw. Kurzfilme nur dem jeweiligen Klassenverband zugänglich sein und das Filmmaterial muss aus legaler Quelle stammen sowie ohne Überwindung eines Kopierschutzes erstellt worden sein. Ausgenommen von dieser Regelung sind Filme, die explizit als Lehrfilme ausgewiesen sind. Die Rechteinhaber erhalten in diesem Zusammenhang über Verwertungsgesellschaften eine Vergütung, doch hierum muss sich die Lehrkraft nicht selbst kümmern.

Private und öffentliche Vorführung: In Bezug auf die Vorführung eines Langfilms im Unterricht gestaltet sich die Rechtslage schwieriger. So kann auch nach der jüngsten Urheberrechtsnovelle leider keine eindeutige und rechtssichere Aussage darüber getroffen werden, ob es zulässig ist, einen Film über eine **privat erworbene Kopie** (z. B. eine Kauf-DVD) im Klassenzimmer in Gänze zu zeigen. Das liegt daran, dass laut Urheberrecht eine Vorführung im privaten Bereich gestattet ist, in der Öffentlichkeit hingegen nicht. Ob der Klassenverband als ein öffentlicher oder ein privater Bereich zu gelten hat, wird unterschiedlich interpretiert, ein höchstrichterliches Urteil wurde zu dieser Frage bislang nicht gefällt. Eine Broschüre von Film + Schule NRW beantwortet die Frage folgendermaßen:

»Nach überwiegender Rechtsauffassung ist der Unterricht im Klassenverband von Schulen nicht öffentlich, mit der Filmvorführung wird dort also nicht in ein Verbotsrecht des Urhebers (nach §§ 15, 19 Abs. 4 UrhG) eingegriffen. Soweit Filmkopien legal privat erworben wurden, darf eine Lehrkraft sie deshalb im Klassenunterricht zeigen.« (Film + Schule NRW 2018, S. 3)

Allerdings ist eine Vorführung vor Schülerinnen und Schülern aus mehreren Klassen, bei Schulfesten oder Schulveranstaltungen definitiv nicht gestattet. Laut Institut für Film und Bild in Wissenschaft und Unterricht (FWU 2012) folgen die meisten Kultusministerien bzw. Schulverwaltungen dieser Rechtsauffassung, darüber hinaus hat sich das Bundesministerium der Justiz in entsprechender Weise geäußert.

Filme, die in kommunalen oder kirchlichen **Medienzentren** verfügbar sind, kommen mit einer sogenannten V + Ö-Lizenz, die auch eine öffentliche Vorführung erlaubt. Das Angebot der Medienzentren umfasst neben DVDs zur Ausleihe auch zunehmend Filme zur schulischen Nutzung per Download oder Stream über entsprechende Schulfilmserver bzw. Bildungsclouds. Darüber hinaus können im Unterricht **Schulfernsehsendungen** (z. B. ARD-alpha oder Planet Schule) gezeigt, **Open Educational Resources (OER)** im Internet genutzt oder Kinobesuche organisiert werden, z. B. im Rahmen der SchulKinoWochen von Vision Kino (s. Kap. 19).

Teilweise öffnen auch **kommerzielle Streaming-Anbieter** ihr Angebot für die unterrichtliche Nutzung. So stellt beispielsweise Netflix ausgewählte Eigenproduktionen zur Verfügung, größtenteils Dokumentationen, aber auch Serien und andere Formate (vgl. hierzu Netflix International 2018). Insgesamt ist dieses Angebot jedoch nur bedingt filmdidaktisch wertvoll. Schließlich gibt es inzwischen auch Video-on-Demand-Angebote von Bibliotheken. So bietet das Portal filmfriend.de über 500 Filme an, darunter zahlreiche Kinder- und Jugendfilme, allerdings ebenfalls ausschließlich für private, nicht-kommerzielle Vorführungen.

> **Zur Vertiefung**
>
> **Arbeitsteilige Filmvorführung**
> Mehrere Schülerinnen und Schüler sehen im Klassenraum verschiedene Filmausschnitte aus einem oder mehreren Filmen an und tauschen sich über das Gesehene im Unterricht aus. Die Lernenden rezipieren individuell mit (selbst mitgebrachten) Kopfhörern, die an sogenannte Audio-Klinkensplitter gesteckt werden, sodass pro Abspielgerät fünf Personen angeschlossen werden können und alle parallel arbeiten, ohne dass es im Raum zu laut wird.

Literatur

Abraham, Ulf/Kepser, Matthis: *Literaturdidaktik Deutsch. Eine Einführung*. Berlin ³2009.

Abraham, Ulf/Kepser, Matthis: »Filme beschreiben im Deutschunterricht – Audiodeskription und Untertitel für Hörgeschädigte«. In: Ingelore Oomen-Welke/Michael Staiger: *Bilder in Medien, Kunst, Literatur, Sprache, Didaktik*. Freiburg 2012, S. 95–117.

Anders, Petra: »Medien als Perspektive für Inklusion? Überlegungen zum gemeinsamen Unterricht im Fach Deutsch«. In: Oliver Musenberg/Judith Riegert: *Didaktik und Differenz*. Bad Heilbrunn 2016, S. 122–133.

Anders, Petra/Riegert, Judith (Hg.): Inklusiv unterrichten: Textzugänge. *Themenheft von »Deutsch 5–10«*, H. 55 (2018).

Arbeitskreis Filmbildung: Filmbildung – Kompetenzorientiertes Konzept (2015), https://lkm.lernnetz.de/index.php/filmbildung.html (2.1.2019).

Bergala, Alain: *Kino als Kunst. Filmvermittlung an der Schule und anderswo*. Marburg 2006.

Blell, Gabriele/Kepser, Matthis/Grünewald, Andreas/Surkamp, Carola: »Film in den Fächern Deutsch, Englisch, Französisch, Spanisch. Ein Modell zur sprach- und kulturübergreifenden Filmbildung«. In: Dies. (Hg.): *Film in den Fächern sprachlicher Bildung*. Baltmannsweiler 2016, S. 11–61.

Bosse, Ingo: »Filmbildung als Aufgabe einer sich entwickelnden inklusiven (Literatur-)Didaktik – eine Standortbestimmung«. In: Daniela A. Frickel/Andre Kagelmann (Hg.): *Der inklusive Blick*. Frankfurt a. M. 2016, S. 193–212.

Chu, Godwin C./Schramm, Wilbur: *Learning from television. What the research says*. Washington, D. C. 1967

Film + Schule NRW: *Was darf ich in der Filmbildung? Antworten auf häufig gestellte rechtliche Fragen zur Arbeit mit Filmen und anderen Medien in der Schule*. Bearbeitungsstand: 12.4.2018. Bearbeiter des Textes: Philipp Kiersch, Institut für Medienrecht, Universität zu Köln, http://www.filmundschule.nrw.de/filer/canonical/1524218610/123433/ (22.12.2018).

Fuchs, Mechtild/Klant, Michael/Pfeiffer, Joachim/Staiger, Michael/Spielmann, Raphael: »Freiburger Filmcurriculum. Ein Modell des Forschungsprojekts ›Integrative Filmdidaktik‹«. In: *Der Deutschunterricht* 60/3 (2008), S. 84–90.

FWU – Institut für Film und Bild in Wissenschaft und Unterricht: *Urheberrechtlicher Öffentlichkeitsbegriff und Schule* (2012), https://www.fwu.de/wp-content/uploads/2012/03/Oeffentlichkeit_und_Schule.pdf (19.12.2018).

Grimm, Petra/Rhein, Stefanie/Clausen-Muradian, Elisabeth/Koch, Elisabeth/Eisemann, Christoph: *Gewalt im Web 2.0. Der Umgang Jugendlicher mit gewalthaltigen Inhalten und Cyber Mobbing sowie die rechtliche Einordnung der Problematik*. Berlin 2008, https://www.nlm.de/fileadmin/dateien/pdf/Band_23.pdf (2.1.2019).

Hahn, Natalia/Schöler, Marianne: »Mit Scaffolding zur Fachsprache ›Film‹ im DaF-Unterricht«. In: *Info DaF* 40/6 (2013), S. 584–621.

Henzler, Bettina: *Filmästhetik und Vermittlung: Zum Ansatz von Alain Bergala: Kontexte, Theorie und Praxis*. Marburg 2013.

Kammerer, Ingo/Kepser, Matthis (Hg.): *Dokumentarfilm im Deutschunterricht*. Baltmannsweiler 2014.

Kepser, Matthis/Abraham, Ulf: *Literaturdidaktik Deutsch. Eine Einführung*. Berlin ^{4}2016.

Kepser, Matthis: »Film im Kontext schulischer Bildung. Herausforderungen, Potenziale und Perspektiven«. Vortrag im Filmmuseum Potsdam (2015), https://bildungsserver.berlin-brandenburg.de/fileadmin/bbb/themen/Medienbildung/Unterricht/filmbildung/Tagungsdoku_Klappe/Klappe_1/Vortragskript_Prof._Matthis_Kepser.pdf (27.12.2018).

Kepser, Matthis: »Zum Stand der schulischen Filmbildung in Theorie und Praxis«. In: Ders. (Hg.): *Fächer der schulischen Filmbildung. Deutsch, Englisch, Geschichte u. a*. München 2010, S. 7–35.

Kepser, Matthis: »Spannender Vorspann: Reflexion des Filmvorspanns im Deutschunterricht mit Hilfe des Computers«. In: Volker Frederking/Matthis Kepser/Matthias Rath: *Log in! Kreativer Deutschunterricht und Neue Medien*. München 2008, S. 101–139.

KMK: *Strategie Bildung in der digitalen Welt* (2016), https://www.kmk.org/themen/bildung-in-der-digitalen-welt/strategie-bildung-in-der-digitalen-welt.html (2.1.2019).

KMK: *Bildungsstandards im Fach Deutsch für die Allgemeine Hochschulreife* (Beschluss der Kultusministerkonferenz vom 18.10.2012) (2012a), https://www.kmk.org/fileadmin/veroeffentlichungen_beschluesse/2012/2012_10_18-Bildungsstandards-Deutsch-Abi.pdf (2.1.2019).

KMK: *Medienbildung in der Schule* (Beschluss der Kultusministerkonferenz vom 8.3.2012) (2012b), https://www.kmk.org/fileadmin/Dateien/veroeffentlichungen_beschluesse/2012/2012_03_08_Medienbildung.pdf (2.1.2019).

KMK: *Bildungsstandards im Fach Deutsch für den Primarbereich* (Beschluss der Kultusministerkonferenz vom 15.10.2004) (2004), https://www.kmk.org/fileadmin/veroeffentlichungen_beschluesse/2004/2004_10_15-Bildungsstandards-Deutsch-Primar.pdf (2.1.2019).

Lihme, Benny: *Socialpædagogikken for børn og unge: et debatoplæg med særligt henblik pa døgninstitutionen*. Holte 1988.

Merlin, Dieter: »Rezension zu: Henzler, Bettina (2013): Filmästhetik und Vermittlung. Zum Ansatz von Alain Bergala: Kontexte, Theorie und Praxis«. In: *MEDIENwissenschaft. Rezensionen*, Reviews. 4 (2014), S. 414–416, http://archiv.ub.uni-marburg.de/ep/0002/article/view/3308/3183 (2.1.2019).

Netflix International: *Genehmigung zur Vorführung zu Bildungszwecken* (2018), https://help.netflix.com/de/node/57695 (2.1.2019).

Riegert, Judith: »Serielle Erzählungen im inklusiven Deutschunterricht«. In: Petra Anders/Michael Staiger (Hg.): *Serialität in Literatur und Medien*. Bd. 1. Baltmannsweiler 2016, S. 28–41.

Riegert, Judith: »Zur Frage der Anschaulichkeit im inklusiven Literaturunterricht«. In: *Sonderpädagogische Förderung heute* 4 (2015), S. 370–381.

Senatsverwaltung für Bildung, Jugend und Wissenschaft (Hg.): Orientierungs- und Handlungsrahmen Filmbildung (2016), https://www.berlin.de/sen/bildung/unterricht/faecher-rahmenlehrplaene/faecheruebergreifende-themen/filmbildung/ (2.1.2019).

Thäle, Angelika/Riegert, Judith: »Literarisches Lernen im inklusiven Deutschunterricht. Zur Bedeutung von Textzugängen«. In: Johannes Hennies/Michael Ritter (Hg.): *Deutschunterricht in der Inklusion*. Stuttgart 2014, S. 195–208.

Zentralstelle für das Auslandsschulwesen (Hg.): *Rahmenplan Deutsch als Fremdsprache für das Auslandsschulwesen*. Autorenteam: Bausch, Karl-Richard u. a. Köln 2009 (Bundesverwaltungsamt), https://www.auslandsschulwesen.de/Webs/ZfA/DE/Deutsch-lernen/DaF-Rahmenplan/daf-rahmenplan_node.html (2.1.2019).

Petra Anders

3 Filmdidaktische Ansatzpunkte

3.1 Zieldimensionen von Filmunterricht
3.2 Filmdidaktische Konzeptionen
3.3 Verfahren im Umgang mit Filmen
3.4 Planung von Filmunterricht

3.1 | Zieldimensionen von Filmunterricht

Der Film und andere audiovisuelle Medien haben inzwischen Buch und Schrift als **narrative und kulturelle Leitmedien** abgelöst (vgl. Maiwald 2013, S. 222; s. Kap. 1). Deshalb sollte es eigentlich gar nicht mehr notwendig sein, den Film abermals als Unterrichtsgegenstand für den Deutschunterricht zu legitimieren. Denn inzwischen gibt es neben grundlegenden Positionsbestimmungen zur Filmdidaktik mehrere ausgearbeitete Ansätze und Konzeptionen (s. Kap. 3.2), Vorschläge für Filmcurricula und Filmbildungsstandards (s. Kap. 2.1.3), Handreichungen und Unterrichtsmaterialien für Lehrkräfte sowie zahlreiche Schulbuchkapitel und sogar ganze Schulbücher für den Filmunterricht (vgl. Staiger 2016, S. 236 und die Fachbibliographie Kepser 2016). Nicht zuletzt sehen mittlerweile die **Lehr- und Bildungspläne** fast aller Bundesländer für das Fach Deutsch eine mehr oder weniger verbindliche Auseinandersetzung mit dem Medium Film vor (Kepser/Abraham 2016, S. 209).

Zwischen Anspruch und Wirklichkeit: Trotz dieses »Quantensprungs« (ebd., S. 210) der Filmdidaktik in den letzten 15 Jahren scheint das Medium Film in der Schulpraxis noch immer nicht richtig angekommen zu sein. Das lassen zumindest die wenigen vorliegenden **empirischen Befunde** vermuten: Laut Volker Frederking (2016, S. 376) beispielsweise bestätigen weniger als neun Prozent der in einer Studie befragten Schülerinnen und Schüler (9./10. Klasse), dass sie sich im Deutschunterricht fiktionale Filme oder Ausschnitte daraus ansehen, fast 40 Prozent geben an, dies geschehe überhaupt nicht. Bei nicht-fiktionalen Genres sind es sogar fast 70 Prozent. Auf das Desinteresse der Schülerinnen und Schülern kann man dies nicht zurückführen: In einer 2006 durchgeführten Studie zum Filmwissen von Abiturienten und Abiturientinnen belegt Kepser (2008, S. 46), dass diese überaus interessiert daran wären, Spielfilme inhaltlich, formal und historisch zu untersuchen. Entsprechende empirische Erhebungen zum Filmeinsatz im Grundschulbereich stehen noch aus.

Filmdidaktische Qualifikation: Ein Grund dafür, dass im Fach Deutsch immer noch zu selten Filmunterricht stattfindet, liegt sicherlich darin, dass zahlreiche Lehrkräfte wenige oder gar keine Erfahrungen im Umgang mit Film im Unterricht mitbringen. Das ist nicht zuletzt dem **Aufbau der Lehramtsstudiengänge** geschuldet: Dort ist eine filmdidaktische Qualifizierung für angehende Deutschlehrerinnen und Deutschlehrer bis heute nicht verpflichtend. Ob Filme und andere audiovisuelle Texte im Germanistikstudium eine Rolle spielen, hängt letztlich von der »medialen

> Schulpraxis und Film

Breite des Fachverständnisses« (Stuck 2006, S. 114) der Dozierenden ab, die jedoch mehrheitlich Filme nicht als Teil des literarischen Kanons betrachten (vgl. ebd., S. 115). Dabei ist es in der Deutschdidaktik inzwischen Konsens, davon auszugehen, dass Literatur in verschiedenen medialen Formen existiert – eben nicht nur schriftlich in einem Buch, sondern z. B. auch als Bild-Ton-Kombination in einem Film.

Film im Alltag und in der Schule: Als weiteres Argument gegen den Filmeinsatz im Unterricht wird von Lehrkräften immer wieder vorgebracht, dass Kinder aus ihrer Freizeit bereits vielfältige Filmerfahrungen mitbringen und die Schule eher **Differenzerfahrungen** (z. B. anhand von Bilderbüchern oder Kinder- bzw. Jugendromanen) eröffnen sollte. Natürlich kann und soll das Medium Film den Umgang mit schriftlicher Literatur im Unterricht nicht ersetzen. Doch gerade weil audiovisuelle Texte im alltäglichen Medienhandeln von Kindern und Jugendlichen – und den hiermit verbundenen Prozessen der Individuation, Sozialisation und Enkulturation (vgl. Kepser/Abraham 2016, S. 19 ff.) – einen so hohen Stellenwert besitzen, ist ein reflektierter Umgang mit ihnen umso bedeutender.

Darüber hinaus besitzt der Film im **Medienverbund** mittlerweile oftmals nicht mehr einen Sekundärstatus (z. B. als Literaturverfilmung), sondern bildet vielmehr dessen Ausgangspunkt (zu einem Film entsteht z. B. ein Comic, ein Hörbuch und ein Roman). Deshalb kann das weite Spektrum von literarästhetischen Erfahrungsmöglichkeiten von Medienverbünden (vgl. Kruse 2014, S. 4) im Deutschunterricht für das literarische und mediale Lernen nur dann fruchtbar gemacht werden, wenn dort auch eine Reflexion filmischer Ästhetik stattfindet.

Medienkompetenz-Förderung von Anfang an

Kindeswohl: Für den Grundschulbereich gehen die Überlegungen teilweise in die Richtung, Kinder vor unliebsamen Bildern aus Filmen beschützen zu wollen. Aufgrund welcher Vorerfahrung und mit welcher Wirkung Kinder Filme verarbeiten, ist in der Tat individuell sehr unterschiedlich (s. Kap. 1.2.2). Deshalb sollten diese Befürchtungen von Lehrkräften – und Eltern – unbedingt ernstgenommen werden, sollten aber nicht dazu führen, sich grundsätzlich gegen Film als Unterrichtsgegenstand zu entscheiden. Denn: Die Förderung der Medienkompetenz von Anfang an muss ein gemeinsames Ziel in der Lehrkräftebildung und in der Schulpraxis sein (vgl. KMK 2012, S. 6 f.). Entscheidend für den Nutzen und Erfolg von Filmunterricht ist eine pädagogisch und didaktisch begründete Filmauswahl, die sich nicht einfach am unscharfen Kriterium der ›Altersgerechtheit‹ orientieren kann, sondern unbedingt die individuellen medialen Vorerfahrungen und Kompetenzen der Kinder in der konkreten Klasse berücksichtigen muss (s. Kap. 1.2.3).

Filmlesefähigkeit: Versteht man audiovisuelle Texte als eine mediale Form von Literatur, dann erwächst daraus für den Deutschunterricht zum einen die Aufgabe, Kindern und Jugendlichen »Filmlesefähigkeit« zu vermitteln (s. Kap. 1.2.2). Dieser Begriff stellt – so Maiwald (2013, S. 231) – einen Notbehelf dar, weil Filme freilich nur im übertragenen Sinne »gelesen« werden. Hier wird er im Sinne von **Rezeptionsfähigkeit** verstanden, also der Fähigkeit, einen Text als Leser/in, Hörer/in und/oder Betrachter/in wahrzunehmen und zu erschließen.

Maiwald (ebd.) differenziert Filmlesefähigkeit im Hinblick auf folgende Aspekte:

- **Dekodierung des filmischen Textes:** medienspezifische Darstellungscodes (z. B. Musik und Geräusche, Lichtregie, Schnitt und Montage) und ihr Zusammenspiel als bedeutungsgenerierend wahrnehmen, ebenso medienübergreifende narrative Kategorien (z. B. Figuren, Haupt- und Nebenhandlung, Symbole)
- **Auseinandersetzung mit fiktionalen Wirklichkeitsmodellen:** Realitätsbezug, Problemhaltigkeit, Sinnpotenzial eines Films erschließen
- **Realisierung intertextueller und transmedialer Zusammenhänge:** implizite und explizite Bezüge und Verweise auf andere Texte und Medien erkennen
- **Kontextualisieren eines audiovisuellen Textes:** Entstehungszeit, Programmumgebung, Genrezugehörigkeit, Einordnung in filmgeschichtliche Epochen oder in das Gesamtwerk einer Regisseurin oder eines Regisseurs wahrnehmen

Filme lesen lernen

Maiwald betont, dass Filmlesefähigkeit »keine bloße Zergliederung filmsprachlicher Elemente und Strukturen« (ebd., S. 233) meint, sondern immer emotionale Aspekte des Filmerlebens miteinschließt. Spielen Emotionen und Wahrnehmungen keine Rolle, dann läuft die Filmanalyse längerfristig Gefahr, im Deutschunterricht das gleiche Schicksal zu erleiden wie die dort oftmals unbeliebte Gedichtanalyse.

Kulturelle Handlungsfähigkeit: Zum anderen sollte der Umgang mit Filmen Schülerinnen und Schüler dazu befähigen, am kulturellen Handlungsfeld Film teilhaben zu können (s. Kap. 1).

Dazu gehört (vgl. Maiwald 2013, S. 233, erweitert in Bezug auf Groeben 2002):

- **Medienwissen** über Fernsehen, Kino und Internet als kulturelle und kommerzielle Institutionen
- an eigenen Bedürfnissen und Interessen ausgerichtete, gezielte **Mediennutzung** in unterschiedlichen Rezeptionssituationen (z. B. zu Hause, im Kino, unterwegs im Bus)
- medienbezogene **Genussfähigkeit** und emotionales Erleben (z. B. Angstlust, Spannung, Mitleid)
- medienbezogene **Kritikfähigkeit**, u. a. durch Nutzung relevanter Informationsquellen und Diskurse (z. B. Filmlexika im Internet, Filmrezensionen)
- **Partizipation** durch aktive Nutzung von Medien als Rezipient und Produzent (z. B. von Kommentaren in sozialen Medien oder Produktion eines YouTube-Clips)
- **Anschlusskommunikation** als kommunikative Verarbeitung von Filmerleben in der Peer-Group, in der Familie oder in der Klasse

Teilhabe am Handlungsfeld Film

Filmunterricht leistet somit nicht nur einen wichtigen Beitrag zum Erwerb und zur Förderung von Medienkompetenzen allgemein (vgl. Groeben 2002), sondern ist auch ein elementarer Teil der kulturellen Bildung (vgl. KMK 2012, S. 5).

3 Filmdidaktische Ansatzpunkte

Filmintegration in den Unterricht: In Bezug auf das Fach Deutsch denkt man in Bezug auf das Medium Film zuallererst an den Kompetenzbereich »Lesen – mit Texten und Medien umgehen«. Ulf Abraham hat in seinem Buch *Filme im Deutschunterricht* (2016) überzeugend dargelegt, dass Filme nicht ausschließlich für diesen Lernbereich relevant sind, sondern dass alle Kompetenzbereiche des Deutschunterrichts von ihnen profitieren können. Wie das konkret aussehen kann, veranschaulichen die folgenden Beispiele (vgl. Abraham 2016, S. 71 f.; Staiger 2016, S. 248; für weitere Beispiele s. Kap. 3.3):

Film in den Kompetenzbereichen

- Im Bereich **Sprechen und Zuhören** kann die Handlung von Filmen und Fernsehsendungen nacherzählt werden; in einem Filmgespräch besteht Gelegenheit zum Austausch unterschiedlicher Beobachtungen und Eindrücke (Anschlusskommunikation). Screenshots und Filmausschnitte werden zur Grundlage einer gemeinsamen Analyse oder sie werden mit einer neuen Synchronisation, einer Erzählstimme im Voice-Over, einer Audiodeskription für blinde Menschen oder einem Audiokommentar versehen.
- Im Bereich **Schreiben** eröffnet sich ein großes Spektrum an möglichen Aufgaben: das Verfassen von ›Texten für Filme‹ (Exposé, Treatment, Drehbuch, Storyboard), von ›Texten zu Filmen‹ (Figurenbiographie oder -charakteristik) oder von ›Texten über Filme‹ (Filmrezension, TV-Programmankündigung, DVD-Werbetext), darüber hinaus das Schreiben von Essays oder Erörterungen über kontroverse Themen eines Films oder einer Fernsehsendung.
- Im Bereich **Sprache und Sprachgebrauch untersuchen** können Fragen der Synchronisation und Untertitelung eines Films thematisiert werden. Filmdialoge, Diskussionen in Fernseh-Talkshows oder Gespräche in Reality-TV-Formaten sind sehr gut geeignet für gesprächsanalytische Untersuchungen, so wie es sich insgesamt anbietet, den Sprachgebrauch in verschiedenen Fernsehformaten zu vergleichen.
- Zum Bereich **Lesen – mit Texten und Medien umgehen** zählt neben der Lektüre und Analyse von schriftlichen Texten für, zu und über Filme (s. o.) der rezeptions- und produktionsorientierte Umgang mit audiovisuellen Texten: Erzählweisen, Figurenkonstellationen oder Zeitebenen analysieren, Verfilmung mit Vorlage oder Original mit Remake vergleichen, Rollenspiele inszenieren, einen eigenen Film drehen.

Die Beispiele zeigen, dass es sich bei Filmen und anderen audiovisuellen Texten nicht um zusätzliche Unterrichtsgegenstände neben Sprache und Literatur handelt, die dem Deutschunterricht nun auch noch ›aufgebürdet‹ werden sollen. Vielmehr kann der Umgang mit audiovisuellen Texten zur Förderung und zum Erwerb zahlreicher sprachlicher und literarischer Kompetenzen beitragen, die in den Bildungsstandards für das Fach Deutsch festgelegt sind. Ob und in welchem Umfang dies geschieht, entscheidet die Lehrkraft, da im Rahmen eines kompetenzorientierten Unterrichts die Unterrichtsinhalte in der Regel nicht mehr zwingend vorgegeben sind.

3.2 | Filmdidaktische Konzeptionen

Die Debatte darüber, welchen Platz audiovisuelle Medien in der Schule haben sollten und wie Film- und Fernseherziehung konkret aussehen kann, ist so alt wie diese Medien selbst (zum Folgenden vgl. Staiger 2016, S. 249 ff.; Schönleber 2012, S. 19 ff.; Kommer 1979).

Geschichte der Filmerziehung: In der Frühzeit des Kinos zu Beginn des 20. Jahrhunderts dominierten im Rahmen der **Kinoreformbewegung** zunächst kritische und warnende Stimmen. Es wurde befürchtet, dass das Medium Film für Heranwachsende gesundheitliche Gefahren mit sich bringen könnte und aufgrund der Darstellung von Gewalt und Sexualität zu ihrer Verrohung beitragen würde. Mit dem Lichtspielgesetz von 1920 wurde eine staatliche Prüfstelle eingerichtet, die darüber entschied, ob ein Film öffentlich vorgeführt werden durfte. Kindern unter 6 Jahren war der Besuch von Filmvorführungen damals grundsätzlich verboten. Bewahrpädagogik

Gleichzeitig entwickelte sich vor dem Hintergrund der Reformpädagogik die **Schulfilmbewegung**, die sich für die didaktisch reflektierte Gestaltung von Filmen einsetzte und Konzepte zum Umgang mit Filmen im Unterricht entwickelte, z. B. das Filmgespräch sowie erste handlungs- und produktionsorientierte Ansätze der Filmarbeit. In den 1920er Jahren wurden zudem zahlreiche staatliche Bildstellen eingerichtet, die zum einen für die pädagogische Beratung der Filmindustrie zuständig waren und zum anderen für die Erarbeitung von pädagogischem Begleitmaterial und die Lehrerfortbildung. Die Nationalsozialisten machten sich später diese Infrastruktur zunutze und setzten das Medium Film u. a. mithilfe der Bildstellen für propagandistische Zwecke ein. Frühe Filmdidaktik

Nach 1945 setzte sich in der Filmerziehung die **bewahrpädagogische Traditionslinie** fort (Ziel: Erziehung zum ›wertvollen‹ Spielfilm), und auch der Deutschunterricht war geprägt von einer distanzierten bis ablehnenden Haltung gegenüber dem Medium Film. So wurde zwar durchaus der zunehmende Stellenwert der audiovisuellen Medien bei Kindern und Jugendlichen erkannt, Filme wurden jedoch nicht als eigenständige Form von Kunst oder Literatur akzeptiert und ernst genommen.

In den 1960er und 1970er Jahren öffnete sich der Deutschunterricht gegenüber den Massenmedien Film und Fernsehen. Ziel der **ideologiekritischen Deutschdidaktik** war es, die Schülerinnen und Schüler zu aufgeklärten und kritischen Rezipienten zu machen, die emanzipiert mit Medien umgehen und diese produktiv nutzen. So stand neben einem analytisch-rezeptionsorientierten Umgang mit Film und Fernsehen auch die aktiv-kreative Filmarbeit auf dem Lehrplan. Erweiterung der Unterrichtsgegenstände

In den 1980er Jahren lag der Schwerpunkt der entwickelten filmdidaktischen Modelle auf der **Literaturverfilmung** und dem analytischen Vergleich von Roman und Verfilmung. Die 1990er Jahre stehen schließlich im Zeichen der **integrierten Medienerziehung** und somit dem Bestreben, die Integration des Mediums Films in den Deutschunterricht nicht mehr länger nach allgemeinen medienpädagogischen Kriterien voranzutreiben, sondern aus spezifisch deutschdidaktischer Sicht.

Gegenwärtige filmdidaktische Ansätze: Das Ergebnis dieses Prozesses sind die zahlreichen filmdidaktischen Konzeptionen für den Deutschunterricht, die seit der Jahrtausendwende entwickelt wurden. Sie verbinden bestehende literaturdidaktische und medienpädagogische Ansatzpunkte miteinander und greifen für ihre fachliche Grundlegung auf film- und medienwissenschaftlichen Theorien zurück. Staiger (2016, S. 255–258) unterscheidet grundlegend drei verschiedene film- und fernsehdidaktische Ausrichtungen:

Drei filmdidaktische Ausrichtungen

- **Analytisch-reflexive Ausrichtung:** Im Zentrum steht hier die Film- und Fernsehanalyse, also das Ziel, Schülerinnen und Schüler dabei zu unterstützen, audiovisuelle Texte ›lesen‹ und verstehen zu können. Dabei sollte sich die Analyse im Unterricht nicht auf eine reine Beschreibung der filmischen Mittel beschränken, die Leitfrage sollte vielmehr lauten: »Was wird wie mit welcher Wirkung in welchem Zusammenhang gezeigt?« (Abraham 2016, S. 69). Als theoretische Grundlagen dienen filmwissenschaftliche Kategorien der Filmanalyse (s. Kap. 4.3; vgl. Abraham 2016, S. 37–46) und Ansätze der Filmnarratologie (vgl. Kaul/Palmier 2016).
- **Intermediale Ausrichtung:** Im Zuge des Vergleichs eines Films mit einem schriftlichen literarischen Text, z. B. einer Verfilmung mit ihrer Romanvorlage, werden Gemeinsamkeiten und Unterschiede des filmischen und des verbalsprachlichen Erzählens untersucht (s. Kap. 6; vgl. Staiger 2010). Möglich ist darüber hinaus ein Medienvergleich von Film und Theaterinszenierung, Hörspiel, Computerspiel oder jedem anderen medialen Text. Besonders ertragreich ist in diesem Zusammenhang der Einsatz des Computers als »Symmedium« (Albrecht/Frederking 2015, S. 32), d. h. als Medium, das alle medialen Formen vereint (stehendes und bewegtes Bild, Ton, Schrift) und dadurch individualisierte Zugänge in der Rezeption und Produktion von Filmen ermöglicht.
- **Ästhetische Ausrichtung:** Dieser Ansatz zielt auf die Förderung der Vorstellungs- und Wahrnehmungsbildung und somit auf eine zentrale Kompetenz im Rahmen des literarischen Lernens. Schülerinnen und Schüler sollen mithilfe des Mediums Film dazu befähigt werden, ihre eigenen Wahrnehmungs- und Deutungsprozesse sowie ästhetischen Erfahrungen bei der Rezeption eines Films nachzuvollziehen. Hierzu wird entweder der Weg vom Bild zu seiner Versprachlichung gewählt oder umgekehrt, also die ›Bildfindung‹ (z. B. Zeichnung, Smartphone-Foto) zu einem vorliegenden Satz oder Text.

Die hier vorgestellte Dreiteilung von Ausrichtungen dient lediglich dazu, gegenwärtige filmdidaktische Entwicklungstendenzen im Rahmen der Deutschdidaktik aufzeigen. Viele der vorliegenden Unterrichtsmodelle und -materialien orientieren sich nicht ausschließlich an einer der genannten Ausrichtungen, sondern verbinden sinnvollerweise unterschiedliche Zugänge und Verfahren miteinander. Das zeigen auch die Beispiele aus den filmdidaktischen Themenfeldern in den Kapiteln 4 bis 18 dieses Bandes.

3.3 | Verfahren im Umgang mit Filmen

Die Arbeit an audiovisuellen Texten – also Filmen, Serien, Videoclips usw. – im Unterricht unterscheidet sich nicht grundlegend vom Umgang mit schriftlichen Texten. Denn auch hier geht es darum, zunächst den audiovisuellen Text **sinnlich wahrzunehmen** und **zu erschließen** (Zeichen dekodieren, Kohärenzen bilden, Vorwissen aktivieren, Handlung nachvollziehen usw.), um ihn dann gegebenenfalls zu **analysieren** (Textstrukturen erkennen, Darstellungsmittel identifizieren usw.), zu **interpretieren** (Deutung, Kontextualisierung usw.) und/oder seine ästhetische Wirkung zu **reflektieren**. Das heißt, dass viele Verfahren, die sich in der Arbeit an schriftlichen Texten im Unterricht bewährt haben, auch in Bezug auf audiovisuelle Texte zum Einsatz kommen können. Hierbei sollte jedoch immer medienreflexiv vorgegangen werden, d. h. ein Film sollte unbedingt im Hinblick auf seine technischen Bedingungen und medienästhetischen Spezifika betrachtet werden.

Filme mehrmals sehen

Viele Filme, die im Unterricht behandelt werden, haben die Schülerinnen und Schüler bereits in Ausschnitten oder ganz gesehen. Davon kann der Unterricht profitieren, denn Kinder und Jugendliche können dann erfahren, dass mehrmaliges Sehen ein tieferes Verständnis und größeren Genuss bedeuten kann. Zudem muss im Unterricht nicht gleichförmig von der gesamten Klasse derselbe Film rezipiert werden: Die Schülerinnen und Schüler können z. B. je nach Interesse verschiedene Filmklassiker, Nachrichtenformate, Spielfilme oder Animationsserien ansehen und dann die den Formaten gemeinsamen Merkmale und Inhalte als übertragbares Wissen erarbeiten.

Zur Vertiefung

Verfahren im Überblick: Die folgende Liste (in Anlehnung an Abraham 2016, S. 91 ff.; Kepser 2010; Surkamp 2004; Stempleski/Tomalin 2001; Klant/Spielmann 2011) gibt einen Überblick über einige **unterrichtsmethodische Zugänge zu Filmen**, unterteilt nach dem Zeitpunkt ihres Einsatzes (vor, während oder nach der Filmrezeption). Welches Verfahren oder welche Kombination mehrerer Verfahren als Methodenarrangement sich für eine konkrete Unterrichtseinheit eignet, hängt von deren Zielsetzung und der angestrebten Kompetenzvermittlung ab (s. Kap. 2 u. 3.4). Die Verknüpfung von rezeptionsorientierten [R] und produktionsorientierten [P] Zugängen hat sich im Deutschunterricht im Umgang mit schriftlichen Texten bewährt und ist für die Arbeit mit Filmen und anderen audiovisuellen Texten ebenfalls grundsätzlich sinnvoll. Doch auch in Bezug auf das Medium Film gilt: Handlungs- und produktionsorientierte Zugänge dienen niemals der reinen Beschäftigung von Schülerinnen und Schülern, sondern leisten einen Beitrag zur Vermittlung von Filmlesefähigkeit und kultureller Handlungsfähigkeit (s. o.). Die Sichtung und fundierte sachanalytische Erschließung des Films durch die Lehrkraft im Vorfeld des Unterrichts ist die Voraussetzung dafür, dass sie die genann-

Rezeptions- und Produktionsorientierung

3 Filmdidaktische Ansatzpunkte

ten Verfahren nicht willkürlich, sondern didaktisch gut begründet zum Umgang mit dem Film einsetzt.

1. **Vor der Filmrezeption**
   - **Erfahrungen austauschen:** Vorkenntnisse über den Film oder seinen Medienverbund teilen [R]
   - **Assoziationen sammeln:** Erwartungen formulieren, die durch Filmtitel, Filmplakat, Aushangfotos bzw. Pressebilder oder den Titelsong des Soundtracks geweckt werden [R]
   - **Zu Screenshots assoziieren:** anhand weniger Einzelbilder aus einem Film Vermutungen über die Figuren und die Handlung anstellen [R]
   - **Szenisch annähern:** Rollenspiel zu einem Filmdialog oder Drehbuchauszug durchführen [P]
   - **Casting durchführen:** Auswahlverfahren zur Besetzung der Hauptrollen auf Grundlage von Charakterprofilen inszenieren [P]
   - **Texte für einen Film schreiben:** Treatment oder Exposé zu einer eigenen oder vorgegebenen Filmidee verfassen [P]
   - **Antizipatorisch schreiben:** ausgehend vom Filmtitel, Filmplakat oder Trailer die Filmhandlung antizipieren [P]

2. **Während der Filmrezeption**
   - **Beobachtungsaufgaben bearbeiten:** den Film mit vorgegebenem Fokus (z. B. Farbsymbolik, Wirkung von Musik) rezipieren und hierzu Notizen machen [R]
   - **Filmprotokoll erstellen:** eine Filmszene Einstellung für Einstellung stichwortartig in einer dreispaltigen Tabelle dokumentieren (Spalten: 1. Zeit/Timecode; 2. Bildebene: Einstellungsgröße, Kameraperspektive; 3. Tonebene: Sprache, Geräusche, Musik) [R]
   - **Bild- oder Tonebene ausblenden:** einen Filmausschnitt zweimal ohne Ton oder ohne Bild rezipieren, um jeweils die Gestaltung der Bild- oder Tonebene besser erfassen zu können [R]
   - **Screenshots oder Filmausschnitte sortieren:** den Film anhalten und eine Reihe von Einzelbildern bzw. Filmclips aus dem bisher gezeigten Filmabschnitt in die richtige Reihenfolge bringen [R]
   - **Filmende antizipieren:** den Film an einem Wendepunkt anhalten und den Fortgang der Handlung schriftlich oder mündlich skizzieren [P]
   - **Filmhandlung restaurieren:** eine Szene aus der Mitte oder dem letzten Teil des Films zeigen und darüber spekulieren, wie es zu den dort dargestellten Ereignissen kommen konnte [R]
   - **Synchronisation und Untertitelung überprüfen:** eine Filmszene mehrfach ansehen und vergleichen, wie sich die originalsprachliche Fassung, die Übersetzung und die sprachliche Umsetzung in den Untertiteln unterscheiden [R]

3. **Nach der Filmrezeption**
   - **Filmgespräch führen:** subjektive Eindrücke und Beobachtungen austauschen, beeindruckende oder irritierende Szenen besprechen, Fragen und Deutungen formulieren [R]
   - **Identifikationsprozesse anregen:** über Vorbilder aus dem Film sprechen und dazu spielen, malen oder (digital) gestalten [P]

3.3 Verfahren im Umgang mit Filmen

- **Filmausschnitt untersuchen:** anhand eines ausgewählten, max. drei Minuten dauernden Ausschnitts (z. B. im Filmgespräch besprochene Szenen, Filmanfang/-ende, Schlüsselszene) filmische Mittel analysieren, Genremerkmale oder den zentralen Konflikt der Handlung herausarbeiten [R]
- **Figur charakterisieren:** anhand von mehreren Screenshots und/oder Filmausschnitten die Charaktereigenschaften einer Figur erschließen [R]
- **Filmquiz lösen:** Fragen zur Filmhandlung oder zur filmischen Gestaltung beantworten [R]
- **Texte zum Film schreiben:** Erlebnisbericht über das eigene Filmerleben, Tagebucheintrag einer Filmfigur, Brief von oder an eine Figur, Vorgeschichte/Biographie einer Figur oder Fortsetzung der Handlung erfinden [P]
- **Texte über den Film schreiben:** Filmrezension, Ankündigung für eine TV-Programmzeitschrift bzw. -Webseite oder Leserbrief zu einem Film verfassen [P]
- **Storyboard zeichnen:** eine einzelne Filmszene in einem Storyboard rekonstruieren oder eine neue Filmszene als Storyboard entwickeln [P]
- **Filmplakat oder Trailer analysieren:** Erwartungshaltung in Bezug auf Plakat oder Trailer vor der Filmrezeption mit den Eindrücken nach der Filmsichtung abgleichen, Gestaltungsmittel von Plakat und Trailer untersuchen [R]
- **Filmplakat gestalten:** mithilfe von vorgegebenem oder selbst recherchiertem Bildmaterial (z. B. Pressefotos, Screenshots, Logo des Filmtitels) auf einem großformatigen Karton oder am Computer ein eigenes Filmplakat gestalten
- **Trailer nachvertonen:** eigene Tonspur mit Off-Stimme und Musik zur Bildebene des offiziellen Filmtrailers gestalten [P]
- **Trailer produzieren:** aus vorgegebenem Film- und Tonmaterial am Computer einen eigenen Trailer zusammenschneiden [P]
- **Screenshots nachstellen:** Standbilder von Schlüsselszenen des Films im Klassenzimmer nachstellen und mit dem Smartphone mit passender Einstellungsgröße und korrekter Kameraperspektive fotografieren [P]
- **Mit DVD-Bonusmaterial arbeiten:** Produktionskontext eines Films kennenlernen mithilfe von Making-of, Deleted Scenes, Interviews mit Regisseur oder Darstellern, Storyboards usw. [R]
- **Filmmusik austauschen:** eine dialogfreie Filmszene mit verschiedenen Musikstücken und Geräuschen unterlegen [P]
- **Filmhandlung adaptieren:** schriftlich skizzieren, wie der Filminhalt bzw. eine Filmszene in ein anderes Genre transformiert oder in einem anderen Medium (z. B. Hörspiel, Theaterstück, Computerspiel) dargestellt werden könnte [P]
- **Film drehen:** mit einfachen technischen Mitteln (Smartphone oder Digitalkamera, Stativ, Filmschnitt-Software, s. Kap. 19.1.3) nach Vorlage eines eigenen Drehbuchs und/oder Storyboards eine Filmszene oder einen Kurzfilm produzieren [P]

3.4 | Planung von Filmunterricht

Für die filmdidaktisch fundierte Vorbereitung einer konkreten Unterrichtseinheit sind **zahlreiche Planungsprozesse** notwendig. Nachfolgend werden hierzu stichwortartig einige Aspekte aufgelistet, die in diesem Zusammenhang hilfreich sein können. Dabei handelt es sich jedoch keineswegs um eine ›Checkliste‹, die Punkt für Punkt abgearbeitet werden sollte, denn Unterrichtplanung verläuft nicht immer nach demselben Schema und es gibt nicht das eine, ›richtige‹ Rezept zur Durchführung von gutem Filmunterricht.

1. Didaktische Überlegungen
   - Bezug der geplanten Unterrichtseinheit zu **curricularen Vorgaben** (s. Kap. 2.1.3), zum Schulcurriculum bzw. Mediencurriculum der Schule und zur Jahresplanung für das Fach Deutsch klären
   - Möglichkeiten zum **fächerübergreifenden Arbeiten** und zur Kooperation mit Kolleginnen und Kollegen (z. B. aus Kunst, Musik, Geschichte, Fremdsprachen) erörtern
   - **Grobziele** der Unterrichtseinheit und angezielter Erwerb bzw. Förderung von sprachlichen, literarischen und medialen Kompetenzen formulieren
   - Geeigneten **Film** bzw. audiovisuellen Text **auswählen**:
     - Altersfreigabe (FSK) und pädagogische Altersempfehlung (vgl. KJF 2011; s. Kap. 1.2.3) beachten
     - emotionale Herausforderungen des Films für einzelne Schülerinnen und Schüler abschätzen
     - Lernvoraussetzungen der Klasse mit den möglichen inklusiven Zugängen zum Film abgleichen (z. B. mehrsprachige Fassungen, Audiodeskriptionen)
     - Qualitätskriterien für Kinder- und Jugendfilme (s. Kap. 4.2) berücksichtigen
     - Potenzial des Films für die angezielte Kompetenzförderung einschätzen
     - neben aktuellen Filmen auch ältere Filme (z. B. aus einem Filmkanon), neben bekannten auch weniger bekannte Filme einbeziehen
     - Verfügbarkeit des Films (z. B. als Kauf-DVD oder über die Medienzentrale) und rechtliche Fragen der Filmvorführung klären (s. Kap. 2.2)
     - ggf. Schülerinnen und Schüler in den Auswahlprozess einbeziehen

2. Sachanalytische Überlegungen
   - Film bzw. audiovisuellen Text auf der **Makroebene** im Hinblick auf visuelle, narrative und auditive Ebene und ihr Zusammenspiel untersuchen (s. Kap. 4.3)
   - **Schlüsselszenen** (z. B. Filmanfang, Filmende, Wendepunkte der Handlung) des Films identifizieren und detaillierter analysieren, ggf. mithilfe eines Filmprotokolls (Filmanalyse auf der Mikroebene)
   - Film in Bezug auf seine **Genrezuordnung** (s. Kap. 1.1.1), seine (film- oder fernseh-)historische Verortung sowie (inter-)kulturellen Kontexte einordnen und untersuchen

- **Sekundärliteratur** (z. B. Filmanalysen, Filmrezensionen) zum Film und seinem Kontext (z. B. Filmgenre, Thema des Films) recherchieren und auswerten (s. Kap. 19 u. 20)
- **Material zum Film** (z. B. Presseheft, Interviews mit Filmemacherinnen und Filmemachern, Making-of, weiteres DVD-Bonusmaterial) zusammenstellen und sichten (s. Kap. 19)

3. Methodische Überlegungen
- **Methodenarrangement** mit Verfahren (s. Kap. 3.3) zusammenstellen, das auf die Unterrichtsziele, den Kompetenzerwerb und die Lerngruppe abgestimmt ist
- Geeignete **Filmausschnitte** für den Einsatz im Unterricht auswählen (z. B. Schlüsselszenen des Films, s. o.), die nicht zu lang sind (Faustregel: ein einzelner Ausschnitt mit ca. 1 bis 3 Min. Länge, in einer Unterrichtsstunde nicht mehr als ca. 10 Minuten Gesamtlänge von Filmausschnitten)
- Modus der **Filmsichtung** (ganzer Film am Stück/mit Pausen, nur Ausschnitte) klären und technische Ausstattung (z. B. Beamer und Leinwand, mobile Endgeräte mit Kopfhörern und Klinkenverteiler) organisieren
- Geeignetes **Material zum Film** (s. o.) auswählen und schülergerecht aufbereiten
- **Phasierung** der Unterrichtsstunden und Struktur der Unterrichtseinheit entwickeln (vgl. hierzu die gängigen Phasenmodelle für den Literaturunterricht in Kepser/Abraham 2016, S. 230 ff.)
- **Detaillierte Planung** der Unterrichtseinheit ausarbeiten und ausformulieren (vgl. hierzu von Brand 2018)

Literatur
Abraham, Ulf: *Filme im Deutschunterricht*. Seelze ³2016.
Albrecht, Christian/Frederking, Volker: »Der Film im Deutschunterricht. Grundlagen, Rahmenbedingungen, Konzeptionen«. In: *ide – Informationen zur Deutschdidaktik* 39 (2015), S. 20–38.
Brand, Tilman v.: *Deutsch unterrichten. Einführung in die Planung, Durchführung und Auswertung in den Sekundarstufen*. Seelze ⁶2018.
Frederking, Volker: »Mediale Leerstellen. Empirische Befunde zum Einsatz analoger und digitaler Medien im Deutschunterricht«. In: Volker Frederking/Axel Krommer/Thomas Möbius (Hg.): *Deutschunterricht in Theorie und Praxis*. Bd. 8: *Digitale Medien im Deutschunterricht*. Baltmannsweiler ²2016, S. 359–379.
Groeben, Norbert: »Dimensionen der Medienkompetenz. Deskriptive und normative Aspekte«. In: Ders./Bettina Hurrelmann (Hg.): *Medienkompetenz. Voraussetzungen, Dimensionen, Funktionen*. Weinheim 2002, S. 160–197.
Kaul, Susanne/Palmier, Jean-Pierre: *Die Filmerzählung. Eine Einführung*. Paderborn 2016.
Kepser, Matthis/Abraham, Ulf: *Literaturdidaktik Deutsch. Eine Einführung*. Berlin ⁴2016.
Kepser, Matthis: »Spielfilmbildung an deutschen Schulen: Fehlanzeige? Spielfilmnutzung – Spielfilmwissen – Spielfilmdidaktik im Abiturjahrgang 2006. Eine empirische Erhebung«. In: *Didaktik Deutsch 24* (2008), S. 24–47.
Kepser, Matthis: »Handlungs- und produktionsorientiertes Arbeiten mit (Spiel-)Filmen«. In: Ders.: *Fächer der schulischen Filmbildung. Deutsch, Englisch, Geschichte u. a.* München 2010, S. 187–240.

Kepser, Matthis u. a.: Teilkommentierte Fachbibliografie »Film- und Fernsehdidaktik« im Schulfach Deutsch 2016. Version 1.1. Bremen 2016, urn:nbn:de: gbv:46-00105670-11 (4.2.2019).

KJF: *Pädagogische Altersempfehlung für Kinderfilme. Eine Expertise des Kinder- und Jugendfilmzentrums in Deutschland*. Remscheid 2011, http://www.kjf.de/tl_files/downloads/Expertise_Altersempfehlung.pdf (16.8.2018).

Klant, Michael/Spielmann, Raphael: *Grundkurs Film 1. Kino, Fernsehen, Videokunst*. Braunschweig ³2011.

KMK: *Medienbildung in der Schule (Beschluss der Kultusministerkonferenz vom 8. März 2012)*, https://www.kmk.org/fileadmin/Dateien/veroeffentlichungen_beschluesse/2012/2012_03_08_Medienbildung.pdf (4.2.2019).

Kommer, Helmut: *Früher Film und späte Folgen. Zur Geschichte der Film- und Fernseherziehung*. Berlin 1979.

Kruse, Iris: »Brauchen wir eine Medienverbunddidaktik? Zur Funktion kinderliterarischer Medienverbünde im Literaturunterricht der Primar- und frühen Sekundarstufe«. In: *Leseräume – Zeitschrift für Literalität in Schule und Forschung*, H. 1 (2014), http://www.leseräume.de/wp-content/uploads/2015/10/lr-2014-1-kruse.pdf (4.2.2019).

Maiwald, Klaus: »Filmdidaktik und Filmästhetik – Lesen und Verstehen audiovisueller Texte«. In: Volker Frederking/Axel Krommer/Christel E. Meier (Hg.): *Taschenbuch des Deutschunterricht. Bd. 2: Literatur- und Mediendidaktik*. Baltmannsweiler ²2013, S. 221–242.

Schönleber, Matthias: *Schnittstellen. Modelle für einen filmintegrativen Literaturunterricht*. Frankfurt a. M. 2012.

Staiger, Michael: *Literaturverfilmungen im Deutschunterricht*. München 2010.

Staiger, Michael: »Audiovisuelle Medien im Deutschunterricht«. In: Volker Frederking/Axel Krommer/Thomas Möbius (Hg.): *Deutschunterricht in Theorie und Praxis. Bd. 8: Digitale Medien im Deutschunterricht*. Baltmannsweiler ²2016, S. 236–268.

Stempleski, Susan/Tomalin, Barry: *Film. Resource Books for Teachers*. Oxford 2001.

Stuck, Elisabeth: »Lehren und Lernen im institutionellen Kontext. Literaturwissenschaftliche Studiengänge in der Hochschullandschaft in der Hochschullandschaft«. In: Susanne Hochreiter/Ursula Klingenböck (Hg.): *Literatur – Lehren – Lernen. Hochschuldidaktik und germanistische Literaturwissenschaft*. Wien 2006, S. 109–121.

Surkamp, Carola: »Teaching films. Von der Filmanalyse zu handlungs- und prozessorientierten Formen der filmischen Textarbeit«. In: *Der fremdsprachliche Unterricht. Englisch* 38/68 (2004), S. 2–11.

Michael Staiger

II Fiktionale Genres

4 Kinderspielfilm

4.1 Definition des Kinderfilms
4.2 Qualitätskriterien für Kinderfilme
4.3 Grundbegriffe der Filmanalyse
4.4 Kinderfilmanalyse am Beispiel von Antboy
4.5 Filmdidaktische Überlegungen
4.6 Unterrichtspraktische Vorschläge zu Antboy

4.1 | Definition des Kinderfilms

Kinderfilme grenzen sich von anderen Filmen zunächst einmal nicht – wie z. B. Western-, Kriminal- oder Science-Fiction-Filme – über spezifische Themen, bestimmte Figuren und Schauplätze oder typische Handlungsmuster ab, sondern über ihre Adressierung (vgl. Völcker 2005, S. 37 ff.): Ein Kinderfilm ist ein Film, der **für Kinder produziert** wurde und der **von Kindern rezipiert** wird. Daraus kann man schlussfolgern, dass der Kinderfilm kein eigenes Genre – im Sinn des Genrefilms – darstellt, denn er kann eben gleichzeitig auch Western, Krimi, Science-Fiction sein oder einem der zahlreichen weiteren Filmgenres zugeordnet werden.

Andererseits, so Claudia Wegener, erfüllt der Kinderfilm sowohl für seine Rezipienten als auch seine Produzenten gerade aufgrund seiner Zielgruppenspezifik die zentralen Funktionen eines Genres: Er entspricht zum einen den Erwartungen seiner Zuschauer, indem er an das Weltwissen und die Lebenswirklichkeit von Kindern im Alter von ca. vier bis zwölf Jahren anknüpft, ihre narrativen Kompetenzen berücksichtigt und filmische Gestaltungsmittel im Hinblick auf die kognitiven Voraussetzungen von Kindern einsetzt (vgl. Wegener 2011, S. 126). Zum anderen ist damit gleichzeitig der inhaltliche und formale Rahmen für die Produktion eines Kinderfilms gesetzt, die sich i. d. R. an diesen Vorgaben orientiert. Man kann den Kinderfilm deshalb durchaus als »**Meta-Genre**« (Wegener 2011, S. 125) oder »**master genre**« (Brown 2017, S. 17) bezeichnen.

Kinderfilm als Genre?

Die meisten Kinderfilme greifen die Themen, Figuren und Konventionen eines oder – als Genremix – mehrerer allgemeiner Filmgenres auf und passen diese an die Erwartungen und Sehgewohnheiten der kindlichen Zielgruppe an. Auf diese Weise entstehen z. B. die gängigen Märchenfilme oder Abenteuerfilme für Kinder, doch manchmal auch Überraschungen, wie z. B. Kletter-Ida (2002), der erste »richtige« Gangsterfilm für Kinder ohne parodistischen oder komödiantischen Anklang (vgl. Völcker 2005, S. 40). Im Laufe seiner Geschichte hat der Kinderfilm darüber hinaus **eigene Subgenres** entwickelt, die es so im Erwachsenenkino nicht gibt. Ein Beispiel hierfür ist der Tierfreundschaftsfilm, in dessen Mittelpunkt eine freundschaftliche Beziehung zwischen einem Tier und einem Kind steht (vgl. Wiedmann 2012).

Kontextuale Faktoren: Noel Brown (2017, S. 5 ff.) schlägt vor, für die Definition des Kinderfilms neben textinternen die folgenden kontextualen Aspekte zu berücksichtigen.
1. **Marketing- und Distributionsstrategien:** Etikettierung eines Films als Kinderfilm im Trailer, auf dem Plakat, in Werbeanzeigen, auf der Webseite oder im Pressematerial; Verwendung von leuchtenden, kräftigen Farben und einfachen, großen Schriftzeichen im Werbematerial
2. **Zensur und Altersfreigaben:** Schutz von Kindern vor gefährlichen Inhalten durch Altersbeschränkungen (was im internationalen Vergleich sehr unterschiedlich gehandhabt wird); zahlreiche Kinderfilme werden allerdings nur im Rahmen von Festivals gezeigt und erhalten deshalb keine Altersfreigabe
3. **Resonanz der Filmkritik:** explizite Titulierung eines Films als Kinderfilm und Empfehlungen für bestimmte Altersgruppen in Rezensionen
4. **Merchandising:** Begleitung vieler (Hollywood-)Kinderfilme durch groß angelegte Merchandising-Kampagnen (Spielzeug, Kleidung, Spiele, Soundtracks, Lizenzen bei Süßwaren- oder Fastfood-Konzernen usw.)
5. **Aufführungsstrategie:** in welchen Medien (im Kino, im Fernsehen oder direct-to-video, also auf DVD/Blu-ray oder via Streaming) und an welchen Orten bzw. für welches Publikum (flächendeckend oder in ausgewählten Kinos, Nachmittags- oder Abendvorstellungen, im Rahmen von Kinderfilm-Festivals) ein Film aufgeführt wird

Ob ein Film als Kinderfilm wahrgenommen wird, hängt somit auch entscheidend davon ab, welche Zuschreibungen er im Prozess seiner **Distribution** durch die Produktionsfirma und die Öffentlichkeit erfährt.

Kindheitsfilm

Begriffsabgrenzungen: Im Kinderfilm findet sich in der Regel ein kindlicher Protagonist, doch nicht alle Filme *über* Kinder sind automatisch Filme *für* Kinder (vgl. Stewen 2016). Der Begriff **Kindheitsfilm** kann hier zur Abgrenzung dienen: Ein Kindheitsfilm erzählt über die historischen Bedingungen des Kindseins in einer bestimmten Zeit (z. B. handelt Lauf Junge Lauf [2013] vom Überlebenskampf eines achtjährigen jüdischen Jungen nach der Flucht aus dem Warschauer Ghetto) und inszeniert ein bestimmtes Bild von Kindheit bzw. reflektiert über das Kindsein als gesellschaftliches Konstrukt (z. B. wird in Der einzige Zeuge [1985] ein unschuldiges Kind zum Zeugen eines Mordes, in The Sixth Sense [1999] vermittelt ein Kind als Medium zwischen der Welt der Lebenden und der Toten, vgl. ebd.).

Der Begriff **Familienfilm** verweist wie der Begriff Kinderfilm auf die Adressierung an ein bestimmtes Publikum, das in diesem Fall jedoch gerade nicht auf ein bestimmtes Alter eingegrenzt wird. Der Familienfilm soll gleichzeitig Kinder und Eltern bzw. Großeltern unterhalten also **generationenübergreifend** sein. Während der Familienfilm – insbesondere in Form von Adaptionen von Märchen oder Klassikern der Kinderliteratur wie z. B. The Wizard of Oz (1939) – bereits seit den 1930er Jahren existiert, wird der Begriff seit den 1980er Jahren von den Filmstudios zunehmend als Marketing-Etikett verwendet, um die gesamte Familie ins Kino zu locken. So produzierte Warner Bros. unter dem Label **Family Enter-**

tainment inzwischen zahlreiche Blockbuster wie FREE WILLY (1993), DER POLAREXPRESS (2004) oder THE LEGO MOVIE (2014).

Aktuelle Tendenzen: Angesichts der enormen Kosten von Filmproduktionen setzen die großen Hollywoodstudios in den vergangenen Jahren verstärkt auf den Familienfilm, insbesondere auf den **3D-Animationsfilm** (s. Kap. 5). Mit umfangreichen Marketingmaßnahmen und weitreichenden Verträgen mit Kinoketten wird versucht, möglichst große Gewinne zu erzielen oder zumindest die zwei- bis dreistelligen Millionenbeträge wieder einzuspielen, die solche Filme kosten.

Dies führt in der Kinolandschaft dazu, dass für die Zielgruppe der Familien fast nur noch **Familienfilm-Blockbuster** gezeigt werden, während für kleinere Produktionen vergleichsweise wenige Programmplätze zur Verfügung stehen. Hierdurch wird die Kinoauswertung zahlreicher Kinderfilme erschwert oder sie findet erst gar nicht statt. Ein großer Teil der jährlichen Kinderfilm-Produktion ist mittlerweile nämlich nicht mehr im regulären Kinoprogramm, sondern ausschließlich bei Festivals oder in besonderen Filmreihen zu sehen. Zahlreiche Filme landen letztlich in der direct-to-video-Distribution oder Fernsehausstrahlung und einige sind überhaupt nicht mehr greifbar. Durch die Dominanz des Familienfilm-Blockbusters in der Öffentlichkeit werden **kleinere Filme** kaum mehr wahrgenommen. Institutionen wie der Bundesverband Jugend und Film (BJF) und das Deutsche Kinder- und Jugendfilmzentrum (KJF) versuchen, dieser Tendenz entgegenzuwirken, u. a. mit Online-Filmempfehlungs-Portalen wie *Kinderfilmwelt* und *Kinofilmwelt* (s. Kap. 19.2.5) oder dem Verleih von Kinderfilmen für Filmvorführungen im Rahmen von Jugendarbeit und Schule.

Kinderfilme im Kino

Kaum Originalstoffe im Kinderfilm

Eine zu einseitige Ausrichtung an ökonomischen Überlegungen wird seit einigen Jahren auch dem deutschen Kinderfilm vorgeworfen: Produziert werden hierzulande fast ausschließlich Verfilmungen bekannter Kinderbücher und -marken oder Märchenfilme, weil solche Produktionen zuletzt an der Kinokasse sehr erfolgreich waren. Hingegen entstehen laut Katrin Hoffmann kaum noch »Spielfilme nach neuen Stoffen, die keine bekannte Vorlage haben, aber die Gegenwart in Deutschland und die Lebenswirklichkeit der Kinder abbilden« (Hoffmann 2012, S. 29). Sie spricht von einer »Verarmung der Stoffe« (ebd.). Die Initiative »Der besondere Kinderfilm« fördert deshalb seit 2013 in jährlicher Ausschreibung jeweils zwei Produktionen mit einem anspruchsvollen und originären Drehbuch.

Zur Vertiefung

4.2 | Qualitätskriterien für Kinderfilme

Bei der Auswahl eines Kinderfilms für den Unterricht sollte man nicht den Fehler machen, die eigene, **subjektive Einschätzung** eines Films als alleinigen Maßstab für dessen Qualität oder sein didaktisches Potenzial anzusetzen. Denn Kinder finden oftmals Gefallen an Geschichten oder Darstellungsformen, die Erwachsene wenig begeistern – und umgekehrt. Das gilt gleichermaßen für die Buchlektüre und für Filme sowie für andere Medienangebote.

Bewertungskriterien: Aus den Überlegungen zur Definition und Abgrenzung des Kinderfilms lassen sich Qualitätskriterien für gute Kinderfilme ableiten. Ulf Abraham formuliert hierzu drei Prämissen, die bei der Auswahl und Bewertung von Filmen für den Unterricht hilfreich sein können:

Qualitätskriterien

»Gute Kinder- und Jugendfilme
- **berücksichtigen die Wahrnehmung der Heranwachsenden und setzen filmsprachliche Möglichkeiten angemessen ein, das heißt**
    - nehmen eher die Perspektive von Heranwachsenden ein als die von Erwachsenen auf Heranwachsende, präsentieren neben klischeehaft-statischen Figuren jedenfalls einige auf Entwicklung angelegte (Haupt-)Figuren,
    - erzählen Geschichten auf für ihre Zielgruppe verständliche Weise, das heißt vor allem im Kinderfilm kontinuierlich und mit wenigen Sprüngen aus der Handlung heraus (sog. *cut-aways*) oder zwischen Handlungssträngen hin und her (*crosscuts*), in erzählender statt assoziativer Montage sowie mit weitgehend synchronem Ton,
    - setzen anspruchsvolle Ausdrucksmittel des Films (z. B. Kontrast- und Parallelmontage, Vor- und Rückblende, Asynchronie von Ton und Bild) sparsam ein.
- **kommen dem Bedürfnis Heranwachsender nach Erwerb von Weltwissen, Vorstellungsbildung und Orientierung in der Welt entgegen, das heißt**
    - entwerfen interessante – auch fantastische – Welten, die zu Symbolverstehen und Denken in Möglichkeiten anregen,
    - bieten Spaß und Spannung, ohne darüber vergessen zu machen, dass Leid, Kummer und ungestillte Bedürfnisse zur Sozialisation gehören und Kinderleben (auch) prägen,
    - verharmlosen nichts, sondern zeigen auch Bosheit, Dummheit und Heimtücke; dabei bieten sie aber auch Möglichkeiten der Orientierung an positiven Figuren, die Werte wie Selbstbestimmung, Mut, Solidarität, Geduld oder Verständigungsbereitschaft verkörpern,
    - erlauben auch, andere Kulturen und frühere Epochen der eigenen Kultur kennenzulernen und damit Werte und Normen zu reflektieren.
- **nehmen ihre Funktion als generationenübergreifendes Medium ernst und klagen das Recht auf Kindheit und die Würde werdender Persönlichkeiten ein, das heißt**
    - nehmen die Wünsche und Probleme von Kindern und Jugendlichen ernst,
    - bieten thematisch Anlässe für eine Kommunikation zwischen Kindern und Erwachsenen und sollten daher auch den erwachsenen ›Mitzuschauer‹ nicht langweilen, sondern ihm Stoff zum Nachdenken bieten (z. B. über die eigenen Kindheits- und Kinderbilder),
    - entwerfen keine Idyllen und unterfordern ihre Zuschauer nicht durch unglaubwürdige *happy endings*,
    - sondern zeigen, welche Welt Kinder immer schon vorfinden und was es bedeutet, in ihr aufzuwachsen.« (Abraham 2002, S. 15)

Abrahams Qualitätskriterien veranschaulichen, dass die Bewertung eines Kinderfilms sich immer sowohl auf **inhaltliche** (auf die Filmhandlung und die Filmfiguren bezogene) als auch auf **formale** (auf die Erzählstruktur und filmische Gestaltung bezogene) **Aspekte** stützen sollte. Im Zentrum steht die Frage, inwiefern es einem Film im Zusammenspiel dieser inhaltlichen und formalen Aspekte gelingt, einerseits den Erwartungen und Bedürfnissen seiner kindlichen Zielgruppe gerecht zu werden und diese andererseits weder zu unter- noch zu überfordern.

4.3 | Grundbegriffe der Filmanalyse

Aus semiotischer Perspektive unterscheidet sich die Analyse eines Kinderfilms zuerst einmal nicht von der Analyse eines Spielfilms, der sich an ein erwachsenes Publikum richtet. Denn der Kinderfilm greift auf dieselben **filmischen Codes** zurück wie jeder andere audiovisuelle Erzähltext: Er besteht aus einer **visuellen Ebene** mit Bild- und Schriftzeichen sowie aus einer **auditiven Ebene** mit gesprochener Sprache, Musik und Geräuschen. Aus dem Zusammenspiel dieser visuellen und auditiven Zeichen konstituiert sich die **narrative Ebene**, also die Filmerzählung (s. Abb. 4.1).

Abb. 4.1: Ebenen der Filmanalyse (eigene Darstellung)

Kategorien der Filmanalyse: Im Rahmen einer Filmanalyse geht es um die Erschließung und Beschreibung der in einer Szene oder Sequenz eingesetzten **filmischen Mittel** auf den drei genannten Ebenen (getrennt und im gegenseitigen Zusammenspiel) sowie um die Reflexion ihrer Wirkungen und ihrer narrativen Funktionen. Hierzu steht mittlerweile ein differenziertes Begriffsinventar zur Verfügung, das in zahlreichen Lehrbüchern zur Filmanalyse und Filmnarratologie näher erläutert wird (vgl. z. B. Hickethier 2012; Beil/Kühnel/Neuhaus 2016; Kaul/Palmier 2016) oder in Überblicksartikeln verfügbar ist (vgl. Staiger 2008; Maiwald 2010). Im Kasten auf den beiden folgenden Seiten werden einige zentrale Begriffe aufgelistet, an denen sich eine Filmanalyse orientieren kann.

Diese Auflistung filmanalytischer Kategorien darf nicht als Checkliste missverstanden werden, die bei jeder Filmanalyse von Anfang bis Ende abgehakt wird. Denn eine konkrete Filmanalyse sollte sich nicht auf eine beliebige Aneinanderreihung von Aussagen zu einzelnen filmischen Mitteln beschränken, sondern einer bestimmten – inhaltlichen – **Fragestellung** nachgehen. Insofern handelt es sich bei dieser Auflistung um eine Art Werkzeugkasten zur Filmanalyse, aus dem – je nach Film und Fragestellung – ein passendes Set aus Analysekategorien zusammengestellt werden kann. Voraussetzung hierfür ist wiederum, dass die Schülerinnen und Schüler im Umgang mit diesen Kategorien bereits vertraut sind. Deshalb sollte ihre Einführung im Sinne eines Spiralcurriculums bereits schrittweise ab der Primarstufe beginnen.

Werkzeugkasten zur Filmanalyse

4 Kinderspielfilm

Analysekategorien

Werkzeugkasten zur Filmanalyse

Visuelle Ebene

Einstellungsgröße: Welcher Bildausschnitt wird verwendet? Wird ein Objekt aus der Nähe oder aus der Distanz gezeigt?
- Weit/Panorama – große Räume oder Landschaften
- Totale – der Mensch in seinem Handlungsraum
- Halbtotale – Mensch von Kopf bis Fuß
- Halbnah – Mensch von Kopf bis zur Hüfte
- Nah – Mensch von Kopf bis zur Mitte des Oberkörpers
- Groß – nur der Kopf, evtl. mit Schultern
- Detail – Ausschnitt des Gesichts, kleiner Gegenstand

Kameraperspektive: In welchem Verhältnis bzw. Winkel steht die Kamera zum gezeigten Objekt?
- Normalsicht: entspricht der Augenhöhe
- Untersicht bzw. Froschperspektive: das Objekt wird von unten aufgenommen
- Aufsicht bzw. Vogelperspektive: das Objekt wird von oben aufgenommen

Kamera- oder Objektbewegung: Bewegt sich die Kamera? Bewegen sich die gezeigten Objekte?
- Stand: Kamera bewegt sich nicht
- Kamerafahrten: Zu-/Ranfahrt, Rückfahrt, Parallelfahrt
- Kameraschwenk: Kamera bewegt sich horizontal, ohne ihren Standpunkt zu verändern
- Steadicam (Schwebestativ): Kamera bewegt sich ›schwebend‹

Beleuchtung: Wie ist die Ausleuchtung gestaltet?
- Normalstil: Licht entspricht den normalen Verhältnissen, ausgewogen
- Low-Key-Stil: besonders große Hell-Dunkel-Kontraste, viele Schatten
- High-Key-Stil: gleichmäßig (über-)helle Ausleuchtung, keine Schatten

Bild-Montage: In welchem Zusammenhang stehen die aufeinander folgenden Bilder bzw. Einstellungen?
- unsichtbarer Schnitt/epische Montage: Kontinuität steht im Vordergrund, das heißt viele Elemente der beiden zusammengefügten Einstellungen bleiben gleich (Figuren, Raum, Requisiten, Beleuchtung usw.)
- Kontrastmontage/kommentierende Montage: zwei aufeinander folgende Einstellungen stehen in keinem unmittelbar erkennbaren Zusammenhang in Bezug auf Figuren, Raum und Zeit (Diskontinuität)

Auditive Ebene

Tonquelle: Woher stammt der Ton?
- On-Ton: Tonquelle im Bild zu sehen
- Off-Ton: Tonquelle nicht im Bild zu sehen

- diegetischer Ton: Ton von Objekten oder Akteuren in der erzählten Welt erzeugt
- nicht-diegetischer Ton: Tonquelle entstammt nicht der erzählten Welt

Sprache: Dialog, innerer Monolog (Voice-Over)
Geräusche: natürlich/künstlich, Hintergrund-Geräusche (Atmo)
Musik: In welchem Zusammenhang stehen das gezeigte Geschehen und die Musik?
- illustrierend/untermalend: Stimmung und Aussage der Musik untermalen und unterstützen das Geschehen
- kommentierend/kontrastierend: Stimmung und Aussage der Musik lösen sich bzw. stehen in Gegensatz zum Geschehen

Ton-Montage (Sound Design): In welchem Zusammenhang stehen die verschiedenen Tonquellen? Wie werden Sie miteinander kombiniert?

Narrative Ebene
Geschichte (histoire): Was wird erzählt?
- Thematik: Stoff, Thema, Motive
- Handlung: Abfolge der Ereignisse (Erwartungsbrüche?), Handlungsstränge (ein-/mehrsträngig), narrative Einheiten (Einstellung, Szene, Sequenz)
- Figuren: Konzeption (statisch/dynamisch, ein-/mehrdimensional), Konstellation (z. B. Kontrastpaar, Dreieckskonstellation, Korrespondenzpaar), (genrespezifische) Figurenrollen
- Raum: Quantität (ein Ort/mehrere Orte), Struktur (Verhältnis von Orten zueinander), Bewegtheit (im Raum, von einem Ort zum anderen), Funktion (Ort als Kulisse, zur Figurencharakterisierung), Semantisiertheit (Verbindung des Raums mit einem Wertesystem)
- Zeit: Dauer (Welche Zeitspanne wird insgesamt erzählt?), Zeitpunkt (Wann spielt die Geschichte?)

Erzähldiskurs (discours): Wie wird erzählt?
- Erzählperspektive: Fokalisierung, multiperspektivisches Erzählen
- Erzählmodus: Erzählerstimme (Voice-Over)/Figurenrede, Darstellung mentaler Prozesse (Gedanken, Gefühle)
- Zeitdarstellung (Verhältnis von erzählter Zeit und Erzählzeit): chronologisch, Vorausdeutung (Flashforward)/Rückblende (Flashback), zeitdeckend/-raffend/-dehnend
- Ort des Erzählens: Erzählebenen (Rahmen-/Binnenerzählungen)
- Weitere Aspekte: Erzählen über das Erzählen (Metafiktion, Selbstreflexion), (Un-)Zuverlässigkeit des Erzählers, intertextuelle/-mediale Verweise

4.4 | Kinderfilmanalyse am Beispiel von ANTBOY

Dass ein Kinderfilm sich an den Erwartungen und Bedürfnissen seiner spezifischen Zielgruppe – also Kindern – orientiert, bedeutet nicht, dass er als audiovisueller Text erzählerisch weniger komplex wäre als ein Film für Erwachsene. Aktuelle Kinderfilme greifen auf die gesamte Bandbreite der **filmischen Erzähltechniken** und Gestaltungsmittel zurück, die im Laufe der Geschichte des audiovisuellen Erzählens entwickelt wurden. Das soll im Folgenden exemplarisch am Beispiel des dänischen Kinderfilms ANTBOY – DER BISS DER AMEISE aus dem Jahr 2013 gezeigt werden. Der Film ist der erste Teil einer Filmreihe, inzwischen folgten zwei weitere Spielfilme, ANTBOY – DIE RACHE DER RED FURY (2014) und ANTBOY – SUPERHELDEN HOCH 3 (2016). Bei der Analyse steht die Frage im Vordergrund, wie es dem Film ANTBOY gelingt, das Superheldengenre im Rahmen eines Kinderfilms umzusetzen.

Filmhandlung: Der 12-jährige Pelle ist ein unscheinbarer Außenseiter, der von seinen Mitschülerinnen und Mitschülern entweder ignoriert oder gehänselt wird. Als ihn dann eines Tages eine genmanipulierte Ameise beißt, ändert sich sein Leben grundlegend: Plötzlich besitzt er übermenschliche Kräfte, kann Wände hochklettern und muss Unmengen Süßigkeiten verspeisen. Sein Klassenkamerad und Comicfan Wilhelm erkennt sofort, dass Pelle sich in einen Superhelden verwandelt hat. Als ›Antboy‹ kämpft dieser nun gegen Kleinkriminelle und wird mehrfach zum gefeierten Helfer in der Not.

Im zweiten Teil des Films, der wesentlich düsterer und spannender ist, tritt der Superschurke ›Der Floh‹ auf den Plan und entführt die kleine Amanda – ausgerechnet das Mädchen, in das Pelle sich heimlich verliebt hat. Amandas Vater, Direktor Sommersted, ist der Chef des Exofarm-Konzerns, an dem sich der Floh rächen will, weil er dort fristlos entlassen wurde. Der Floh gibt Direktor Sommersted die Schuld am Tod seiner an Krebs erkrankten Mutter, die der Wissenschaftler mit Hilfe seiner Gentechnik-Experimente zu heilen versuchte. Antboy stellt sich der Auseinandersetzung mit diesem mächtigen Gegner, doch im Alleingang kann er ihn zunächst nicht besiegen. Gemeinsam im Team mit seinem Freund Wilhelm und Amandas Zwillingsschwester Ida wächst er schließlich über sich hinaus und gewinnt den finalen Kampf.

Erzählstruktur: Insgesamt folgt der Handlungsverlauf des Films ANTBOY – wie viele Superheldenfilme – der Erzähldramaturgie der Heldenreise (vgl. Krützen 2004; s. Abb. 4.2), einem gängigen **3-Akt-Schema** des populären Films. Dieses Modell stellt ein nützliches Hilfsmittel für die Analyse der Handlungsebene von Filmen dar, sowohl für die Sachanalyse im Rahmen der Unterrichtsvorbereitung, als auch im Unterricht selbst.

Im Mittelpunkt der Geschichte steht nach diesem Modell ein Held, der sich auf eine Reise begibt, die in drei Phasen unterteilt ist: Zuerst muss er seine vertraute Welt verlassen, dann in einer fremden Welt verschiedene Prüfungen bestehen, um schließlich als ›neuer‹ Mensch in seine alte Welt zurückzukehren. Auf seiner Reise trifft der Held auf Figuren, die ihn in seinem Handlungsziel unterstützen (Helfer) und auf solche, die ihn davon ablenken (Verhinderer). In ANTBOY finden sich alle Stationen des Heldenreise-Modells (s. Kasten).

4.4 Kinderfilmanalyse am Beispiel von ANTBOY

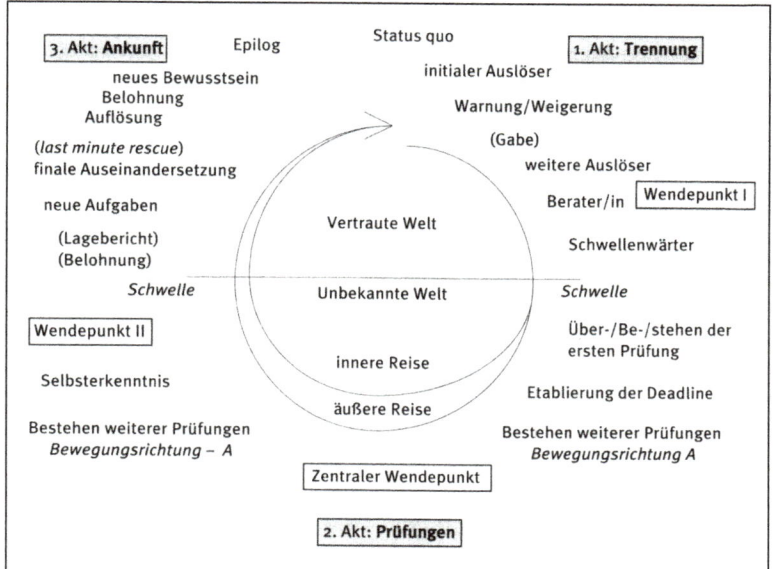

Abb. 4.2: Erzählmodell der Heldenreise in drei Akten (Krützen 2004, S. 270)

Heldenreise in ANTBOY

Beispielanalyse

1. Akt: Der Held verlässt seine vertraute Welt (Trennung)
- Status quo: Vorstellung von Pelle und seinem schulischen Umfeld; Pelle hasst es, »normal« zu sein (00:02:37)
- initialer Auslöser: Biss der genmutierten Ameise (00:08:54)
- Wendepunkt I: Wilhelm erkennt Pelles Superkräfte (00:14:26)
- Schwelle: Pelle erkennt selbst, dass er ein Superheld ist, und weiht Wilhelm in sein Geheimnis ein (00:22:10)

2. Akt: Der Held muss sich bewähren (Prüfungen)
- Vorbereitung für Prüfungen: Austesten der Superkräfte; Suche nach Kostüm und Name (00:23:13–00:26:36)
- Bestehen der ersten Prüfung: Antboy überwältigt Taschendieb (00:29:20)
- Bestehen weiterer Prüfungen: verschiedene Heldentaten (00:31:01–00:32:20)
- Zentraler Wendepunkt: Amanda wird entführt (00:33:35)
- Etablierung der Deadline: Entführervideo von Amanda (00:35:35)
- Weitere Prüfung: Antboy findet Amanda, aber der Floh entkommt (00:48:35)
- Selbsterkenntnis: Pelle zweifelt an seinen Fähigkeiten, entfernt sich von Wilhelm (00:49:47–00:51:32)
- Wendepunkt II: der Floh greift die Schule an, Pelle verweigert seine Hilfe; Wilhelm versucht sich als Superheld (00:52:42)
- Schwelle: Pelle erkennt, dass Wilhelm in Gefahr ist, und wird wieder zu Antboy (00:54:27)

3. Akt: Finale Auseinandersetzung und Rückkehr (Ankunft)
- neue Aufgabe: der Floh entführt Wilhelm in den Wald, Antboy verfolgt ihn (00:58:00)
- finale Auseinandersetzung: Antboy findet Wilhelm und besiegt den Floh im finalen Kampf (01:02:02–01:02:47)
- Auflösung: Direktor Sommersted verkündet die Festnahme des Flohs (01:05:09)
- Belohnung: Antboy verzichtet auf Kuss von Amanda, aber schließt Freundschaft mit Ida (01:07:11)
- neues Bewusstsein: Pelle will nicht mehr jemand anders als er selbst sein (01:08:18)

Der Protagonist Pelle/Antboy durchläuft neben seinen äußeren Veränderungen auch eine **innere Reise**, denn er geht mit einem veränderten Bewusstsein aus der Geschichte hervor. Am Ende resümiert Pelle in einem Voice-Over:

»Antboy hat Superkräfte und jede Menge Fans. Aber Pelle ist noch immer die winzige Ameise in einem riesigen Ameisenhaufen. Und das ist auch o. k. Wenn eine Ameise nämlich etwas hat, dann sind es Freunde. Und die habe ich jetzt. Zum Glück, denn ich kann die Welt ja nicht alleine retten – oder?« (ANTBOY 01:08:18–01:08:44)

Zur Vertiefung

Das Genre des Superheldenfilms

Geschichten über Superhelden wie Superman, Batman oder Spider-Man wurden seit den 1930er Jahren im Medium Comic erzählt, bald darauf folgten die ersten Comicverfilmungen. Den Kern des Superheldengenres bildet »eine actiongeladene Handlung mit Science Fiction-/Fantasyelementen, die sich um einen kostümierten Helden entfaltet, der mithilfe übermenschlicher Fähigkeiten, einer zivilen Tarnidentität und einem unbeirrbaren Gerechtigkeitssinn Bösewichte zur Strecke bringt und Hilfsbedürftigen zur Seite springt« (Brinker/Meyer 2017, S. 199). Seine ungeheuren Kräfte besitzt der Superheld oftmals aufgrund seiner außerirdischen Herkunft (z. B. Superman), Magie, genetischer Mutation (Spider-Man) oder atomarer Verstrahlung, manchmal auch – wie Batman – allein aufgrund von geistiger und körperlicher Fitness sowie modernster Technik (Friedrich/Rauscher 2007, S. 5).

Die Figur des Superhelden steht in einer Traditionslinie mit einer ganzen Reihe von literarischen Vorbildern, von mythologischen Heldenfiguren wie Gilgamesch, Herkules oder Siegfried über Robin Hood und Zorro bis hin zu Helden der Pulp-Literatur wie Tarzan, The Shadow oder Doc Savage (vgl. ebd., S. 6). Das zentrale Thema des Superheldengenres ist der ewige Kampf des Guten gegen das Böse, fokussiert auf das Duell zwischen dem Superhelden und einem außergewöhnlich intelligenten Bösewicht bzw. Superschurken, der meistens entweder die Weltherrschaft übernehmen oder die Welt komplett zerstören möchte.

4.4 Kinderfilmanalyse am Beispiel von ANTBOY

Genre: ANTBOY ist ein **Superheldenfilm für Kinder**. Er weist alle zentralen Merkmale auf, die das Superheldengenre ausmachen (s. Kasten), sowohl in Bezug auf die Handlung als auch die Figurenkonstellation, und setzt diese teilweise ironisierend in Szene. Genretypisch ist darüber hinaus, dass der Film eine *origin story* erzählt, also die Vorgeschichte des Superhelden Antboy – vom Ameisenbiss über das Austesten seiner Fähigkeiten und die Suche nach einem passenden Superhelden-Namen sowie -Kostüm bis hin zu den ersten Abenteuern (vgl. Stiletto 2015, S. 5).

Insgesamt bedient sich der Film der ästhetischen Konventionen des Hollywood-Comicfilms, wie man sie z. B. aus der SPIDER-MAN-Trilogie (2002–2007) von Sam Raimi kennt. In ANTBOY wird das insbesondere in den (teil-)animierten Sequenzen (Vortitel-Sequenz: 00:00:35–00:01:57; Spiel mit Teddybär: 00:19:48–00:22:01; Rückblende mit Vorgeschichte des Flohs: 00:44:37–00:48:24), der Zeitraffer-Montagesequenz mit Antboys Heldentaten (00:31:01–00:32:20) oder der finalen Kampfszene (01:02:02–01:02:47) deutlich. Auch wenn das Budget für Special Effects und Animationen der dänischen Kinderfilm-Produktion offensichtlich sehr viel kleiner war als bei einer Marvel-Blockbuster-Produktion, sind die intertextuellen und intermedialen Verweise auf die ›großen‹ Vorbilder unübersehbar. Das klingt darüber hinaus auch in der Filmmusik an, die sich ebenfalls unüberhörbar am musikalischen Stil von Comicfilm-Soundtracks orientiert.

Intertextuelle und intermediale Verweise

Figurenanalyse: Um eine Figur in einem Kinderfilm zu erschließen und zu beschreiben, hat sich das Modell von Beate Völcker bewährt (s. Abb. 4.3). Sie unterscheidet drei Figurendimensionen, die sich wechselseitig beeinflussen: das **Äußere** (physiologische Dimension), das **Innere** (psychologische Dimension) und der **Kontext** (soziale, kulturelle, historische Dimension) einer Figur (vgl. Völcker 2005, S. 58).

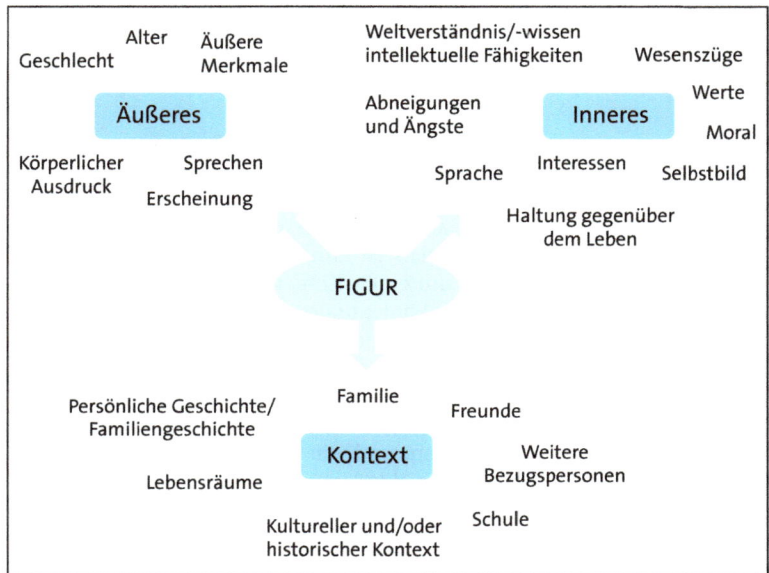

Abb. 4.3: Modell zur Figurenanalyse (eigene Darstellung nach Völcker 2005, S. 59 f.)

Wendet man dieses Modell auf den Protagonisten von ANTBOY an, dann zeigt sich, dass sich in dieser Figur aufgrund des Doppellebens als Pelle und Antboy zwei teilweise gegensätzliche Charakterprofile miteinander vereinen (s. Kasten).

Beispielanalyse

Figurenanalyse in ANTBOY

	Pelle Nøhrmann	Antboy
Äußeres	▪ unauffällige Kleidung ▪ unsportlich	▪ auffälliges schwarzes Kostüm ▪ athletisch, trainiert
Inneres	▪ abwartend ▪ wenig selbstbewusst ▪ bescheiden	▪ mutig ▪ großes Selbstbewusstsein ▪ eitel
Kontext	▪ liebevolle Eltern ▪ bevorzugt Privatheit ▪ wird von Amanda ignoriert	▪ Wilhelm als guter Freund ▪ sucht Öffentlichkeit ▪ wird von Amanda umschwärmt

Dieser zweigeteilte Charakter ist wiederum typisch für die Figur eines Superhelden und bildet den Dreh- und Angelpunkt einer Superheldengeschichte. Pelle kann sich – wie Spider-Man und andere Superhelden – nicht vollständig in Antboy verwandeln, sondern muss lernen, mit den beiden Facetten seines Charakters zu leben. Das ist die zentrale Aufgabe im Rahmen seiner inneren Reise, die er während der Heldenreisen-Erzählung durchläuft (s. Tabelle).

Die von Pelle/Antboy erlebte Zerrissenheit prägt darüber hinaus auch die Charakterisierung seines Gegenspielers Dr. Gæmelkrå/Der Floh, der nicht von Natur aus böse ist, sondern seine Verbrechen mit dem rücksichtslosen Verhalten von Direktor Sommersted rechtfertigt. Der Film ANTBOY setzt somit nicht auf eindimensionale Figuren, sondern räumt ihnen – zumindest den Hauptfiguren – Raum zur individuellen Entwicklung ein.

4.5 | Filmdidaktische Überlegungen

Für die Auswahl eines Films als Unterrichtsgegenstand und die Ermittlung seines didaktischen Potenzials ist zunächst zu klären, inwiefern es sich bei dem konkreten Film um einen Kinderfilm handelt. Hierzu können die eingangs beschriebenen kontextualen und textinternen Merkmale herangezogen werden. Wie das aussehen kann, wird nun am Beispiel von ANTBOY dargelegt.

Kontextuale Faktoren: Bereits das Werbematerial zeigt, dass ANTBOY eindeutig als Kinderfilm vermarktet wird: Auf dem **Filmplakat** (s. Abb. 4.4–6) ist mittig im Vordergrund ein Porträt der drei kindlichen Hauptfiguren (Wilhelm, Antboy, Ida) zu sehen und im Hintergrund dezent ein Gesichts-Ausschnitt des Antagonisten ›Der Floh‹. Die obere Hälfte des Plakats wird dominiert von einem großen gelb-roten Schriftzug »Antboy«, der in seiner Typographie an die Cover von Comic-Heften erinnert. Verweise auf das Medium Comic sind darüber hinaus das Antboy-Superhelden-Kostüm und das Comicheft, das Wilhelm in der Hand hält. Damit vermittelt das Filmplakat zum einen die Adressierung an die Zielgruppe Kinder und verortet den Film zum anderen im Genre des Comic- bzw. Superheldenfilms. Diese Kombination wird ironisch in dem am oberen Rand platzierten Slogan auf den Punkt gebracht: »Superhelden gibt es in allen Größen«.

Die **weiteren kontextualen Faktoren** markieren den Film ebenfalls explizit als Kinderfilm: Aufführung bei über dreißig (Kinderfilm-)Festivals, Bewertung des Films in zahlreichen Rezensionen vor dem Hintergrund der Zielgruppe, Altersfreigabe in Deutschland mit »FSK ab 0«, also ohne Altersbeschränkung. Die einschlägigen filmpädagogischen Institutionen und Portale empfehlen den Film ab 8 Jahren (BJF), ab 9 Jahren (Kinderfilmwelt, Vision Kino) oder ab 10 Jahren (KinderJugendfilmKorrespondenz).

Inhaltliche Bewertung: Nimmt man die textinternen Bewertungskriterien von Abraham (2002, s. o.) als Maßstab hinzu, dann zeigt sich darüber hinaus die inhaltliche Qualität von ANTBOY als Kinderfilm:

- Die Geschichte wird konsequent aus **Pelles Perspektive** erzählt und sie verbindet elegant die Themen des Superheldengenres mit der Lebenswelt und den Problemen eines Zwölfjährigen: »Es geht um die Frage, wer man ist und wer man sein möchte, um Rollenwechsel, den

Textinterne Kriterien

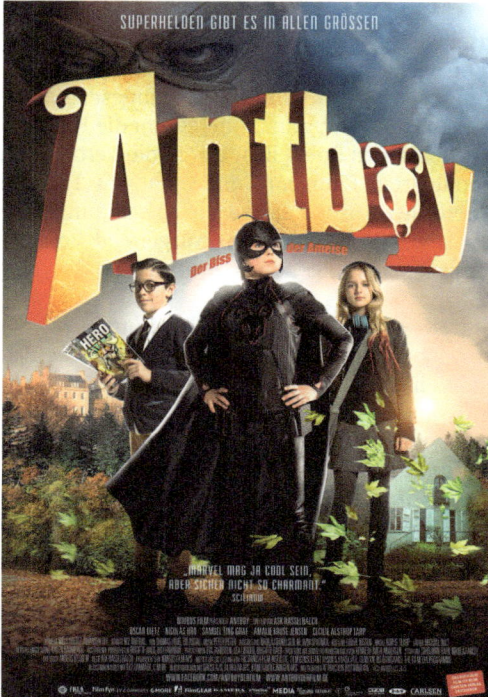
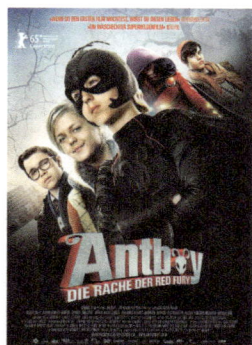
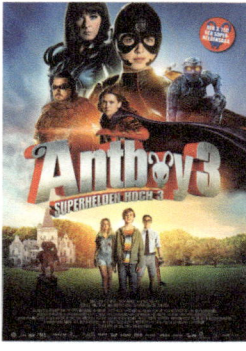

Abb. 4.4–6: Filmplakate zur ANTBOY-Trilogie

Wunsch nach Anerkennung, um Selbstbewusstsein und schließlich auch um Verantwortung« (Stiletto 2015, S. 2).
- Dabei werden die Schattenseiten des Lebens nicht ausgespart und **ernste Themen** wie z. B. die Gefahren der Gentechnik, Mobbing und Ausgrenzung in der Schule, Kriminalität auf der Straße oder Rache als Motiv für Gewalttaten angesprochen.
- Das **zentrale Thema** des Films ist die Frage, was Freundschaft bedeutet. Erst durch das gemeinsame Handeln der Freunde gelingt es am Ende, das Böse zu besiegen. Wichtig – und charakteristisch für den Kinderfilm – ist hierbei, dass die Kinder die Prüfung allein bestehen, ohne das Zutun und die Hilfe von Erwachsenen.
- Es werden eine ganze Reihe **avancierter Erzähltechniken** (z. B. Flashbacks) und filmischer Darstellungsmittel so eingesetzt und eingebettet, dass sie den Erzählfluss nicht stören und der Film für die kindlichen Rezipienten zugänglich und verständlich bleibt.
- Das **phantastische Element** der Superkräfte in einem ansonsten weitgehend realistischen Setting schafft einen kreativen Denk- und Imaginationsraum (Was würde ich machen, wenn ich ein Superheld wäre?) und bietet den Ausgangspunkt für eine spannende – und teilweise lustige – Filmerzählung.

4.6 | Unterrichtspraktische Vorschläge zu ANTBOY

Grundsätzlich sollte die Auseinandersetzung mit einem Kinderfilm in der Schule immer eine **zweifache Zielsetzung** verfolgen: Zum einen geht es allgemein um die Vermittlung und Förderung der Filmlesefähigkeit (s. Kap. 3.1) der Schülerinnen und Schüler, zum anderen um die Erschließung und Verarbeitung eines konkreten Spielfilms. Durch die Verbindung des Superheldenfilms als populärem Filmgenre mit wichtigen Themen aus dem Alltag von Kindern eröffnet ANTBOY zahlreiche Ansatzpunkte für den Unterricht von der 3. bis zur 6. Klassenstufe. Ausgehend von der obigen Analyse des Films ergeben sich folgende Schwerpunkte:

Auseinandersetzung mit dem Filmplakat und seiner Gestaltung
    Leitfragen: Welche Assoziationen und Erwartungen erweckt das Plakat? Worum könnte es in dem Film gehen?

Sichtung und Besprechung der Vortitel-Sequenz (von Beginn bis zum ANTBOY-Logo, 00:01:55), die mit Einzelbildern im Comicstil erzählt, wie die genmanipulierte Ameise aus dem Labor entwischen konnte
    Leitfragen: Was erinnert hier an einen Comic? Wie könnte die Geschichte weitergehen?

Herausarbeitung der Erzählstruktur der Heldenreise durch Auflistung der zentralen Ereignisse (zuerst … dann …), der Ermittlung von besonders spannenden Szenen (Wendepunkte der Handlung) und der drei Phasen der Reise; Erstellung eines Plakats mit dem Handlungsverlauf in Kreis-

form mit Screenshots aus dem Film (insbesondere von den Wendepunkten)
Leitfragen: Was erlebt Pelle als Held in dieser Geschichte? Wer unterstützt ihn in seinem Handlungsziel und wer arbeitet gegen ihn?

Figurenanalyse des Protagonisten anhand des Völker-Modells (s. o.) in Bezug auf sein Äußeres, sein Inneres und seinen sozialen Kontext; Gegenüberstellung des Charakterprofils von Pelle (hierzu: 00:01:59–00:07:00) und Antboy (00:31:01–00:32:20); Erstellen einer Charakter-Collage aus Screenshots-Schnipseln, ausgehend von dem doppelten Charakterprofil von Pelle/Antboy (s. Tabelle oben)
Leitfragen: Wie unterscheiden sich die Charaktere von Pelle und von Antboy?

Erkundung des Superheldengenres durch Sammeln von Informationen über andere Superheldengeschichten (in Comics, im Fernsehen, im Kino) bei Mitschülerinnen und Mitschülern, Erwachsenen und im Internet; Beschäftigung mit dem Spider-Man-Erzähluniversum (viele intertextuelle Verweise zu ANTBOY)
Leitfrage: Was kennzeichnet eine Superheldengeschichte? Welche dieser Merkmale erfüllt ANTBOY? Was verbindet Spider-Man und Antboy?

Detailanalyse einer Filmsequenz in Bezug auf die filmischen Darstellungsmittel und ihre narrative Funktion zur Einübung der filmanalytischen Grundbegriffe (s. o.); arbeitsteilig zunächst mit Experten für die visuelle Ebene und die auditive Ebene, anschließend Austausch; Beispiele für geeignete Sequenzen und Analyseschwerpunkte:
Titelsequenz (00:01:59–00:04:20): Einstellungsgrößen, Kameraperspektiven und Kamerabewegung; Voice-Over als Erzählstimme; Rückblende/Analepse; Zeitlupe; Einsatz von Musik zur Emotionalisierung; Beleuchtung
Leitfrage: Mit welchen filmischen Mitteln wird der Protagonist Pelle vorgestellt?

Ameisenbiss (00:07:37–00:09:31): Einstellungsgrößen, Kameraperspektiven und Kamerabewegung; Schuss-Gegenschuss-Prinzip; subjektive Kamera; Schärfe/Unschärfe; Einsatz von Musik und Geräuschen
Leitfragen: Mit welchen filmischen Mitteln wird hier Spannung erzeugt? Wie wird Pelles Reaktion auf den Biss dargestellt?

Schlusskampf (01:00:42–01:04:05): Einstellungsgrößen, Kameraperspektiven und Kamerabewegung; Schuss-Gegenschuss-Prinzip; Trickblenden und Split Screen; Einsatz von Musik und Geräuschen zur Spannungserzeugung und Emotionalisierung
Leitfragen: Woran erkennt man, dass die beiden Gegner mit großer Geschwindigkeit aufeinander zurasen? Mit welchen filmischen Mitteln wird hier Spannung erzeugt?

Primärliteratur
ANTBOY – DER BISS DER AMEISE (ANTBOY). Regie: Ask Hasselbalch. Dänemark 2013. DVD/Blu-ray: Ascot Elite Home Entertainment.
ANTBOY – DIE RACHE DER RED FURY (ANTBOY: DEN RØDE FURIES HÆVN). Regie: Ask Hasselbalch. Dänemark/Deutschland 2014. DVD/Blu-ray: Ascot Elite Home Entertainment.
ANTBOY – SUPERHELDEN HOCH 3 (ANTBOY 3). Regie: Ask Hasselbalch. Dänemark 2016. DVD/Blu-ray: Ascot Elite Home Entertainment.

Sekundärliteratur
Abraham, Ulf: »Kino im Klassenzimmer. Klassische Filme für Kinder und Jugendliche im Deutschunterricht«. In: *Praxis Deutsch* 29/175 (2002), S. 6–18.
Beil, Benjamin/Kühnel, Jürgen/Neuhaus, Christian: *Studienhandbuch Filmanalyse. Ästhetik und Dramaturgie des Spielfilms*. Paderborn ²2016.
Brinker Felix/Meyer, Christina: »Comics«. In: Thomas Hecken/Marcus S. Kleiner (Hg.): *Handbuch Popkultur*. Stuttgart 2017, S. 198–202.
Brown, Noel: *The Children's Film. Genre, Nation, and Narrative*. New York 2017.
Friedrich, Andreas/Rauscher, Andreas: »Amazing Adventures. Zur Einführung«. In: *Film-Konzepte* 4/6 (2007), S. 3–10.
Hickethier, Knut: *Film- und Fernsehanalyse*. Stuttgart ⁵2012.
Hoffmann, Katrin: »Kein Mut, kein Geld. Steckt der deutsche Kinder- und Jugendfilm in einer Krise?«. In: *epd film* 29/1 (2012), S. 28–33.
Kaul, Susanne/Palmier, Jean-Pierre: *Die Filmerzählung. Eine Einführung*. Paderborn 2016.
Krützen, Michaela: *Dramaturgie des Films. Wie Hollywood erzählt*. Frankfurt a. M. 2004.
Maiwald, Klaus: »Grundlegende filmanalytische Begriffe und Kategorien«. In: Petra Josting/Klaus Maiwald (Hg.): *Verfilmte Kinderliteratur. Gattungen, Produktion, Distribution, Rezeption und Modelle für den Deutschunterricht*. München 2010, S. 168–176.
Staiger, Michael: »Filmanalyse – ein Kompendium«. In: *Der Deutschunterricht* 60/3 (2008), S. 8–18.
Stewen, Christian: »Kindheitsfilme«. In: *KinderundJugendmedien.de*, 27.2.2016, http://kinderundjugendmedien.de/index.php/begriffe-und-termini/1505-kindheitsfilme (4.2.2019).
Stiletto, Stefan: *Antboy – Filmpädagogische Begleitmaterialien*. Regensburg 2015, https://www.visionkino.de/fileadmin//imported/downloads/548/Antboy%20Begleitmaterial.pdf (4.2.2019).
Völcker, Beate: *Kinderfilm. Stoff- und Projektentwicklung*. Konstanz 2005.
Wegener, Claudia: »Der Kinderfilm: Themen und Tendenzen«. In: Thomas Schick/Tobias Ebbrecht (Hg.): *Kino in Bewegung. Perspektiven des deutschen Gegenwartsfilms*. Wiesbaden 2011, S. 121–135.
Wiedmann, Natália: »›I looked at him and I saw myself‹. Über den Tierfreundschaftsfilm«. In: Christian Exner/Bettina Kümmerling-Meibauer (Hg.): *Von wilden Kerlen und wilden Hühnern. Perspektiven des modernen Kinderfilms*. Marburg 2012, S. 148–170.

Michael Staiger

5 Märchenanimationsfilm

5.1 Merkmale und Geschichte des Genres
5.2 Technik und Ästhetik des Animationsfilms
5.3 Märchenfilmanalyse am Beispiel von Die Eiskönigin –
    Völlig unverfroren
5.4 Filmdidaktische Überlegungen
5.5 Unterrichtspraktische Vorschläge zu Die Eiskönigin –
    Völlig unverfroren

5.1 | Merkmale und Geschichte des Genres

Märchen und ihre **Illustrationen**, sei es in Bilderbogen, Märchenbüchern, Bildpostkarten, Märchenfilmen usw., sind eng miteinander verbunden. Erste Beispiele finden sich bereits in der Märchensammlung *Histoires ou Contes du temps passé* von Charles Perrault aus dem Jahr 1696/97 auf dem Frontispiz und zu Beginn der einzelnen Märchentexte (s. Abb. 5.1), gut 200 Jahre später verzierten schon 450 Illustrationen allein im ersten Band die Kinder- und Hausmärchen der Brüder Grimm (vgl. Liptay 2004, S. 25 f.). Im Laufe der Zeit lösten sich die Illustrationen von der Idee der reinen Bebilderung und gewannen zunehmend »erzählende, interpretatorische und stilbildende Funktion« (ebd., S. 26), die schließlich mit der Erfindung des Films zur »›incarnation‹ of fairy tales« (Zipes 2011, S. 20) führte.

Anfänge des Märchenfilms: Als Vorreiter des Märchenfilms gilt der französische Filmpionier Georges Méliès, der das Zauber- und Märchen-

Abb. 5.1: Illustration des Märchens »Aschenputtel« aus *Histoires ou contes du temps passé* (1697) von Charles Perrault

hafte in kunstvoll arrangierten Tableaus inszenierte. Seine ersten **Märchenverfilmungen** drehte Méliès 1899 mit Cendrillon (Aschenputtel), zwei Jahre später folgten Adaptionen von Le Petit Chaperon rouge (Rotkäppchen) und die Verfilmung des Perrault-Märchens Barbe-Bleue (Blaubart). Wie bei Méliès' Vorbild, dem französischen Theatergenre Féerie, stand für ihn weniger eine ausgefeilte Dramaturgie der Märchenhandlung im Mittelpunkt seines Schaffens; viel wichtiger war ihm das Ausloten und Verschieben filmtechnischer Grenzen, für die das Märchen aufgrund seiner phantastischen Elemente prädestiniert schien. Während diese Grenzen im Realfilm durch das physisch Machbare definiert wurden, potenzierten sich im Animationsfilm die Möglichkeiten, da die visuellen Grenzen des Films ausschließlich durch die Fähigkeiten der Filmemacher bestimmt wurden.

Entstehung des Animationsfilms: Grundlegend für die Geburt des Animationsfilms war eine Entdeckung, die der Amerikaner Alfred Clark 1895 machte: Stoppt man die Kurbel der Kamera während des Filmdrehs, verändert anschließend die Position der sich vor der Linse befindlichen Gegenstände und Personen und beginnt dann wieder, den Film zu drehen, lassen sich erstaunliche Effekte erzielen. Clark nutze diesen sogenannten **Stopptrick** (Stop-Action) erstmals in seinem Kurzfilm The Execution of Mary, Queen of Scots (1895) bei der filmischen Enthauptung der Maria Stuart.

Die Überwindung der Identität von Aufnahme- und Projektionszeit (vgl. Basgier 2007, S. 32 f.) war für die Geburt des Animationsfilms von großer Bedeutung: Wahrscheinlich 1899 – das genaue Produktionsjahr ist umstritten (vgl. Vries/Mul 2009, S. 275) – veröffentlichte der britische Filmpionier Arthur Melbourne-Cooper seinen Kurzfilm Matches: An Appeal, in dem Streichhölzer scheinbar selbstständig einen Spendenaufruf für britische Soldaten an eine Tafel schreiben und in dem Melbourne-Cooper das Stop-Action-Verfahren zum **Stop-Motion-Verfahren** weiterentwickelte. Der Film gilt heute als erster Animationsfilm der Filmgeschichte, der annähernd als solcher bezeichnet werden kann.

Zur Vertiefung

Animationstechnik

Unter dem Begriff ›Animation‹ (lat. *animare* für ›beleben, beseelen‹) versteht man das Beleben unbelebter Objekte. Dies erfolgt mit Hilfe des Stop-Motion-Verfahrens, einem Einzelbild-Verfahren, bei dem die Illusion der Bewegung von Objekten durch die Aufnahme einer Vielzahl von Phasenbildern erzeugt wird, die sich nur in kleinen, in der Regel durch physikalische Manipulationen der Gegenstände hervorgerufene Abweichungen des Bildinhalts voneinander unterscheiden. Durch die kontinuierliche Projektion einer entsprechenden Anzahl von Einzelbildern pro Aktion (man unterscheidet die Single-Frame-Animation mit 24 Einzelbildern pro Sekunde von der Double- bzw. Triple-Frame-Animation, bei denen zwölf bzw. acht Einzelbilder jeweils zwei bzw. dreimal wiederholt werden) wirken diese Bewegungen rund und flüssig.

Filmpioniere wie James Stuart Blackton, Émile Cohl, Edwin S. Porter und Winsor McCay erkannten schnell, welche Möglichkeiten die Entwicklung des Filmtricks zur kreativen Auseinandersetzung mit dem Märchengenre bot. Die Manipulation der Bilder und das Spiel mit der Illusion ähnelten dem Wunderbaren und der Verwandlung innerhalb der literarischen Märchen: Dank des Stop-Action- und Stop-Motion-Verfahrens konnten sich Tiere in Menschen verwandeln (wie in George Méliès'Aschenputtel-Verfilmung CENDRILLON), Feen wie von Zauberhand erscheinen und Bohnen in den Himmel wachsen (beides in Edwin S. Porters Märchenverfilmung JACK AND THE BEANSTALK von 1902).

Märchen(ver)film(ung): Die Bezeichnung ›Literaturverfilmung‹ wird dem Märchenfilm nicht immer gerecht, da dieser nicht zwingend einen einzelnen konkreten literarischen Prätext transformiert, sondern vielmehr einen literarischen Stoff, der in etlichen Variationen vorliegen kann. Märchenfilme verarbeiten nicht bestimmte Texte, sondern textsortenspezifische Erzähltypen, »in denen sich Motivreihen in narrative Schemata anordnen« (Liptay 2004, S. 56), ohne die Gleichzeitigkeit der Beständigkeit **märchentypischer Erzählmuster** einerseits und der **Vielzahl an Varianten** andererseits unberücksichtigt zu lassen.

Adaptionstypen im Märchenfilm: Nach McCallum und Stephens (2000) lassen sich vier verschiedene Typen der Märchenadaption unterscheiden:

- **Werkgetreue Märchenillustrationen:** Diese kleinste und zumeist wenig einflussreiche Gruppe des Märchenanimationsfilms ist darum bemüht, den Märchentext bzw. den Märchenstoff möglichst unverfälscht und textnah wiederzugeben. In diesem Bestreben ignoriert die werkgetreue Märchenillustration mitunter medienspezifische Unterschiede von Buch und Film, weshalb sich die Erzählweise dieser Filme oft mehr am verbal-visuellen Code des Bilderbuchs als am spezifischen audiovisuellen Code des Films orientiert.
- **Märchen als Rohstoff:** Adaptionen dieses Typs fühlen sich der Textvorlage nur insofern verpflichtet, als dass Märchen für sie eine Ideenfundgrube darstellen. Das Ergebnis sind originäre Filme, in der sich zwar Elemente unterschiedlicher Märchen finden lassen, die sonst aber von der literarischen Vorlage abgekoppelt sind.
- **Märchenähnlicher Film:** Hier bedienen sich Filme ohne Märchenvorlage märchentypischer Erzählmuster und -konventionen. Oft lässt sich dieser Adaptionstyp an der Schnittstelle zwischen Märchen- und Fantasyfilm verorten.
- **Interpretierender Märchenanimationsfilm:** In dieser größten Gruppe von Märchenanimationsfilmen wird der Stoff des Märchens reproduziert, dabei jedoch neu interpretiert und/oder dekonstruiert. Die Handlung folgt i. d. R. einer klaren Dichotomie, in der das Gute über das Böse siegt. Oft findet eine Humorisierung des Märchens über eine Erweiterung des Personals durch sympathische, in der Regel lustige Nebenfiguren statt. Das damit verbundene typische Erzählmuster wurde vor allem von Walter Elias ›Walt‹ Disney genrebildend geprägt und fortentwickelt.

5 Märchenanimationsfilm

Analysekategorien

Paradigma des Disney-Märchenfilms (vgl. Zipes 2016, S. 8 ff.)

1. **Exposition – Traumatische und schicksalhafte Begebenheiten:** Auslöser für den dramatischen Konflikt ist ein traumatisches und schicksalhaftes Ereignis, das dem oder der adeligen oder auf andere Weise außergewöhnlichen Protagonisten bzw. Protagonistin zustößt. Im Gegensatz zur Flächenhaftigkeit der schriftlichen Märchenhelden, die aufgrund fehlender Psychologisierung entindividualisiert erscheinen, sollen die Protagonistinnen und Protagonisten des ›disneyfizierten‹ Märchenanimationsfilms großes Identifikationspotenzial bieten, weshalb die Hauptfigur häufig ein sympathisches und zumindest im Vergleich mit dem Märchentext hinlänglich tiefgründiges Rolemodel ist.
2. **Lied von Freud' und Leid:** Um den Zuschauerinnen und Zuschauern auf die Folgen der schicksalhaften Begebenheit vorzubereiten, singt der Held bzw. die Heldin ein oft melancholisches Lied, das seine oder ihre Notlage bzw. Wünsche deutlich zum Ausdruck bringt.
3. **Wendepunkt I – Verbannung und Isolation:** Aufgrund sich zuspitzender Zustände flieht die unglückliche Heldin bzw. der unglückliche Held oder wird in die Isolation verbannt.
4. **Konfrontation – Bewährungsproben, Konflikte und befreiende Komik:** Beim Bestehen einer oder mehrerer Bewährungsproben kommen dem Helden bzw. der Heldin eine oder mehrere oft jenseitige Helferfiguren wie Zwerge, Feen oder Trolle, aber auch Tiere, Haushaltsgegenstände oder andere Unterstützer zur Hilfe. Darüber hinaus kompensieren sie aufgrund ihres meist komischen Charakters sowohl das Tragische der Handlung als auch manch narrative Schwäche. Gegenläufig dazu intensiviert die Gegenspielerin bzw. der Gegenspieler, oft eine böse Hexe oder Stiefmutter, seine bzw. ihre Bemühungen, den Helden oder die Heldin zu vernichten.
5. **Wendepunkt II – Peripetie:** Nach einer Phase vermeintlicher Sicher- und Geborgenheit kommt es zu einer bedrohlichen Wendung im Schicksal der Heldin bzw. des Helden. Angesichts der Krise versuchen die Helferfiguren, den Helden bzw. die Heldin zu retten, was zum Scheitern verurteilt zu sein scheint.
6. **Auflösung – Märchenhafte Rettung:** Eine unerwartete, im richtigen Moment auftauchende Hilfe bzw. ein Wunder führt zu dem konstruierten und vorhersagbaren Happy End, das in der Regel die Wiederherstellung eines harmonischen Status Quo und den Sieg über den Gegenspieler beinhaltet. Die Rettung weiblicher Hauptfiguren erfolgte im traditionellen Disney-Film durch einen Prinzen, den sie entsprechend eines patriarchalen Familienbilds am Ende des Films ergeben heiraten, weshalb sich Disney-Filme oft mit dem Vorwurf des Antifeminismus konfrontiert sahen.

Disney-Paradigma: Aufgrund des durchschlagenden Erfolgs seines ersten abendfüllenden Märchenanimationsfilms Snow White and the Seven Dwarfs (Schneewittchen und die sieben Zwerge, 1937) realisierte Walt

Disney, dass er nicht mit den frechen, mitunter provokanten Märchenanimationen seiner Schaffensphase der 1920er Jahre, sondern mit eher konventionellen Adaptionen, deren Plots denen rührseliger amerikanischer **Musicals** glichen (vgl. Zipes 2010, S. xi), ein massentaugliches Rezept gefunden hatte. Im Gegensatz zum restlichen Korpus des Märchenfilms, der sich »als unkonturiertes Genre irgendwo an der Schwelle zur Literaturverfilmung, zum phantastischen Kinderfilm und zum Fantasy-Film [formt], wobei er sich diesen Bereichen weder uneingeschränkt zuordnen noch eindeutig von ihnen trennen lässt« (Liptay 2004, S. 54), hat sich für den Disney-Märchenanimationsfilm spätestens seit SLEEPING BEAUTY (DORNRÖSCHEN, 1959) ein **genreprägendes Paradigma** herausgebildet, das sich durch sechs strukturelle Merkmale definieren lässt (vgl. Zipes 2016, S. 8 f., s. Kasten) und dem filmtypischen 3-Akt-Schema von Syd Field entspricht (vgl. Field 2006, S. 44).

5.2 | Technik und Ästhetik des Animationsfilms

3D-Animation: Dreidimensionale Objekte aus knetfähigem Material (Claymations) oder bewegliche Gelenkpuppen werden von Bild zu Bild physisch manipuliert, um beim Zuschauer bzw. bei der Zuschauerin während der Filmprojektion durch die schnelle Abfolge der Einzelbilder die **Illusion von Bewegung** zu wecken. Nicht zu verwechseln sind 3D-Animationen mit stereoskopischen Filmen, sogenannten Stereo 3D- oder S3D-Filmen, welche die Illusion räumlicher Tiefe durch die Synchronisation zweier in unterschiedlichen Betrachtungswinkeln aufgenommener Bilder mit Hilfe einer Brille mit Farbfiltern oder Polarisationsgläsern hervorrufen (vgl. Mendiburu 2009, S. 2).

2D-Animation: Animationstechniken wie Legetrickfilm, Flachfigurenfilm, Silhouettenanimation, Zeichentrickfilm arbeiten nicht mit dreidimensionalen Objekten, sondern in der zweidimensionalen Fläche. Auch 2D-Animationsfilme greifen auf das Verfahren der Einzelbildaufnahme zurück, das traditionell durch den Ausdruck ›Frame-by-Frame‹ beschrieben wird; der Terminus Stop-Motion bleibt der Animation dreidimensionaler Objekte vorbehalten (vgl. Basgier 2007, S. 33). Vorreiterin für die **Silhouettenanimation** war die deutsche Scherenschnittkünstlerin Lotte Reiniger, die mit DER FLIEGENDE KOFFER 1920/21 ihren ersten und 1926 mit DIE ABENTEUER DES PRINZEN ACHMED den ersten abendfüllenden Märchenanimationsspielfilm fotografierte (s. Abb. 5.2).

Abb. 5.2: Silhouettenanimation in Lotte Reinigers ASCHENPUTTEL (1922, 00:10:33)

5 Märchenanimationsfilm

Zur Vertiefung

Silhouettenanimationsfilm

Umrisse von Figuren und Szenerien werden aus schwarzem Karton ausgeschnitten, Kopf und Glieder von Figuren beweglich an deren Rumpf montiert. Anschließend werden die Objekte auf einem von unten beleuchteten Animationstisch drapiert. Die sich so im Gegenlicht abzeichnenden Silhouetten werden mit jeweils kleinen Veränderungen im Frame-by-Frame-Verfahren aufgenommen.

Abb. 5.3: Mehrfachebenen-Kamera, die in den 1930er Jahren im Auftrag von Walt Disney erfunden wurde (HarshLight 2014)

Zeichentrickfilm: Der 1900 erschienene Kurzfilm THE ENCHANTED DRAWING des Karikaturisten James Stuart Blackton ist das erste Filmbeispiel, in dem der Stopptrick mit Zeichnungen kombinierte wurde. Im sechs Jahre älteren Film HUMOROUS PHASES OF FUNNY FACES zeigte Blackton erstmals, wie sich Kreidezeichnungen durch Einzelbildaufnahmen animieren ließen. Im Zeichentrickfilm wird die Illusion von Bewegung der zweidimensionalen Objekte nicht durch physikalische Manipulation, sondern zeichnerisch visualisiert, indem der Animator für eine Sekunde Film 8, 12 bzw. 24 (Triple-, Double- bzw. Single-Frame-Animation) in ihrem **Bildinhalt leicht unterschiedliche Zeichnungen** anfertigen muss, die bei entsprechender Projektion die gewollte Bewegung ergeben. Während in den Anfängen noch direkt auf das Filmmaterial gezeichnet wurde, etablierte sich schnell das Zeichnen auf separater Zelluloid-Folie (Cel Animation). Diese arbeitssparende Technik ermöglichte den Animatoren und Animatorinnen, nur die Einzelbilder der zu animierenden Objekte seriell zeichnen zu müssen, während die statischen Hintergründe unverändert bleiben konnten.

Zur Vertiefung

Der erste abendfüllende Märchenanimationsfilm

Disneys Stellenwert für den Märchentrickfilm begründete sich mit dem 1937 veröffentlichten ersten abendfüllenden Zeichentrickmärchenfilm SCHNEEWITTCHEN UND DIE SIEBEN ZWERGE. Disney achtete auf psychologisch differenziertere Figuren und eine straffe Dramaturgie, für die er die bis heute bewährte Arbeit mit Storyboards einführte. Gedreht in Technicolor und, zumindest in manchen Szenen, mit einer Mehrfachebenen-Kamera (s. Abb. 5.3), mit der sich der Eindruck von räumlicher Tiefe und dreidimensionalen Kamerabewegungen erwecken ließ. Mit einem Einspielergebnis von acht Millionen Dollar und einem Spezial-Oscar wurde der Animationsfilm nun endgültig als eigenständige Kunstform wahrgenommen und geachtet, was dazu führte, dass das Vorbild Disneys den Animationsfilm geradezu »monopolisierte« (Friedrich 2007, S. 13).

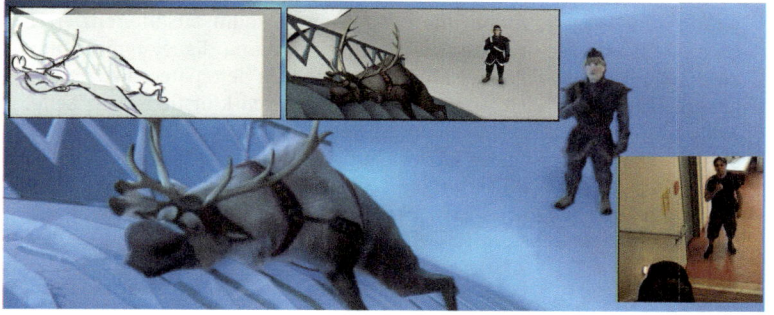

Abb. 5.4: Ausgewählte CGI-Animationsphasen: Sketch und Videoreferenz; Blocking; Rendering (eigene Collage mit Screenshots aus YouTube: TheCGBros 2014)

Computergenerierte Animation: Die computergenerierte Animation lässt sich differenzieren in computergenerierte **zweidimensionale Bilder** (CG, Computer Graphics) und in computergenerierte **dreidimensionale Bilder** (CGIs, Computer Generated Imagery), die auf virtuellen dreidimensionalen Modellen beruhen und nicht mit stereoskopischen Filmen zu verwechseln sind.

Im CGI-Animationsfilm werden einzelnen Charaktere entweder zuerst per Hand gezeichnet und dann als sogenannten Wireframe (Drahtgittermodell) in den Computer übertragen oder gleich in einem **dreidimensionalen Koordinatensystem** modelliert. Anschließend werden Materialeigenschaften (wie Farbe, Lichtreflexivität und Oberflächenform) der Figuren und Gegenstände festgelegt und das Verhalten der Figuren und Objekte im Raum animiert. Der Animator kann dieses am Computer wie ein Puppenspieler beliebig manipulieren, durch die Simulation unterschiedlicher Lichtquellen die gewünschte Beleuchtung der Szenerie wählen und Kamerapositionen und -bewegungen entsprechend definieren.

5.3 | Märchenfilmanalyse am Beispiel von DIE EISKÖNIGIN – VÖLLIG UNVERFROREN

Der computergenerierte Märchenanimationsfilm DIE EISKÖNIGIN – VÖLLIG UNVERFROREN (FROZEN) der Regisseure Chris Buck und Jennifer Lee kam 2013 in die Kinos. Er ist der 53. Animationsfilm aus dem Hause Disney und inhaltlich an das Märchen *Die Schneekönigin* (1845) von Hans Christian Andersen angelehnt.

Vorgeschichte der Filmproduktion

Bereits 1937 wurde in den Disney-Studios über eine Verfilmung des Märchens *Die Schneekönigin* von Hans Christian Andersen nachgedacht, jedoch aufgrund Walt Disneys Konzentration auf militärische Ausbildungsfilme in den 1940er Jahren vorerst auf Eis gelegt. Die Disney-Studios konkretisierten ihre Überlegungen erst wieder zwischen 2000 und 2002. Sie experimentierten mit verschiedenen Plots und Nebenfiguren (u. a. Polarbären, Eulen, Pinguinen, Walrossen und Schneemännern), doch

Zur Vertiefung

> wurde kein Weg gefunden, die bei Andersen kaum ausdifferenzierten Charaktere und die episodisch angelegte Handlung disney-typisch umzusetzen. Erst die Idee einer Musicalversion, die der spätere FROZEN-Regisseur Chris Buck 2008 vorlegte, überzeugte den künstlerischen Leiter John Lasseter von der Machbarkeit des Projekts (vgl. Solomon 2013, S. 10 f.). Allerdings ging der Prozess mit etlichen tiefgreifenden Änderungen einher, sodass DIE EISKÖNIGIN – VÖLLIG UNVERFROREN letztendlich nur am Rande auf Andersens *Schneekönigin* basiert (s. Märchenadaptionstyp: Märchen als Rohstoff, Kap. 5.1).

Filmhandlung: Nach dem oben ausgeführten Paradigma des Disney-Märchenfilms lässt sich die Handlungsstruktur von DIE EISKÖNIGIN – VÖLLIG UNVERFROREN wie folgt beschreiben:
1. **Exposition – Traumatische und schicksalhafte Begebenheit:** Elsa verfügt über die magische Fähigkeit, alles in Eis und Schnee verzaubern zu können. Während eines Spiels bringen diese magischen Kräfte aus Versehen das Leben ihrer Schwester Anna in Gefahr. Besorgt um die Sicherheit ihrer beider Töchter isolieren die Eltern Elsa und (seltsamerweise auch) Anna von der Außenwelt.
2. **Lied von Freud' und Leid:** Anna unternimmt erfolglose Versuche, u. a. in Form des melancholisch klingenden Lieds »Willst Du einen Schneemann bauen?«, zu ihrer Schwester Kontakt aufzunehmen.
3. **Wendepunkt I – Verbannung und Isolation:** Die mittlerweile zur Königin gekrönte Elsa verbietet die Hochzeit von Anna und dem Prinzen Hans. Ausgelöst durch die vehementen Proteste und Vorwürfe ihrer Schwester verliert Elsa die Beherrschung über ihre magischen Kräfte, vereist erst den Ballsaal, dann das Schloss und schließlich das ganze Königreich Arendelle. Sie flieht in die nahegelegenen Berge, in deren schnee- und eisbedeckter Einsamkeit sich die Eiskönigin erstmals frei fühlt. Ihre Emotionen äußern sich im Oscar-prämierten Lied »Let it go« (»Lass jetzt los«).
4. **Konfrontation – Bewährungsproben, Konflikte und befreiende Komik:** Anna, der liebenswürdige ›Naturbursche‹ Kristoff und zwei für die Komik verantwortliche Sidekicks in Form des Rentiers Sven und des Schneemanns Olaf machen Elsa in ihrem Eispalast ausfindig. Diese weigert sich, nach Arendelle zurückzukehren, und verletzt Anna erneut aus Versehen durch ihre magischen Kräfte.
5. **Wendepunkt II – Peripetie:** Anna ist nur durch einen Akt wahrer Liebe vor der zunehmenden Vereisung zu retten. Prinz Hans verweigert Anna den lebensrettenden Kuss und plant den Mord an der mittlerweile gefangen genommenen Elsa.
6. **Auflösung – Märchenhafte Rettung:** Unabhängig voneinander erkennen Anna und Kristoff ihre gegenseitige Liebe. Kristoff reitet zurück, um Anna zu retten, die sich wiederum aus dem Schloss schleppt, um sich nun von Kristoff küssen zu lassen. Als sie jedoch sieht, wie Prinz Hans versucht, Elsa zu töten, wirft sie sich zwischen dessen Schwert und ihre Schwester und erstarrt im selben Augenblick zu Eis. Das Schwert zerbricht und Elsa wird gerettet. Dieser selbstaufopferungs-

5.3 Märchenfilmanalyse am Beispiel von DIE EISKÖNIGIN – VÖLLIG UNVERFROREN

volle Akt der wahren (Schwestern-)Liebe bricht die Magie in Annas Herz, sodass auch sie selbst gerettet wird. Elsa erkennt durch Annas selbstloses Opfer, dass es die Liebe ist, mit deren Hilfe sie die Kontrolle über ihre Fähigkeiten erlangen kann. Sie beendet den Winter über Arendelle und kehrt als geläuterte Königin zurück. Anna und Kristoff gestehen sich ihre Liebe und Prinz Hans wird aus dem Königreich verbannt.

Filmästhetik: DIE EISKÖNIGIN – VÖLLIG UNVERFROREN besticht durch perfektionierte Animationstechnik, deren Ästhetik von der **norwegischen Kultur, Landschaft und Architektur des 19. Jahrhunderts** inspiriert ist. Die aufwendigen Berechnungen des von Schnee und Eis geprägten Raumes erschaffen eine zugleich realistisch als auch märchenhaft glaubwürdige Bühne. Das Geschehen wird, von einer kurzen Rückblende abgesehen (vgl. DIE EISKÖNIGIN – VÖLLIG UNVERFROREN, 00:53:11), chronologisch erzählt und vorrangig aus der Außenperspektive gefilmt. Dialoge werden im Schuss-Gegenschuss-Verfahren in Halbnah- oder Naheinstellungen visualisiert, die bei einer durchschnittlichen Einstellungslänge von 3,7 Sekunden neben weiten Einstellungsgrößen den Film dominieren (vgl. Smit 2014). DIE EISKÖNIGIN – VÖLLIG UNVERFROREN wurde sowohl in einer 2D- als auch in einer S3D-Variante veröffentlicht.

Intermedialität: Die Bezüge zum Märchen von Hans Christian Andersen (dessen Namen Pate steht für die ähnlich klingenden Figurennamen Hans, Kristoff, Anna, Sven) sind nur implizit vorhanden, ein Vergleich bietet aber wesentliche Einblicke in die Charakterzeichnungen der Protagonisten und in handlungsbestimmende Momente. In **Andersens Märchen** *Die Schneekönigin* (vgl. Andersen 1999) ist der Auslöser für die Handlung das Zerbrechen eines Unheil stiftenden Spiegels eines bösen Kobolds, von dem zwei Splitter den Jungen Kay ins Auge und ins Herz treffen und ihm so die Fähigkeit nehmen, das Gute in der Welt zu sehen und zu fühlen. Derart verändert, verliert Kay sein bisheriges kindliches Interesse an seiner schwesterlichen Freundin Gerda und den gemeinsamen Unternehmungen. Als er von der Schneekönigin in deren Eispalast entführt wird, lässt ihr Kuss das Herz des Jungen zu Eis werden und ihn seine Erinnerungen an sein Zuhause und an Gerda vergessen. Gerda begibt sich ihrerseits auf die Suche nach ihrem Freund und gelangt durch die Unterstützung etlicher magischer Helferfiguren (u. a. eines sprechenden Rentiers) nach einer langen Reise zum Schloss der Schneekönigin. Hier entdeckt sie den in ein »Eisspiel des Verstandes« (ebd., S. 96) vertieften Kay. Gerda fällt ihrem erkalteten Freund um den Hals und weint »heiße Tränen« (ebd., S. 98), die Kays gefrorenes Herz auftauen. Gerda singt daraufhin ein Lied ihrer gemeinsamen Kindheit, das nun auch Kay zum Weinen bringt und den Splitter aus seinem Auge spült. Kay erlangt mit Gerdas Hilfe seine Freiheit und kehrt mit ihr zusammen zurück in die gemeinsame Heimat.

Adaptionstyp: Für den Film DIE EISKÖNIGIN – VÖLLIG UNVERFROREN stellt Andersens Märchentext mehr den **Rohstoff** als eine zu interpretierende Vorlage dar: Weder die Handlung noch die drei Hauptfiguren Gerda, Kay und die Schneekönigin finden im Film direkte Entsprechung, haben jedoch Spuren in der Charakterisierung der Filmfiguren hinterlassen. Während Kay seine Fähigkeit, das Gute zu fühlen, verliert und die Schneekönigin, die von sich behauptet, »daß sie im Spiegel des Verstandes sitze, und das sei das einzige und das Beste auf dieser Welt« (Andersen 1999, S. 95), als Vertreterin einer kühlen Rationalität gelesen werden kann, scheitert Elsa an den Versuchen, ihre Emotionen durch Rationalität zu kontrollieren, was in ihrem Selbstgespräch im Eispalast deutlich wird: »Reiß dich zusammen! Kontrolliere es! Nichts fühlen, du darfst nichts fühlen!« (Die Eiskönigin – Völlig unverfroren, 01:00:02).

Elsa vereint durch diese innere Zerrissenheit und durch den Zwang zur Selbstverleugnung psychologisch differenziert Rationalität und Emotionalität, was in Andersens Märchen durch die Gegenüberstellung der Schneekönigin und Gerda noch antithetisch angelegt ist. Elsas Emotionalität wird im Gegensatz zu Gerda bis zum Ende des Films von Angst dominiert. Um zu der Erkenntnis zu gelangen, dass der Kraft des Bösen nur mit der Kraft der Liebe beizukommen ist, muss sich Elsa auf eine märchentypische Wanderschaft (vgl. Lüthi 2005, S. 18) und in die identitätsbildende Isolation begeben. Hierin ähnelt sie wiederum Kay, da beide einen Individuationsprozess als Voraussetzung für ihre Rückkehr in die Heimat durchlaufen müssen.

Beispielanalyse **Tür- und Tor- Metaphorik in Die Eiskönigin – Völlig unverfroren**

Der Film bedient sich einer auffälligen Tür- und Tor-Metaphorik. Generell haben Türen im übertragenen Sinn entweder öffnende oder verschließende Funktion, indem sie Wege zu fremden Welten öffnen oder sie versperren und Menschen zueinander kommen lassen oder sie aussperren bzw. voneinander trennen. Türen verkörpern Grenzen zwischen Innen und Außen, zwischen Befreiung und Gefangenschaft und zwischen Anteilnahme und Isolation.

In Die Eiskönigin – Völlig unverfroren findet sich die Tür- und Tormetapher im Zusammenhang mit Elsas und Annas Schicksal. Zum ersten Mal tritt sie in Erscheinung, als deren Eltern beschließen, beide von der Außenwelt abzuschotten, indem sie alle Tore des Schlosses und damit den Zugang zu und für Arendelle für lange Zeit schließen lassen (00:07:35). Das trennende Moment von Elsa und Anna wird durch die verriegelte Kinderzimmertür verbildlicht: Während in anderen Tür- und Torszenen aus einem Point of View heraus nicht nur der jeweiligen Figur, sondern auch den Zuschauerinnen und Zuschauern das Tor ›vor der Nase‹ zugeschlagen wird, werden hier mit Hilfe eines Match Cuts beide Seiten der Kinderzimmertür gezeigt, wodurch deutlich wird, dass beide Kinder gleichermaßen unter der Trennung leiden (00:11:00).

Explizit geöffnet werden sie erst wieder angesichts der anstehenden Krönung, die Anna euphorisch als Ende der dreizehnjährigen Isolation besingt (»Endlich machen sie die Tore auf!«, 00:13:10), während das Öffnen der Tore für Elsa vor allem mit Angst besetzt ist. In Annas Duett mit Prinz Hans (»Liebe öffnet Tür'n«) symbolisiert die Tür ebenfalls das Ende der Einsamkeit und der Anbruch eines neuen Lebens, zu dem ihre spontane

Liebe zu Hans der Schlüssel zu sein scheint. Als Elsa schließlich in die Berge flieht und ihren Eispalast errichtet, ist es ein verschlossenes Tor, das ihr Sicherheit vor der beängstigenden Welt schenkt und das sie mit der besungenen Erkenntnis »Die Kälte, sie ist nun ein Teil von mir« (00:33:19) effektvoll zuschlägt. Als Anna einige Szenen später an eben diese Tür klopft (00:51:00), bereitet ihr dies sichtlich Schwierigkeiten, da es Erinnerungen an die vielen Abweisungen vor Elsas Kinderzimmer zu wecken scheint. Sie überwindet sich jedoch und versucht, Elsa zur Rückkehr nach Arendelle und vor allem zu ihr zu bewegen, indem sie in der Reprise des Lieds »Zum ersten Mal« bittet: »Bitte schließ' mich nicht mehr aus. Schlag die Tür nicht zu!« (00:53:30).

Als Kristoff im dritten Akt die ins Herz getroffene Anna an die Schlossbediensteten übergibt, verstärkt es die Tragik der Szene, als das Tor vor seinem Angesicht geschlossen und er somit aus Annas Welt ausgeschlossen wird, obwohl die Zuschauerinnen und Zuschauer bereits wissen sollten, dass nicht Hans, sondern Kristoff der eigentliche Traumprinz für Anna ist.

Ein letztes Mal wird die Tormetapher im Happy End des Films verwendet: Prinz Hans wurde besiegt, Elsa hat gelernt, ihre Kräfte zu kontrollieren, Anna und Kristoff und vor allem Anna und Elsa haben zueinander gefunden. Um dieses Glück in Worte zu fassen, sagt Anna: »Es ist so toll, wenn die Tore offen sind«, woraufhin Elsa antwortet: »Wir werden sie nie wieder verschließen« (01:28:12).

5.4 | Filmdidaktische Überlegungen

Seit gegen Ende des 17. Jahrhunderts erstmals illustrierte Märchenbücher in Erscheinung getreten sind, wird über Nutzen oder Schaden solcher Text-Bild-Kombinationen gestritten. Zwar wandelte sich mit der Etablierung des Films die Bedeutung der Märchenbilder grundlegend, gleichzeitig erbte der Märchenfilm jedoch auch die lange Tradition an Widerständen, die sich seit Charles Perrault ausgebildet hatten und nach wie vor didaktische Reflexion erfordern.

Filmästhetisches Lernen: Gerade für den filmintegrativen Deutschunterricht in der **Primarstufe** bieten Märchenanimationsfilme besonderes Potenzial für ästhetisches Lernen. Die Auseinandersetzung mit folgenden Aspekten (vgl. Heidtmann 1998) fördert das Verstehen narrativer und dramaturgischer Handlungslogik und das Figurenverstehen, trägt zur ästhetischen Sensibilisierung und zum Symbolverstehen bei und hilft Schülerinnen und Schülern bei der Reflexion filmischer Fiktionalität:

- Märchentypische lineare Erzählmuster und deren Variation im Film
- Transformation bekannter Strukturen des Volksmärchens
- Traditionelle, veränderte oder neu hinzugefügte Figuren
- Zur literarischen Vorlage ergänzte Handlungsstränge
- (Intermediale) Aktualisierungen und Popularisierungen

- Übertriebene, ironische, parodistische bis hin zu grotesken und surrealen Überzeichnungen der literarischen Vorlage und deren Topoi
- Märchen(un)typische Bildlichkeit
- Archetypische Figuren und deren Brechung

Dass Märchenanimationsfilme für viele Kinder im Vor- und Grundschulalter die Erstbegegnung mit Märchenstoffen darstellen, legt eine inter- und symmediale Erweiterung der Filmrezeption durch die Lektüre des literarischen Originals nahe, um den Aufbau prototypischer Vorstellungen sowohl vom Märchen als auch vom Märchenfilm zu unterstützen.

Medienspezifik von Text und Film

Narrative Grundstrukturen: Märchen verhandeln **elementare Menschheitsfragen** und Grunderfahrungen von Liebe und Hass, Werden und Vergehen, Einsamkeit, Anerkennung, Verlust, Behauptung, Enttäuschung und Rivalität. Der Handlungsrahmen verläuft normalerweise von Mangel zu Mangelbehebung bzw. von Unglück zu Rettung. Im Märchenanimationsfilm entlasten diese relativ vorhersagbaren Muster die Rezeption vor allem der jüngeren Zuschauerinnen und Zuschauer, da narrative Grundstrukturen sowie der Plot normalerweise verhältnismäßig schnell erfasst werden können. Die Identifikation **märchentypischer Strukturen und Elemente** erleichtert die Rezeption des Märchenfilms, da hier wie dort die Formelhaftigkeit (»Es war einmal ...«), das selbstverständliche Neben- und Miteinander von Natürlichem und Übernatürlichem sowie klassische Märchenmotive und Märchenwunder inhärent sind, was wiederum Räume für inter- und symmediale Text- und Filmzugänge eröffnet.

Darüber hinaus ist es aufgrund medienspezifischer Unterschiede von gedrucktem Text und audiovisuellem Film nicht sinnvoll, sämtliche gattungspoetischen Merkmale des printmedialen Märchens auch im Film identifizieren zu wollen: Dienen beispielsweise die vielen märchentexttypischen Wiederholungen der besseren Apperzeption in Vorlese- und Erzählsituationen (vgl. Schmitt 2000, S. 75), würden sie im Film schnell redundant und langweilig wirken. Vor allem neuere Märchenanimationsfilme brechen deshalb bewusst spezifische Märchenschemata. Oft werden sie genreübergreifend mit Versatzstücken und selbstreferenziellen Zitaten und Verweisen auf Mythologie und Populärkultur **intertextuell angereichert und aktualisiert**, mitunter auch parodiert (vgl. die vier Teile der SHREK-Reihe [2001–2010] und deren Spin Off DER GESTIEFELTE KATER [2011] sowie die Rotkäppchen-Parodie DIE ROTKÄPPCHEN-VERSCHWÖRUNG [2005]), was das Genre auch für ein erwachsenes, an der augenzwinkernden Dechiffrierung interessiertes Publikum reizvoll macht.

Märchenanimationsfilme können in diesem Sinne vom Deutschunterricht als Anknüpfung an das Phänomen **märchentypischer Variantenbildung** aufgefasst werden, die »wie in früheren Zeiten von Auszug und Bewährung, von Freundschaft und dem Sieg der Cleveren« (Heidtmann 2007, S. 106) erzählen und eine »überzeitliche Botschaft« (ebd.) transportieren.

Unzuverlässiges Erzählen

Gendersensibler Filmunterricht: Eine altersgerechte, kritische Auseinandersetzung mit dem Rollenverständnis in DIE EISKÖNIGIN – VÖLLIG UNVERFROREN sensibilisiert Schülerinnen und Schüler bereits in der Primarstufe für **Geschlechterdifferenzen, -hierarchisierungen, -stereo-**

typen und -klischees: In den meisten Disney-Märchenfilmen geht es um eine weibliche Hauptfigur, deren hauptsächliche Aufgabe darin besteht, sich nicht umbringen zu lassen, während sie auf die Rettung durch ihren Prinz Charming wartet. Diesen will sie zwangsläufig am Ende des Film heiraten, selbst wenn sie sich eigentlich kaum zu kennen scheinen – ein Muster, das in DIE EISKÖNIGIN – VÖLLIG UNVERFROREN durch den überstürzten Heiratswunsch von Anna und Prinz Hans zitiert und anschließend durch unzuverlässiges Erzählen unterlaufen wird: Nahezu den ganzen Film über scheint Prinz Hans die Rolle des rettenden Helden einzunehmen. Zwar ahnt das Publikum schnell, dass eigentlich Kristoff für Anna bestimmt ist. Dass sich hinter Prinz Hans aber der Bösewicht des Films verbirgt, wird in den ersten zwei Akten des Films weder auf der visuellen noch auf der auditiven Ebene deutlich gemacht. Während in vielen Disney-Filmen der Schurke bzw. die Schurkin äußerlich und habituell das Gegenteil des Helden bzw. der Heldin darstellt, zeichnet sich Prinz Hans' Darstellung durch den Verzicht auf typische Schurkenattribute (wie dunkle Kleidung, den Einsatz unnatürlicher Farben bei Haut- und Augenzeichnung oder andere Extravaganzen) aus. Dafür besitzt er sämtliche Merkmale des attraktiven, maskulinen, freundlichen und hilfsbereiten Helden. Allein sein unglückverheißender Status als 13. in der Thronfolge seines Königreichs und das selbstironisch wirkende Duett mit Anna über die Liebe auf den ersten Blick lässt die märchen(film)kundigen Zuschauerinnen und Zuschauer aufhorchen. Eine weibliche Antiheldin gibt es in DIE EISKÖNIGIN – VÖLLIG UNVERFROREN nicht. Die Idee, dass Elsa diese Rolle analog zu Andersens Schneekönigin einnehmen sollte, wurde schnell verworfen (vgl. Solomon 2013, S. 14).

Geschlechterrollen: Das im Film durch Elsa und Anna verkörperte **Frauenbild** wird kontrovers diskutiert (Streiff/Dundes 2017; Wilde 2014). Zwar handelt es sich um zwei weibliche, psychologisch ausdifferenzierte Hauptfiguren, die nicht dazu bestimmt sind, zu putzen, zu kochen, zu lesen, zu heilen bzw. von einem männlichen Held gerettet und geheiratet zu werden – im Gegenteil rettet Anna Kristoff gleich mehrmals –, sondern vielmehr sich selbst zu finden anstelle eines Märchenprinzen. An die Stelle der romantischen Liebe wird die schwesterliche Bindung gestellt. Jedoch repräsentieren sie durch ihre Barbie-ähnliche Physiognomie genau das gleiche **fragwürdige Schönheitsideal** wie alle Disney-Prinzessinnen. Gerade angesichts ihrer Schönheit ist es bemerkenswert, dass kein männlicher Charakter Interesse an der Eiskönigin zeigt. Elsas auch bildlich zu verstehende kalte Ausstrahlung lässt die Lesart zu, dass es für Frauenfiguren der Disney-Animationsfilme noch immer nicht vorstellbar scheint, neben einer Position der Macht auch partnerschaftliche Liebesbeziehungen zu unterhalten. Und selbst Elsas Machtanspruch steht und fällt mit weiblichen Stereotypen: Elsa muss nach ihrer Krönung fliehen, da es ihr nicht gelingt, ihre Emotionen zu kontrollieren, während sie Erlösung nur durch geschlechtsstereotypes Mitgefühl erfährt. Davon abgesehen ist die Verbindung von Elsa und Anna dysfunktional, da sie als Erwachsene weder auf Augenhöhe kommunizieren noch dieselben Ziele verfolgen: Elsa geht es um Macht, Anna um Romantik, keiner der Schwestern geht es um beides (vgl. Streiff/Dundes 2017).

5.5 | Unterrichtspraktische Vorschläge zu
DIE EISKÖNIGIN – VÖLLIG UNVERFROREN

Spricht man mit Kindern im Grundschulalter über deren Rezeptionserfahrungen mit Märchenanimationsfilmen, zeigt sich, dass vor allem die oft archetypisch angelegten Figuren großes und nicht selten emotional aufgeladenes Identifikationspotenzial für die jungen Zuschauerinnen und Zuschauer bieten. In DIE EISKÖNIGIN – VÖLLIG UNVERFROREN werden diese archetypischen Muster zum Teil aufgebrochen, ohne dass die Schülerinnen und Schülern die damit verbundenen Handlungsabsichten und Intentionen durchschauen bzw. hinterfragen. Neben Elsa und Anna als vergleichsweise ungewöhnliche Protagonistinnen ist es besonders die Rolle von Prinz Hans, die für den wohl überraschendsten Twist des Films verantwortlich ist, und Kristoff, dessen Typ seit RAPUNZEL – NEU VERFÖHNT (2010) den traditionellen Prinz Charming mehr und mehr zu ersetzen scheint. Aus didaktischer Sicht fungieren die Figuren als »Motor literarischen Lernens, bieten den Zugang zu fiktionalen Welten, nehmen dabei den kindlichen Adressaten gleichsam an die imaginäre Hand« (Nöth 2014, S. 428). Von sich aus fokussieren jüngere Kinder vor allem Äußerlichkeiten und äußere Handlungen, ohne die innere Handlung der Figuren zu reflektieren und deren Perspektiven nachzuvollziehen.

Filmgespräch führen: Die Schülerinnen und Schüler sehen den Film bis zur 26. Minute und tauschen sich anschließend im Stuhlkreis aus.
  Leitfragen: Über welche Filmszene möchtest du gerne sprechen? Welches Gefühl hat der Film bei dir ausgelöst? Formuliere einen Aussagesatz oder eine Frage zum Film.

Figuren und ihre Beziehungen charakterisieren: Informationen über Prinz Hans zusammentragen (erste 25 Filmminuten); Kristoff und Hans vergleichen (bis 00:42:33); nach 01:14:00 Diskussion über den Plot-Twist auf der Grundlage eines Vergleichs von Hans mit typischen Bösewichten aus Disney-Filmen (z. B. Madame Medusa aus BERNARD UND BIANCA [1977], Dschafar aus ALADDIN [1992], Governor Radcliffe aus POCAHONTAS [1995], Käpt'n Hook aus PETER PAN [1953], Doktor Falicier aus KÜSS DEN FROSCH [2009] usw.).
  Leitfrage: Wie werden im Film die verschiedenen Figuren charakterisiert?

Gattungswissen aufbauen: Die Schülerinnen und Schüler nutzen ihr Wissen zur Gattung Märchen für die Kontextualisierung.
  Leitfragen: Handelt es sich bei DIE EISKÖNIGIN – VÖLLIG UNVERFROREN um ein Märchen mit einem typischen Schluss? Wie wichtig ist es euch, dass Anna und Kristoff am Ende ein Paar werden? Wie empfindet ihr es, dass Elsa keinen (Traum-)Prinzen an ihrer Seite hat?

Einen eigenen Animationsfilm produzieren: Die Schülerinnen und Schüler erschließen die Bedeutung des Tür- und Tormotivs (s. o.) für die Beziehung von Anna und Elsa (Szenen wiederholt ansehen). Sie sammeln zu dem Satz »Es ist so toll, wenn die Tore offen sind« eigene Alltagserfahrungen und setzen diese als Scherenschnitt-Film oder Stop-Motion-Film um (Hilfsmittel: z. B. die Smartphone-Apps iMovie oder PowerDirector, Dokumentenkamera, s. Kap. 19.1.3).

Leitfrage für die Motivanalyse: Welche Bedeutung und Funktion haben die gezeigten Türen und Tore?

Primärliteratur

Andersen, Hans Christian: *Die Schneekönigin. Ein Märchen in sieben Geschichten.* Frankfurt a. M.; Leipzig: Insel Verlag 1999.

ASCHENPUTTEL. Regie: Lotte Reiniger. Deutschland 1922. DVD: absolut medien (*Lotte Reiniger – Märchen und Fabeln*, 2006).

ASCHENPUTTEL (CENDRILLON). Regie: George Méliès. Frankreich 1899. DVD: Arthaus (*Georges Méliès – Die Magie des Kinos*, 2012, 2 DVDs).

DIE EISKÖNIGIN – VÖLLIG UNVERFROREN (FROZEN). Regie: Chris Buck/Jennifer Lee. USA 2013. DVD/3D-Blu-ray: Walt Disney Studios Home Entertainment.

SCHNEEWITTCHEN UND DIE SIEBEN ZWERGE (SNOW WHITE AND THE SEVEN DWARFS). Regie: David D. Hand. USA 1937. DVD/Blu-ray: Walt Disney Studios Home Entertainment.

Sekundärliteratur

Basgier, Thomas: »Pioniere des Animationsfilms«. In: Andreas Friedrich (Hg.): *Animationsfilm*. Stuttgart 2007, S. 26–40.

Field, Syd: *The Screenwriters Workbook. Excercises and Step-by-Step Instructions for Creating a Successful Screenplay*. New York 2006.

Friedrich, Andreas: »Einleitung«. In: Ders. (Hg.): *Animationsfilm*. Stuttgart 2007, S. 9–25.

Friedrich, Andreas/Henz, Dominique (2007): »Schneewittchen und die sieben Zwerge«. In: Andreas Friedrich (Hg.): *Animationsfilm*. Stuttgart 2007, S. 63–67.

HarshLight: »A multiplane camera built in 1937 for Walt Disney's first animated feature film, Snow White and the Seven Dwarfs« (13.8.2014), https://commons.wikimedia.org/wiki/File:Disney_1937_multiplane_camera.jpg (8.3.2019).

Heidtmann, Horst: »Herrscher des Waldes und König der Löwen. Die Märchenfilme der Walt-Disney-Company«. In: *1000 und 1 Buch* 13/4 (1998), S. 23–30.

Heidtmann, Horst: »Vom Dornröschen zum Shrek. Wandlungen des Märchenfilms«. In: Achim Barsch/Peter Seibert (Hg.): *Märchen und Medien*. Baltmannsweiler 2007, S. 90–107.

Liptay, Fabienne: *WunderWelten. Märchen im Film*. Remscheid 2004.

Lüthi, Max: *Das europäische Volksmärchen. Form und Wesen*. Tübingen/Basel 2005.

McCallum, Robyn/Stephens, John: »Fairy Tale and Film«. In: Jack Zipes (Hg.): *The Oxford Companion to Fairy Tales. The Western Fairy Tale Tradition from Medieval to Modern*. Oxford/New York 2000, S. 160–164.

Mendiburu, Bernard: *3D Movie Making. Stereoscopic Digital Cinema from Script to Screen*. Oxon 2009.

Nöth, Lorenz: »Eine Filmdidaktik für die Grundschule«. In: Volker Frederking/Axel Krommer (Hg.): *Taschenbuch des Deutschunterrichts*. Bd. 3: *Aktuelle Fragen der Deutschdidaktik*. Baltmannsweiler 2014, S. 403–438.

Smit, Joyceline: »FROZEN (2013, USA) directed by: Chris Buck & Jennifer Lee, measured with FACT«. 2014, http://www.cinemetrics.lv/movie.php?movie_ID=16885#nogo1234 (11.2.2019).

Schmitt, Christoph: »Mündliches und mediales Erzählen. Klischees zum Phänomen filmischer Märchenbearbeitung«. In: Kurt Franz/Walter Kahn (Hg.): *Märchen – Kinder – Medien. Beiträge zur medialen Adaption von Märchen und zum didaktischen Umgang*. Baltmannsweiler 2000, S. 67–81.

Solomon, Charles: *The Art of Frozen*. San Francisco 2013.

Streiff, Madeline/Dundes, Lauren: »Frozen in Time: How Disney Gender-Stereotypes Its Most Powerful Princess«. In: *Soc. Sci.* 6/2 (2017), S. 1–10. DOI: 10.3390/socsci6020038.

TheCGBros: »CGI Animation Breakdowns: Walt Disney's »Frozen« Shot Progression: »Sven« – by Daniel Peixe« (17.4.2014), https://www.youtube.com/watch?v=szJ9Ohi2FNo (2.3.2018)

Vries, Tjitte de/Mul, Ati: ›*They Thought It Was a Marvel*‹. *Arthur Melbourne-Cooper (1874–1961). Pioneer of Puppet Animation*. Rotterdam 2009.

Wilde, Sarah: »Advertising in Repackaging the Disney Princess: A Post-feminist Reading of Modern Day Fairy Tales«. In: *Journal of Promotional Communications* 2/1 (2014), S. 132–153.

Zipes, Jack: »Grounding the Spell. The Fairy Tale Film and Transformation«. In: Pauline Greenhill/Sidney Eve Matrix (Hg.): *Fairy Tale Films. Visions of Ambiguity*. Utah 2010, ix–xiii.

Zipes, Jack: *The Enchanted Screen. The Unknown History of Fairy-Tale-Films*. New York 2011.

Zipes, Jack: »The Great Cultural Tsunami of Fairy-Tale Films«. In: Jack Zipes/Pauline Greenhill/Kendra Magnus-Johnson (Hg.): *Fairy-Tale Films Beyond Disney. International Perspectives*. New York/London 2016, S. 1–17.

Christian Albrecht

6 Literaturverfilmung

6.1 Medienwechsel vom Buch zum Film
6.2 Medienvergleich von Roman und Film am Beispiel Tschick
6.3 Filmdidaktische Überlegungen
6.4 Unterrichtspraktische Vorschläge zu Tschick
6.5 Anregung für eine Leistungsüberprüfung in der Sekundarstufe II

6.1 | Medienwechsel vom Buch zum Film

Verfilmung und ›Werktreue‹: Das Vorurteil, ein Roman sei immer besser als seine Verfilmung, bestimmt bis heute teilweise den Diskurs über Literaturverfilmungen. Denn Verfilmungen wurden von den Literaturwissenschaften lange Zeit als sekundäres Medium gegenüber ihrer schriftliterarischen (Roman-)Vorlage behandelt. Die filmische Adaption galt nicht nur als weniger originell, sondern womöglich sogar als »Deformation« und »Herabwürdigung« oder als »Verrat« ihrer literarischen Vorlage (vgl. Stam 2000, S. 54). Die Grundlage solcher Werturteile bildete das Postulat der ›Werktreue‹ und somit die Vorstellung, das Medium Film habe sich **den ästhetischen Normen der Literatur** anzupassen und unterzuordnen (vgl. Schwab 2006, S. 39). Nicht selten wurde eine Verfilmung vor diesem Hintergrund vorschnell als ›Abklatsch‹ oder ›Abziehbild‹ ihres Prätextes – also ihrer literarischen Vorlage – bezeichnet.

Aus medienwissenschaftlicher Perspektive ist eine solche Vorstellung unangemessen, weil eine Literaturverfilmung zuallererst ein Film ist, der anderen technischen Bedingungen und ästhetischen Konventionen unterliegt als ein schriftliterarischer Text. Die Verfilmung eines Romans kann somit gar keine 1:1-Umsetzung des Prätextes sein, sondern stellt immer das Ergebnis eines Prozesses der Adaption und Interpretation sowie eines **Medienwechsels vom verbalsprachlich fixierten Text zum audiovisuellen Medium** dar (vgl. Staiger 2010, S. 12). Der französische Filmkritiker André Bazin hat diesen Medienwechsel in seinem Essay »Für ein unreines Kino« bereits 1959 treffend als einen Übersetzungsprozess beschrieben:

Adaption als Übersetzungsprozess

»Aus denselben Gründen, weshalb die wörtliche Übersetzung nichts taugt und die allzu freie uns verwerflich erscheint, muß die gute Verfilmung es schaffen, das Wesentliche von Buchstabe und Geist wiederzugeben. Aber man weiß ja, wie sehr sich ein guter Übersetzer eine Sprache und ihren besonderen Geist zu eigen machen muß. [...] Je größer und entscheidender die literarischen Qualitäten des Werks sind, desto mehr wird die filmische Adaption das kunstvolle Gefüge erschüttern müssen, desto mehr Anforderungen stellt sie an das schöpferische Vermögen, das Werk in einem neuen, gewiß nicht dem gleichen, sondern gleichwertigen Gefüge zu rekonstruieren.« (Bazin 2004, S. 127 f.)

Begriff ›Literaturverfilmung‹: Vor diesem theoretischen Hintergrund erscheint der Terminus Literaturverfilmung als unzureichend, weil er eine

Unterordnung des Films unter seine literarische Vorlage suggeriert. Deshalb wurde in den vergangenen Jahrzehnten mehrfach vorgeschlagen, anstatt von ›Verfilmung‹ doch besser von **Transformation** oder **Adaption** zu sprechen. Dass heute trotzdem immer noch von Literaturverfilmung die Rede ist, hängt nicht zuletzt damit zusammen, dass dieser Begriff sich als eine Art **Genrebezeichnung** etabliert hat, die unentwegt sowohl von Seiten der Filmdistribution zu Marketingzwecken (z. B. auf Filmplakaten und DVD-Covern oder in Trailern) als auch von der Filmkritik verwendet wird. Die Kategorie Literaturverfilmung beschreibt somit weniger eine interne Textqualität, sondern stellt letztlich eine externe Zuschreibung dar (vgl. Maiwald 2015, S. 14). Dabei sind die Filme, die dieses Etikett erhalten, sehr verschieden im Hinblick auf ihre Stoffe, ihre Erzählkonventionen und ihr Zielpublikum und erfüllen somit nicht die Kriterien für ein Filmgenre im engeren Sinne.

Adaptionstypen

Adaptionskonzept: Die gängigen Typologien von Literaturverfilmungen nehmen eine Differenzierung im Hinblick auf die Textnähe der Adaption in Bezug auf ihren Prätext vor: Wie groß ist die Schnittmenge der jeweils vermittelten Informationen und narrativen Elemente? Hierbei kann ein Film nach Helmut Kreuzer auf einer Skala verortet werden, die von der Adaption als »Aneignung von literarischem Rohstoff« (Übernahme einzelner Stoffe und Motive) bis zur »Illustration« (Übernahme des gesamten Handlungsverlaufs, der Figurenkonstellation und wörtliche Umsetzung von Dialogen) reicht (vgl. Kreuzer 1992). In der Regel sind Adaptionen heutzutage jedoch einem dritten Typ zuzuordnen, der »interpretierenden Transformation«, die darauf abzielt, im anderen Medium ein »neues, aber möglichst analoges Werk« (ebd., S. 264) entstehen zu lassen.

Um genauer beschreiben zu können, welche eigenen Akzente eine solche interpretierende Transformation setzt, ist es hilfreich, die **Strategien** nachzuvollziehen, die im Rahmen des Adaptionsprozesses angewandt wurden (s. Kasten; vgl. hierzu Stam 2000, S. 68). Ziel ist es, herauszuarbeiten, welches Adaptionskonzept die Filmemacher verfolgt haben.

Analysekategorien

> **Vom Roman zum Film: Adaptionsstrategien**
>
> - **Selektion und Extrapolation:** Welche Elemente der Handlung, welche Figuren, welche Schauplätze finden sich in der Adaption wieder und welche nicht? Welche Handlungselemente werden erweitert oder umgestellt?
> - **Konkretisierung und Verstärkung:** Welche Elemente der Handlung werden in der Adaption konkreter bzw. differenzierter dargestellt und welche erhalten ein größeres Gewicht?
> - **Kontextualisierung und Aktualisierung:** Wird die Handlung in eine andere Zeit oder einen anderen geographischen bzw. kulturellen Kontext verlegt?
> - **Perspektivierung und Audiovisualisierung:** Welche Erzählperspektive wird in der Adaption eingenommen und wie werden mentale Prozesse der Filmfiguren dargestellt? Welche filmischen Mittel werden besonders häufig eingesetzt?

- **Genrewechsel und Genremix:** Wird für die Adaption ein anderes Genre gewählt oder ein Genre mit einem weiteren kombiniert?
- **Intertextualität und Intermedialität:** Welche Verweise auf andere Romane, Filme oder sonstige Medien finden sich in der Adaption?

Leitfragen: Welche Auswirkungen haben diese Änderungen auf die Darstellung der Figuren und die erzählte Geschichte insgesamt? Inwiefern unterscheiden sich die Interpretationsangebote des Films und des Romans?

Erzählen im Buch und im Film: Historisch betrachtet, sind die Einflüsse zwischen Literatur und Film **wechselseitig** (vgl. Paech 1997), denn das vergleichsweise junge Medium Film hat das Erzählen nicht zuletzt von der schriftlichen Literatur des 19. Jahrhunderts gelernt, während das literarische Schreiben durch das Kino nachhaltig beeinflusst und geprägt wurde (man denke z. B. an Verfahren wie das ›filmische Schreiben‹ oder literarische Montagetechniken). Nachdem im Lauf der Filmgeschichte lange Zeit vor allem aus Romanen und Dramen filmische Adaptionen entstanden, finden sich inzwischen auch zunehmend Buchadaptionen, die auf Grundlage von Filmen entstanden sind. So basiert z. B. der Kinderfilm OSTWIND (2013) auf einem originär für den Film geschriebenen Drehbuch und wurde anschließend aufgrund des großen Erfolgs als Roman (›**Buch zum Film**‹) adaptiert. Darüber hinaus gibt es mittlerweile zahlreiche Medienwechsel zwischen Comic und Film bzw. umgekehrt. Hier gestaltet sich der Adaptionsprozess noch einmal anders, weil sowohl der Comic als auch der Film Bilder für das Erzählen einsetzen.

Buch zum Film

Vergleicht man eine schriftliche Erzählung (z. B. einen Roman) mit einer filmischen Erzählung, fällt zunächst auf, dass die **grundlegenden Konstituenten der erzählten Geschichte** dieselben sind: Es gibt Figuren als Träger der Handlung, es gibt einen Ort, an dem die erzählten Ereignisse geschehen und die Zeit, in der sie sich vollziehen. Unterschiedlich sind jedoch die eingesetzten Zeichensysteme: Während der schriftliche Text immer verbalsprachlich erzählt, vermittelt der Film seine Erzählung audiovisuell, also in Bild-Ton-Kombinationen (s. Abb. 6.1; vgl. Kanzog 1981, S. 13).

Bei einem Vergleich von Buch und Film ist diese **semiotische Differenz** unbedingt zu berücksichtigen, d. h. es genügt nicht, einfach die – ausschließlich auf verbalsprachliche Erzählungen bezogenen – Katego-

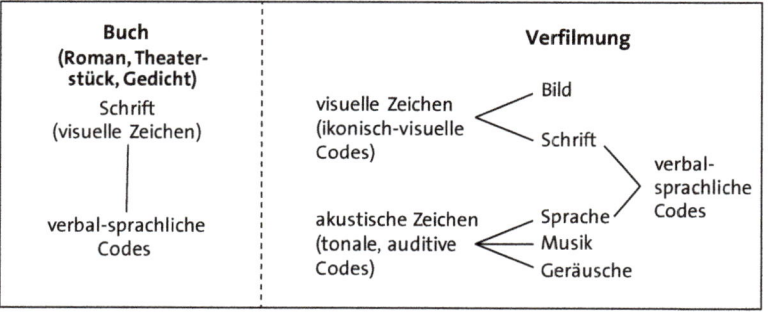

Abb. 6.1: Literarische und filmische Codes (eigene Darstellung in Anlehnung an Kanzog 1981, S. 13)

rien der Romananalyse auf einen Film anzuwenden. Die Erschließung eines Films erfordert vielmehr grundsätzlich eine Analyse der visuellen, der auditiven und der narrativen Ebene sowie des Zusammenspiels dieser Ebenen (zu Grundbegriffen der Filmanalyse s. Kap. 4.3).

6.2 | Medienvergleich von Roman und Film am Beispiel Tschick

Tschick als Theaterstück

Die Geschichte von Maik und Tschick ist eine Erfolgsstory: Nach dem millionenfach verkauften und mit dem Jugendliteraturpreis ausgezeichneten Roman Wolfgang Herrndorfs aus dem Jahr 2010 entstanden zunächst mehrere **Bühnenbearbeitungen**. *Tschick* war dann von 2012 bis 2016 das meistgespielte Theaterstück auf deutschen Bühnen, was sicherlich auch darauf zurückzuführen ist, dass der Roman seit einiger Zeit einen festen Platz als **Schullektüre** im Deutschunterricht besitzt. Die Verfilmung von *Tschick* unter der Regie von Fatih Akin wurde schließlich 2016 eine der erfolgreichsten deutschen Filmproduktionen und spielte an der Kinokasse 5,3 Mio. Euro ein. Der **Film** wurde für zahlreiche Preise nominiert und u. a. 2017 als »Bester Jugendfilm« im Rahmen des Bayerischen Filmpreises ausgezeichnet.

Filmhandlung: Der 14-jährige Gymnasiast Maik Klingenberg gilt in seiner Klasse als langweiliger Außenseiter. Am Beginn der großen Ferien muss seine alkoholkranke Mutter mal wieder in die Entzugsklinik und der als Immobilienmakler erfolglose Vater bricht mit seiner Assistentin zu einer ›Geschäftsreise‹ auf. Maik bleibt deshalb allein in der elterlichen Villa zurück, bis plötzlich der aus Russland stammende Mitschüler Andrej Tschichatschow (›Tschick‹) mit einem gestohlenen Lada vor seinem Haus auftaucht und ihn zu einem Roadtrip ohne Karte und Kompass in Richtung ›Walachei‹ überredet. Es folgen mehrere, teils skurrile Begegnungen mit verschiedenen Menschen in der ostdeutschen Provinz (Risi-Pisi-Familie, Dorfpolizist, Adel auf dem Radel). Auf einer Müllkippe treffen die beiden schließlich die obdachlose Isa, die sich ihnen auf ihrer Reise kurz anschließt, und in die sich Maik verliebt. Im letzten Teil erzählt der Film vom abrupten Ende des Roadtrips der Protagonisten durch den Unfall mit einem Schweinetransporter auf der Autobahn, der hierdurch notwendigen Trennung von Tschick und Maik und dem Gerichtsprozess, in dem Maik zu Sozialstunden verurteilt wird. Der Film endet mit dem Beginn des neuen Schuljahrs: Maik wird von seinen Mitschülerinnen und Mitschülern auf einmal mit Respekt behandelt, sogar Tatjana, in die er unglücklich verliebt war, nimmt ihn plötzlich wahr. Er selbst wünscht sich aber eigentlich nur ein baldiges Wiedersehen mit Tschick und Isa.

Vom Drehbuch zum Film: Die Produktion des Films Tschick ist in vielerlei Hinsicht außergewöhnlich. Zum einen steht sie im Zeichen des frühen Todes des Autors Wolfgang Herrndorf im Jahr 2013, der den Erfolg seines Romans *Tschick* noch miterlebte, aber auf den Prozess der Verfilmung keinen direkten Einfluss mehr nehmen konnte. Zum anderen wechselte mitten in der **Vorproduktion**, gerade mal neun Wochen vor Dreh-

6.2 Medienvergleich von Roman und Film am Beispiel Tschick

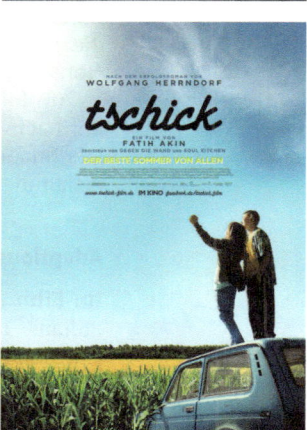

Abb. 6.2–7: Buchcover der gebundenen und der Taschenbuch-Ausgabe (linke Spalte), Plakate zu Theaterinszenierungen des Westfälischen Landestheaters und des Jungen Schauspiels Hannover (mittlere Spalte) und zwei Varianten des Filmplakats (rechte Spalte)

beginn, der Regisseur (von David Wnendt zu Fatih Akin), was für eine Filmproduktion sehr ungewöhnlich ist. Der neue Regisseur machte es zur Bedingung, auf den Cast – also die Besetzung der Rollen – Einfluss nehmen und das Drehbuch überarbeiten zu können. So entstand in einem ›Writer's Room‹ in Zusammenarbeit des Drehbuchautors Lars Hubrich mit Fatih Akin und dem künstlerischen Berater Hark Bohm in sehr kurzer Zeit eine neue Fassung des Drehbuchs (als E-Book verfügbar, vgl. Hubrich 2016). Ziel war es laut Regisseur, die **»Essenz« des Romans** herauszuarbeiten und so wenig wie möglich hinzuzufügen (vgl. Koch 2017, S. 10). Bemerkenswert ist, dass ursprünglich kein Einsatz eines Voice-Overs – also einer Erzählstimme, die über eine Szene gelegt wird – geplant war, die Entscheidung hierzu fiel erst im Rahmen der Postproduktion im Schneideraum. Der Drehbuchautor erläutert dies folgendermaßen:

»Der Film hat schon auch ohne [Voice-Over] auf eine Art funktioniert. Aber gerade am Anfang, als Maik noch diese verinnerlichte Figur ist, bei der so viel im Kopf stattfindet, wäre es ohne den Off-Kommentar schwer gewesen, sich mit ihm zu identifizieren. Im Film kann man die Charaktere eben nur sprechen oder Dinge tun lassen. Wenn sie einfach dastehen, ist es schwierig, an sie ranzukommen.« (Koch 2017, S. 13)

Unterschiede von Roman und Adaption: Vergleicht man Herrndorfs Roman mit der Verfilmung im Hinblick auf die oben aufgeführten Adaptionsstrategien, dann fällt auf, dass das Buch insgesamt **relativ textnah** filmisch adaptiert wurde. Die Handlung wird nicht in eine andere Zeit oder einen anderen Kontext verlegt, zudem werden im Film alle wichtigen Figuren, Schauplätze und Schlüsselszenen übernommen. Änderungen gibt es insbesondere im Hinblick auf die Erzählstruktur: So beginnt der Film mit dem Schweinetransporter-Unfall und erzählt dann rückblickend die Geschichte, was Maik und Tschick bis zu diesem Zeitpunkt erlebt haben. Das letzte Drittel des Romans, das aus relativ additiv und episodisch aneinandergereihten Szenen besteht, wird im Film stark gekürzt und verdichtet. Ausgelassen werden z. B. der erste Autounfall oder die Szene im Krankenhaus, außerdem fehlen Nebenfiguren wie z. B. Horst Fricke, die Sprachtherapeutin oder der Arzt im Krankenhaus.

Am folgenden Beispiel einer **Schlüsselszene** der Handlung lässt sich gut nachvollziehen, wie in der filmischen Adaption die Strategie der Selektion angewandt wird, um mehrere Romankapitel zu einer Filmsequenz zusammen- bzw. übereinanderzulegen.

Beispielanalyse

Adaptionsstrategie der Selektion in Tschick

Im Film (20. bis 27. Min.) sprengt Maik den Rasen, als Tschick bei ihm zuhause mit dem gestohlenen Lada aufkreuzt. Die beiden gehen dann ins Haus, spielen zusammen mit der Spielkonsole, sprechen dabei über Tatjanas Geburtstagsparty, zu der beide nicht eingeladen wurden, und Tschick fragt Maik, ob er schwul sei. Daraufhin zeigt Maik ihm als Gegenbeweis sein selbstgezeichnetes Tatjana-Porträt und die beiden fahren mit dem Lada zur Party, um der Gastgeberin unangekündigt das Geschenk zu überreichen.

Im Roman umfassen diese Ereignisse vier Kapitel (ca. 20 Seiten): In Kapitel 14 taucht Tschick am ersten Ferientag mit seinem kaputten Fahrrad bei Maik zuhause auf, sie spielen Playstation und reden über Tatjanas Party. Am zweiten Ferientag (Kap. 15) hat Maik Lust, den Rasen zu sprengen, dann kommt plötzlich Tschick mit dem geklauten Lada angefahren. In Kapitel 16 lässt sich Maik überreden, eine Runde mit dem Lada zu drehen und sie reden darüber ob er schwul sei und weshalb er nicht zur Party wolle. Wieder zuhause angekommen, präsentiert Maik das Beyoncé-Porträt, das er für Tatjana gezeichnet hat. Kapitel 17 erzählt, wie die beiden zur Party fahren und das Geschenk überreichen.

Zum einen verkürzt der Film hier deutlich die Erzählzeit der Geschichte, was angesichts einer **Filmlaufzeit** von 93 Minuten im Vergleich mit einer **Lesezeit** des Romans von ca. 5 Stunden (so lange dauert das Hörbuch auf 4 CDs) auch unbedingt notwendig ist. Zum anderen nimmt der Film eine

Konkretisierung und Verstärkung eines Elements vor: Anstatt eines Porträts von Beyoncé zeichnet Maik ein Porträt von Tatjana (s. Abb. 6.8), weshalb sein Liebesbekenntnis im Film wesentlich deutlicher ausfällt. Darüber hinaus gibt Maik Tschick beim Spiel mit der Konsole einen Hinweis, der später wichtig werden wird, als die beiden sich bei der Verfolgung durch den Dorfpolizisten kurzfristig aus den Augen verlieren: Im Notfall immer an den letzten sicheren Ort zurückkehren (Adaptionsstrategie: Konkretisierung und Verstärkung).

Abb. 6.8: Maik zeichnet ein Bild von Tatjana als Geburtstagsgeschenk (Tschick, 00:09:17)

Erzählperspektive: Ein zentraler Unterschied zwischen Herrndorfs Roman und der Verfilmung findet sich in der Perspektivierung der Erzählung: Der Roman stellt das Geschehen aus Sicht eines **autodiegetischen Erzählers in Ich-Form** dar und liefert auf diesem Weg durchgängig eine sehr differenzierte Innensicht in Maiks Gedanken- und Gefühlswelt. Im Film finden sich zwar ebenfalls verschiedene **Elemente subjektiven Erzählens** (z. B. Voice-Over von Maik als Erzählstimme, v. a. im ersten und im letzten Drittel des Films; Einsatz subjektiver Kamera, also Übernahme des Blickwinkels von Maik; Mindscreen, d. h. die Visualisierung von Maiks Fantasien, z. B. als er sich vorstellt, seinen Vater und dessen Assistentin wie in einem Computerspiel ›abzuknallen‹), es findet jedoch nicht generell eine subjektiv gefärbte Kommentierung und Wertung der erzählten Ereignisse aus Maiks Perspektive statt.

Damit ist ein wichtiger grundsätzlicher **Unterschied zwischen dem verbalsprachlichen und dem filmischen Erzählen** benannt: Während ein Roman mit sprachlichen Mitteln relativ einfach die Innensicht in eine oder mehrere Figuren vermitteln kann (z. B. mit Formeln wie ›er dachte‹), ist dies im Film nur mit entsprechend konventionalisierten filmischen Mitteln und Markierungen realisierbar (z. B. Einsatz von Weichzeichner oder Voice-Over). Denn alles, was der Film mithilfe seiner fotografischen Bilder zeigt, besitzt zunächst einen Abbildcharakter und wird vom Rezipienten als Darstellung von – vermeintlich objektiver – Wirklichkeit interpretiert und nicht als der subjektive Blickwinkel einer Figur. Die Frage, ob und gegebenenfalls wie die Darstellung von mentalen Prozessen der Figuren in der Romanvorlage filmisch ›übersetzt‹ werden, ist somit für den Medienvergleich sehr bedeutend.

Innensicht in Roman und Film

Genremix: Wolfgang Herrndorf erläuterte 2010 bei einer Lesung in Berlin, wie die Idee zum Roman *Tschick* entstand:

»Auf die Idee zu dem Buch bin ich gekommen, weil ich in letzter Zeit Bücher meiner Jugend wieder gelesen hatte. Da ist mir aufgefallen, dass diese Bücher allesamt drei Gemeinsamkeiten hatten. Erstens: die Erwachsenen werden sofort eliminiert. Zweitens: Es geht auf große Reise und die führt – drittens – aufs Wasser.« (Koch 2017, S. 4)

6 Literaturverfilmung

Genrezuordnung Der Romanautor verweist hier auf drei **epische Gattungen** – denen wiederum drei **Filmgenres** entsprechen –, die sowohl im Buch als auch im Film miteinander kombiniert werden:
- **Abenteuerroman/Abenteuerfilm:** Die Roman- und die Filmhandlung folgen einer episodischen Struktur mit mehreren dramatischen Höhepunkten. Die Schauplätze wechseln mit jeder Station der Reise und unvorhergesehene Ereignisse stellen die Protagonisten vor Prüfungen, die sie bewältigen müssen.
- **Coming-of-Age:** Es geht um das Thema Erwachsenwerden, um Freundschaft, Liebe und Sexualität, aber auch um Familie, Schule und um das Gefühl, ein Außenseiter zu sein. Zentral ist hierbei die Auslotung von Grenzen und das Erleben von Schwellenerfahrungen. Die Protagonisten entwickeln sich im Verlauf der Handlung weiter und gelangen am Ende des Films zu einem neuen Blick auf die Welt und einem veränderten Bewusstsein.
- **Road Novel/Road Movie:** Das für den Roman und den Film zentrale Motiv der Reise verbindet das Abenteuer-, das Coming-of-Age- und das Roadmovie-Genre. Die äußere, vermeintlich ziellose Reise der beiden Protagonisten steht sinnbildlich für ihre innere Reise, ihre Selbstsuche und ihre persönliche Entwicklung. Der Roadtrip symbolisiert die temporäre Befreiung von Tschick und Maik aus den familiären und schulischen, letztlich den gesellschaftlichen Zwängen (z. B. in Bezug auf Homosexualität).

Somit orientiert sich die filmische Adaption bezüglich des Genres bzw. der **Kombination verschiedener Genres** ebenfalls eng an der Romanvorlage.

Soundtrack: Die Musik spielt in allen Filmen von Fatih Akin eine wichtige Rolle, er sieht die Musik selbst als »Seele eines Films« (Koch 2017, S. 22). Die *Tschick*-Adaption verfolgt auch hier eine kombinierte Strategie aus Textnähe und Erweiterung: Die beiden im Roman erwähnten Stücke »Ballade pour Adeline« von Richard Clayderman und »Ball And Biscuit« von The White Stripes werden in den Soundtrack übernommen und insbesondere das ruhige Clayderman-Klavierstück dient als auditiver Kontrapunkt zu den Einstellungen, die Tschick und Maik auf ihrer ›rasanten‹ Fahrt im Lada zeigen. Neben kurzen instrumentalen Filmmusik-Tracks enthält der Tschick-Soundtrack eine Mischung aus – zum Zeitpunkt der Filmproduktion – etwas älteren (z. B. Seeed, »Goosebumps«, 2005) und aktuellen Songs (z. B. K. I. Z. featuring Henning May, »Hurra, diese Welt geht unter«, 2015). Hinzu kommen zwei speziell für den Film komponierte Titel, zum einen »Thomas Anders« von Die Beginner featuring Megaloh und eine deutsche Coverversion des Neunziger-Jahre Clubhits ›French Disko‹, interpretiert von den Beatsteaks und dem Tocotronic-Sänger Dirk von Lowtzow. Das Musikvideo zu dem zweitgenannten Song ist besonders interessant, weil es – quasi als **transmediale Erweiterung der Storyworld** – zeigt, wie Tschick (wie im Film dargestellt von Anand Batbileg) die Besitzer einer heruntergekommenen Autowerkstatt (dargestellt von den Musikern) unter den Tisch trinkt und dann den blauen Lada klaut.

6.2 Medienvergleich von Roman und Film am Beispiel Tschick

Intertext	Verweise in Tschick
Willkommen im Tollhaus (Film, USA 1996, R.: Todd Solondz)	• Coming-of-Age-Thematik: Filmzitat als dem Roman vorangestelltes Motto (»Dawn Wiener: I was fighting back. / Mrs. Wiener: Who ever told you to fight back?«); eine Filmszene in Tschick, die dieses Zitat aufnimmt wurde herausgeschnitten
Nordsee ist Mordsee (Film, D 1976, R.: Hark Bohm)	• Figurenkonstellation und Roadmovie: zwei ungleiche Freunde (Uwe und Dschingis) stehlen ein Segelboot und reißen aus • Personen: Hark Bohm (Regisseur von Nordsee ist Mordsee) ist Berater Fatih Akins bei Tschick; Uwe Bohm (Darsteller des Uwe in Nordsee ist Mordsee und Hark Bohms Sohn) spielt Maiks Vater
Fernes Land Pa-isch (Film, D 1994, R.: Rainer Simon)	• Roadmovie: Junge aus schwierigen sozialen Verhältnissen haut mit seiner Halbschwester auf einem geklauten Motorrad ab, um nach Afrika auswandern
Wir können auch anders … (Film, D 1993, R.: Detlev Buck)	• Roadmovie: zwei ungleiche Brüder machen sich mit einem alten klapprigen Lastwagen auf den Weg nach Ostdeutschland • Motiv: Zusammenstoß mit einem Schweinetransporter
Die fetten Jahre sind vorbei (Film, D/Ö 2004, R.: Hans Weingartner)	• Motiv: Designermöbel werden als Ausdruck der Revolution (gegen das Establishment bzw. gegen den Vater) in den Swimmingpool geworfen
Lohn der Angst (Film, F/I 1953, R.: Henri-Georges Clouzot)	• Motiv: ein mit Sprengstoff beladener LKW muss von den Fahrern über eine marode Holzbrücke manövriert werden

Tab. 6.1: Intertextuelle Verweise im Film Tschick

Der Soundtrack von Tschick folgt insgesamt einem für den Jugendfilm typischen Konzept: Das Album mit den Tracks zum Film soll zum einen beim Filmrezipienten eine Erweiterung bzw. ›Verlängerung‹ seines Filmerlebens ermöglichen, zum anderen soll das Album aber auch als – so Akin – »gutes Mixtape« (ebd.) für sich stehen, sodass weitere Zuschauer für den Film gewonnen werden.

Intertextualität und Intermedialität: Jeder Roman und jeder Film bezieht sich mehr oder weniger explizit auf andere Texte und Medien. Grundsätzlich ist die Geschichte in Tschick auch dann verständlich, wenn man die dort zahlreich vorhandenen intertextuellen und intermedialen Verweise nicht erkennt. Sie helfen jedoch dabei, den Film in verschiedene Kontexte zu stellen und eröffnen **zusätzliche Interpretationsangebote**. Insofern sind diese Verweise eine Ebene der Mehrfachkodierung des Films – ein jugendlicher Rezipient wird z. B. das Klavierstück »Ballade pour Adeline« von Richard Clayderman aus dem Jahr 1979 völlig anders wahrnehmen und einordnen als ein erwachsener Rezipient, der möglicherweise in den 1970er Jahren selbst ein Kind oder ein Jugendlicher war und bestimmte Erinnerungen damit verbindet. Bei der Interpretation von Filmen in der Schule sollten diese unterschiedlichen Wahrnehmungen Raum erhalten. Die Anspielungen auf andere Filme wiederum erkennt natürlich nur, wer den jeweils zitierten Film gesehen hat. Insofern wird ein Cineast den Film wiederum aus einem anderen Blickwinkel betrachten. Die Vermittlung dieses ›cineastischen‹ Wissens kann ein Ausgangspunkt für eine Unterrichtsreihe sein, in der die Verweisfilme eine Rolle spielen. In Tabelle 6.1 finden sich einige ausgewählte Verweise in TSCHICK auf andere Filme.

6.3 | Filmdidaktische Überlegungen

Literaturverfilmungen waren lange Zeit die einzigen Filme, die einen festen Platz im Deutschunterricht hatten. Allerdings dienten sie oftmals entweder lediglich als kleines »Bonbon« am Ende einer ausführlichen Unterrichtseinheit zu ihrer Romanvorlage oder wurden Gegenstand einer **Abwertungsdidaktik**, die darauf abzielt, die Schülerinnen und Schüler von der künstlerischen Überlegenheit des Buches gegenüber dem Film zu überzeugen. Solche Zugänge werden der Literaturverfilmung als eigenständigem Artefakt in keiner Weise gerecht. Sie sind Ausdruck eines printmedialen und buchkulturellen Habitus, der – so Klaus Maiwald (2015, S. 23) – nach wie vor in Bildungsplänen und Klassenzimmern vorherrscht.

Ziele einer Didaktik der Literaturverfilmung: Michael Staiger (2010, S. 9 und 98 ff.) nennt die folgenden beiden Ziele für einen zeitgemäßen Umgang mit filmischen Adaptionen schriftlicher Literatur:
1. Die Verfilmung wird als **audiovisueller Text mit eigener Ästhetik** und spezifischer Erzählform betrachtet. Die Analyse einer Literaturverfilmung ist deshalb in erster Linie eine Filmanalyse.
2. Der Vergleich von Buch und Film steht im Zeichen des **intermedialen Prozesses eines Medienwechsels** und nicht im Zeichen der Medienkonkurrenz. In der Gegenüberstellung der beiden narrativen Medien eröffnet sich die Chance, Funktions- und Wirkungsweise des Erzählens im jeweils anderen Medium zu erhellen.

Eigenwert der Verfilmung

Im Mittelpunkt einer Unterrichtseinheit sollte somit nicht die Frage nach der Werktreue und eine hierarchisierende Bewertung stehen, sondern ein Vergleich von Buch und Film, der die medienspezifischen Erzählformen reflektiert und den Eigenwert der beiden Medien anerkennt. Maiwald (2015, S. 24) schlägt in diesem Zusammenhang vor, die übliche Fragerichtung – von der Vorlage zur Verfilmung – umzukehren: »Wir fragen also zunächst: *Was macht der Film als Film?*, und erst dann: *Was macht der Schrifttext?*«.

Methoden zum Medienvergleich: Eine Literaturverfilmung kann im Unterricht mit einer Vielzahl von Verfahren bearbeitet werden (s. Kasten und Kap. 3.3; vgl. Staiger 2010, S. 100). Der Medienvergleich muss hierbei nicht immer den traditionellen Weg vom Buch zum Film beschreiten,

Filmdidaktische Überlegungen — 6.3

sondern kann sich auch vom Film ausgehend zum Buch hin bewegen oder mehrere Verfilmungen gegenüberstellen.

1. Rezeptionsorientierte Verfahren

Schrifttext-Film-Vergleich auf der Makroebene
- Plot des schriftlichen Erzähltexts dem Plot des Films gegenüberstellen (Adaptionsstrategien, s. o.: Selektion/Extrapolation; Konkretisierung/Verstärkung)
- weitere Unterschiede zwischen Film und schriftlichem Erzähltext analysieren (Adaptionsstrategien: Kontextualisierung/Aktualisierung; Genrewechsel/Genremix)
- intertextuelle/intermediale Verweise identifizieren und als Interpretationsgrundlage nutzen

Schrifttext-Film-Vergleich auf der Mikroebene
- detaillierter Vergleich eines Textabschnitts mit der entsprechenden Filmsequenz
- Analyse eines Textabschnitts, der im Film nicht umgesetzt wurde, Diskussion über mögliche Ursachen hierfür

Vergleich mehrerer Adaptionen einer schriftliterarischen Vorlage
- Adaptionskonzepte der einzelnen Verfilmungen herausarbeiten und vergleichen
- verschiedene Interpretationen des Schrifttextes durch die Verfilmungen erarbeiten

Motiv-Analyse
- Analyse der Umsetzung eines Motivs im Roman und im Film
- Diskussion von Texten zu Filmen: Film- und Buchrezensionen, Produktionsnotizen (in Begleitbüchern, Presseheften, Blu-ray/DVD-Bonusmaterial), Interviews (mit Filmemachern, Darstellern, Autoren der literarischen Vorlage)

2. Produktionsorientierte Verfahren

Überlegungen zur Verfilmung eines schriftlichen Erzähltextes
- Stichwortsammlung oder Bildcollage
- Exposé (oder Treatment) schreiben
- Storyboard zeichnen

Schreibaufgaben
- ›Verbuchung‹ (schriftlichen Erzähltext zu einem Filmausschnitt schreiben und darüber Unterschiede des Erzählens erfahren)
- Audiodeskription zu einer kurzen Szene schreiben, diese mit dem Schrifttext des Romans vergleichen
- Rollenporträt einer Figur
- Tagebucheintrag einer Figur (z. B. auch über die eigene Veränderung durch die filmische Adaption: »Ich war im Buch so ... – jetzt bin ich im Film eine ...«)

Verfahren für den Umgang mit Verfilmungen

- Brief an eine Figur (z. B. Filmfigur an Buchfigur)
- Filmrezension

Bild-Schrifttext-Aufgaben
- Film-Standbilder zu Textzeilen zuordnen
- Bildfolgen erstellen (unter Berücksichtigung von Einstellungsgrößen, Kameraperspektiven)

Bild-Ton-Experimente
- Bildebene selbst vertonen (mit Dialogen, Musik, Geräuschen)
- Tonebene selbst bebildern (mit eigenen Smartphone-Fotos oder Videoaufnahmen)
- Montage-Experimente auf Bild- und Tonebene mit fertigen ›Puzzleteilen‹
- Literaturverfilmung produzieren
- Exposé, Storyboard, Drehbuch im Team verfassen und filmisch umsetzen
- Vorlage: sehr kurzer schriftlicher Erzähltext oder ein kurzes Romankapitel

6.4 | Unterrichtspraktische Vorschläge zu Tschick

Neben der Behandlung der zahlreichen thematischen Anknüpfungspunkte, die der Film eröffnet (s. o.), eignet sich Tschick hervorragend für eine Auseinandersetzung mit dem filmischen Erzählen und für einen Medienvergleich von Romanvorlage und Adaption. Ansatzpunkte für den Unterricht ab der 7. Klasse könnten sein (vgl. hierzu auch Kleinschmidt 2016 und Wetekam 2016):

Filmplakat und Buchcover: Vergleich von verschiedenen Filmplakatvarianten, Plakaten zu Theaterinszenierungen und verschiedenen Varianten des Buchcovers (Abb. 6.2–7).
Leitfragen: Welche Assoziationen und Erwartungen erwecken die verschiedenen Varianten von Filmplakat, Theaterplakat und Buchcover? Worum könnte es jeweils in der erzählten Geschichte gehen? Welche Unterschiede gibt es in Bezug auf die visuelle Gestaltung der verschiedenen Plakate und Covervarianten (Farbe, Schrift, Bildkomposition)?

Analyse auf der Makroebene: Vergleich der Filmhandlung mit der Romanhandlung.
Leitfragen (für Gruppenarbeiten): Welche Elemente der Handlung, welche Figuren, welche Schauplätze finden sich in der Adaption wieder und welche nicht? Welche Handlungselemente werden erweitert oder umgestellt? Welche Auswirkungen haben diese Änderungen auf die Darstellung der Figuren und die erzählte Geschichte insgesamt?

Erzählperspektive: Erschließen der Funktion des Voice-Over anhand einer entsprechenden Szene (zuerst ohne Ton abspielen und Maiks Gedanken assoziieren, dann mit Szene mit Ton analysieren), geeignet wäre z. B. die Szene als Maik über das Geschenk für Tatjana nachdenkt (7.–8. Min.)

Leitfragen: Welche für das Verstehen der Szene relevante Informationen enthält die visuelle Ebene, welche nicht? Wie könnte man Maiks Gedanken als Bilder im Film darstellen? Welche anderen Filme arbeiten ebenfalls mit einem Voice-Over?

Analyse auf der Mikroebene: Vergleich einer ausgewählten Filmsequenz mit den entsprechenden Romankapiteln (Schlüsselszenen, z. B. Tschick und Maik gehen zur Party, 20.–27. Min./Kap. 14–17; Fahrt durch Einöde und über die Brücke, 70.–75. Min./Kap. 35, 37 und 41)

Leitfragen: Welche Ereignisse werden im Film weggelassen, ergänzt oder neu kombiniert? Weshalb? Welche filmischen Mittel werden eingesetzt um die sprachlichen Informationen des Romans in Bild und Ton zu übersetzen?

Adaption einer Szene: Verfassen eines kurzen Exposés oder Treatments zur filmischen Umsetzung eines Romankapitels, das im Film nicht vorkommt (z. B. Begegnung mit Herrn Fricke, Kap. 36; Herr Reiber am Telefon, Kap. 40)

Leitfragen: Welche der im Romankapitel dargestellten Ereignisse müssen unbedingt filmisch adaptiert werden, welche könnte man weglassen? Wie könnte eine Umsetzung der Szene mit filmischen Mitteln aussehen?

Produktionskontext des Films: Auseinandersetzung mit dem Bonusmaterials der DVD-Special-Edition im Hinblick auf die verschiedenen Phasen einer Filmproduktion sowie der Filmdistribution (s. Tab. 6.2).

Aspekt	Material
Vorproduktion	▪ Extras auf der DVD: Interviews mit Fatih Akin; Storyboards zum Film; Audiokommentar zum Film von Regisseur Fatih Akin, Drehbuchautor Lars Hubrich und Cutter Andrew Bird ▪ Booklet: »Immer hart am Stoff«. Vom Roman zum Drehbuch (S. 3–14); »Für mich war klar: ich mache meinen ›Tschick‹!«. Regisseur Fatih Akin im Interview (S. 16–22)
Arbeit am Filmset	▪ Extras auf der DVD: Making of; Teamfilm; Ein Tag am Filmset; Outtakes; Audiokommentar ▪ Booklet: »Die Kids haben den Film geschmissen«. Die jugendlichen Darsteller von ›Tschick‹ (S. 24–30); Die Highlights der Dreharbeiten. Der Cast erinnert sich an die schönsten Momente (S. 31)
Postproduktion	▪ Extras auf der DVD: Deleted Scenes; Audiokommentar
Marketing zum Film	▪ Extras auf der DVD: Kinotrailer; Musikvideos; Premierenclip ▪ Booklet: Alternative Filmposter (S. 15); Ein Song und seine Geschichte (S. 23)

Tab. 6.2: DVD-Bonusmaterial zu Tschick

Leitfragen (für die Gruppenarbeit): Welche Arbeitsschritte sind notwendig, um aus einer Romanvorlage einen Film zu machen? Welche Aufgaben haben Produzent, Regisseur, Drehbuchautor, Cutter, Darsteller im Rahmen des Produktionsprozesses? Auf welchen Wegen gelangen heute Werbetexte wie Trailer, Filmplakate usw. zu den potenziellen Filmzuschauern?

Transmediale Erweiterung: Analyse des Musikvideos zu »French Disko« und des Abspanns von Tschick (ab 87. Min.) als Erweiterung der Storyworld des Films.

Leitfragen: Was erfährt man in den beiden kurzen Filmen über die Vor- und Nachgeschichte der Filmhandlung von Tschick? Weshalb werden diese Ereignisse nicht im Rahmen des eigentlichen Films erzählt?

6.5 | Anregung für eine Leistungsüberprüfung in der Sekundarstufe II

Falls am Ende der Unterrichtseinheit als Abschluss eine Klausur stehen soll, bietet sich hierfür die Analyse einer (kurzen) Filmsequenz aus Tschick und der Vergleich mit dem entsprechenden Ausschnitt aus dem Roman an, z. B. die Szene mit dem Schweinelaster-Unfall. Im Idealfall steht jeder Schülerin und jedem Schüler ein Tablet oder Notebook mit Kopfhörer zur Verfügung, damit der Filmausschnitt mehrfach angesehen werden kann. Ansonsten kann der Ausschnitt mithilfe eines Beamers zwei- bis dreimal zu Beginn der Klausur gezeigt werden, wobei den Schülerinnen und Schülern die Klausuraufgaben schon vor dieser Sichtung bekannt gemacht werden, damit sie sich entsprechend Notizen machen können. Als zusätzliches Arbeitsmaterial kann eine Reihe von Screenshots aus der Filmsequenz in Form eines Handouts verteilt werden.

Vorschlag für eine Klausur ab Klassenstufe 11

Material: Filmausschnitt Tschick (75.–77. Min); Romanauszug *Tschick* (Kap. 43); ggf. Handout mit Screenshots

Aufgaben:
1. Analysieren Sie den Filmausschnitt im Hinblick auf die eingesetzten filmischen Mittel. Gehen Sie hierbei zunächst getrennt auf die visuelle sowie die auditive Ebene ein und anschließend auf das Zusammenspiel der beiden Ebenen.
2. Vergleichen Sie die narrative Ebene des Filmausschnitts mit dem Romanauszug: Welche Ereignisse werden im Film weggelassen bzw. ergänzt? Inwiefern ändert sich die Erzählperspektive?
3. Welche Aussage steht bei der Verfilmung des Romankapitels im Vordergrund? Inwiefern passt Ihre Interpretation zur Aussageabsicht der gesamten Verfilmung? Beziehen Sie zur Erläuterung auch das zugrundeliegende Adaptionskonzept der Verfilmung mit ein.

Primärliteratur

Herrndorf, Wolfgang: *Tschick. Mit einem Anhang zum Film.* Reinbek bei Hamburg 2016 [2010].
Hubrich, Lars: *Tschick. Das Drehbuch. Nach dem Roman von Wolfgang Herrndorf.* Reinbek bei Hamburg 2016 (E-Book).
Tschick. Regie: Fatih Akin. Deutschland 2016. DVD/Blu-ray: Studiocanal.

Sekundärliteratur

Bazin, André: »Für ein unreines Kino. Plädoyer für die Literaturverfilmung«. In: Ders.: *Was ist Film?* Herausgegeben von Robert Fischer. Berlin 2004, S. 110–138.
Kanzog, Klaus: »Erzählstrukturen, Filmstrukturen. Eine Einführung«. In: Ders.: *Erzählstrukturen – Filmstrukturen. Erzählungen Heinrich von Kleists und ihre filmische Realisation.* Berlin 1981, S. 7–24.
Kleinschmidt, Michael M.: »Tschick. Kino & Curriculum 9/2016« (2016), http://www.film-kultur.de/glob/tschick_kc.pdf (2.1.2019).
Koch, Daniel: Booklet zu Tschick – Special Edition (DVD-Ausgabe). Berlin 2017.
Kreuzer, Helmut: »Medienwissenschaftliche Überlegungen zur Umsetzung fiktionaler Literatur. Motive und Arten der filmischen Adaption«. In: Ders.: *Epochen, Probleme, Tendenzen. Ausgewählte Aufsätze.* Heidelberg 1992, S. 254–271.
Maiwald, Klaus: *Vom Film zur Literatur. Moderne Klassiker der Literaturverfilmung im Medienvergleich.* Stuttgart 2015.
Paech, Joachim: *Literatur und Film.* Stuttgart ²1997.
Schwab, Ulrike: *Erzähltext und Spielfilm. Zur Ästhetik und Analyse der Filmadaption.* Berlin 2006.
Staiger, Michael: *Literaturverfilmungen im Deutschunterricht.* München 2010.
Stam, Robert: »Beyond Fidelity. The Dialogics of Adaptation«. In: James Naremore (Hg.): *Film Adaptation.* London 2000, S. 54–78.
Wetekam, Burkhard: »Tschick. Filmheft mit Materialien für die schulische und außerschulische Bildung« (2016), https://www.visionkino.de/fileadmin/user_upload/publikationen/filmhefte/Filmheft-TSCHICK.pdf (2.1.2019).

Michael Staiger

7 Filmklassiker

7.1 Merkmale
7.2 Analyse eines Filmklassikers am Beispiel von Vertigo
7.3 Filmdidaktische Überlegungen
7.4 Unterrichtspraktische Vorschläge zu Vertigo

7.1 | Merkmale

Zum Begriff ›Filmklassiker‹: Filme werden nicht als ›klassisch‹ bezeichnet, weil sie besonders unterhaltsam oder beliebt sind. Vielmehr zeichnen sie sich durch eine besondere Innovationsleistung für die Filmgeschichte aus. Sie repräsentieren prototypische Phasen oder Richtungen der Filmgeschichte und stehen stilbildend für ein Genre. Welche Filme zu Klassikern werden, wird zu jeder Zeit neu verhandelt (vgl. Hüningen 2012). Etymologisch ist das Adjektiv ›klassisch‹ aus dem mittellateinisch Wort ›classicus‹ entlehnt und bedeutet ›mustergültig‹ oder ›vorbildlich‹.

Kultfilm: Viele Filmklassiker sind auch sogenannte Kultfilme geworden. Diese zeichnen sich durch auffällige thematische oder ästhetische Grenzüberschreitungen und eine intensive (Inter-)Aktion des Publikums aus. So bieten sie besondere Identifikationspotenziale und entfalten eigene Fankulturen mit je eigenen symbolischen Praxen (vgl. Wulff 2012), die über das Merchandising weit hinausgehen.

Innovationsleistungen von Filmklassikern, z. B.:   *Analysekategorien*

- **Lichtdramaturgie**, die das Dunkel betonte (z. B. deutsche Stummfilme der 1920er Jahre)
- **entfesselte Kamera**, die sich vom festen Stativ befreite (z. B. deutsche Stummfilme der 1920er Jahre)
- **Filmschnitt, neue Montageformen** (Stummfilme von Sergej Michalowitsch Eisenstein)
- **diskontinuierliches Erzählen** (z. B. Citizen Kane, 1941)
- **Filmdreh on location** mit Handkameras in Filmen der 1950er/1960er Jahre, die auf der Straße gedreht wurden
- **Filmmusik** wie die musikalische Illustration in Der weisse Hai (1975) mit Musik von John Williams
- **Special Effects-Kino** mit philosophischen Grundsatzfragen (z. B. The Matrix, 1999)
- **Motive wie der Einbruch des Bösen in eine paradiesische Welt** in Avatar (2009) als Science-Fiction-Spektakel mit großen Schauwerten und Identifikationspotenzial

7.2 | Analyse eines Filmklassikers am Beispiel von VERTIGO

Die Frage, was einen Film zum Klassiker macht, ist der Ausgangspunkt für die Analyse im folgenden Kapitel. Als Innovationen des Films VERTIGO (USA 1958, R.: Alfred Hitchcock, FSK 12) lassen sich Titelsequenz, genreuntypische Gestaltung, Räume und Requisiten, Vertigo-Effekt, Licht und Farbe herausarbeiten.

Handlungsverlauf

Filmhandlung: Der Polizist John Ferguson (James Stewart) – von seinen Freunden ›Scottie‹ genannt – stürzt bei der Verfolgung eines Verdächtigen beinahe von einem Hochhausdach. Ein Kollege, der ihm helfen will, stirbt bei dem Einsatz. Trauma und Schuldkomplexe lösen in Ferguson einen **Drehschwindel** aus (lat.: ›vertigo‹). Er gibt den Polizeidienst auf und will sich zunächst auskurieren. Doch als ihn sein ehemaliger Kommilitone Gavin Elster (Tom Helmore) bittet, seine selbstmordgefährdete Frau zu beschatten, übernimmt er den Auftrag. Elster befürchtet, dass seine 26-jährige Frau Madeleine (Kim Novak) von ihrer Urgroßmutter Carlotta Valdez besessen sei, die sich mit 1857 im gleichen Alter umgebracht hatte. Ferguson folgt ihr mit dem Auto durch San Francisco zu einem Friedhof, auf dem Carlotta Valdez begraben liegt, in ein Museum, wo ein Portrait Carlottas hängt, und zum McKittrick-Hotel, das im 19. Jahrhundert der Wohnsitz der Valdez war. Zusammen mit seiner langjährigen Freundin Midge Wood (Barbara Bel Geddes) stellt er Nachforschungen über Carlotta Valdez an. Als uneheliches Kind wuchs sie in einer spanischen Mission südlich von San Francisco auf. Wegen ihrer Schönheit heiratete sie ein reicher Mann aus San Francisco, der sie aber nach einigen Jahren wieder verließ. Darüber geriet Carlotta Valdez in Depressionen und brachte sich um.

Madeleines Verhalten scheint die Befürchtungen ihres Mannes zu bestätigen. Ferguson beschattet sie weiter. Als sie sich vor dessen Augen an der Golden Gate Bridge in die Fluten stürzt, wird sie von Ferguson gerettet. Er fühlt sich von ihr angezogen und auch Madeleine verliebt sich in ihn, befürchtet aber, wahnsinnig zu werden. In ihren Träumen sehe sie eine spanische Kirche, die Ferguson aufgrund ihrer Beschreibung als eine spanische Mission südlich von San Francisco identifiziert. Beide fahren dorthin, wo Madeleine den Drang verspürt, auf den Kirchturm zu klettern. Wegen seiner Höhenangst kann ihr Ferguson nicht folgen. Vor seinen Augen stürzt sie in die Tiefe.

Ihr Tod und seine abermaligen Schuldgefühle führen zu einem Nervenzusammenbruch Fergusons, dem ein mehrmonatiger Klinikaufenthalt folgt. Midge kümmert sich aufopferungsvoll um ihn, doch Ferguson reagiert apathisch. Nach seiner Entlassung streift er sichtlich gezeichnet durch San Francisco, wo er zufällig einer Frau namens Judy Barton begegnet, die Ähnlichkeit mit Madeleine hat. Er bedrängt sie, mit ihm essen zu gehen.

Nun wechselt der Film zu Judys Perspektive. Sie sitzt in ihrem Hotelzimmer und in einer Rückblende wird der Komplott visualisiert. Gavin Elster hatte die einfache Angestellte Judy überredet, die Rolle seiner wohlhabenden Frau Madeleine, deren Ermordung er plante, einzunehmen. Er wusste von Fergusons Höhenangst und inszenierte den Selbst-

7.2 Analyse eines Filmklassikers am Beispiel von VERTIGO

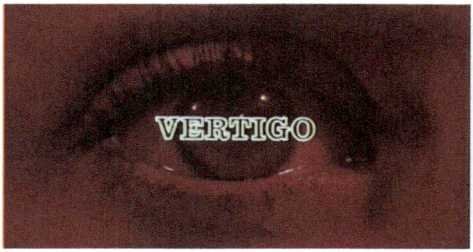 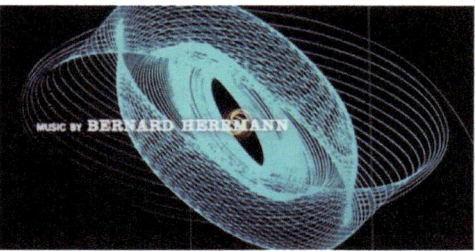

Abb. 7.1–2: Titelsequenz: Filmtitel entsteht im rot eingefärbten Auge (VERTIGO, 00:01:15); Spiralmotiv (VERTIGO, 00:02:42)

mord seiner bereits getöteten Frau in der spanischen Mission. Im Gegenzug sollte Madeleine/Judy Schmuck der Verstorbenen erhalten. Dass sie sich allerdings tatsächlich in Ferguson verliebt, war nicht geplant. Vom schlechten Gewissen geplagt, schreibt Judy einen Brief an Scottie, in dem sie ihm die wahre Geschichte erzählt. Allerdings zerreißt sie ihn.

Der nichtsahnende Scottie versteigt sich immer weiter in seine Bemühungen, Judy im Aussehen und in der Kleidung nach seiner verstorbenen Liebe Madeleine zu gestalten. Judy lässt dies über sich ergehen. Als sie sich für ein Abendessen irrtümlich eine Kette aus Madeleines Nachlass anzieht, erkennt Scottie die Täuschung. Er fährt mit Judy zur spanischen Mission und benutzt sie, um seine psychosomatische Höhenangst zu bekämpfen. Schließlich schafft er die Besteigung des Kirchturms, und es kommt zu einer Aussöhnung. Doch als aus dem Dunkeln plötzlich eine Nonne erscheint, weicht Judy entsetzt zurück und stürzt in den Tod.

Titelsequenz: Saul Bass integrierte als erster den Filmvorspann (ursprünglich diente dieser nur als Informationsträger) ästhetisch in die filmische Exposition. So deutet auch die Titelsequenz von VERTIGO bereits das Thema und die Motivik an: Sie beginnt mit einer schwarzweißen Detailaufnahme von Judys/Madeleines Lippen, darüber wird groß der Name des Schauspielers »James Stewart« eingeblendet – die erotische Binnenbeziehung wird vorweggenommen. Die Kamera bewegt sich auf ihr rechtes Auge zu, das Bild färbt sich rot und in der Pupille formt sich – zunächst ganz klein, dann immer größer werdend, bis er schließlich das gesamte Auge einnimmt – der Filmtitel »Vertigo« (Abb. 7.1). Im Anschluss entsteht in der Pupille ein graphisch animiertes Spiralmotiv (Abb. 7.2) in unterschiedlichen Ausformungen, das die restliche Titelsequenz mit den Angaben zu Cast und Credits dominiert.

Am Ende der Sequenz taucht die rot eingefärbte Detailaufnahme des weiblichen Auges wieder auf, und es bildet sich – analog zum Titelinsert – der Schlusscredit »Directed by Alfred Hitchcock«. Musikalisch unterlegt ist die gesamte Titelsequenz mit dem orchestralen Präludium Bernard Herrmanns, das zwischen luziden Streichern und dramatischen Posaunen changierend bereits kurze Klangmotive aus Wagners *Tristan und Isolde* aufgreift, die im Film vertieft werden,

So enthält die Titelsequenz bereits eine Reihe von **Andeutungen auf den Film**:
- das Auge als Spiegel der Seele bzw. als Organ der Täuschungswahrnehmung,
- die Lippen als sinnliches Körperteil,

7 Filmklassiker

- die Farbe Rot als Anzeiger für Gefahr und/oder Eros,
- das Spiralmotiv in seiner mehrfachen Funktion als Drehschwindel, Sogwirkung und das Sich-im-Kreise-Drehen des Protagonisten,
- die Filmmusik als Verstärkung der bedrohlichen Atmosphäre.

Genreuntypische Gestaltung: Vertigo ist kein typischer Kriminalfilm. Denn es gibt zwar einen Mord – dieser wird aber nicht gezeigt, und der Mörder spielt im weiteren Handlungsverlauf überhaupt keine Rolle mehr. Am Filmende wird nicht der Böse bestraft, sondern der Protagonist.

Beispielanalyse

Dramaturgie und Erzählrhythmus von Vertigo

Vertigo besteht aus zwei Handlungsteilen: Der erste Teil (bis ca. 75 Minuten) enthält den vorgetäuschten Selbstmord und die allmähliche Annäherung zwischen Scottie und Madeleine. Der zweite Teil (ca. 50 Minuten) erzählt von den obsessiven Bemühungen Scotties, Judy in Madeleine zu verwandeln. Beide Teile enden in der spanischen Mission, zunächst mit dem inszenierten und schließlich dem realen Tod der Geliebten. Mit über zwei Filmstunden war der Film zu seiner Zeit für einen Kriminalfilm eher **lang**. Was noch ungewöhnlicher ist: Vertigo beginnt zwar mit einem dramatischen Knalleffekt – der Verfolgung des Kriminellen auf den Dächern –, der genretypisch schnell geschnitten ist und in einer Beinahe-Katastrophe endet. Der Rest des Films besticht aber, mit Ausnahme der beiden Kirchturmszenen, eher durch eine genreuntypische **Langsamkeit**. So dauert allein die erste Beschattungsszene über zwölf Minuten (0:18–0:30), in denen kaum gesprochen wird. Hitchcock verteidigte diesen langsamen Rhythmus damit, dass die Geschichte aus der Perspektive eines Mannes erzählt, »dessen Zustand sehr vom Gefühl bestimmt« sei (Fischer 1999, S. 208).

Zeitgenössische Kritiken monierten die Überlänge und die Tatsache, dass Hitchcock die Auflösung lange vor dem Filmende preisgibt, im Unterschied zur in Paris spielenden Romanvorlage. Für den Regisseur aber war die **psychologische Entwicklung** seiner männlichen Hauptfigur wichtiger als die krimitypische Auflösung am Ende. Dadurch, dass die Zuschauerinnen und Zuschauer – im Gegensatz zu Ferguson – wissen, wie die Täuschung inszeniert worden ist, lenken sie – so die Absicht des Regisseurs – ihre Aufmerksamkeit auf den Protagonisten und dessen Liebe zu einer Toten.

Der Topos der in Vertigo dargestellten unerreichbaren bzw. unmöglichen Liebe durchzieht die abendländische Erzähltradition und verknüpft den Film mit der Orpheus- und Pygmalion-Mythologie. Hitchcock selbst sagt in einem Interview mit François Truffaut: »Um es ganz einfach zu sagen: Der Mann möchte mit einer Toten schlafen, es geht um Nekrophilie«, und wenig später bezeichnet er Ferguson als »Fetischist[en]« (Fischer 1999, S. 208). Damit hebt er die der Hauptfigur innewohnenden sexuell-neurotische Dimension hervor. Der vollständige deutsche Titel des Films lautet dementsprechend: Vertigo – Aus dem Reich der Toten.

Zur Vertiefung

Mythologische Anknüpfungspunkte
Orpheus: berühmter Sänger in der griechischen Mythologie, dessen Ehefrau Eurydike an einem Schlangenbiss stirbt. Aufgrund seiner Sangeskunst gelingt es ihm, Hades, den Gott der Unterwelt, zu überreden, seine Frau aus dem Totenreich zu befreien. Er darf sich – so das Gebot Hades' – jedoch nicht umsehen. Als Orpheus seine hinter ihm gehende Geliebte nicht mehr hört, dreht er sich zu ihr um und sie verschwindet wieder in das Totenreich.
Pygmalion: Künstler in der griechischen Mythologie, der aufgrund negativer Erfahrungen Liebesbeziehungen zu Frauen vermeidet, erschafft aus Elfenbein eine Frauenskulptur, in die er sich verliebt und die schließlich zum Leben erweckt wird.

Motive

Räume und Requisiten: Schon in der einführenden Titelsequenz ist das **Spiralmotiv** im Raum sichtbar (bis 00:00:03); weiterhin taucht es in dem spiralförmig gesteckten Haar Madeleines/Judys auf, das wiederum der Frisur der verstorbenen Carlotta auf ihrem Portrait im Museum gleicht (00:00:25). Es visualisiert den Drehschwindel von Ferguson und die Bewusstlosigkeit, symbolisiert aber auch die Sogwirkung der geheimnisvollen Carlotta und ihrer vermeintlichen Urgroßenkelin auf Ferguson. Der Protagonist dreht sich im Kreis und bleibt Gefangener seiner Obsessionen – wie in einer Spirale.

Hitchcock bat seinen Art Director Henry Bumstead, möglichst viele **Spiegel** bei der Raumgestaltung zu verwenden, um das Motiv der doppelten bzw. gespaltenen Persönlichkeit zu visualisieren. So benutzt Hitchcock den Spiegel vor der »Verwandlung« Judys (00:01:40) in einem Modegeschäft und am Ende in Judys Apartment nach der Verwandlung (00:01:50).

San Francisco als topographischer und metaphorischer Ort: Im Gegensatz zu vielen Hitchcock-Filmen, die überwiegend im Studio gedreht worden sind, spielt San Francisco als topographischer und metaphorischer Ort in VERTIGO eine wichtige Rolle. Bereits im Eingangsgespräch zwischen Ferguson und Elster bedauert der von der Ostküste zurückgekehrte Elster, dass die Moderne das frühere Stadtbild zerstört habe. In den langen Verfolgungsszenen im Auto werden die steilen Straßenzüge fortlaufend gezeigt. Das **Nebeneinander von Heute und Gestern** wird versinnbildlicht durch die ikonische Architektur der 1930er Jahre (Coit-Tower und Golden Gate Bridge) auf der einen Seite und die historischen Bauzeugnisse (Mission Dolores aus dem 18. Jahrhundert, McKittrick-Hotel des 19. Jahrhunderts, Abb. 7.3–4) auf der anderen Seite. Fergusons Fahrt durch San Francisco, das steile Auf und Ab der Straßen, die verwinkelten Hinterhausschluchten symbolisieren, wie sich der Protagonist bereits am Anfang des Films in die Geschichte verstrickt.

Im weiteren Handlungsverlauf wird die Wiederherstellung des Vergangenen zur Obsession Fergusons. Historische Bauwerke dominieren die filmischen Handlungsorte. Nicht zufällig enden beide Teile des Films in der 1776 gegründeten spanischen Mission San Juan Bautista, südlich von San Francisco gelegen. Das filmarchitektonische **Gegenkonzept** spiegelt sich in den Wohn- und Arbeitsräumen Midges (Abb. 7.4) – der langjährigen Freundin Fergusons –, die modern eingerichtet sind und durch das große Fenster einen wunderschönen Panoramablick auf das heutige

Abb. 7.3–4:
Vergangenheit vs. Moderne:
McKittrick-Hotel (Vertigo, 00:27:49) und Midges Atelier (Vertigo, 00:31:22)

San Francisco bieten. Folgerichtig spielt dieser Handlungsort im zweiten Teil des Films überhaupt keine Rolle mehr.

Licht und Farbe: Grundsätzlich liegt jedem Spielfilm ein visuelles Konzept zugrunde, in dem die Licht- und Farbdramaturgie eine wichtige Rolle spielt. In Vertigo ist die Farbgebung am auffälligsten. Der Film arbeitet insbesondere mit den Signalfarben Rot und Grün: **Rot** als Farbe der Liebe, aber auch der Gefahr und **Grün** als vermeintlich positive Farbe der Hoffnung und des Neubeginns. Das Aufeinandertreffen der beiden Farben beginnt in Ernie's Restaurant, wo Judy als Madeleine Elster vor einem roten Wandteppich in einer grünen Abendgarderobe gekleidet sitzt (Abb. 7.5).

Abb. 7.5–6:
In Ernie's Restaurant: Judy/Madeleine in grüner Abendgarderobe vor roter Kulisse (Vertigo, 00:16:54); wenig später: Judy/Madeleine auf dem Weg zu ihrem Auto (Vertigo, 00:18:04), sprechendes Bild: Der »richtige Weg« zeigt in die andere Richtung

Grün ist auch ihr Auto, dem Ferguson in der folgenden Szene durch San Francisco folgt (Abb. 7.6).

Nach dem vorgetäuschten Selbstmordversuch an der (roten) Golden Gate Bridge wacht Judy/Madeleine in Scotties Wohnung auf (00:42:00–00:50:00). Er gibt ihr einen roten Morgenrock mit kleinen weißen Punkten (Abb. 7.7), während er einen blass-grünen Pullunder über einem weißen Hemd trägt. Hier wird bereits das positive leuchtende Grün zurückgenommen. Die **surreale Animationsszene**, die Fergusons Nervenzusammenbruch visualisiert, ist ebenfalls von roter und grüner Farbigkeit dominiert (01:20:00–01:22:00).

Im zweiten Filmteil besucht Scottie Judy in ihrem Zimmer im Empire Hotel (01:30:00–01:38:00). Sie trägt ein Kleid, in gedämpftem Grün (türkis-petrol). Während Rot ihre intensive Bedeutungsfarbe für Eros und Gefahr beibehält, verändert sich das Grün im Verlauf des Films deutlich, bis es schließlich in jener Schlüsselszene der Rückverwandlung in Form der

7.2 Analyse eines Filmklassikers am Beispiel von Vertigo

Abb. 7.7–8: Bedeutung der Farbe Rot (Vertigo, 00:47:48) und die Personenchoreographie (Vertigo, 00:53:17)

Abb. 7.9–10: Nach der Verwandlung Judys zu Madeleine: Die Rückkehr aus der Totenwelt (Vertigo, 01:50:51)

Hotelbeleuchtung Judys Zimmer in ein transluzentes Grün taucht (Abb. 7.9).

Schlüsselszene: Rückkehr einer Toten (Vertigo, 01:50:25–01:52:35) **Beispielanalyse**

Scottie hat es endlich geschafft, Judy nach seinen Vorstellungen in Madeleine zu verwandeln: Sie trägt die von Scottie gekaufte Kleidung, hat ihr Make-Up und ihre Haarfarbe verändert und steckt sich nun im Badezimmer die Haare zu einer Spirale. Scottie wartet nervös im Hotelzimmer (Nah), das von der grünen Außenneonreklame des Hotels in ein unangenehmes schmutzig-grünes Licht getaucht ist. Die Nervosität wird auf der Musikebene von den Streichern aufgenommen und treibt allmählich auf ihren orchestralen Höhepunkt zu.

Judy steht in der Badezimmertür (Halbtotale). Der Raum hat nun komplett seine Farbigkeit verloren. Spezielle Filter vor dem Kameraobjektiv erzeugen den Eindruck, als stehe sie in einem Nebel, Gesicht und Körper bleiben unscharf. Im Kontrast zu der unangenehmen Atmosphäre steht Scotties Reaktion: Seine Augen glänzen vor Rührung.

Hitchcock wollte mit dieser Licht- und Farbdramaturgie die **Anmutung einer Geisterwelt** herstellen. Der Protagonist ist am Ziel seiner obsessiven Träume – die Tote ist wieder auferstanden. Die Szene endet mit einer langen Umarmung, die filmisch so gelöst wird, dass die Kamera beide umkreist – womöglich wurden die Darsteller auf einer Drehbühne postiert. Innerhalb dieser 360-Grad-Bewegung verändert sich der Hintergrund. Das Hotelzimmer verschwindet und es erscheint der Ort des letzten Kusses in der spanischen Mission. Am Ende der Kreisbewegung befinden wir uns wieder im Hotelzimmer. Die Kamerabewegung greift somit das wichtige **Spiralmotiv** des Films auf.

Filmklassiker

Der Vertigo-Effekt: Um die Höhenangst seines Protagonisten zu visualisieren, entschied sich Hitchcock zusammen mit seinem Kameramann für ein neues Verfahren, das bis heute angewendet wird. Es besteht aus einer gegenläufigen Bewegung von Kamerafahrt und Brennweitenveränderung (Zoom). Für Vertigo baute man das Innere des Kirchturmes als horizontales Miniaturmodell nach. Die Kamera fuhr in dieses Modell hinein, während die Brennweite des Weitwinkelobjektivs vergrößert wurde.

Abb. 7.11–12: Der Vertigo-Effekt (Vertigo, 01:13:39)

Durch diese **gegenläufige Bewegung** (auch Dolly-Zoom genannt) wird der filmische Raum perspektivisch verändert, obwohl er an den Bildrändern gleich bleibt – eine visuelle **Sogwirkung** entsteht.

Zur Vertiefung

Verwendung des Vertigo-Effekts

Bis heute wird dieses filmsprachliche Mittel häufig benutzt, zum Beispiel im modernen Klassiker Der Herr der Ringe – Die Gefährten (2001): Als Frodo spürt, dass sich die schwarzen Reiter den Hobbits nähern, verwendet der Regisseur Peter Jackson den Vertigo-Effekt. Besonders effektvoll setzte ihn Steven Spielberg in Der weisse Hai (1975) ein, indem er den Schockmoment des Polizeichefs am Badestrand visualisiert, als der Hai ein Opfer unter den Badegästen gefunden hat. Den bislang mit 30 Sekunden längsten *dolly zoom* realisierte der deutsche Kameramann Michael Ballhaus für Martin Scorseses Gangsterepos Goodfellas (1990).

Status als Filmklassiker: Viele Filme von Alfred Hitchcock werden gleichermaßen als Kultfilm und Klassiker gefeiert. Hitchcocks Vertigo scheint aber für Cineasten und Filmemacherinnen bzw. Filmemacher gleichermaßen ein ganz besonderer Film zu: Alle zehn Jahre lädt die renommierte Filmzeitschrift *Sight and Sound* des britischen Filminstituts über 1000 Filmkritikerinnen bzw. Filmkritiker und Regisseurinnen bzw. Regisseure ein, die besten Filme aller Zeiten zu wählen. In der aktuellen Umfrage von 2012 überholte erstmals Vertigo den seit Jahrzehnten führenden Citizen Kane und landete auf Platz 1. Die Simpsons zitieren den Film in sieben Episoden – er ist folglich auch immer noch bekannt in der heutigen Popkultur.

Auch für Filmschaffende gehört Vertigo zu den wichtigsten Klassikern der Filmgeschichte. Deshalb tauchen bis heute immer wieder Bezüge auf, wie z. B. thematisch verwandte Filmhandlungen oder auch Filme mit direkten Zitaten (s. Kasten).

7.2 Analyse eines Filmklassikers am Beispiel von Vertigo

Filme mit Anspielungen auf Vertigo

Zur Vertiefung

- Psycho (USA 1960, R.: Alfred Hitchcock): Der junge Motelbesitzer Norman Bates schlüpft in die Rolle seiner verstorbenen und von ihm mumifizierten Mutter. Ähnlich wie Scottie hält Bates so an einer längst Verstorbenen fest.
- Obsession (dt. Titel Schwarzer Engel; USA 1976, R.: Brian de Palma): Ehefrau und Tochter eines erfolgreichen Immobilienmaklers werden 1959 entführt und ermordet. Der Ehemann gerät in eine tiefe Depression. 15 Jahre später trifft er auf Sandy, die seiner Ehefrau ähnlich ist, und verliebt sich in sie. Sandy schlüpft in die Rolle der Verstorbenen. Tatsächlich ist sie die Tochter der Ehefrau, die sich an ihrem Vater rächen will. Der Regisseur Brian de Palma gilt als ausgemachter Hitchcock-Fan. In seinen Filmen finden sich zahlreiche Filmzitate aus dessen Œvre, Obsession ist eine deutliche Hommage an Vertigo – seinem erklärten Lieblingsfilm.
- The Crying Game (GB 1992, R.: Neil Jordan): Der mit einem Oscar dekorierte IRA-Thriller spielt mit den Rollentäuschungen der handelnden Figuren. Ebenso wie Vertigo besteht er aus zwei Teilen. Im ersten Teil wird der eigentlich sanfte Intellektuelle Fergus (Namensähnlichkeit) von IRA-Kämpfern mit der Bewachung des gekidnappten britischen Soldaten Jody (Namensähnlichkeit) beauftragt. Mit der Zeit nähern sich die beiden an, und Jody schwärmt von seiner Freundin. Nach seinem Unfalltod macht sich Fergus auf den Weg nach London, um Jodys Freundin von dessen Tod zu berichten. Er verliebt sich in sie. Bei der ersten sexuellen Annäherung entdeckt er, dass sie transsexuell ist.
- Phoenix (D 2014, R.: Christian Petzold): Nachkriegsdeutschland 1945 – um an das Vermögen seiner vermeintlich in einem KZ ermordeten jüdischen Frau zu gelangen, bittet der Ehemann eine ihr ähnlich sehende Frau darum, deren Rolle zu übernehmen, ohne zu ahnen, dass es sich um seine Frau handelt. Er erkennt sie aufgrund ihrer Gesichtsoperationen erst am Ende des Films an ihrer KZ-Tätowierung.

Filmzitate (Auswahl)

- High Anxiety (dt. Mel Brooks' Höhenkoller; USA 1977, R.: Mel Brooks): In seiner mit Zitaten aus zahlreichen Hitchcock-Filmen gespickten Parodie ist die Hauptperson der an Höhenangst leidende Psychiater Richard Thorndyke (Namensähnlichkeit mit der Hauptfigur aus dem Film North by Northwest, dt. Der unsichtbare Dritte). Der Unterhaltungswert dieses Films wird durch die Kenntnis der Hitchcock-Filme deutlich gesteigert.
- Twin Peaks (USA 1990/91, R.: David Lynch): In der Kult-Serie geht es um den Versuch, die Ermordung der jungen Studentin Laura Palmer aufzuklären. Ihre ihr ähnlich sehende Cousine heißt Madeleine Ferguson (Namensgleichheit) (S01 E04).
- Lola Rennt (D 1998, R.: Tom Tykwer): Das Bild einer sich drehenden Spirale taucht im Film mehrfach auf. Direkt zitiert Tykwer Vertigo in der Casino-Szene (01:06:00–01:08:00), wo er den Vertigo-Effekt anwendet und das Bild der das Carlotta-Portrait betrachtenden Made-

leine aufgreift, indem er die Rückenansicht nun als gemaltes Portrait an die Wand platziert. Auch hier wird in der hochgesteckten Frisur die Spiralform aufgegriffen.
- THE MATRIX (USA 1999, Larry – jetzt Lana – und Andy – jetzt Lilly – Wachowski): Die Eröffnungsszene ist dem Filmanfang von VERTIGO nachempfunden. Polizisten verfolgen eine junge Frau über die Dächer einer Großstadt. Die Musik besitzt deutliche Analogien zu der Musik von Bernard Herrmann.

Abb. 7.13–14: Judy als Madeleine vor Carlottas Portrait (VERTIGO, 00:25:11); Filmzitat dieser Szene in LOLA RENNT (01:06:23)

7.3 | Filmdidaktische Überlegungen

Filmgeschichte im ›Filmkanon‹: Um beurteilen zu können, ob ein Film etwas grundlegend Neues bietet und das Zeug zum Klassiker hat, ist filmgeschichtliches (Vor-)Wissen nötig. Der Umgang mit Filmklassikern dient also im weitesten Sinne der Ausbildung von (ästhetischer) Urteilsfähigkeit.

Auf Initiative der Bundeszentrale für politische Bildung entstand daher im Jahr 2003 ein **Filmkanon** mit 35 Filmen, die Meilensteine der Filmgeschichte darstellen und der als Grundlage für die schulische Film(geschichts-)Bildung dienen sollte. Er spannt den Bogen von der Stummfilmzeit bis in das Jahr 1999, enthält 32 Spiel- und drei (semi-)dokumentarische Filme (NACHT UND NEBEL, 1955; SHOAH, 1974–84; SANS SOLEIL, 1982). Unter den Spielfilmen finden sich zwei Kinderfilme (EMIL UND DIE DETEKTIVE, 1930; DAS DSCHUNGELBUCH 1967). Die restlichen 30 Filme bilden sowohl gängige Genres ab, wie den Horrorfilm (NOSFERATU – EINE SYMPHONIE DES GRAUENS, 1922), den Krimi (M – EINE STADT SUCHT EINEN MÖRDER, 1931), den (Anti-)Kriegsfilm (DIE BRÜCKE, 1959), den Western (STAGECOACH, 1939) und das Fantasy- und Sciencefiction-Genre (DER ZAUBERER VON OZ, 1939; BLADE RUNNER, 1982). Sie berücksichtigen aber auch neue Strömungen, wobei ein deutlicher Schwerpunkt auf die Kinobewegungen zwischen 1950 und 1980 gelegt wird: der italienische Neorealismus (LA STRADA, 1954), die französische Nouvelle Vague (AUSSER ATEM, 1960), New Hollywood (TAXI DRIVER, 1976) und der Neue Deutsche Film (DIE EHE DER MARIA BRAUN, 1979).

Kritik am Filmkanon: Bereits unmittelbar nach Erscheinen dieser Filmliste entwickelte sich ein breiter Diskurs über die Sinnhaftigkeit und den didaktischen Nutzen eines solchen Kanons. Die »intendierte[n] Nutzer« (d. h. Schülerinnen und Schüler, Lehrkräfte sowie Filmdidaktikerinnen und Filmdidaktiker) waren bei der Filmauswahl nicht eingebunden (vgl. Kepser 2010, S. 48). Die Beschränkung auf 35 Filme erschien **wenig repräsentativ** für die Filmgeschichte (Pfeiffer/Staiger 2010, S. 9). Filmdidaktisch sinnvoller sei es, mit Schülerinnen und Schülern die Innovationsleistung möglicher Filmklassiker selbst zu entdecken, anstatt einen vorgegebenen Kanon ›abzuarbeiten‹.

Ein positiver Effekt eines solchen Filmkanons könnte sein, dass **Orientierung** geschaffen wird und Lehrkräfte ihren Schülerinnen und Schülern Kenntnisse über die filmhistorische Entwicklung vermitteln (vgl. Bundeszentrale für politische Bildung 2013, 2014). Dass bisher filmhistorische Kenntnisse kaum zur schulischen Bildung gehörten, konnte in einer Studie belegt werden, die Kepser u. a. im Jahr 2006 bundesweit durchgeführt haben: Mit Ausnahme von Charlie Chaplin war den Abiturientinnen und Abiturienten keiner der ausgewählten Regisseurinnen und Regisseure aus der Stummfilmzeit ein Begriff. Genauso wenig kannten sie sich mit filmischen Strömungen aus. Dafür kreuzten sie aber das frei erfundene »New Action Cinema« als vermeintlich bekannte filmische Strömung an (vgl. Kepser 2008).

Es ist zu vermuten, dass es um das filmhistorische Wissen von Schülerinnen und Schülern auch ein Jahrzehnt später nicht viel besser bestellt ist: Eine nicht-repräsentative Umfrage in einer Vorlesung zur Einführung in die Deutschdidaktik an der Universität zu Köln 2018 mit 163 Teilnehmerinnen und Teilnehmern zeigt, dass der Mehrzahl der Studierenden lediglich zwei bis drei Filme aus dem Filmkanon der Bundeszentrale bekannt sind. Da es sich hierbei um die Kinderfilme Das Dschungelbuch, Der Zauberer von Oz und Emil und die Detektive handelt, lässt darauf schließen, dass diese Filme nicht Unterrichtsgegenstand, sondern Bestandteil der Filmrezeption in der Freizeit waren. Knapp zehn Prozent der Studierenden hatten keinen einzigen Film aus der Kanonliste gesehen, drei Studierende kannten zehn der 35 Filme.

Aktuelle Tendenzen: Die Beschäftigung mit der Filmgeschichte ist ein Bestandteil des Kompetenzbereichs Filmanalyse und gehört im Rahmen der Medienbildung zur **Querschnittsaufgabe aller Fächer**.

»Unumstritten bei Film- und Medienpädagogen ist jedoch, dass zu einer umfassenden Filmbildung die Beschäftigung mit der Filmgeschichte gehört, um neuere Filme dekodieren und das tiefere Verständnis dieser Kunstform durchdringen zu können.« (Deutsche Filmakademie 2015, S. 2)

Die Idee eines Filmkanons wird von anderen Filmbildungsprojekten aufgegriffen und um andere Filme erweitert (vgl. Niedersächsischer Filmkanon mit 18 ausgewählten Filmen, vgl. NLQ 2013; Pfeiffer/Staiger 2010). Filmbildungsprojekte, wie das der Deutschen Filmakademie heben das filmgeschichtliche Wissen verstärkt hervor und bieten auch langfristige Unterrichtsprojekte zur Filmgeschichte. Video on Demand-Plattformen (vgl. http://www.lacinetek.de) zu Filmklassikern unterstützen den Einsatz im Unterricht.

7.4 | Unterrichtspraktische Vorschläge zu Vertigo

Filme (wieder-)erkennen: Ein Einstieg in die Filmgeschichte gelingt ab Klasse 9 mit Bildern aus dem Buch *Der ganze Film in 5 Sekunden. 150 große Kinomomente von* Psycho *bis* Avatar (Civaschi/Gianmarco 2014). Die Lerngruppe (und die Lehrkraft) versuchen anhand der witzigen Zeichnungen zu erraten, um welchen Filmklassiker es sich handeln könnte (Lösungen sind im am Ende des Buches vorhanden).
Leitfragen: Welcher Film verbirgt sich hinter der Bildfolge? Aus welchen Gründen wurde dieser Film in die »großen Momente« der Filmgeschichte aufgenommen?

Urteilskompetenz

Wissen und Erfahrungen mit Klassikern austauschen: Im Umgang mit Filmklassikern ist Urteilskompetenz gefragt. Gerade wenn wenig Vorwissen in Bezug auf die Filmgeschichte vorhanden ist, sollten die Schülerinnen und Schüler dazu ermutigt werden, sich ihrem Leitmedium Film auch historisch zu nähern, da sie hier sehr spannende Bezüge zu aktuellen Lieblingsfilmen entdecken könnten. Bei der Annäherung an Filmklassiker sollte zunächst der Begriff ›klassisch‹ (s. Kap. 7.1) geklärt werden. Die Schülerinnen und Schüler führen nach den Leifragen ein Gespräch in der Kleingruppe.
Leitfragen: Welche Filme sind für mich persönlich Klassiker und warum? Sind Klassiker immer Lieblingsfilme? Welchem Regisseur könnte ein Klassiker gelingen? Welcher meiner Lieblingsfilme könnte sich vielleicht auf einen alten Filmklassiker beziehen? Welche Merkmale zeichnen Klassiker generell aus? Wie könnte ich Filmklassiker erkennen? Welche Quellen könnten mir helfen, mein Wissen über Klassiker zu erweitern?

Vernetzte Filmanalyse: Um weitere innovative Momente des Klassikers Vertigo herauszuarbeiten, ist eine Vernetzung (Rüsel 2010, S. 88) von Einzelaspekten denkbar. Die Lerngruppe sieht den Film als Ganzes gemeinsam und macht sich (arbeitsteilig) zu den Leitfragen erste Notizen und/oder vertieft die Analyse als Hausaufgabe (Film über Videoverleih oder Streaming-Anbieter). Zur Auswertung sieht die Klasse die Titelsequenz von Saul Bass. Die Schülerinnen und Schüler sollen die Elemente der Titelsequenz dann in Beziehung setzen mit ihren Analyseergebnissen zum Genre des Krimis, zu Räumen und Requisiten, Licht und Farbe. Die Lerngruppe erkennt, dass die analysierten Besonderheiten (z. B. Grün/Rot; Spirale; Krimispannung in Verlangsamung) bereits in der Titelsequenz vorkommen.
Leitfragen: Wovon handelt der Film und inwiefern weicht er inhaltlich und im Tempo von einem gewöhnlichen Krimi ab? Welche Formen und Requisiten tauchen immer wieder auf? Welche Orte tauchen im Film auf und welche Bedeutung haben sie? Welche Farben tauchen immer wieder auf und welche Bedeutung signalisieren sie?

Den Vertigo-Effekt erkunden: VERTIGO dürfte kaum ein Film sein, den Jugendliche selbst als Klassiker (oder Lieblingsfilm) nennen. Eine Hinführung zu älteren Stoffen kann über die weitergeführte Storyworld (s. Kap. 1.1.2) in neueren Medien gelingen:
1. Eine erste schülerorientierte Annäherung könnte über die **TV-Serie** THE SIMPSONS und dem deutschsprachigen **Internetportal Simpsonspedia** (https://www.simpsonspedia.net) erfolgen: Die Schülerinnen und Schüler geben »Vertigo« als Suchbegriff im Portal ein und lesen eine Kürzestinhaltsangabe des Hitchcock-Films. Außerdem wird zweimal auf den sogenannten Vertigo-Effekt hingewiesen.
2. Den Effekt recherchieren sie in einem einschlägigen **Online-Filmlexikon** (z. B. Lexikon der Filmbegriffe, Wulff 2012 ff.).
3. Sie infomieren sich über **Erklärvideos**, die den Vertigo-Effekt technisch darlegen (z. B. sehr empfehlenswert: VERTIGO EFFECT! – TUTORIAL von Camera Cave, 2016, https://www.youtube.com/watch?v=otJ6Ht6LCsc).
4. Sie vertiefen die Verwendung und Herkunft des Wortes »Vertigo« durch diverse **Online-Wörterbücher** und notieren wesentliche Bedeutungen. Die Klasse stellt Bezüge zwischen der Wortbedeutung (z. B. Schwindel) und der Wirkung dieses filmischen Effekts her.
5. Dann äußern die Schülerinnen und Schüler Vermutungen, welche Rolle der Vertigo-Effekt in einem **Krimi** spielen könnte. Dafür könnte ihnen auch die **Filmhandlung** (s. Kap. 7.2) zur Verfügung gestellt werden.
6. Sie schauen sich dann einen **Filmausschnitt** aus VERTIGO mit dem bereits kennengelernten Effekt an und sprechen über die Wirkung.
7. Sie untersuchen **weitere Filme** (s. Vertiefungskasten, Kap. 7.3: LOLA RENNT, MATRIX, PHOENIX sowie Musikvideos, Erklärvideos) danach, wie der Vertigo-Effekt vorkommt.
8. Als produktionsorientierte Aufgabe kann es reizvoll sein, **selbst einen Vertigo-Effekt zu drehen**, um sich einem (neuen) Thema (z. B. Prüfungsangst, Verliebtsein, eine Hiobsbotschaft) zu nähern.

Standbildanalyse: Die Schülerinnen und Schüler vergleichen die gegenübergestellten Schauplätze und Innenräume in VERTIGO (Moderne und historische Architektur; Midges helles Apartment und Gavins holzgetäfeltes Büro) oder die innere Veränderung des Protagonisten mit der Veränderung der Licht- und Farbdramaturgie auf Screenshots.
Leitfragen: Welche äußeren Veränderungen der Räume und inneren Veränderungen der Protagonisten stellst Du im Film fest und wie wirkt das?

(Handlungsorientierte) Zugänge zur Ästhetik weiterer Filmklassiker: Das Thema eines beliebigen Filmklassikers wird aktualisiert oder die Jugendlichen spielen Szenen eines Filmklassikers nach oder synchronisieren/parodieren diese. Die Schülerinnen und Schüler erarbeiten einen eigenen Kanon mit Filmklassikern und verfassen (in Filmlexika recherchierte) filmhistorische Begründungen (s. Analysekategorien in Kap. 7.1).
Leitfragen: Warum ist der Film ein Klassiker geworden? Wie kannst Du ihn synchron sprechen oder nachspielen?

Filmklassiker

Primärliteratur

VERTIGO – AUS DEM REICH DER TOTEN (VERTIGO). Regie: Alfred Hitchcock. USA 1958. Restaurierte Fassung von Robert A. Harris und James C. Katz (2000). DVD/Blu-ray: Universal Pictures Germany.

Sekundärliteratur

Anders, Petra/Rüsel, Manfred: *Lola rennt. Kopiervorlagen für den Deutschunterricht*. Berlin 2006.
Bundeszentrale für politische Bildung (Hg.): *Filmkanon-Filmheft – Panzerkreuzer Potemkin*. Bonn 2013.
Bundeszentrale für politische Bildung (Hg.): *Filmkanon – Die Brücke (DVD mit Begleitmaterialien)*. Bonn 2014.
Beier, Lars-Olav/Seeßlen, Georg (Hg.): *Alfred Hitchcock*. Berlin 1999.
Civaschi, Matteo/Milesi, Gianmarco: *Der ganze Film in 5 Sekunden. 150 große Kinomomente von Psycho bis Avatar*. Berlin/Frankfurt a. M. 2014.
Deutsche Filmakademie e. V. Berlin (Hg.): »*Klassiker sehen – Filme verstehen. Die Filmklassiker-Reihe*« (2015), https://www.filmklassiker-schule.de/wp-content/uploads/Konzept_Filmklassiker.pdf (2.2.2019).
Faulstich, Werner: *Filmgeschichte*. Paderborn 2005.
Fischer, Robert (Hg.): *Truffaut/Hitchcock. Vollständige Ausgabe*. München/Zürich 1999.
Fuchs, Mechthild/Klant, Michael/Pfeiffer, Joachim/Staiger, Michael/Spielmann, Raphael: »Freiburger Filmcurriculum. Ein Modell des Forschungsprojekts ›Integrative Filmdidaktik‹ an der PH Freiburg«. In: *Der Deutschunterricht* 60/3 (2008), S. 84–90.
Holighaus, Alfred (Hg.): *Der Filmkanon. 35 Filme, die Sie kennen müssen*. Berlin 2005.
Hüningen, James von: »Filmklassiker«. In: *Lexikon der Filmbegriffe*, 29.1.2012, http://filmlexikon.uni-kiel.de/index.php?action=lexikon&tag=det&id=4457 (2.2.2019).
Jankovich, Mark (Hg.): *Defining cult movies. The cultural politics of oppositional taste*. Manchester/New York 2003.
Kepser, Matthis: »Spielfilmbildung an deutschen Schulen: Fehlanzeige? Spielfilmnutzung – Spielfilmwissen – Spielfilmdidaktik im Abiturjahrgang 2006. Eine empirische Erhebung«. In: *Didaktik Deutsch* 14/24 (2008), S. 24–47.
Kepser, Matthis (Hg.): *Fächer der schulischen Filmbildung. Mit zahlreichen Vorschlägen für einen handlungs- und produktionsorientierten Unterricht*. München 2010.
Koebner, Thomas (Hg.): *Filmklassiker. 1–4*. Stuttgart 1995.
Korte, Helmut: »Trügerische Realität. Vertigo – Aus dem Reich der Toten«. In: Werner Faulstich/Helmut Korte (Hg.): *Fischer Filmgeschichte*. Bd. 3: *Auf der Suche nach Werten 1945–1960*. Frankfurt a. M. 1990, S. 331–336.
Länderkonferenz MedienBildung; Vision Kino (Hg.): »Filmbildung. Kompetenzorientiertes Konzept für die Schule.« (2015), http://www.laenderkonferenz-medienbildung.de/Filmbildung_2015.pdf (2.2.2019).
Maurer, Björn: *Schulische Filmbildung in der Praxis. Ein Curriculum für die aktive und rezeptive Filmarbeit in der Sekundarstufe I*. München 2010.
Niedersächsisches Landesinstitut für schulische Qualitätsentwicklung (NLQ): *Der Niedersächsische Filmkanon* (2013), http://www.nibis.de/nibis.php?menid=5835 (2.2.2019).
Pfeiffer, Joachim/Staiger, Michael: *Grundkurs Film 2. Filmkanon – Filmklassiker – Filmgeschichte*. Braunschweig 2010.
Rüsel, Manfred: »Die Grammatik der Bilder«. In: Werner Frizen/Peter Jansen (Hg.): *Abi-Box Deutsch – Die Basis-Box für die Einführungsphase der Oberstufe* (Schülerarbeitsbuch und Lehrermappe). Braunschweig 2010, S. 68–91.
Spoto, Donald: *Alfred Hitchcock*. Hamburg 1984.

Telotte, Jay P.: *The Cult Film Experience: Beyond all Reason*. Austin 1991.
Wulff, Hans Jürgen (Hg.) (2012 ff.): *Lexikon der Filmbegriffe*, http://filmlexikon.uni-kiel.de (2.2.2019).
Wulff, Hans Jürgen: »Kultfilm«. In: *Lexikon der Filmbegriffe*, 13.10.2012, http://filmlexikon.uni-kiel.de/index.php?action=lexikon&tag=de&id=239 (2.2.2019).

Manfred Rüsel

8 Horrorfilm

8.1 Elemente des Horrorfilms
8.2 Analysen entlang der Geschichte des Horrorfilms
8.3 Filmdidaktische Überlegungen
8.4 Unterrichtspraktische Vorschläge

8.1 | Elemente des Horrorfilms

Gewaltdarstellungen: Die Inszenierung von Gewalt gehört zum kulturellen Repertoire der Mediengeschichte, wie etwa mittelalterliche Kriegs- und Folterdarstellungen oder die Visualisierung der Martyrien Heiliger in der christlichen Ikonographie zeigen. Filme aber wirken aufgrund ihrer audiovisuellen und bewegten Elemente eindringlicher auf die Zuschauerinnen und Zuschauer als Texte oder Einzelbilder. Zudem finden sich im zeitgenössischen Horrorfilm verschiedene Spielarten, die mehr oder weniger drastisch sind.

So sieht man in der Horrorserie THE WALKING DEAD (seit 2010), wie der brutale Gangboss Negan dem vermeintlichen Verräter Spencer die Eingeweide herausschneidet, was in verschiedenen Einstellungen, zuletzt in starker Untersicht, explizit gezeigt wird. An diesem Beispiel zeigen sich wesentliche **Elemente** des Horrorfilms:

»Der Horrorfilm ist ein Genre, das Grusel, Schauer, Schock und Angst bewirken soll. Erzählt wird meist vom Einbruch des Horriblen in die Alltagswelt der Helden. Dämonen und Geister, Vampire, Untote, Psychopathen und andere Halb- und Zwischenwesen stellen eine meist tödliche Bedrohung für die Normalen in der erzählten Wirklichkeit dar. Ihr Handeln ist oft von Normverstößen der positiven Figuren motiviert, von missachteten Ritualen und Todsünden, die in Rache-Motiven Nachhall finden, es werden aber auch phantastische Motive aufgegriffen. Die Dramaturgie der Affekte, der der Horrorfilm verpflichtet ist, greift auf diverse filmische Mittel zurück (Setting, Maske, Licht, Ton, schockartige Schnitte etc.)«. (Wulff/Vonderau, o. J.)

Genreentwicklung: Nach Hickethier durchläuft ein Genre idealtypisch vier Phasen. Eine solche filmhistorische Entwicklung gehört auch zum Horrorfilm-Genre und ist z. B. am **Vampirfilm** darstellbar:

Analysekategorien

Phasen der Genre-Entwicklung (in Anlehnung an Hickethier 2002)

- **Entstehung** mit einschlägigen Merkmalen wie z. B. Kamera oder Licht in Nosferatu (1922), Dracula (1931).
- **Stabilisierung:** Filme, die ähnliche Merkmale und Handlungsmuster aufweisen (z. B. The Vampire Bat, 1933; Das Zeichen des Vampirs, 1935; Draculas Tochter, 1936).
- **Erschöpfung:** Befindet sich ein Filmgenre im Zustand des Verfalls, lässt sich dies häufig daran erkennen, dass genretypische Merkmale **parodiert** werden. So markiert die Komödie Abbott und Costello treffen Frankenstein (1948) den Endpunkt der ›Erschöpfung‹. In diesem Genremix trifft das US-amerikanische Komikerduo auf Horror-Ikonen wie Frankensteins Monster, Dracula und den Wolfsmenschen.
- **Neubildung:** Der Vampirfilm bekommt 1958 durch die britische Produktionsfirma Hammer neue Merkmale. In den **Technicolor**-Filmen erhält die Farbe Rot eine zentrale Funktion: Die Augen des Grafen sind blutrot unterlaufen, das Blut quillt rot und zähflüssig aus den geöffneten Adern der Opfer und schließlich auch aus den gepfählten Vampiren. Die erotische Anziehungskraft der Dracula-**Figur** wird hervorgehoben. Die Inszenierung der **Drastik** nimmt allmählich zu. Erstmals werden das Eindringen der Zähne in den Hals des Opfers und das Eindringen des tötenden Pfahls in das Herz des Vampirs ungeschnitten gezeigt.
- **Renaissance:** Die Handlungsmuster bleiben, wechseln aber in die Gegenwart und zeigen Jugendliche mit hohem Identifikationspotenzial als Vampire (Buffy – Im Bann der Dämonen von 1997–2003, True Blood von 2008–2014, The Twilight-Saga von 2008–2012). Im **postmodernen** Vampirfilm (The Strain von 2014–2017) finden sich schließlich zahlreiche Referenzszenen, z. B. auf Nosferatu (1922), Das Phantom der Oper (1925), Alien (1979), Der Jäger des verlorenen Schatzes (1981), Hellboy (2004) und Zombiefilme.

Juristische Grundlagen

Selbstkontrolle: Mit der zunehmenden Popularität des Mediums Film gegen Ende der 1920er Jahre wurde vermehrt auf die Einhaltung bestimmter Regeln geachtet. Am bekanntesten aus früherer Zeit ist der sogenannte **Production Code** oder ›Hays-Code‹ (bis 1967), eine Art freiwilliger Selbstkontrolle der Filmschaffenden, nach der weder Obszönitäten (darunter fielen auch Kuss-Szenen, die länger als drei Sekunden waren), Schimpfwörter noch Brutalitäten gezeigt werden sollten. Nicht nur US-amerikanische Filme orientierten sich an dieser Selbstzensur, sondern auch der klassische Horrorfilm insgesamt, dessen Hochphase von 1931 bis etwa 1960 reicht. In heutiger Zeit prüft in Deutschland die **Freiwillige Selbstkontrolle der Filmwirtschaft** (FSK) mit Sitz in Wiesbaden jährlich über 400 Kinofilme und über 1600 Filme auf DVD/Blu-ray. Im Zentrum steht die Frage, inwieweit die künstlerische Freiheit eines Filmes mit dem Grundrecht der Kinder und Jugendlichen auf körperliche, geistige und seelische Unversehrtheit vereinbar ist. Die Grundlage dieser Selbstkontrolle ist das Jugendschutzgesetz (JSchG, aktuelle Fassung von 2007).

Die FSK-Begutachtungen oder die Bewertungen der Bundesprüfstelle sind jedoch nicht fix, sondern werden vor dem Hintergrund filmästhetischer und gesellschaftlicher Entwicklungen immer wieder neu verhandelt. Die Prototypen des drastischen Horrorfilms (s. Kap. 8.2) durchliefen auch verschiedene **Phasen der Selbstzensur**: Die Beschlagnahme von BLUTGERICHT IN TEXAS (1974) wurde 2011 aufgehoben. DIE NACHT DER LEBENDEN TOTEN (1968) war zunächst indiziert, heute gilt dieser Trendsetter des Zombiefilms als Seismograph für das amerikanische Krisenbewusstsein Ende der 1960er Jahre. Er ist ab 16 Jahren freigegeben.

Jugendmedienschutz *Zur Vertiefung*

Filme werden fünf Altersstufen zugeordnet: ab 0, ab 6, ab 12, ab 16 und ab 18 Jahren. Während Kinder unter 12 Jahren in Begleitung einer »personensorgeberechtigten Person« (§ 11 JSchG) Filmveranstaltungen mit der Altersfreigabe ab 12 besuchen dürfen, gilt diese Ausnahmeregel für unter 16- (bei FSK 16) bzw. unter 18-Jährige (bei FSK 18) nicht. Das hat auch juristische Auswirkungen auf den Unterricht. So ist z. B. eine schriftliche Einwilligung der Erziehungsberechtigten, dass ein Film mit der Freigabe ab 12 in einer 5. Klasse gezeigt werden kann, nichtig. Und auch wenn nur ein/e Schüler/in einer Lerngruppe unter die Altersgrenze fallen sollte, darf der Film – auch in Auszügen – nicht eingesetzt werden. Da die Altersfreigabe direkte Auswirkungen auf den kommerziellen Erfolg oder Misserfolg eines Filmes haben kann, ist es nicht selten, dass die Produktionsgesellschaften – abhängig von der jeweiligen Freigabepraxis in den einzelnen Staaten – Eingriffe in ihren Filmen vornehmen, um die Altersfreigabe zu drücken und damit ein größeres Publikum anzusprechen. Insbesondere bei der Ausstrahlung von Kinofilmen im Fernsehen werden häufig Passagen mit sexuellem oder gewaltdarstellerischem Inhalt herausgeschnitten, da FSK-16-Filme erst ab 22:00 Uhr und FSK-18-Filme zwischen 23:00 und 6:00 Uhr ausgestrahlt werden dürfen. Diese selbstzensorischen Eingriffe führen nicht selten zur Zerstörung der Handlungsdramaturgie.
Die Prüfung der Fernsehfreigabe erfolgt durch die in Berlin sitzende **Freiwillige Selbstkontrolle Fernsehen** (FSF) mit prinzipiell ähnlichen Strukturen wie die FSK.
Filme mit pornographischem Inhalt sowie Filme, die Gewaltdarstellungen zum reinen Selbstzweck ohne funktionale Anbindung an den Inhalt inszenieren, erhalten keine Freigabe. Sie können auf Antrag von der **Bundesprüfstelle für jugendgefährdende Medien** indiziert oder beschlagnahmt werden. Indizierte Filme sind zwar für jeden Erwachsenen zugänglich, dürfen aber weder beworben noch an nicht geschützten Orten (z. B. in einem Kiosk) verkauft werden. Beschlagnahmte Filme dürfen in keiner Weise vertrieben werden.
Filme, die von der FSK bewertet wurden, können nicht mehr von der Bundesprüfstelle indiziert werden.

8.2 | Analysen entlang der Geschichte des Horrorfilms

Schockierende Momente im frühen Film: Die Filmgeschichte beginnt bereits mit einem Schockmoment. Als 1895 die Gebrüder Lumière in einem Pariser Hotel eine Reihe von Kurzfilmen zeigten, befand sich darunter auch die Aufnahme eines Zuges, der in einen Bahnhof einfährt. Die Zuschauerinnen und Zuschauer dachten, der Zug würde buchstäblich auf sie zurasen.

Fast 30 Jahre später experimentierte der sowjetische Regisseur Sergej M. Eisenstein mit dokumentarischem Material von der Schlachtung eines Rindes. Diese auch heute noch abstoßend wirkenden Bilder kombinierte er in seinem Film STREIK (1925) mit der inszenierten Niederschlagung eines Arbeiterprotestes durch zaristische Soldaten. Ein Kosake hält in diesem Film ein kleines Kind kopfüber an einem Bein und lässt es in die Tiefe fallen.

Im Trendsetter des surrealistischen Films EIN ANDALUSISCHER HUND (1929) wird einer Frau in Großaufnahme das Auge geöffnet, die Hand eines Mannes führt ein Rasiermesser in dessen Nähe (Abb. 8.1). Dann kommt ein (Film-)Schnitt. In der nächsten Einstellung (Abb. 8.2) sehen wir, wie das Rasiermesser durch das Auge fährt. Die Augenflüssigkeit quillt hervor. Bei dem Auge handelt es sich tatsächlich jedoch um das einer bereits geschlachteten Kuh. In der direkten Montagekombination fällt dieses beim ersten Sehen aber nicht auf. Im Zentrum steht der Schock, den diese Szene auf die Zuschauerinnen und Zuschauer ausübt. Diese berühmte Eingangsszene bleibt in ihrer Drastik lange Zeit einzig-

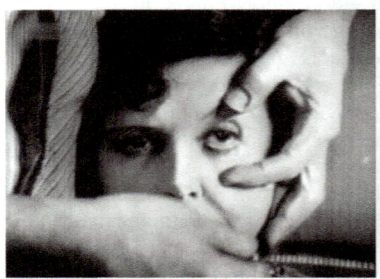 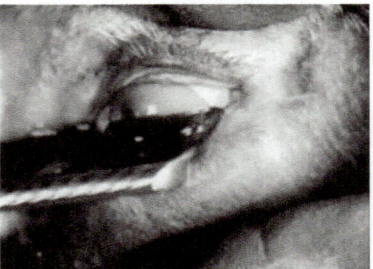

Abb. 8.1–2: Effektmontage – Der Schnitt durch das Auge (EIN ANDALUSISCHER HUND, 00:00:35, 00:00:37)

artig. Filmtechnisch trieben Buñuel und Dalí damit die **Möglichkeiten der Montage** auf die Spitze, um die Zuschauerinnen und Zuschauer in ihrer Wahrnehmung zu manipulieren. Inhaltlich entzieht sich das 16-minütige Werk einer präzisen Deutung. Wie der Filmtitel, der keinen Bezug zum Inhalt hat, besteht der gesamte Kurzfilm aus einer Aneinanderreihung assoziativer Bilderketten, die Unbewusstes und Traumerlebnisse visualisieren: Ein Mann betrachtet ein Loch in seiner Hand, Ameisen kriechen heraus. Auf der Straße schiebt eine Frau eine abgetrennte Hand mit einem Stock hin und her. Sie wird von einem Auto überfahren. Natürlich wollten die Künstler schockieren und provozieren.

Der erste Vampirfilm: NOSFERATU (1922) enthält bereits wichtige filmische Mittel, die der spätere Horrorfilm aufgreift: In der ikonisch geworde-

Abb. 8.3–4: Graf Orlok in extremer Untersicht (NOSFERATU, 00:59:10) und als Schattenwurf in der Schlussszene (NOSFERATU, 01:31:53)

nen Einstellung auf dem Schiff nimmt der Kameramann Fritz Arno Wagner den Grafen Orlok aus einer extremen Untersicht auf, indem er die Kamera auf dem Schiffsboden postiert und durch die Ladeluke filmt, sodass die unheimliche Bedrohung verstärkt wird (Abb. 8.3). Andere Szenen bestechen durch ihre **Licht- und Schattengestaltung**. In der Schlussszene etwa sehen wir nur den Schatten des Vampirs im Treppenhaus bedrohlich anwachsen (Abb. 8.4).

Der klassische Horrorfilm: Das Jahr 1931 markiert den Beginn des Horrorfilms (vgl. Everson 1980). In diesem Jahr kommen drei filmische Adaptionen von Gothic Novels als US-Produktionen der Firma Universal heraus: DRACULA, FRANKENSTEIN und DR. JEKYLL UND MR. HYDE. DRACULA etabliert das Vampirfilmgenre, FRANKENSTEIN und DR. JEKYLL UND MR. HYDE kombinieren die Figur des Mad Scientist mit dem Monströsen, das in zahlreichen Ausdifferenzierungen bis heute den Horrorfilm prägen. Allen drei Filmen gemeinsam ist eine **innovative Kameratechnik** mit deutlicher Anlehnung an den deutschen Stummfilm. Der deutsche Kameramann Karl Freund zeichnet sich verantwortlich für die Schattendramaturgie in DRACULA, der hier durch die Verkörperung des Schauspielers Bela Lugosi auch – erstmals und stilbildend – eine deutlich erotische Note erhält. FRANKENSTEIN spielt überwiegend in dunklen Räumen mit starken Schlagschatten, die Körpersprache des Wissenschaftlers erinnert an den **expressiven Darstellungsstil** des Stummfilms. In DR. JEKYLL UND MR. HYDE nutzt der Kameramann Karl Struss lange subjektive Kamerafahrten und entwickelte für die Verwandlungsszene eine aufwendige Farbfiltertechnik. Der klassische Horrorfilm spielt meist in der **Vergangenheit** des 19. Jahrhunderts. Seine Figuren sind unheimliche Geschöpfe, nichtmenschlich (King Kong, Dracula, Mr. Hyde) bzw. künstlich (Frankensteins Monster, die Geschöpfe Dr. Moreaus). Sie dringen in das Gesellschaftssystem ein und bedrohen es. Am Ende wird die bürgerliche Ordnung wiederhergestellt, indem das Böse zur Strecke gebracht wird. Die Bedrohung kommt also von außen und ist in der Regel übernatürlichen Ursprungs.

Der moderne Horrorfilm: Alfred Hitchcock (1899–1980) verändert den klassischen Horrorfilm mit PSYCHO (1960): Er verlegt den Schrecken in die Jetztzeit und lässt das Böse in Gestalt eines netten jungen Mannes auftreten. Der Einbruch des Horrors in die **Alltagswelt** der Protagonisten kennzeichnet seither den modernen Horrorfilm (vgl. Moldenhauer 2016, S. 33).

Ästhetik des Horrors

Beispielanalyse

Die Duschszene in Psycho (1960)

Die berühmte Duschszene ist in die Filmgeschichte eingegangen, weil sie einerseits einen äußerst drastischen Mord visualisiert, ohne dies jedoch explizit zu zeigen, und andererseits, weil Hitchcock die positive Identifikationsfigur bereits im ersten Drittel des Films überraschend sterben lässt. Die komplette Szene dauert etwa zweieinhalb Minuten, der Mord passiert in dreißig Sekunden. Hier ist die **Einstellungsfolge** besonders rasant – etwa ein Bild pro Sekunde. Insgesamt werden ca. 50 Einstellungen für die gesamte Szene verwendet, wobei die Dynamik durch die ständigen Wechsel der Kameraperspektiven zusätzlich verstärkt wird. Hitchcock erklärt:

»Mir stand für diese Szene ein hinreißender künstlicher Oberkörper zur Verfügung, aus dem Blut spritzte, wenn man hineinstach, aber ich habe ihn nicht gebraucht. [...] Selbstverständlich berührt das Messer nie den Körper, das ist alles beim Schnitt gemacht worden.« (in: Fischer 1999, S. 235–240).

Die Szene ist ein sehr gutes Beispiel für die Funktion von Montage und Ton: Ohne die Tonspur stellt sich der Horror nur bedingt ein, denn sichtbar ist nur ein Messer, das geschwungen wird, ein nackter Bauch, an dem die Klinge vorbeisticht und Kunstblut, das in den Ausguss fließt. Erst die Hieb- und Schreigeräusche sowie die nervenzerreißenden Streicherklänge erzeugen bei den Zuschauerinnen und Zuschauern die Vorstellung vom bestialischen Messermord an einer Frau in der Dusche.

Varianten des Horrors

Entstehung drastischer Subgenres: Ab den 1960er Jahren kommen verschiedene Subgenres des Horrorfilms auf den Markt (z. B. Gore-, Splatter-, Zombie-, Kannibalen-, Torture-Porn- und Rape-and-Revange-Film), die vor allem die körperlichen Torturen ins Zentrum stellen. Die drastische Gewaltdarstellung des modernen Horrorfilms könnte zum einen ein Reflex auf Krisenzeiten sein:

»Moderner Horror nun, wie er [...] in der Zeit von Vietnam, Präsidentenmord und Drogenkrieg die Hippieträume zerhackte und schließlich eine neue Tradition begründete, handelt mehr vom Offensichtlichen als vom Verborgenen. Die Schuld für das Grauen liegt genau in der Welt, wie sie ist.« (Seeßlen 2015, S. 2)

Zum anderen bringen die jugendlichen Rezipientinnen und Rezipienten der 1960er Jahre eine neue sinnliche Schau-Lust mit:

»Splatterfilme sind Anschläge auf die Zuschauenden. Sie sind optische und akustische Übergriffe auf Rezeptionsgewohnheiten und Ekelschwellen, und sie hämmern wie ein Trommelfeuer auf die Sinne ein. Trotzdem scheint sich das meist adoleszente Fanpublikum von diesem Reiz-Sturm nicht gefoltert zu fühlen, sondern ein starkes sinnliches Vergnügen am Blutbad zu empfinden.« (Dietze 2012, S. 96)

Neben den USA entwickelte sich besonders in Italien eine zweite Splatter-Hochburg. Regisseure wie Mario Bava (Im Blutrausch des Satans, 1971), Umberto Lenzi, (Mondo Cannibale, 1972), Joe D'Amato (Nackt unter

8.2 Analysen entlang der Geschichte des Horrorfilms

Kannibalen, 1977), Lucio Fulci (Woodoo – Die Schreckensinsel der Zombies, 1979) verbanden Drastik mit Erotik und benutzten teilweise Dokumentarmaterial von Tiertötungen in ihren Filmen.

Kennzeichen drastischer Horrorfilme, u. a.

- oft Low-Budget-Charakter
- schnell produzierte Filme von jungen Nachwuchsregisseuren
- Effekte dominieren über den Inhalt
- der Handlungsverlauf ist extrem redundant
- Intensität, Körperlichkeit und ein »penetranter Zeige-Gestus« (Stresau 1987, S. 162)
- Kameraebene: Nah-, Groß- und Detailaufnahmen dominieren
- Montageebene: Schuss-Gegenschuss-Auflösung, um das Wechselspiel zwischen Täter und Opfer darzustellen
- authentische Darstellung der Körperdeformation: Effektspezialisten eignen sich medizinisch-pathologische Kenntnisse an, sodass die Unterschiede zwischen realer und inszenierter Wunde nur noch von Fachleuten erkannt wird (vgl. Höltgen 2012, S. 26)
- Silikon-Körperteile ermöglichen der Kamera, Stiche, Einschüsse oder Amputationen ohne Filmschnitt in *einer* Einstellung zu zeigen
- extrem weit spritzendes Kunstblut (Hyperrealismus)
- Steadicam (ab 1980er-Jahren): Dynamisierung der Szenen durch fließende Kamerabewegung; subjektiver Blick des Täters, der sich langsam seinem Opfer nähert

Analysekategorien

Gore- und Splatterfilm: Herschell Gordon Lewis (1929–2016) prägt mit Blood Feast (1963) das neue Genre des Gorefilms (to gore, engl.: geronnenes Blut, durchbohren, aufspießen): Verletzungen, Ausweidungen und Verstümmelungen werden in Groß- und Detailaufnahmen gezeigt. Während beim Splatter-Film der Akt des Tötens im Vordergrund steht, geht es im Gore-Film um das Ergebnis des Tötens. Die Darstellerinnen und Darsteller in Blood Feast sind Laien oder Schauspielerinnen und Schauspieler ohne Filmerfahrung. Daher sind die Dialoge hölzern, die Körpersprache bleibt unfreiwillig statisch und die Ausstattung ist übersichtlich. Die Story und ihre Umsetzung erinnert an Plan 9 aus dem Weltall (1959), der als schlechtester Film aller Zeiten in die Filmgeschichte eingegangen ist.

Destruktion des Körpers in Blood Feast

Beispielanalyse

Die knapp dreiminütige **pre-credit sequence** offenbart zum einen, wie stümperhaft und bisweilen auch unfreiwillig komisch Blood Feast inszeniert wurde. Zum anderen verweist sie deutlich auf Hitchcocks Psycho (1960), der drei Jahre vorher für Aufsehen sorgte. Diese **Badeszene** ist im Prinzip ähnlich aufgebaut wie die Duschszene in Psycho, zeigt im Unterschied zu Psycho aber das Ergebnis des Schlachtens. Die Dekonstruktion des Körpers wird hier zum ersten Mal drastisch visualisiert.

Noch vor dem eigentlichen Beginn des Films BLOOD FEAST (1963) ist eine junge Frau zu sehen, die von der Arbeit nach Hause kommt und ins Bad geht. Währenddessen berichtet ein Nachrichtensprecher im Radio (gezeigt wird eine fast 30-sekündige Großaufnahme des Radios) über einen Mord an einer Frau, deren Körper verstümmelt worden sei. Die Polizei empfehle Frauen, nach Einbruch der Dunkelheit im Haus zu bleiben bzw. nur in Begleitung das Haus zu verlassen. Die Protagonistin – offensichtlich wenig beeindruckt von den Nachrichten – steigt mit dem Buch *Ancient Weird Religious Rites* in die gefüllte Badewanne. Sie schließt die Augen. Auf der Tonebene sind monoton-alternierende Paukenschläge zu hören. Plötzlich erscheint der Mörder mit dem an die altägyptische Königsdynastie erinnernden sprechenden Namen Fuad Ramses und sticht mit einem Küchenmesser zu. Wir hören sie schreien, sehen allerdings nicht, wie das Messer in den Körper der Frau dringt, sondern lediglich das **Ergebnis**: An der Messerklinge hängt etwas undefinierbares Rotes. Die weit aufgerissenen Augen des Mörders werden in einer extremen Großaufnahme eingefangen. Danach hackt dieser ihr den linken Unterschenkel ab – wobei auch wiederum nicht der Vorgang explizit gezeigt wird, da der Schauspieler die Hiebbewegungen mit dem Rücken zur Kamera ausführt. Erst die nächste Einstellung zeigt uns das Ergebnis: Er packt den Unterschenkel in einen Sack und verlässt den Tatort, während die Kamera die blutverschmierte Hand des Opfers zeigt, die langsam zu Boden sinkt. Während der Attacke wechselt die Musik vom monotonen Paukenschlag zu einer Hammondorgel-Begleitung. Es folgt eine Schwarzblende und dann beginnt die Titelsequenz mit den Informationen über Cast und Credits vor einer Großaufnahme der Sphinx in Luxor.

Die DVD des Films BLOOD FEAST ist in Deutschland 2004 (über 40 Jahre nach Erscheinen des Films) vom Amtsgericht Karlsruhe beschlagnahmt worden. Aufgrund des filmhistorischen Stellenwerts des Films ist diese Entscheidung zu bedauern, angesichts der immer realer wirkenden Gewaltdarstellungen in heutigen Kino- und Serienformaten erscheint sie mehr als fragwürdig.

Zombiefilm: DIE NACHT DER LEBENDEN TOTEN (1968) ist der erste moderne Zombiefilm als Subgenre des Gore-und Splatterfilms. In dieser mit geringen Mitteln finanzierten Schwarzweiß-Produktion ernähren sich die wiederauferstandenen Toten von den Lebenden. Die filmische Handlung konzentriert sich auf eine Handvoll Menschen, die in einem Farmhaus Zuflucht suchen. Dort droht die zunehmende Zahl der Zombies die Türen einzudrücken. Fluchtversuche scheitern, und schließlich bleibt nur die Hauptfigur Ben übrig. Besonders drastisch ist jene Szene inszeniert, in der die zu einem Zombie mutierte Tochter im Keller des Hauses ihren Vater auffrisst (s. Abb. 8.5).

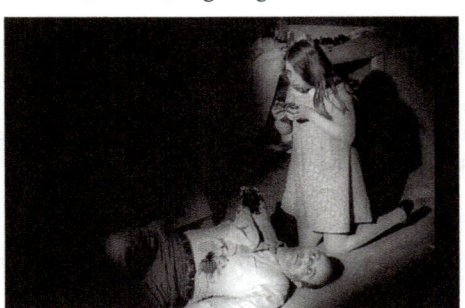

Abb. 8.5:
DIE NACHT DER LEBENDEN TOTEN – der Trendsetter des Zombie-Genres (01:24:30)

In die politische Diskussion geriet der Film nicht nur wegen seiner Gewaltdarstellungen, sondern auch, weil am Ende die von einem dunkelhäutigen Darsteller gespielte Identifikationsfigur Ben von einer weißen Bürgerwehr erschossen wird, was ihn für einige Filmkritiker zur Parabel auf den gesellschaftlich tief verankerten Rassismus aufwertete. Ähnlich wie in THE WALKING DEAD (seit 2010) entwickeln sich im Handlungsverlauf »nicht mehr die Zombies [zu] eigentlichen Schreckensfiguren, sondern die Männer, die das Land von den lebenden Toten befreien.« (Moldenhauer 2016, S. 66).

Kannibalenfilm: BLUTGERICHT IN TEXAS (1974), auch bekannt als KETTENSÄGENMASSAKER, zeigt, wie eine degenerierte Kannibalenfamilie friedliche Urlauber im amerikanischen Hinterland mit Vorschlaghammer und Kettensägen massakriert. Die letzte halbe Stunde ist eine einzige Gewalt- und Schreiorgie, in der die letzte Überlebende versucht, ihrer Schlachtung zu entkommen. Ästhetisch nimmt das ›Kettensägenmassaker‹ die Torture-Porn-Filme vorweg, da hier eine ausgiebige Folterszene in epischer Breite gezeigt wird, ohne dass sie den Gang der Handlung vorantreibt. So wird die Szene nicht nur für die Delinquentin, sondern auch für die Zuschauerinnen und Zuschauer zur Qual.

Tobe Hooper, der dem Horrorgenre treu geblieben ist und 1982 mit POLTERGEIST einen Block Buster des gemäßigten Horrorfilms schuf, arbeitet mit extrem vielen gekippten Kameraperspektiven, um eine aus den Fugen geratene Welt darzustellen. Auch in Wes Cravens HÜGEL DER BLUTIGEN AUGEN (1977) geht es um eine – hier aufgrund von Atomversuchen – degenerierte Truppe, die Jagd auf Urlauber macht, um sie zu vergewaltigen und zu töten. Im Unterschied zum KETTENSÄGENMASSAKER steht der ebenso lustvoll inszenierte Rachefeldzug der dezimierten Urlauberfamilie gegen die ›bösen‹ Hinterwäldler im Zentrum des letzten Filmdrittels. HÜGEL DER BLUTIGEN AUGEN verbindet Torture Porn mit den Rape-and-Revenge-Filmen.

Horror wird zum Mainstream

Drastik im Mainstream: Gewaltästhetik wird zum festen Bestandteil des Kinos. Regisseure wie Sam Packinpah (STRAW DOGS – WER GEWALT SÄT, 1971), Arthur Penn (DUELL AM MISSOURI, 1976), Martin Scorsese (TAXI DRIVER, 1976) oder Ridley Scott (ALIEN, 1979) bedienten sich bereits in den 1970er-Jahre beim Splatterfilm. In den 1990er Jahren dringt die Drastik dann komplett in den Mainstream ein. Die preisgekrönten Filme des Kultregisseurs Quentin Tarantino sind ohne **eruptive Gewaltszenen** kaum denkbar.

Ob Action-, Kriegs-, Fantasy- oder Science-Fiction-Filme – das Publikum erwartet, dass die Tat nicht mehr im Off geschieht, sondern die Kamera alles zeigt. Mit den Torture Porn-Sequels SAW (seit 2004) und HOSTEL (seit 2005) und den Remakes einiger Klassiker, wie THE HILLS HAVE EYES (2006), wurde die **Renaissance des Splatter-Genres** eingeläutet.

In der weltweit wohl erfolgreichsten TV-Serie GAME OF THRONES (2011–2019) gibt es kaum eine Folge, in der nicht gefoltert, gehäutet, entmannt, erdrosselt oder erstochen wird. Besonders beliebt scheint dabei die Inszenierung des Kehle-Aufschlitzens, bei der die Kamera auf das Opfer zufährt und genüsslich zeigt, wie sich der Spalt des Silikon-Halsaufsatzes weitet und das Kunstblut herausströmt.

8.3 | Filmdidaktische Überlegungen

Horrorfilm als Teil des Handlungsfeldes: Allein aus filmgeschichtlicher Perspektive lässt sich eine Aussparung des Horrorfilms didaktisch nicht begründen. Ein Blick auf populäre Serien wie BREAKING BAD (2008–2013), GAME OF THRONES (2011–2019) oder HANNIBAL (2013–2015) lässt zudem deutlich werden: Die Drastik der Gewaltdarstellung (s. Kap. 8.2) gehört zum **Bestandteil der Popkultur**. Heranwachsende begegnen eruptiver Gewalt oft unvermittelt.

Rolle der Schule

Schule als Ort der Verarbeitung von Filmerlebnissen: Kepser fordert explizit ein, dass die Filmdidaktik Wege eröffnen sollte, damit sich Kinder und Jugendliche mit ihren Erlebnissen mit Gewaltdarstellungen im Film im geschützten Raum der Schule auseinandersetzen können (2015, S. 7). Auch die Thesen von Twele (2012, S. 249) begründen, warum Horrorfilm(-erlebnisse) in den Unterricht zu integrieren sind:

- **These 1:** Horrorfilme zielen teilweise speziell auf ein junges und jugendliches Publikum. Sie sind für die (auch mediale) Sozialisation der Kinder und Jugendlichen von Bedeutung und finden zumindest teilweise als Initiationsritual in die Welt der Erwachsenen statt.
- **These 2:** Vor allem aber spielen Ängste und Urängste bei der Rezeption von Horrorfilmen eine Rolle – insbesondere die Angst vor dem Verlust eines geliebten Menschen, aber auch der Kontrollverlust im Umgang mit einer als unbekannt oder gar übermächtig empfundenen Realität. Sie entstehen logischerweise nicht erst mit Beginn des zwölften oder gar sechzehnten Lebensjahres, sind vielmehr Teil der normalen Sozialisation, ob diese nun kontinuierlich verläuft oder sich in Entwicklungssprüngen vollzieht. Nicht zuletzt deswegen finden sich Elemente des Horrors auch in den Strukturen vieler Märchen für Kinder und im Kinderfilm.
- **These 3:** Nimmt man Kinder als Publikum genauso ernst wie den Jugendschutz, dürfen Horrorelemente im Kinderfilm nicht grundsätzlich ausgeschlossen sein. Je nach Entwicklungsstufe (Altersstufen) werden diese Elemente aber von unterschiedlicher Ausprägung, Intensität und Dauer sein, um von jüngeren Menschen verarbeitet und verkraftet werden zu können.

Rechtliche Einschränkungen: Die meisten aktuellen Horrorfilme sind erst ab 16 bzw. ab 18 Jahren freigegeben und damit ist der Einsatz dieser Filme in den Primar- und Sekundarstufen nicht erlaubt. Lehrkräfte müssen die FSK-Kennzeichnung befolgen, selbst wenn sie lediglich harmlose Szenen aus einem solchermaßen klassifizierten Film zeigen möchten.

Filmanalytische und -geschichtliche Zugänge: Ohne Filme explizit zu zeigen, sollte die Schule ein Ort sein, der Möglichkeiten der **Anschlusskommunikation** auch zu solchen Filmen bietet, mit denen sich Heranwachsende möglicherweise emotional belasten. Eine **filmgeschichtliche Annäherung** (s. Analysekategorien, Kap. 8.1) an das Genre könnte für Schülerinnen und Schüler Anreize bieten, ältere, inzwischen freigegebene Filme bzw. Ausschnitte auch im Unterricht zu sehen und dabei über eigene Seherfahrungen aktueller Filme zu sprechen und diese, auch filmgeschichtlich, zu reflektieren.

Anhand des Stummfilms NOSFERATU und der klassischen Horrorfilme bis hin zu PSYCHO, der aufgrund einer FSK-Neubewertung seit 2006 ab zwölf Jahren freigegeben ist, können die filmsprachlichen Mittel zur Erzeugung von Angst und Schrecken analysiert werden. Die meisten **Horrorfilmklassiker** haben mittlerweile eine Altersfreigabe ab 6 oder ab 12 Jahren, sodass an ihnen die Entwicklung genretypischer Erzählmuster und filmischer Mittel erkannt werden kann. Bei den neueren Horrorfilmen sind die in der Folge von BLAIR WITCH PROJECT (1999) entstandenen sogenannten Footage-Filme wie CLOVERFIELD (2008) oder Mockumentaries wie TROLLHUNTER (2010) bereits ab 12 Jahren freigegeben. Diese Filme sind wegen ihrer subjektiven **Kameraperspektive** filmästhetisch interessant. Der Schrecken findet weitestgehend außerhalb des Kameraobjektivs statt, gezeigt werden die Reaktionen der Beteiligten – meist mit extrem wackelnden Handkamerabewegungen, um das vermeintlich Dokumentarische der Aufnahme zu betonen. An den ebenfalls mehrheitlich ab 12 Jahren freigegebenen Vampirfilmen und -serien können **Genreentwicklungen** verdeutlicht werden. Gewaltdarstellungen im **Mainstream** lassen sich ohne die Filme zu zeigen anhand der Analysekategorien (s. Kap. 8.1) zu den Kennzeichen drastischer Horrorfilme besprechen, indem die Heranwachsenden Beispiele aus ihren Seherfahrungen für spezielle Effekte oder authentisch wirkende Körperdeformationen nennen und deren Absicht und Wirkung diskutieren. Um andere Schülerinnen und Schüler, die keinerlei Seherfahrungen mit solchen Gewaltdarstellungen haben und diese auch nicht haben wollen, wiederum zu schützen, können themenverschiedene Gruppen zu verschiedenen Genres der Filmgeschichte arbeiten, worunter sich dann auch eine Gruppe zum Horrorfilm bildet.

8.4 | Unterrichtspraktische Vorschläge

Filmnutzung: Ein einfaches Mittel, um die Sehgewohnheiten der Schülerinnen und Schüler zu erfragen, ist das Medientagebuch, in dem etwa über eine Woche die Dauer der unterschiedlichen Mediennutzung sowie die inhaltlichen Schwerpunkte protokolliert werden. Damit die Befragten auch ehrlich antworten, sollte die Lehrkraft im Vorfeld keinesfalls die FSK-Regularien oder zu lange Mediennutzung problematisieren.

Leitfragen: Welche Deiner genutzten Medien enthalten Deiner Meinung nach gewalttätige Handlungen? Warum gehören sie für Dich zur Mediennutzung dazu? Über welche Eindrücke möchtest Du sprechen?

Reflexion der eigenen Mediennutzung: Die Schülerinnen und Schüler reflektieren auf der Grundlage des folgenden Zitats aus einer wissenschaftlichen Untersuchung ihre eigene Mediennutzung:

8 Horrorfilm

»Inhaltsanalysen der Medien zeigen, dass sowohl Fernsehen als auch Filme von gewalthaltigen Botschaften durchzogen sind: Amerikanische Analysen finden beginnend vom Ende der 1960er Jahren bis heute einen verhältnismäßig konstanten Anteil von nahezu 60 bis 70 % der Sendungen, die gewalttätige Handlungen enthalten. Ein junger Zuschauer des US-amerikanischen Fernsehens wird Zeuge von ca. sechs gewalttätigen Akten in einer Stunde Sendezeit. Animationsfilme weisen dabei einen höheren Wert als Realfilme auf, es existieren zudem Genres und Subgenres (z. B. Kriegsfilme, Horrorfilme) mit höherem Gewaltanteil. [...] Zwei von drei Video- und Computerspielen ohne Altersbeschränkungen enthalten Interaktionsmöglichkeiten, die aggressive Akte gegen Spielfiguren erlauben; bei den sogenannten Ego-Shootern wird diese Interaktionsform zum eigentlichen Spielprinzip.« (Nieding/Ohler 2012, S. 716)

Leitfragen: Kommst Du zu ähnlichen Ergebnissen, wenn Du Deine Mediennutzung betrachtest? Inwiefern weichen Deine Beobachtungen von den Ergebnissen der Forscher ab?

Filmproduktion und Präsentation: Auf der Basis filmanalytischer Erkenntnisse können eigene kreative Gestaltungsaufgaben zur effektiven Darstellung von bedrohlichen Situationen gestellt werden. Schon in der Unterstufe sind perspektivische Übungen mit der extremen Untersicht einfach (z. B. mit Smartphones) durchzuführen. In Mittel- und Oberstufe können Montagetechniken und Bild- und Tonbearbeitungen erprobt werden, etwa indem bedrohliche Musik unter eine friedvolle Szene gelegt wird. Etwas aufwändiger, aber ebenfalls zu realisieren, sind kleine selbstgefertigte Clips, in denen zum Beispiel einzelne Schülerinnen und Schüler so tun, als würden sie verfolgt (in einem Schultrakt). Dabei bleibt die Kamera immer dicht an ihnen und zeigt nur die Sicht des Schülers/der Schülerin (Point-of-view). Gruselatmosphäre erzeugen Geräusche, wie das Knarren von Türen, Atmen, Fußtritte, Krähenstimmen u. ä.

Leitfragen: Durch welche filmischen Mittel (Montage, Farben, Ton usw.) wirkt eine Situation bedrohlich oder gruselig? Mit welchen Effekten dreht Ihr mit eigenen mobilen Endgeräten eine Filmszene, die nicht bedrohlich oder gruselig ist, sondern nur so wirkt?

Film in der Mediengesellschaft: Die rechtlichen Rahmenbedingungen im Sinne eines Jugendmedienschutzes sind Heranwachsenden wenig bekannt. Insofern wäre eine Beschäftigung mit den Aufgaben und Kriterien der Altersfreigabe durch die Freiwillige Selbstkontrolle der Filmwirtschaft (FSK) wünschenswert (s. Kap. 8.1), z. B. fächerübergreifend mit den Sozialwissenschaften. Untersuchungen von Veränderungen in der Bewertung von Filmen im Laufe der Jahre (z. B. KING KONG UND DIE WEISSE FRAU 1933, derzeit FSK 6, vormals 12 und 16) öffnen den Blick für die Veränderung der Rezeptionsgewohnheiten.

Leitfragen: Was weißt Du über die Aufgaben und Kriterien der Altersfreigabe durch die Freiwillige Selbstkontrolle der Filmwirtschaft (FSK) und woher bekommst Du darüber Informationen? Findest Du die Altersfreigabe von Filmen, die Du kennst, richtig und passend? Warum können sich Altersfreigaben (z. B. für KING KONG UND DIE WEISSE FRAU, 1933) im Laufe der Zeit auch verändern?

8.4 Unterrichtspraktische Vorschläge

Primärliteratur
BLOOD FEAST. Regie: Herschell Gordon Lewis. USA 1963. DVD/Blu-ray: Sony Pictures Home Entertainment.
DIE NACHT DER LEBENDEN TOTEN (NIGHT OF THE LIVING DEAD). Regie: George A. Romero. USA 1968. Best Entertainment.
EIN ANDALUSISCHER HUND (UN CHIÉN ANDALOU). Regie: Luis Buñuel. Frankreich 1929. DVD: Alive.
NOSFERATU. Regie: Friedrich Wilhelm Murnau. Deutschland 1922. DVD: Universum Film.
PSYCHO. Regie: Alfred Hitchcock. USA 1960. DVD: Universal Pictures.

Sekundärliteratur
Beller, Hans (Hg.): *Handbuch der Filmmontage. Praxis und Prinzipien des Filmschnitts*. München 1993.
Bundeszentrale für politische Bildung (Hg.): »Kinofenster-Dossier: Empfohlen ab? – Möglichkeiten und Grenzen des Jugendschutzes« (2011), http://www.kinofenster.de/themen-dossiers/empfohlen-ab-jugendmedienschutz-dossier/ (28.4.2017).
Dietze, Gabriele: »Der Splatterfilm als Schwellenraum am Beispiel von THE TEXAS CHAINSAW MASSACRE und THE TEXAS CHAINSAW MASSACRE 2«. In: Julia Köhne/Ralph Kuschke/Arno Meteling (Hg.): *Splatter Movies. Essays zum modernen Horrorfilm*. Berlin 2012, 96–108.
Everson, William K.: *Klassiker des Horrorfilms*. München 1980.
Faulstich, Werner: *Filmgeschichte*. Paderborn 2005.
Felix, Jürgen (Hg.): *Moderne Film Theorie*. Mainz 2002.
Fischer, Robert (Hg.): *Truffaut/Hitchcock. Vollständige Ausgabe*. München/Zürich 1999.
Freiwillige Selbstkontrolle der Filmwirtschaft (Hg.): *Altersfreigaben in Filmen. Informationen für Eltern und Kinder*. Wiesbaden 2010.
Goodall, Mark: *Sweet & Savage. The World Through The Shockumentary Film*. London 2006.
Hentschel, Frank: *Töne der Angst. Die Musik im Horrorfilm*. Berlin 2011.
Hicketier, Knut: »Genretheorie und Genreanalyse«. In: Jürgen Felix (Hg.): *Moderne Film Theorie* 2002, S. 62–96.
Höltgen, Stefan: »Take a Closer Look. Filmische Strategien der Annäherung des Blicks an die Wunde«. In: Julia Köhne/Ralph Kuschke/Arno Meteling (Hg.): *Splatter Movies. Essays zum modernen Horrorfilm*. Berlin 2012, S. 21–29.
Kepser, Matthis: »Film im Kontext schulischer Bildung. Herausforderungen, Potenziale und Perspektiven«. Vortrag im Filmmuseum Potsdam (2015), https://bildungsserver.berlin-brandenburg.de/fileadmin/bbb/themen/Medienbildung/filmbildung/Tagungsdoku_Klappe/Klappe_1/Vortragskript_Prof._Matthis_Kepser.pdf (20.1.2019).
Khouloki, Rayd: *Der filmische Raum. Konstruktion, Wahrnehmung Bedeutung*. Berlin 2007.
Köhne, Julia/Kuschke, Ralph/Meteling, Arno (Hg.): *Splatter Movies. Essays zum modernen Horrorfilm*. Berlin 2012.
Kuhn, Markus/Scheidgen, Irina/Weber, Nicola Valeska (Hg.): *Filmwissenschaftliche Genreanalyse. Eine Einführung*. Berlin/Boston 2013.
Lindinger, Steffen: *Die Kamera als Monster*. Baden-Baden 2014.
Moldenhauer, Benjamin: *Ästhetik des Drastischen. Welterfahrung und Gewalt im Horrorfilm*. Berlin 2016.
Nieding, Gerhild/Ohler, Peter: »Medien und Entwicklung«. In: Wolfgang Schneider/Ulman Lindenberger (Hg.): *Entwicklungspsychologie*. Weinheim/Basel 2012, S. 705–718.
Seeßlen, Georg/Jung, Fernand: *Horror – Grundlagen des populären Films*. Marburg 2006.

Seeßlen, Georg: *Filmwissen – Thriller. Grundlagen des populären Films*. Marburg 2013.
Seeßlen, Georg: »Horrorfilme. Die Hölle sind wir«. In: Zeit-Online (2015), http://www.zeit.de/kultur/film/2015-10/horrorfilm-kapitalismus-essay (20.1.2019).
Stresau, Norbert: *Der Horror-Film. Von Dracula bis zum Zombie-Schocker*. München 1987.
Twele, Holger: »Horrorfilme für Kinder?«. In: Christian Exner/Bettina Kümmerling-Meibauer (Hg.): *Von wilden Kerlen und wilden Hühnern. Perspektiven des modernen Kinderfilms*. Marburg 2012, S. 247–269.
Vossen, Ursula (Hg.): *Filmgenres – Horrorfilm*. Stuttgart 2004.
Wulff, Hans Jürgen/Vonderau, Patrick: »Horrorfilm«. In: *Lexikon der Filmbegriffe*, 20.12.2012, http://filmlexikon.uni-kiel.de/index.php?action=lexikon&tag=det&id=207 (20.1.2019)

Manfred Rüsel

III Nicht-fiktionale Genres und Formate

9 Dokumentarfilm

9.1 Merkmale und Ausprägungen
9.2 Analyse eines Dokumentarfilms am Beispiel von Ein Tag bei den Kühen
9.3 Filmdidaktische Überlegungen
9.4 Unterrichtspraktische Vorschläge

9.1 | Merkmale und Ausprägungen

Mit dem Dokumentarfilm beginnt die Filmgeschichte (vgl. Pfeiffer/Staiger 2010, S. 64; Preuß 2017) und er ist schon deswegen aus dem Deutschunterricht nicht wegzudenken. Die ersten Filme der Brüder Lumière sind dokumentarische Zeugnisse von Alltagshandlungen. Kammerer/Kepser definieren in Anlehnung an Nichols (2001, S. 14) folgende Merkmale des Dokumentarfilms:

»Dokumentarische Filme unterbreiten ein plausibles filmisch gestaltetes Angebot über Naturphänomene, Vorkommnisse, Situationen und Ereignisse. Die gezeigte Welt wird behauptet als eine natürliche und historische, die auf prinzipiell nachprüfbaren Fakten basiert. Dieser wird nichts Neues und Unüberprüfbares hinzugefügt. Sofern darin Personen auftreten, handelt es sich normalerweise um reale Persönlichkeiten in ihren üblichen sozialen Rollen und nicht um Berufs- und Laienschauspieler. [...].« (2014, S. 30)

Begriffsabgrenzungen: Im Gegensatz zum Spielfilm (s. Kap. 4, 6, 7, 8) beschäftigt sich der Dokumentarfilm mit der Realität auf **nicht-fiktionale** Weise. Deutlich abgrenzbar ist der Dokumentarfilm vom sogenannten Reality TV (u. a. Scripted Reality, Pseudo-Doku, Doku-Soaps), bei dem die Situationen vorgegeben (gescriptet) sind und von Schauspielerinnen und Schauspielern realitätsnah gespielt werden. Von Lehr- oder Sachfilmen grenzt er sich ab »durch ein besonderes Engagement der Filmschaffenden, die mit ihren Filmen beim Publikum mehr als bloße Informationsaufnahme bewirken wollen« (Kammerer/Kepser 2014, S. 30). Der Dokumentarfilm bildet Themen also nicht faktisch ab. Vielmehr inszeniert der oder die Filmemachende die von ihm oder ihr ausgewählten Themen, Personen und Begebenheiten mit den entsprechenden filmischen Mitteln, ohne dass diese ihre Authentizität verlieren. Der Dokumentarfilm ist wie ein »filmischer Gebrauchstext« (vgl. Maiwald 2013, S. 407), d. h. ein nicht-fiktionales, aber **ästhetisch gestaltetes** Werk (s. Analysekategorien) – oft mit einer bestimmten Intention.

Dokumentarfilm

Analysekategorien

> **Dokumentarische Textsorten und Darstellungsformen**
>
> Nichols (2001) klassifiziert Dokumentarfilme hinsichtlich ihrer Textsorten (*models*) und ihrer Darstellungsformen (*modes*). Kammerer/Kepser (2014, S. 43 f.) übertragen Nichols Modell wie folgt:
>
> Der Textsorte (*model*) nach sind Dokumentarfilme z. B.
> - eher essayistisch,
> - tagebuchartig,
> - Reportagen,
> - nacherzählende Aufarbeitungen geschichtlicher Ereignisse,
> - Reiseberichte,
> - soziologische sowie ethnographische Studien,
> - (Auto-)Biographien oder
> - Unterstützungsaufrufe.
>
> Dokumentarfilmende zeigen den Zuschauerinnen und Zuschauern die Welt auf eine gewisse Weise (*modes*), z. B.
> - beobachtend,
> - erklärend,
> - poetisch (also stark ästhetisch gestaltet),
> - interagierend mit den dokumentierten Personen (z. B. durch Gespräche, Interviews),
> - performativ (d. h. das Engagement für das Thema in Szene setzend) oder
> - reflektierend.
>
> Auch Mischformen dieser Modi sind möglich.

Zur Veranschaulichung der Analysekategorien sind z. B. die folgenden Filmbeispiele hilfreich:

Interagierender Modus: Im Dokumentarfilm Sonita (2015) setzt sich die Filmemacherin Rokhsareh Ghaem Maghami besonders nachdrücklich und folgenreich mit ihrer Hauptperson auseinander. Als Sonita – ein afghanisches Mädchen, das Rapperin werden möchte – von Zwangsheirat bedroht wird, greift die Filmemacherin direkt in das Leben des Mädchens und somit in die Filmhandlung ein: Statt das weitere Schicksal zu dokumentieren, gibt sie Sonitas Familie Geld, damit sie die Tochter nicht verkauft. In diesem Film hebt die Filmerin – ohne dass dies vermutlich vorhersehbar war – ihre Interaktion mit der gezeigten Welt hervor, wodurch der eher **ethnographisch** angelegte Film besonders eindrücklich wirkt.

Performativer Modus: Eine außergewöhnliche Rolle nimmt der Regisseur Morgan Spurlock für sein Doku-Drama ein: Er testet am eigenen Körper die Wirkung von Fastfood auf seine Gesundheit und dokumentiert das **Selbstexperiment** in Super Size Me (USA 2004).

Soziologische Studien: Die ersten Filme der Brüder Lumière sind kurze, den Alltag eher beobachtende, soziologische Studien. Sie zeigen Arbeiter, die eine Fabrik verlassen, einen ankommenden Zug und das Füttern eines Babys. Allesamt sind das Situationen, die weniger aufgrund ihres Informationsgehaltes interessant sind, sondern wegen ihrer **gesellschaftlichen Relevanz**.

> **Kinder und Jugendliche im Dokumentarfilm**
>
> Carola Flad (2010) hat darauf hingewiesen, dass mit Beginn des 21. Jahrhunderts Kinder und Jugendliche in krisenhaften Situationen im Fokus des Dokumentarfilms stehen. Sie unterscheidet folgende filmästhetische Darstellungsweise zur Inszenierung dieser Personengruppen:
> - Die Dokumentation der **Individuation**, z. B. nachzeichnend dargestellt durch Reisen, durch Umbrüche in der Biographie, durch eingeblendetes Fotomaterial.
> - Die Dokumentation der **Interaktion**, z. B. in situativer Offenheit den besonderen Augenblick dramatisierend.
> - Die Dokumentation des **strukturellen Umfelds**, in der z. B. gegenläufige Aussagen aus O-Tönen oder Kommentartexten einen bewussten Widerspruch bilden und die Verwobenheit der Person mit dem Umfeld gezeigt wird.
>
> Der in Europa einzigartige **Filmpreis** *Große Klappe* zeichnet deutschsprachige Nachwuchstalente im Alter von 12–22 Jahren aus.

Zur Vertiefung

Aktuelle Tendenzen: Die **Lust auf Wahrheit** macht den Dokumentarfilm attraktiv. So listet der eigens eingerichtete YouTube-Kanal »Dokunation« die (angeblich) besten Dokus meist mit reißerischen Titeln (z. B. GRAUSAME FOLTERMETHODEN). Die Kommentare zu den jeweiligen Filmen zeigen, welche Fragen diese Dokumentarfilme aufwerfen und wie vielfältig die Meinungen zu den Themen und ihrer Darstellung sind. Ein Trend geht in die Richtung, mit dem **second screen**, also dem digitalen Zweitgerät, Informationen nachzurecherchieren bzw. andere Perspektiven auf ein Thema zu erhalten.

Kreimeier (1993, S. 415) hebt in seiner Analyse der Dokumentarfilmgeschichte von 1982 bis 1992 hervor, dass Krisenzeiten die ›Treibhäuser‹ des Dokumentarfilms sind. Diese Annahme könnte auch aktuell zutreffen: In den vergangenen Jahren sind zahlreiche Dokumentarfilme zum Thema Bildung und Schule entstanden, die sich mit dem krisenhaften Moment der Abhängigkeit von sozialer Herkunft und Bildungschancen beschäftigen (vgl. Anders 2014, S. 2). Verschiedene Projekte und Initiativen unterstützen speziell die Rezeption und Produktion von Dokumentarfilmen durch Kinder und Jugendliche. Beispielsweise das Projekt »dok you« (seit 2008), in dessen Rahmen u. a. Kurzfilmproduktionen wie EDNAS TAG (2009) entstanden sind. Der Film greift anhand der Situation einer neu in die Klasse gekommenen Mitschülerin aus Bosnien das Thema Inklusion an einer Schule auf.

Gesellschaftliche Bedeutung

Authentizitätssignale: Ein Dokumentarfilm wirkt dadurch glaubwürdig, dass der Filmemacher neben den authentischen Situationen und Personen auch sogenannte Authentizitätssignale (vgl. Kammerer/Kepser 2014, S. 33) einsetzt. So gewinnt ein Film für das Publikum an Überzeugungskraft, wenn z. B. ein Erzähler – oftmals der Filmemacher selbst –

das Gezeigte kommentiert (»voice of god«) oder wenn einschlägige Dokumente (z. B. Verträge, Urkunden, Schulhefte, Zeugnisse), Schaubilder und Grafiken sowie Zeitzeuginnen und Zeitzeugen oder Expertinnen und Experten (»talking heads«) das im Film Erzählte belegen oder ergänzen. Authentisch wirken Dokumentarfilme auch dadurch, dass Sprache (z. B. Dialekt oder Herkunftssprache), Zeit und Ort unverändert und nachvollziehbar sind (z. B. durch das Einblenden von Zeitangaben, Ortsschildern, Untertiteln).

Medialitätsbewusstsein: Das im Film Dokumentierte als faktisch wahrzunehmen, gerade weil der Dokumentarfilm so authentisch wirkt, ist verständlich. Es gehört aber zur Ausbildung der Medienkompetenz, diese Wahrnehmung zu durchbrechen und die **Inszenierung des Faktischen** zu durchschauen. Denn: Ein Dokumentarfilm ist keine reine Wiedergabe von Tatsachen, sondern ein **Diskurs über die Wirklichkeit** (nach John Grierson: »the creative treatment of actuality«, vgl. Nichols 2001, S. 6). Diesen Diskurs – das heißt die Art, wie ein Thema im Film behandelt wird – zu erkennen, ist eine zentrale Rezeptionsleistung im Umgang mit Dokumentarfilmen.

Wie Jugendliche Filmaussagen missverstehen: Mittelstufenschüler haben **Filmkritiken** zum dokumentarischen Kurzfilm EDNAS TAG (2009) verfasst und online veröffentlicht. Sie haben die im Film gemachten Äußerungen als Wahrheitsaussagen übernommen, anstatt diese als Meinungen und subjektive Perspektiven der gefilmten Akteurinnen und Akteure zu verstehen:

Die im Film interviewte Schülerin berichtet über das bosnische Mädchen Edna: »Neun Stunden am Tag dasitzen und andauernd Deutsch machen, schreiben, schreiben, schreiben, das stelle ich mir nicht so gut vor. [...] Nur damit die halt Deutsch lernen. Aber das ist ja eigentlich auch wichtig. Aber – stell ich mir schon langweilig vor« (00:03:31–00:03:51).

Eine Schülerin, die über EDNAS TAG eine Filmkritik schreibt, verwertet diesen O-Ton wie folgt: »[...] Zusammen mit ihrer Schwester geht sie (d. i. Edna) auf eine Hauptschule in Bochum und versucht Deutsch zu lernen. 9 Schulstunden am Tag sitzt sie mit ihrer Schwester in einer Ecke in der Klasse und lernt Deutsch« (Spinxx).

Die Rezensentin hat die Aussagen der im Film interviewten Schülerin als faktisch übernommen und im klärenden Schreiben als Tatsache (»9 Schulstunden am Tag sitzt sie [...] und lernt Deutsch«) und nicht in indirekter Rede dargestellt.

Sie hat diesen O-Ton nicht dahingehend reflektiert, dass ein Film nur Ausschnitte zeigt und möglicherweise genau diese Ausschnitte montiert, die jenen Eindruck verstärken sollen. Andere von Schülerinnen und Schülern verfasste Kritiken zu diesem Film verfahren ähnlich, sodass fälschlicherweise der Eindruck entsteht, der Film zeige, wie »man« sich als Flüchtling in Deutschland fühlt (vgl. Anders 2016, S. 15). Tatsächlich zeigt der Film von Bernd Sahling, wie Kinder über andere Kinder, die einen Fluchthintergrund haben, denken.

9.1 Merkmale und Ausprägungen

> Diese **Leitfragen** helfen zur Orientierung im Dokumentarfilm:
> - Was könnte der Grund sein, dass genau diese Personen zu Wort kommen?
> - Was denken die einzelnen interviewten Personen über das Thema des Films und welche Meinung vermittelt der Film(emacher) allgemein?
> - Welche Meinungen zu diesem Thema vermisst du? Welche lässt der Film aus?
> - Welches (weitere) Bild ergibt sich zum Thema des Films, wenn du andere Quellen (Zeitungen, Zeitzeugen usw.) befragst?
> - Welcher andere Film ergänzt dieses Thema?
> - Wie lautet der Inhalt des Films in deinen eigenen Worten?
> - Welche Aussage steckt in dem Film?

Analysekategorien

Projekt »Cinema en curs«: Das internationale Filmbildungsprojekt »Cinema en curs« (deutscher Projektname: Filmen macht Schule) wird seit 2005 parallel im Baskenland, in Katalonien, Galicien, Madrid, Argentinien, Chile und Deutschland für alle Schulformen angeboten.

Wahrnehmung schulen

Lehrkräfte, Filmemacher und Schüler arbeiten ein ganzes Schuljahr zusammen. Die Beteiligten lernen zunächst filmgeschichtliche Zugänge zur Darstellung von Personen und Umgebungen kennen. Als filmästhetisches Element wird die Kamerafahrt eingeführt. Das Programm stellt den zeitgenössischen und klassischen Arthouse-Film ins Zentrum. Das sind Filme, die statt auf Mainstream-Unterhaltung eher auf das künstlerische Experimentieren setzen. Arthouse-Filme können herkömmliche Sehgewohnheiten durchbrechen und den jungen Teilnehmenden **neue Blickwinkel** auf Filme an sich und die eigene Lebenswirklichkeit eröffnen. Darauf folgt eine **filmische Recherche-Phase** mit Digitalkameras und Handys im Schulbezirk, wobei die Schülerinnen und Schüler die für sie interessanten Personen und deren Geschichten oder Berufe aufspüren und mit einer professionellen Ausrüstung in einem dokumentarischen Kurzfilm inszenieren. Die Filmarbeit wird u. a. durch **Online-Workshop-Tagebücher** begleitet. Mit ihren Filmen vermitteln die Schülerinnen und Schüler den Schulklassen aus anderen Teilen der Welt einen Blick in ihre nächste Umgebung. Einige Kurzfilme versuchen auch, gesellschaftliche, wirtschaftliche und politische Fragen aufzuwerfen: Wie leben wir und wofür können wir in einer globalisierten Welt Verantwortung tragen?

Abb. 9.1: Schülerinnen und Schüler bei Dreharbeiten im Projekt »Cinema en curs« (Archiv Cinema en curs)

9.2 | Analyse eines Dokumentarfilms am Beispiel von EIN TAG BEI DEN KÜHEN

Abb. 9.2:
Kuh im Melkstand
in EIN TAG BEI DEN
KÜHEN (00:10:00)

Der Dokumentarfilm EIN TAG BEI DEN KÜHEN wurde von Schülerinnen und Schüler der fünften Klasse einer Brandenburger Grundschule und dem professionellen Filmemacher Aleja Franzetti im Jahr 2018 gedreht und auf der Projektwebseite von »Cinema en curs« veröffentlicht. Mit einer Länge von rund 17 Minuten ist er ein **dokumentarischer Kurzfilm**.

Filmhandlung: Wie der Titel bereits andeutet, geht es in diesem Film um Kühe. Diese Tiere lernen die Zuschauerinnen und Zuschauer als Nutztiere kennen. Sie leben in einem Kuhstall in dem Ort Brück (bei Potsdam) und haben die Funktion, Milch zu liefern. Ein Höhepunkt des Films ist die Dokumentation des Melkens, das komplett von Maschinen übernommen wird und fließbandartig drei Mal täglich erfolgt.

Beispielanalyse

Elemente des Dokumentarischen

Dieser kurze Dokumentarfilm ähnelt einer Reportage: Er berichtet mittels Bildern und kurzen Interviews über das Titelthema. Die jungen Dokumentarfilmer zeigen dem Publikum die Welt der Kühe auf dem Hof in Brück auf **erklärende** Art. So vermitteln die Kinder in dem Film ihr vorher recherchiertes Wissen über die Abläufe auf dem Hof und über die Kühe.

Das im Dokumentarfilm Gezeigte wirkt aus folgenden Gründen **glaubwürdig und authentisch**:

- Die Filmemacher kommentieren das Gezeigte (»Wir sind in Brück und fahren zum Kuhstall. Es ist Mai. Frühling. Und wir lernen den Hof und seine Arbeitsprozesse kennen«, 00:00:31),
- sie berichten über ihre Recherche (00:00:38–00:01:08) und
- plausibilisieren das Gezeigte durch die »voice of god«,
- Vogelgeräusche sowie die Geräusche auf dem Hof und das Muhen der Kühe unterstützen die Wirklichkeitsnähe.

So ist das Publikum über die Zeit (Mai) und den Ort (Einblenden des Ortsschildes Brück) informiert und verortet das Gezeigte in der natürlichen Welt. Mit Hilfe einer langen Kamerafahrt entsteht ein Überblick über den Hof (00:01:21–00:02:49).

Der Film zeigt als **Experten** (»talking heads«) die Hofbesitzerin und einen Angestellten. Beide Experten sprechen in ihrer Berufssprache über die Kühe (z. B. »Wir haben hier fünf Milchgruppen. Also fünf Gruppen, wo Milchkühe sind. Hier ist zum Beispiel unsere erste Gruppe: unsere Hochleistungsgruppe«, 00:07:13).

Eine Interaktion mit den dokumentierten Personen findet in den **Interviews** statt, wobei die interviewten Personen vorher abgesprochene Fragen zu beantworten scheinen (vgl. Bericht der Besitzerin über die Abläufe auf dem Hof, 00:03:17–00:04:18). Die Aussagen der Interviewten werden in Filmsequenzen veranschaulicht und durch die Filmbilder **verifiziert**. So berichtet die Besitzerin, sie würde den Kuhstall betreuen; das Publikum sieht sie bei einer ihrer Aufgaben im Kuhstall. Der Mitarbeiter erklärt den automatisierten Melkvorgang, und die Kamera dokumentiert dann den Melkstand, indem sie dicht bei den Kühen bleibt und die einzelnen Stationen dieses Melkens zeigt (00:08:51). Der Fokus der Kamera ist auf die Maschinen und die Kuheuter gerichtet.

Die Dokumentarfilmer scheinen ihre Art der Darstellung nicht zu hinterfragen. Sie bieten aufeinander abgestimmte und weitgehend in sich stimmige Bilder und Aussagen. Der **Diskurs** – das heißt die Art, wie ein Thema im Film behandelt wird – ist eher affirmativ: Die Zustände werden als gegeben hingenommen. Es gibt aber auch **Anlass zum Nachdenken**: Auch wenn die Kühe als Nutztiere dargestellt werden, kommt der Film in einigen Einstellungen der Kuh als Lebewesen nahe, etwa wenn die Kamera das Auge einer Kuh und ihren Blick hervorhebt. Auch die Montage des Films macht Kontraste sichtbar: Durch einen harten Schnitt wechselt der Film von der ruhigen Szene mit Kuh und Kälbchen zu einem frontal auf die Kamera zufahrenden, lärmenden Trecker (00:06:43). Dadurch wird der **Unterschied zwischen Natur und Industrie** sehr deutlich.

Ein Tag bei den Kühen lässt offen, was mit den männlichen Tieren geschieht – ein Bulle wird in der Mitte des Films kurz eingeblendet. Zu hinterfragen wäre auch, welche Auswirkungen die Trennung von Kalb und Kuh nach der Geburt hat. Wiesen oder Bäume gehören für diese Tiere nicht zur Lebenswelt. Bei den Kühen zu sein, bedeutet, eine Welt aus dunklen Ställen, Gittern und Maschinen kennenzulernen.

Abb. 9.3: Kuh und Kälbchen in Ein Tag bei den Kühen (00:06:20)

Die Auseinandersetzung mit dem Dokumentarfilm kann hier ansetzen: Was erzählt uns der Film über Tierhaltung? Was lässt er offen? Inwiefern trägt der Lebensstil der Menschen in Brück bzw. mein eigener Lebensstil zu einer industriellen Tierhaltung bei und welche Meinung habe ich dazu? Ist dieser Hof ein Vorbild für die Tierhaltung oder welche anderen Möglichkeiten der Tierhaltung wären vorstellbar? Um den Film zu kontextualisieren und weitere Perspektiven einzubringen, sind Recherchen über die natürlichen Lebensbedingungen von Rindern sowie Informationen von Tierschutzvereinen sinnvoll.

Abb. 9.4: Traktor in Ein Tag bei den Kühen (00:06:46)

9.3 | Filmdidaktische Überlegungen

Begründungszusammenhang: Auch wenn der Dokumentarfilm eine lange Tradition hat, sind didaktische Konzepte zu diesem Genre erst in den letzten Jahren entwickelt worden (u. a. Mühlmann 2005; Maiwald 2013; Kammerer/Kepser 2014; Anders 2016). Das könnte z. B. daran liegen, dass zunächst vor allem sogenannte Verfilmungen eines literarischen Werkes Eingang in den Unterricht der sprachlichen Fächer fanden (s. Kap. 6). Dokumentarfilme hingegen entbehren einer literarischen Vorlage. Umso mehr sind sie geeignet, als eigenständiges filmisches Kunstwerk wahrgenommen zu werden, das gerade nicht mit einem Buch verglichen werden kann.

Dokumentarfilme eignen sich für den Unterricht, denn sie
- sind adressatenbewusste Konstruktionen (vgl. Decke-Cornill 2002),
- schaffen durch die dargebotenen Themen informelle Lerngelegenheiten (vgl. Hill 2005),
- tragen zur beständigen Neuverhandlung gesellschaftlicher Normen und Werte bei (vgl. Mikos 2010) und
- bergen ein enormes Potenzial für die interkulturelle Bildung (Anders 2016).

Gleichfalls sind Dokumentarfilme im Hinblick auf das Weltwissen der Schülerinnen und Schüler auch sehr **voraussetzungsreich**. Heranwachsende rezipieren die dargebotenen Themen zunächst auf der Grundlage ihres Wissens, ihrer Erfahrungen, aber auch ihrer Grundeinstellungen und Vorurteile (vgl. Mühlmann 2005). Sie gleichen das im Dokumentarfilm vermittelte Wissen mit ihrem Vorwissen ab. Bestenfalls wird die Rezeptionsfähigkeit durch einen Zuwachs an Weltwissen und Fachwissen immer wieder neu fundiert und geschärft, sodass *othering* (Personen werden Eigenschaften unterstellt, die sie von anderen abgrenzen) und *silencing* (Verhinderung, dass Personen zu Wort kommen) vermieden werden (vgl. Rösch 2013, S. 22).

Zugänge zu gesellschaftspolitischen Themen

Urteilsfähigkeit fördern: Dokumentarfilme setzen sich vielfach mit gesellschaftlich kontrovers diskutierten Themen auseinander. Schülerinnen und Schüler können sich über dieses Genre einen **mehrperspektivischen** Zugang zu einem Thema erarbeiten. Der unterrichtliche Umgang mit Dokumentarfilmen nutzt dieses Potenzial des Dokumentarfilms und ermöglicht (z. B. in offen geführten Seh-Gesprächen, vgl. Möbius 2008), dass sich Schülerinnen und Schüler eine eigene Meinung zum Filmthema (z. B. Bienensterben, Islam, Bildung, Klimawandel, Tierhaltung, Globalisierung) bilden und die Perspektiven von anderen, die im Film zur Sprache kommen oder die im Klassenraum geäußert werden, tolerieren bzw. in Bezug auf weitere Argumente abwägen. So bietet sich die Verknüpfung von Dokumentarfilmen und dem Schreiben von Erörterungen hervorragend an.

Schreibhaltungen: Auch das Einnehmen bestimmter Schreibhaltungen lässt sich bei der Auseinandersetzung mit Dokumentarfilmen fördern:

So dient das **klärende Schreiben** (vgl. Abraham 2016, S. 96) z. B. dazu, die Handlung in einem Film zusammenzufassen. Das kann bezogen auf einen Dokumentarfilm eine Herausforderung sein, weil er vielgestaltig (d. h. mit unterschiedlichen weiteren Medien wie Fotos, Grafiken, Untertiteln) erzählt: Die Handlungsstränge werden z. B. durch Interviewpassagen, Rückblenden oder Montage von Fotos unterbrochen, angereichert und widerlegt. Das klärende Schreiben dient dazu, den Überblick zu behalten und Argumentationsstrukturen des Filmemachers herauszuarbeiten, mit Hilfe derer sich der Schüler oder die Schülerin ein eigenes Urteil bilden kann.

Beim **rhetorischen Schreiben** (vgl. ebd.) verfassen die Heranwachsenden z. B. Stellungnahmen zum Filminhalt oder zu Aussagen bestimmter Personen im Film. Nach der intensiven thematischen und ästhetischen Auseinandersetzung mit einem Dokumentarfilm können sich die Schülerinnen und Schüler auch an das sehr anspruchsvolle Format der Filmkritik wagen.

Multiperspektivität: Eine einseitige Perspektive auf ein Thema kann auch entstehen, wenn die Filmemacher eher abbilden als **aufdecken**: Am Beispiel des Dokumentarfilms EIN TAG BEI KÜHEN (s. o.) sprechen die auf dem Hof arbeitenden Personen ausnahmslos positiv über die Massentierhaltung. So kann das im Film gezeigte positive Beispiel für einen Kuhstall nicht für das Thema Massentierhaltung allgemein stehen. Eine andere Perspektive gewinnt der Zuschauer z. B. durch weitere Dokumentarfilme zu einem ähnlichen Thema (z. B. WE FEED THE WORLD 2005) oder durch kritische Sachtexte (vgl. Animal Rights Watch), in denen die negativen Seiten der Nutztierhaltung zur Sprache kommen.

Sprachbewusstheit: Jeder Film ist ein mehrsprachenfähiges Medium (Untertitel, Synchronisation). Für das Lernen einer Sprache und für die Sprachreflexion bzw. die *language awareness* bieten sich Dokumentarfilme noch besser als ein Spielfilm an, da die Schauspielerinnen und Schauspieler nicht nach Drehbuch sprechen. Gleichzeitig liegen die **Herausforderungen** auf der Hand:

- Der Filmemacher konfrontiert das Publikum einerseits mit **Laien**, die spontan und prozesshaft reden, d. h. in Themen springen oder unstrukturiert sprechen.
- Die Sprache kann durch unvollständigen Satzbau, Wiederholungen oder Auslassungen gekennzeichnet sein.
- Auf der anderen Seite artikulieren sich **Expertinnen und Experten** (z. B. Zeitzeugen, Wissenschaftler).
- Die Redeanteile der Experten wirken geplant; sie strukturieren ihre Erläuterungen, sind thematisch fixiert und bauen korrekte Sätze, die eher an die Schriftsprache angelehnt sind. Diese sind aufgrund ihrer Dichte und Komplexität schwer zu erfassen, auch sind die verwendeten Fachtermini für manche Zuschauer nicht eingängig.

Nicht nur verbal- sondern auch **körpersprachliche Signale** (Mimik und Gestik) sind für das Verständnis und die Analyse des Gesagten wichtig. Der Vergleich verschiedener Register gehört zur Ausbildung der Sprachbewusstheit.

Der Dokumentarfilm AUF DEM WEG ZUR SCHULE (2013) zeigt sehr gut die **Vielfalt** und Wirkung der natürlichen Sprachen (u. a. Spanisch, Hoch-

9 Dokumentarfilm

Abb. 9.5:
Gesang im Trailer
zu AUF DEM WEG ZUR
SCHULE (00:00:16)

arabisch, eine afrikanische Sprache, Englisch) in den Dialogen, Gesängen (Koran, Volkslieder) und Interviews (vgl. Anders 2016). Um einen Dokumentarfilm angemessen im Unterricht einzusetzen, ist es daher wichtig, mit der Originalfassung und den Untertiteln zu arbeiten.

Sprechen zu Dokumentarfilmen: Nicht nur die Sprachrezeption, sondern auch die Sprachproduktion ist im Umgang mit Dokumentarfilmen zu fördern. Da der Dokumentarfilm im Gegensatz zum Spielfilm auf Kostüme, aufwendige Requisiten und Spezialeffekte weitgehend verzichtet, können Schülerinnen und Schüler die im Film gezeigten oder angedeuteten **Situationen nachspielen** oder sich Situationen bzw. Vorkommnisse in ihrer Umwelt vergegenwärtigen, die sich lohnen, dokumentarisch erfasst und mehrperspektivisch ergründet zu werden. Dass die Schülerperspektive beim Aufspüren von Themen für Dokumentarfilme lohnend ist, zeigen Projekte wie »dok you« oder »Cinema en curs« (s. o.). Hier treten Schülerinnen und Schüler sprachlich in **Kontakt** mit ihnen bisher unbekannten Personen.

Insgesamt sollte der Unterricht einen Dialog zwischen den Lernenden und der im Dokumentarfilm dargebotenen Welt initiieren, d. h. dass die vom Film intendierten Zuschauerreaktionen durch entsprechende **Sprech- und Schreibanlässe** in einer sprachlichen Handlung bzw. einer sprachlich formulierten Haltung, Einstellung und Beurteilung münden – z. B. Leserbrief, Podiumsdiskussion, Rollenspiel oder Streitgespräch zu gesellschaftlich relevanten Themen, die der Film anstößt.

9.4 | Unterrichtspraktische Vorschläge

Inhaltssicherung: Die Schülerinnen und Schüler erfassen zentrale Aussagen von Redebeiträgen in Dokumentarfilmen, fassen den Inhalt des Films zusammen und geben darin Aussagen aus den Interviews des Dokumentarfilms in indirekter Sprache wieder.

Zum Beispiel: In dem Film EDNAS TAG (2009) geht es um das Ankommen von Kindern eines anderen Landes in einer neuen Klasse. Der Filmemacher interviewt zu diesem Thema einige Kinder. Sie vertreten die Meinung, dass das Deutschlernen anfangs schwierig sein könnte.
Leifragen: Worum geht es in dem Dokumentarfilm? Welche Aussagen findest du wichtig? Welche körpersprachlichen Signale fallen dir auf? Wie formulierst du die Aussagen in indirekte Rede um?

Begründete Stellungnahme: Einen eigenen Kommentartext (*voice-over*) zu einer Dokumentarfilm-Szene einsprechen oder eine eigene Meinung durch klärendes und rhetorisches Schreiben bilden und zu einer Filmkritik zusammenführen.
Leitfragen: Sieh dir Passagen des Films an und kläre (durch Schreiben): Wer spricht wann, in welcher Situation, mit welcher Absicht und

Wirkung? Welche Meinung hast du dir gebildet zu einzelnen Perspektiven und zur Gesamtperspektive, die der Film zeigt? Wie stellt der Film das, was er vermitteln möchte, dar? Welche positiven und negativen Eindrücke zu diesem Film bringst du in deiner Filmkritik unter?

Eigenschaften des Dokumentarfilms: Die Schülerinnen und Schüler erklären Unterschiede zwischen dokumentarischen Filmen und Spielfilmen und erkunden Merkmale des Dokumentarischen.
Leitfragen: Wie unterscheiden sich Spielfilm und Dokumentarfilm? Was sorgt dafür, dass ein Dokumentarfilm echt (authentisch) wirkt? Zu welchem Thema würdest du einen Dokumentarfilm drehen und wie würdest du vorgehen?

Primärliteratur
Auf dem Weg zur Schule (Sur le Chemin de l'Ecole). Regie: Pascal Plisson. Frankreich/China/Südafrika/Brasilien/Kolumbien 2013. DVD: Universum Film.
Bei den Kühen. Regie: Grundschule Brück. Deutschland 2018, http://www.cinemaencurs.org/de/film/ein-tag-bei-den-kuhen (19.7.2018).
Ednas Tag. Regie: Bernd Sahling. Deutschland 2009, http://www.planetschule.de/dokmal/vorhang_auf_film_ab/ednas_tag/ (19.7.2018).
Spinxx: Ednas Tag. Alle Kritiken. 2010, http://www.spinxx.de/magazin/kritiken/alle/type/film/search/Ednas+Tag.html (19.7.2018).

Sekundärliteratur
Abraham, Ulf: *Filme im Deutschunterricht*. Seelze 2016.
Anders, Petra: »Schule im Dokumentarfilm«. In: Ingo Kammerer/Matthis Kepser (Hg.): *Dokumentarfilm im Deutschunterricht. Eine Einführung*. Baltmannsweiler 2014, S. 91–112.
Anders, Petra: »Dokumentarfilme im medienreflexiven Sprach- und sprachreflexiven Medienunterricht«. In: Gabriele Blell/Andreas Grünewald/Matthis Kepser/Carola Surkamp (Hg.): *Film in den Fächern der sprachlichen Bildung*. Baltmannsweiler 2016, S. 153–174.
Animal Rights Watch: »Das Leben der Rinder: jenseits von ›grüne Wiese‹«, https://www.ariwa.org/wissen-a-z/585-das-leben-der-rinder.html (19.7.2018).
Decke-Cornill, Helene: *Fremdsprachenunterricht in medialen Lernumgebungen*. Frankfurt a. M. 2002.
Flad, Carola: *Jugend im Dokumentarfilm: Sozialpädagogisch-filmanalytische Fallstudien zur Lebensbewältigung*. Wiesbaden 2010.
Hill, Annette: *Reality TV. Audiences and Popular Factual Television*. London 2005.
Kammerer, Ingo/Kepser, Matthis: »Dokumentarfilm im Deutschunterricht. Eine Einführung«. In: Dies. (Hg.):*Dokumentarfilm im Deutschunterricht*. Bd. 1. Baltmannsweiler 2014, S. 11–72.
Kreimeier, Klaus: »Dokumentarfilm, 1892–1992«. In: Wolfgang Jacobsen/Anton Kaes/Hans Helmur Prinzler (Hg.): *Geschichte des deutschen Films*. Stuttgart/Weimar 1993, S. 391–416.
Maiwald, Klaus: »Gebrauchstexte – nicht nur print- und monomedial«. In: Volker Frederking/Hans W. Huneke/Axel Krommer/Christel Meier (Hg.): *Taschenbuch des Deutschunterrichts*. Bd. 2: *Literatur- und Mediendidaktik* [2010]. Baltmannsweiler ²2013, S. 716–737.
Mikos, Lothar: »Vergnügen, Identität und Lernen. Informelles Lernen mit populären Fernsehformaten«. In: Ben Bachmair (Hg.): *Medienbildung in neuen Kulturräumen*. Wiesbaden 2010, S. 213–225.

Möbius, Thomas: »Das literarische Sehgespräch als sprachlich-kommunikative Vermittlungsweisebilddominierter Medienangebote«. In: Matthias Rath/Matthis Kepser/Volker Frederking (Hg.): *Log In! Kreativer Deutschunterricht und Neue Medien*. München 2008, S. 141–156.

Mühlmann, Horst: »Zur Dokumentarfilmanalyse im Fach Englisch der gymnasialen Oberstufe«. In: *Neusprachliche Mitteilungen aus Wissenschaft und Praxis* 58/1–2 (2005), S. 71–80.

Nichols, Bill: *Introduction to Documentary*. Bloomington 2001.

Pfeiffer, Joachim/Staiger, Michael: *Grundkurs Film 2: Filmkanon, Filmklassiker, Filmgeschichte: Materialien für die Sek I und II*. Braunschweig 2010.

Preuß, Christine: »Lernen durch frühes Kino – Filmbildung im Unterricht«. In: Henriette Hoppe/Claudia Vorst/Christian Weißenburger (Hg.): *Bildliteralität im Übergang von Literatur und Film. Eine interdisziplinäre Aufgabe und Chance kompetenzorientierter Fachdidaktik*. Frankfurt a. M. 2017, S. 87–98.

Rösch, Heidi: »Interkulturelle Literaturdidaktik im Spannungsfeld von Differenz und Dominanz, Diversität und Hybridität«. In: Petra Josting/Caroline Roeder (Hg.): *Das ist bestimmt was Kulturelles« – Eigenes und Fremdes am Beispiel von Kinder-und Jugendmedien*. München 2013, S. 21–32.

Petra Anders

10 Kindernachrichten

10.1 Nutzung von Nachrichtensendungen
10.2 Analyse von Kindernachrichten am Beispiel von LOGO!
10.3 Filmdidaktische Überlegungen
10.4 Unterrichtspraktische Vorschläge zu LOGO!
10.5 Anregungen für eine Leistungsüberprüfung in der Primarstufe

10.1 | Nutzung von Nachrichtensendungen

Rezeption und Einfluss von Nachrichten: Den Nachrichtensendungen kommt in unserer Mediengesellschaft eine wichtige Funktion bei der **Information und Meinungsbildung** zu, ihre gesellschaftliche und politische Wirkung ist groß. Das Interesse an Fernsehnachrichten gilt für alle Altersstufen – auch in der Grundschule. Wie Studien seit den frühen 1970er Jahren nachweisen, sind Kinder grundsätzlich sehr interessiert an Themen, die sie auf ihre eigenen Lebenswelten beziehen können und die für sie relevant sind. Neben dieser individuellen Gratifikation erfahren sie auch soziale Wertschätzung dadurch, dass sie sich mit Eltern, Mitschülern, Mitschülerinnen und Peers über das neu erworbene Wissen und die dadurch aufgeworfenen Fragen austauschen können, was ein wichtiges Motiv für die regelmäßige Rezeption ist (s. Kap. 10.3).

Dem **elterlichen Mediennutzungsverhalten** kommt hierbei eine wichtige Vorbildfunktion zu (vgl. vom Orde 2015, S. 40). Zwar sehen mit 52 % etwa die Hälfte der Kinder die meiste Zeit allein fern und nur weitere 24 % gemeinsam mit den Eltern (vgl. MPFS 2017, S. 14–16). Qualitativ spielt deren Vorbild jedoch eine bedeutende Rolle. Kinder orientieren sich sowohl hinsichtlich der Auswahl als auch der Beurteilung von Informationssendungen stark an ihren Eltern. Hier kann ein medienaffiner Deutschunterricht ergänzend wirken bei solchen Schülerinnen und Schülern, die mit Nachrichtenformaten nicht vertraut sind.

Empirische Befunde zur Nachrichtenrezeption: Nun sind nicht alle Nachrichten mit ihren erkennbar nicht-fiktionalen realistischen Darstellungen für Kinder geeignet, selbst wenn diese großes Interesse an den gezeigten Themen bekunden. Eine repräsentative Befragung (Götz 2014) bei Kindern und Jugendlichen kommt zu dem Ergebnis, dass das Fernsehformat Nachrichten bei den 6- bis 12-Jährigen auf Platz 5 der am meisten **Angst einflößenden Fernsehsendungen** liegt, gleichauf mit HARRY POTTER. Bei den nachfolgenden Analysen ist deshalb von besonderem Interesse, welche strukturellen und inhaltlichen Entscheidungen TV-Redaktionen treffen und welche inhaltlichen und ästhetischen Strategien sie für Fernsehnachrichten für Kinder entwickeln, um gezielt auf diese Zielgruppe einzugehen.

Die unten genannten Kategorien (entwickelt in Anlehnung an Faulstich 2008, S. 179 ff.) sind grundsätzlich für die Analyse jeder Nachrichtensendung geeignet, einige davon sind aber für Kindernachrichten besonders relevant, ist doch das Filmverständnis von Kindern abhängig vom Stand ihrer kognitiven Entwicklung einerseits, vom Wissen über die spezifischen **Inhalte und Strukturen des Dargestellten** andererseits. So müssen sie über ein gewisses Weltwissen, über die symbolischen Codes des Mediums und die Fähigkeit zur Unterscheidung von Fiktion und Realität verfügen (vgl. Tatsch 2010, S. 145; s. Kap. 1.2.2). Das medienbezogene Wissen korrespondiert mit entsprechenden Erfahrungen der Kinder. »Hierzu zählen neben dem Genrewissen z. B. auch Kenntnisse darüber, welche Gestaltungsmittel eingesetzt werden, sowie das Wissen um den Aufbau von Geschichten« (Tatsch 2010, S. 145, in Anlehnung an Charlton 2004).

Produktion, Distribution und Rezeption: Die Macher von Kindernachrichten, deren Zielgruppe von 6 bis ca. 13 Jahren reicht, wissen um die spezifische Rezeptionssituation ihres Formats und um die kognitiven Fähigkeiten und mentalen Einstellungen der Zuschauerinnen und Zuschauer; sie müssen mit deren anders strukturiertem Weltwissen rechnen bzw. neue Inhalte und Strukturen erst vermitteln. Sie nutzen zum Teil dieselben symbolischen Codes wie die Erwachsenennachrichten, von der Dramaturgie der Sendung bis zu den visuellen und auditiven Darstellungscodes.

Zusätzliche Optionen für die Zuschauerbindung eröffnen die **mediale Zweitverwertung** und die entsprechenden Zusatzangebote. Die Kinderfernsehnachrichten LOGO! können auch online rezipiert werden, z. B. auf mobilen Endgeräten. Dort können Kinder entweder die ganze Sendung anschauen oder aber die Videos zu den Einzelbeiträgen; diese sind im Gegensatz zur Komplettversion (die Mediathek beschränkt sich aus medienrechtlichen Gründen auf sieben Tage) noch ca. zwei Jahre abrufbar (https://www.zdf.de/kinder/logo). Partizipative Angebote zum Kommentieren, Chatten usw. bietet punktuell der KiKA-Blog (https://blog.tivi.de).

Analysekategorien

> **Kategorien der Fernsehanalyse (in Anlehnung an Faulstich 2008)**
> - Sendezeit und -frequenz, Programmplatz
> - Anzahl der Themen pro Sendung
> - Auswahl der Inhalte und ggf. Themenschwerpunkte (›Aufmacher‹)
> - Seriosität und Informationsgehalt: Kontrast von Unterhaltung und Information (Anteil an ›soft news‹)
> - »Themenkarrieren« (Faulstich 2008, S. 182) beim Vergleich diverser Sendungen
> - Bildschirmpersonal: Moderator/in, Korrespondent/in, Reporter/in
> - Studiosetting
> - Nachrichtenformat (Verhältnis von Sprechermeldung, Filmbericht, Grafiken, Animationen usw.)
> - Visuelle Realisierung/Bildästhetik: Kameraverhalten (Fahrten, Einstellungsgrößen), Schnittfrequenz, Design, Effekte
> - Auditive Realisierung/Soundästhetik: Eingangsmusik, Geräusche, Sprecherstimmen, Synchronisation bei Interviews, besondere Effekte
> - Medienverbund/Konvergente Medien: Zweitverwertung, Zusatzangebote, Zuschauerbeteiligung

10.2 | Analyse von Kindernachrichten am Beispiel von LOGO!

Exemplarisch betrachtet wird LOGO!, mit dem bezeichnenden Untertitel DIE WELT UND ICH, die erste regelmäßig ausgestrahlte Kindernachrichtensendung im deutschen Fernsehen.

Profil der Sendung: LOGO! wurde 1988 vom ZDF entwickelt und seit 1989 im dortigen Kinderprogramm ausgestrahlt. Am 15.3.1997 wechselte sie auf den am 1.1.1997 gestarteten gemeinsamen **Kinderkanal KiKA** von ARD und ZDF und hat seitdem ihren **täglichen festen Sendeplatz** am Vorabend, direkt vor der ARD-TAGESSCHAU (Samstag bis Donnerstag) bzw. kurz nach der HEUTE-Sendung (Freitag). Inhaltlich werden aktuelle Themen aus Gesellschaft, Politik, Umwelt, Natur und Sport aufgegriffen, über die auch in den Nachrichten für Erwachsene berichtet wird. Das Audio- und Bildmaterial ist teilweise identisch mit dem der ZDF-Nachrichtensendungen, wird jedoch neu geschnitten und mit anderem Audiokommentar versehen. Zusätzlich werden eigene Einspielfilme mit den Moderatorinnen und Moderatoren als Reporterinnen und Reportern produziert, es gibt regelmäßige Beiträge mit Kinderreporterinnen und -reportern und die sogenannten Erklärstücke. Dies sind Lernanimationen, die bildhafte Analogien verwenden, um komplexe politische, naturwissenschaftliche und andere Hintergrundinformationen kindgerecht zu vermitteln.

Die **Produktionskosten** betragen mit 5,2 Millionen Euro pro Jahr immerhin ein Zehntel dessen, was für die Nachrichtensendungen des ZDF – HEUTE und HEUTE JOURNAL – zusammen aufgewendet wird (vgl. ZDF 2018a).

Rezeption: LOGO! ist diejenige Nachrichten- und Wissenssendung, die je nach Fragestellung in empirischen Untersuchungen mit 52 % Bekanntheit bei den 8- bis 12-Jährigen weit vor anderen Sendungen an erster Stelle (ZDF-Medienforschung) bzw. auf Platz 3 der Wissenssendungen (KIM-Studie 2016) liegt. Laut ZDF-Medienforschung erhält sie auch inhaltlich die besten Bewertungen hinsichtlich Verständlichkeit, Seriosität und Unterhaltungsfaktor. Damit korrespondiert eine **hohe Wertschätzung** bei den Eltern, von denen 92 % das Format für wichtig halten und ihm zutrauen, Wissen über Politik, Wirtschaft und Gesellschaft zu vermitteln. Die KIM-Studie verzeichnet ebenfalls sehr hohe Beliebtheitswerte im Grundschulalter: 28 % der Sechs- bis Siebenjährigen und noch 22 % der Zehn- bis Elfjährigen zählen LOGO! zu ihren Lieblingssendungen.

Empirische Daten

Produktion: Das Konzept der Sendung, welches auf Grundlage empirischer Begleitforschung entwickelt wurde, hat sich redaktionell seit den Anfängen wenig verändert (vgl. vom Orde 2015). Geändert haben sich über die beiden Jahrzehnte lediglich die Dauer der Sendezeit und der visuelle Auftritt. So orientiert sich die medienpädagogische Arbeit der öffentlich-rechtlichen ZDF-Kinder- und Jugendredaktion an den kindlichen Interessen, Fragen und ihrer Lebenswelt und erhebt den Anspruch, »die Bedürfnisse von Kindern und Jugendlichen nach **Unterhaltung, Information und Geschichten** ernst« zu nehmen sowie »Informationen und Orientierung« zu geben. Das gelte »für aktuelle gesellschaftliche Themen ebenso wie für Themen des täglichen Lebens der Heranwachsenden« (ZDF 2018b). So gibt es seit dem 6. Dezember 2015 LOGO! auch mit **Untertiteln** in englischer und arabischer Sprache.

Kindernachrichten

Kinder partizipieren nicht nur als Interviewpartner oder im Anschluss an die Sendung auf dem tivi-Blog, sondern häufig auch als Reporterin oder Reporter. Zusätzliche Zuschauerbindung wird durch den Hinweis auf das Online-Angebot des Senders hergestellt, ebenso wie durch das Aufgreifen von Zuschauerwünschen nach besonderen Abschiedsformeln, Fortsetzung der Kommunikation mit einem Kinderstar im Chat usw.

So wie auch die Nachrichten- und Informationssendungen für Erwachsene in den letzten Jahren einen optischen Relaunch durchlaufen haben, der von der Aufnahme interaktiver Elemente über die Studiomöbel bis hin zur Choreographie der Moderatorenschritte in den Raum reichte, wurden auch in die Kindernachrichten **neue interaktive Elemente** aufgenommen und das Design modernisiert. Zudem wurden andere Elemente wie etwa ein Zebra-Maskottchen entfernt. So wurde dem Auftritt mehr Seriosität verliehen.

Beispielanalyse

Aufbau der LOGO!-Sendung

- Vor der Sendung (im laufenden Programm): Teaser mit Ankündigung der Sendungsthemen
- Zu Beginn: Intro mit Sound-Logo und Schnitt auf den Moderator, der sich sammelt, aufblickt und die Begrüßung spricht, zum Beispiel: »Dienstagabend, Tim im LOGO!-Studio, und außerdem haben wir noch das hier für euch!«
- Kurzüberblick über die drei Hauptthemen der Sendung
- Jeweils Anmoderationen der Einspieler
- Animierte Grafiken bzw. Animationsfilme zur Verdeutlichung komplexer Begriffe
- Zusätzlich ausgewählte Kurzmeldungen zwischen den Hauptformaten, die inhaltlich überleiten
- Ausstieg: Soft News – zum Beispiel Hinweis auf weiterführende Informationen online – Wetterkarte mit Begleitkommentar – ein Gag mit einem sprechenden Tier.

Abb. 10.1: Corporate Design der LOGO!-Sendung (LOGO! am 14.3.2017, 00:00:01)

Visuelles Design: LOGO! sendet seit 2009 aus demselben **Studio** wie alle anderen ZDF-Nachrichtensendungen, nutzt aber ein anderes Design bei der virtuellen Technik im Hintergrund. Das **Intro** mit seinem Sounddesign und der Einblendung von drei angekündigten Hauptthemen ähnelt stark der HEUTE-Sendung. Somit knüpfen die News für Kinder an das an, was diese prototypisch von denjenigen Sendungen kennen, welche ihre Eltern rezipieren. Darüber hinaus müssen sie die wahrgenommenen Unterschiede dergestalt einordnen, dass sie die phänotypisch abweichenden Elemente immer noch als Bestandteile einer non-fiktionalen Informationssendung wahrnehmen, die zwar seriös informiert, aber in einem eigenen audiovisuellen Design, im Hinblick auf Sprache und Themenaufbereitung die Zielgruppe Kinder adressiert.

Ludwig Duncker und Gabriele Lieber, die ein vielfältig ausdifferenziertes Modell zur Entwicklung und Förderung von Bildliteralität entwickelt haben, machen für den Umgang mit Bildern drei zentrale Funktionen aus: (sich) Orientieren, Emotionalisieren und Abstrahieren (vgl. Duncker/Lieber 2013, S. 41). Die für LOGO! ausgewählten Farben und Formen bedienen dominant die Funktionen der **Orientierung und Abstraktion**. Das Farbdesign ist von einer insgesamt leicht verschobenen Regenbogen-Farbigkeit, der nur die (emotionalisierende) Signalfarbe Rot fehlt. Regelmäßig wiederkehrende Farbtöne sind Hellgelb und Dunkelorange, Violett und ein dunkler Pinkton, Dunkelblau und Hellblau, Gelbgrün und Hellgrün. Der Starthintergrund ist hellgelb und zeigt wie auch im Logo eine Weltkarte, auf der jeder Kontinent mit andersfarbigen, blasenähnlichen gestauchten Ovalen bedeckt ist (s. Abb. 10.1). Diese Formen werden später immer wieder aufgegriffen: Sie dienen zudem als Panel für die Einspieler. Diese Grafik löst sich auf, die Ovale fliegen fort, der Titel »logo!« fliegt nach rechts und führt den Blick der Zuschauer ins Studio und auf die aktuelle Moderatorin bzw. den aktuellen Moderator.

Moderatoren und Themen: Die Moderatorinnen und Moderatoren, die einander tageweise abwechseln und auch mal als Reporter zu sehen sind, treten im Casual Look auf. Ihr Gestus bei der direkten Hinwendung zum Fernsehpublikum ist kindgerecht und **alltagssprachlich**, teilweise jugendsprachlich, mit einem erkennbaren Hang zum Sprachspiel. Dies gilt auch für die **Formulierung der Titel**, die konsequent parallel aufgebaut sind (Alliterationen, identische Syntax, Anzahl der Wörter usw., s. Kasten). Diese Titel gelten nur für die ausgestrahlte Sendung im Ganzen; für die online abrufbaren Einzelvideos, denen der tagesaktuelle Kontext fehlt, werden dann aussagekräftigere Formulierungen gewählt (z. B.: »Juchtenkäfer behindern Großbaustelle« und ein damit verlinkter Beitrag zu »Blockade-Tieren« anstelle des »krassen Käfers«, s. Kasten).

Funktionen der Farb- und Formsprache

Themen von drei LOGO!-Sendungen

Beispiele

Themen der Sendung am 9. März 2017: Alliterationen
- »Krasser Käfer« (Der unter Artenschutz stehende Juchtenkäfer erzwingt auf der Baustelle von Stuttgart 21 einen Millionen kostenden zusätzlichen Tunnel.)
- »Wichtiges Wasser« (Anlässlich der Nitratüberdüngung des Grundwassers recherchiert Kinderreporterin Madeleine die Filtermaßnahmen im Wasserwerk.)
- »Erfolgreiches Experiment« (Eine spanische Schulklasse schickt Strichmännchen Nico in den sozialen Netzwerken innerhalb eines Tages durch 144 Länder.)

Themen der Sendung am 14. März 2017: Ortsmarken
- »Merkel bleibt zuhause« (Die Bundeskanzlerin muss wegen eines Blizzards in den USA ihre Antrittsreise zu Donald Trump verschieben.)

- »Linda in den Niederlanden« (Reporterin Linda interviewt Schulkinder und einen niederländischen Moderator zur Parlamentswahl und zum Rechtspopulisten Geert Wilders.)
- »Hühner in den USA« (In der amerikanischen Stadt Milton stricken Seniorinnen Pullover für eine frierende Hühnerrasse.)

Themen der Jubiläumssendung (20 Jahre LOGO!) am 15. März 2017: Befehlston
- »Das gehört da nicht rein!« (In Lebensmitteln befinden sich dubiose Inhaltsstoffe.)
- »Die gehören da nicht hin!« (Das Phänomen Superbloom: In der kalifornischen Wüste blüht ein Blumenmeer nach einem Starkregen vor einigen Monaten.)
- »Der gehört da hin!« (Vorgestellt wird der Berliner Sänger und Synchronsprecher Noah Levi, ehemaliger Sieger bei THE VOICE KIDS.)

Abb. 10.2–3: Erklärstück: Anlässlich der Parlamentswahl in den Niederlanden werden der Brexit und die EU-Skepsis mancher Bürger erklärt, anschließend Informationen über den niederländischen Rechtspopulisten Geert Wilders (LOGO! am 14.3.2017, 00:03:30, 00:04:04)

Erklärstücke in Bild und Ton: In den Erklärstücken werden **komplexe Begriffe** wie ›Brexit‹ oder ›EU-Ausstieg‹ (Beitrag in der Sendung über die niederländische Parlamentswahl vom 14.3.2017) vermittelt. Die folgenden Ausschnitte aus dem politischen Hauptthema »Linda in den Niederlanden« (TV-Titel) bzw. »In den Niederlanden« (Titel des Beitrags in der App) vom 14.3.2017 (Länge: 2:40 Min.) zeigen einen typischen Aufbau. Zunächst wird die Reichweite der Wahl bei unseren europäischen Nachbarn für die EU insgesamt mithilfe eines Erklärstücks erläutert (Abb. 10.2), in das schließlich der Kandidat Geert Wilders als Foto eingefügt wird (Abb. 10.3). Nach Ende der Animation übernimmt Reporterin Linda, führt anfangs in einem kurzen ›Aufsager‹, bei dem sie selbst in direkter Ansprache an die Zuschauer im Bild zu sehen ist, in das Thema ein und befragt im Einspieler ausgewählte Erwachsene und Kinder.

Filmische Gestaltung: Die kurzen **Animationsfilme** (zu Erklärvideos s. Kap. 18) nutzen flächenhafte Figuren und graphische Symbole, die hinsichtlich der bereits geschilderten Farbigkeit und der Formsprache Ähnlichkeit mit **Emoticons** aus den sozialen Netzwerken haben, sowie ovale Panels, die erscheinen und sich zu Videosequenzen öffnen. Diese werden beim Erscheinen gelegentlich von **Geräuscheffekten** aus Bildschirmspielen (Blubbern, Zischen, Ploppen, quäkendes Hupen usw.) begleitet, die mal illustrierende, mal karikierende oder auch distanzierende Funktion gegenüber dem jeweils gezeigten Panel, Symbol oder Video übernehmen und so auf der Ebene der Klangbilder zur *Abstraktion* der Inhalte beitragen, wie dies Duncker/Lieber (vgl. 2013) als eine Funktion der visuellen Bilder benannt haben.

Die **auditive Ebene** insgesamt ist sparsam ausgestattet. Neben dem Sound-Intro, den Stimmen der gezeigten Personen, dem Off-Kommentar und den Klängen zu den Erklärstücken hört man fast nur Geräusche aus der dargestellten Wirklichkeit, gelegentlich gibt es eine simultan zu hörende Synchronisation bei Interviews. Seltener wird Musik eingesetzt; so wird das kalifornische Blumenmeer im oben genannten Beispiel mit ruhiger, instrumentaler Countrymusik untermalt.

Bei den **Einspielfilmen** dominiert eine ruhige Kameraführung, die im Realtempo den Figuren folgt. Die Einstellungsgrößen variieren zwischen Halbtotale, Halbnah und Nah, die Einstellungen werden lange gehalten, die Schnittfolge ist gemächlich, sodass die kindlichen Zuschauer genau hinsehen und beispielsweise die Kleidung oder räumliche Umgebung der interviewten Personen mit ihren eigenen lebensweltlichen Erfahrungen abgleichen können.

Auch die Bild- und die Soundästhetik der Sendung korrespondieren also mit dem Auftrag, eine **kindgerechte Informationssendung** zu gestalten. Sie tragen zur Orientierung bei, sorgen mit Hilfe von Abstraktionen dafür, dass schwierige Inhalte verständlich werden bzw. keine Angst auslösen, und am Ende, wenn nach dem Wetterbericht der Tier-Gag eingespielt wird, geleitet eine positive Emotion die Zuschauer aus der Sendung hinaus.

Zur Vertiefung

NEUNEINHALB – DEINE REPORTER **(WDR)**

Aufgrund ihres wöchentlichen Ausstrahlungsrhythmus ist diese knapp zehnminütige Informationssendung, am Samstagmorgen um 8:25 Uhr ausgestrahlt, keine tagesaktuelle Nachrichtensendung im engeren Sinne wie LOGO!, sondern behandelt nur jeweils eine Frage. Reporterinnen und Reporter im jungen Erwachsenenalter informieren und befragen Jugendliche zu vielen gesellschaftlich relevanten Themen aus gegebenem Anlass. Auch hier gibt es Erklärstücke, es werden Visualisierungen genutzt – in Form von Überblendungen oder Einblendungen, bei denen mit dem Filzstift bezeichnete Moderationskarten, ausgeschnittene Sprechblasen oder Fotos rasch verschoben werden, untermalt von Musik. Der aufklärerische Impetus ist in den zusammenfassenden aufgesagten Sätzen genauso erkennbar, aber der Textumfang ist deutlich größer, die Schnitte schneller, das Tempo höher. Da die Beiträge alle online auf der WDR-Internetpräsenz abrufbar sind (vgl. https://kinder.wdr.de/tv/neuneinhalb/), kann ein Vergleich mehrerer LOGO!- und NEUNEINHALB-Sendungen zum selben Thema für medienanalyseerfahrene Schülerinnen und Schüler eine reizvolle Aufgabe sein.

10.3 | Filmdidaktische Überlegungen

Der Umgang mit Nachrichtensendungen im Deutschunterricht birgt vielfältige Lernchancen. Er schließt in der Regel unmittelbar an die **familiäre Mediennutzung** an, greift **thematische Interessen** aus Umwelt, Politik, Natur, Kultur und Sport auf und hat neben dem Deutschunterricht viele **interdisziplinäre Berührungspunkte** vor allem mit dem gesellschafts- und naturwissenschaftlichen Sachunterricht, aber auch mit den musischen Fächern.

Nachrichten als non-fiktionales Genre leisten einen prominenten Beitrag zur Individuation (durch Erweiterung der individuellen sprach-, medien- und literaturbezogenen Kompetenzen), zur Sozialisation (durch vielfältige Möglichkeiten der Anschlusskommunikation, in der Teilhabe an der innerfamiliären, innerschulischen und der Peer-Kommunikation) und Enkulturation (durch Erweiterung des Weltwissens, durch politische Aufklärung, durch Teilhabe an kulturell-medialen Ritualen u. v. m.). Ihre Analyse und der produktive Umgang damit tragen zur Förderung einer Reihe von Kompetenzen bei.

Neben den grundlegenden Zieldimensionen der Filmlesefähigkeit und der kulturellen Handlungsfähigkeit (s. Kap. 3.1) sind im Zusammenhang mit Kindernachrichten vor allem die **Auswahl und gezielte Rezeption von Sendungen** relevant, ferner die Fähigkeiten, relevante Informationsquellen zu nutzen und kritisch Distanz zu nehmen.

Didaktische Lernchancen

Filmanalyse: In Bezug auf das Genre der Kindernachrichten sind einzelne filmanalytische Begriffe, wenn auch nicht als wörtlicher Terminus, so doch in der Umschreibung ihrer Funktion, sinnvoll anzuwenden. Hier interessiert beispielsweise die genaue Betrachtung der **Gesamtstruktur** (Auswahl der Themen, Reduktion auf wenige Themen, Genres, Übergänge) wie auch der **gestalterischen Details** einer Sendung: Wieso habe ich bei den Nachrichten für Erwachsene manchmal Angst, beim Ansehen von LOGO! aber nicht? Die Mise-en-Scène zu analysieren kann reizvoll sein, wenn die Schülerinnen und Schüler die Bluebox-Technik verstanden haben und versuchen, die Raumlage der moderierenden Person auf die eingeblendeten Filme zu beziehen und dabei die Herstellung von Illusion zu begreifen. Auch die Tongestaltung ist bei LOGO! zwar sehr sparsam eingesetzt, wird jedoch das Bild weggeblendet und es bleiben nur noch die Einfluggeräusche der animierten Elemente in den Erklärstücken hörbar, können Kinder benennen, ob diese eher illustrierende oder karikierende Wirkung haben und dies in einem zweiten Durchgang auf die damit verbundenen Bildinhalte beziehen. Und gerade dadurch, dass so selten Musik eingespielt wird, wird deren Bedeutung (z. B. die interkulturelle Illustration) um so nachdrücklicher. Hiermit verbunden sind bereits Aspekte der Filmnutzung, wenn die Schülerinnen und Schüler die ästhetische und ggf. emotionale Wirkung der animierten Studiorückwand und der Erklärfilme beschreiben und begründen bis hin zu Suchaufträgen bei der Klärung der elliptischen Blasen und Panels, die entweder aufdecken oder verdecken. **Filmkontexte** können verglichen und beispielsweise durch Standbilder aus verschiedenen Sendungen erkannt werden: Woran erkenne ich, dass es sich bei dem jungen Mann auf dem Bild um einen Moderator/einen Sprayer/eine Werbefigur ... handelt?

Filmnutzung: In Bezug auf den Nachrichtengebrauch sollten Kinder in der vierten Jahrgangsstufe, auch gemeinsam mit anderen, darüber reflektieren, warum sie und wann sie diese rezipieren und welche Themen sie daraus besonders interessieren. Als Aspekt aus der Nachrichtenanalyse kann hier insbesondere die **Spannung zwischen Information und Unterhaltung** thematisiert werden: Was macht die Glaubwürdigkeit einer LOGO!-Sendung und ihrer Moderatorin aus? Wieso tut es der Glaubwürdigkeit keinen Abbruch, wenn am Ende über einen Tierwitz gelacht wird? Was würde umgekehrt die Glaubwürdigkeit beschädigen? Produktive Verfahren und die Herstellung einer eigenen Nachrichtensendung (s. u.) können herausarbeiten helfen, was zur Wahrnehmung einer Sendung als seriös erforderlich ist.

Eine Recherche der vorhandenen zusätzlichen Onlineangebote bzw. des Auftritts der Sendung in verschiedenen Medien erbringt Veränderungen, die bei der **transmedialen Spurensuche** entdeckt und analysiert werden. Je nachdem, ob das Format im Fernsehen (dort ggf. als Teaser vor der Sendung), auf der ZDFTIVI- oder LOGO!-Webseite, in der ZDFtivi-App oder auf YouTube präsentiert wird, erscheint die Sendung geschlossen oder fragmentiert in ihre Einzelteile, ändern sich die Navigation, die Übersichtlichkeit und Wiederauffindbarkeit der Einzelbeiträge bis hin zur Zielgruppe, die auf YouTube durch vorgeschaltete Eigenwerbung des Senders mit einem Rammstein-ähnlichen Song recht wuchtig einsetzt und sich deutlich an eine ältere Zielgruppe richtet.

Filmproduktion: Die eigene Produktion und Präsentation von Fernsehnachrichten, bei der Aufnahmetechniken mit diversen Geräten erprobt werden können, ist motivierend, aber anspruchsvoll, sie lohnt sich vor allem bei projektartigen Unterrichtsvorhaben – denn ohne Inhalt keine Nachricht. Es gilt Themen auszuwählen, die Entscheidung für einen Real- oder einen Animationsfilm zu treffen und entsprechende Techniken zu nutzen, ggf. in Kooperation mit dem Kunstunterricht. Gerade für die Erklärstücke gibt es mittlerweile viele Möglichkeiten, mit Apps auf Smartphone oder Tablet mit Hilfe von Legetrick gefertigte Einzelbilder zu einem Film zu verschmelzen (s. Kap. 19.1.3).

Film als Wirtschaftsfaktor: Ein Ziel von Filmunterricht ist auch, exemplarische Filmberufe (speziell wären dies hier Moderator/in, Reporter/in/Außenreporter/in, Synchronsprecher/in) zu benennen sowie an einem konkreten Beispiel Merchandising als Form der Vermarktung zu erkennen. Letzteres kann auch an einem zurückhaltenden Format wie LOGO! (nämlich im Vergleich mit anderen Nachrichtensendungen für Erwachsene, zum Beispiel nur unter Betrachtung des Intros) erklärt werden, auch im Zusammenhang mit den zusätzlichen Angeboten: Was tut die Sendung zur Zuschauerbindung? Deutlich sollte auch in ihrer Analyse geworden sein, wie viel das Format für die Weltaneignung von Kindern leistet.

10.4 | Unterrichtspraktische Vorschläge zu LOGO!

Aus der Filmanalyse und den Leitfragen aus dem didaktischen Teil ergeben sich bereits viele Anregungen für die mündliche, schriftliche oder handlungsorientierte Bearbeitung. Hier empfehlen sich vor allem solche methodischen Ansätze, welche die sozialen und enkulturierenden Aspekte der Rezeption von Nachrichten, ihre Bedeutung bei der Erlangung von Informationen und der Meinungsbildung hervorheben: Rechercheaufträge mit Lernpartnern und in kleinen Gruppen (selbst Reporterin/Reporter sein: ein Interview vorbereiten und durchführen, z. B. zur Mediennutzung der Eltern), Unterrichtsgespräche mit der ganzen Klasse oder Projektarbeit (evtl. im größeren Zusammenhang eines Medienprojektes wie »Zeitung und Schule«, wenn Fachbegriffe wie Schlagzeilen, Reporter, Meldung usw. geklärt sind und die Schülerinnen und Schüler bereits journalistische Stilformen erprobt haben).

Eine entsprechende Ausstattung der Klasse mit einer Computerecke oder einigen Tablets ist von Vorteil. Ein WLAN-Anschluss sorgt dann dafür, dass die LOGO!-Folgen beliebig oft angeschaut werden können. In höheren Klassen sind Bring-your-own-Device-Konzepte denkbar.

Rechercheaufträge

Auseinandersetzung mit dem Fernsehformat Nachrichtensendung: Sammeln von Informationen in der Klasse und Befragung von Erwachsenen, Auswertung von Programmzeitschriften.

Leitfragen: Welche Nachrichtensendungen gibt es im Fernsehen (Sender, Tag, Uhrzeit, Frequenz in einer Tabelle auflisten)? Welche Nachrichtensendungen sehen/hören meine Eltern, Großeltern, Nachbarn? Wie schaue ich Nachrichten? Allein, mit Eltern, Geschwistern, mit Freundin oder Freund? Sprechen wir über das Gesehene?

Gemeinsam Kindernachrichten anschauen: Die Klasse sieht sich zusammen über eine Woche hindurch täglich eine Nachrichtensendung an und spricht anschließend über die Sendungsthemen, deren Auswahl und Aufbereitung. Die Sendungsthemen, Moderatorinnen und Moderatoren und die besprochenen filmischen Mittel werden täglich stichwortartig dokumentiert.

Leitfragen: Was sind die Themen von LOGO! heute (und im Vergleich mit den vergangenen Tagen)? Aus welchen Fächern stammen sie? Gibt es Themen, die ›Karriere‹ gemacht haben und mehrmals dran waren? Findest du gut, wie die Moderatorin, der Moderator durch die Sendung geführt hat? Wieso hast du bei den Nachrichten für Erwachsene manchmal Angst, beim Ansehen von LOGO! aber nicht?

Ausgewählte LOGO!-Folge analysieren: im Plenum Themen und Titel notieren, dann erneut ansehen, arbeitsteilig Beobachtungsaufgaben bearbeiten (auf Karten vorbereitet).

Leitfragen: Wie oft siehst du den/die Moderator/in, welche anderen Menschen noch? Wen hörst du nur und siehst ihn/sie nicht? Notiere, welche Farben du besonders häufig in den Erklärfilmen siehst – welche fehlt? Beobachte die Blasen auf den Erdteilen im Studio – wann bewegen sie sich? Welche Begriffe sind heute neu für dich? Was bedeuten sie?

Erklärstück produzieren: Die Schülerinnen und Schüler konzipieren für ein kleineres Kind ein eigenes Erklärstück zu einem schwierigen Thema und setzen es – falls möglich – mit einer geeigneten App (z. B. Puppet Pals, s. Kap. 19.1.3) oder einer Präsentationssoftware (z. B. PowerPoint oder Keynote) um.
Leitfragen: Welche Informationen sollen in dem Erklärstück vermittelt werden? Wie können die Informationen sinnvoll geordnet und für ein kleines Kind verständlich dargestellt werden? Was soll im Bild (Filmaufnahmen, Grafiken usw.) zu sehen und was als Ton (Moderator, Off-Stimme, O-Töne, Musik usw.) zu hören sein?

10.5 | Anregungen für eine Leistungsüberprüfung in der Primarstufe

Im Folgenden wird die analoge Produktion einer *eigenen* Nachrichten-›Sendung‹ mit Hilfe eines Kamishibai als Leistungsaufgabe skizziert. Voraussetzung: vorangegangene Recherchen der ›Klassenreporter‹ zu aktuellen Themen. Die analog hergestellten Figuren und Hintergründe können natürlich auch bereits digital erzeugt werden (App: z. B. Puppet Pals, s. Kap. 19.1.3). Partner- oder Gruppenarbeit wird in jedem Fall empfohlen.

Analoge und digitale Eigenproduktionen

Material: Kamishibai (diverse Bauanleitungen auf YouTube), Zeichenpapier, Pappe, Tonpapier, Klebe-, Zeichen- und Malutensilien, evtl. Ausdrucke für die einzulegenden Nachrichten-Blätter. Falls digital: pro Gruppe ein Tablet mit App Puppet Pals.
Aufgaben:
1. Ihr sollt einen eigenen Nachrichtenbeitrag erstellen, den auch jüngere Kinder verstehen. Entscheidet euch für ein aktuelles Thema, zu dem ihr bereits recherchiert habt. Überlegt jetzt: Was sollen die Zuschauer hierüber erfahren? Wie sollen schwierige Begriffe erklärt werden – durch einen Einspieler mit einem Reporter oder ein gemaltes Erklärstück? Erfindet einen Nachrichtentitel, eine/n Moderator/in und evtl. eine/n Reporter/in.
2. Plant nun den Ablauf eurer Nachrichtensendung: z. B. Intro zur Sendung, Studiokulisse, Zwischentitel mit Thema, Erklärstück, Außenreporter im Einsatz, Rückblende ins Studio, Abspann... Danach stellt ihr die Bilder für euer Kamishibai her. Schreibt Moderations- und Erklärtexte. Braucht ihr noch Geräusche/Musik? Verteilt eure Rollen.
3. Probt euren Nachrichtenbeitrag mehrmals, bevor er der Klasse vorgestellt (und evtl. gefilmt) wird. Eure Zuschauerinnen und Zuschauer erwarten von euch: ein aktuelles Nachrichtenthema – eine gelungene Anmoderation – die Erklärung von schwierigen Begriffen (durch Bilder und/oder Texte) – eine/n Sprecher bzw. Sprecherin, die freundlich

und seriös wirkt (deutliches Sprechen, Betonung) – und, falls ihr noch Zeit habt, einen kleinen Gag mit einem Tierwitz am Ende.

Primärliteratur
LOGO! DIE WELT UND ICH. Produktion: ZDF Deutschland 2017, Sendungen am 9.3.2017, 14.3.2017 und 15.3.2017. Deutschland 2017, http://www.logo.de.

Sekundärliteratur
Charlton, Michael: »Entwicklungspsychologische Grundlagen«. In: Roland Mangold/Peter Vorderer/Gary Bente (Hg.): *Lehrbuch der Medienpsychologie*. Göttingen 2004, S. 129–150.
Duncker, Ludwig/Lieber, Gabriele: »Dimensionen der Bildliteralität«. In: Dies. (Hg.): *Bildliteralität und Ästhetische Alphabetisierung. Konzepte und Beispiele für das Lernen im Vor- und Grundschulalter*. München 2013, S. 17–75.
Faulstich, Werner: *Grundkurs Fernsehanalyse*. Paderborn 2008.
Götz, Maya: »Angst beim Fernsehen. Eine Repräsentativbefragung von Kindern und Jugendlichen«. In: *TELEVIZION* 27/2 (2014), S. 28–33.
Medienpädagogischer Forschungsverbund Südwest (MPFS) (Hg.): *KIM-Studie 2016: Kindheit, Internet, Medien. Basisstudie zum Medienumgang 6- bis 13-Jähriger in Deutschland*. Stuttgart 2017.
Tatsch, Isabell: »Filmwahrnehmung und Filmerleben von Kindern«. In: Petra Josting/Klaus Maiwald (Hg.): *Verfilmte Kinderliteratur. Gattungen, Produktion, Distribution, Rezeption und Modelle für den Deutschunterricht*. München 2010, S. 143–153.
vom Orde, Heike: »Kindernachrichten im Fernsehen. Eine Zusammenfassung zentraler Forschungsergebnisse zum Format logo!«. In: *TELEVIZION* 28/2 (2015), S. 40–42.
Zweites Deutsches Fernsehen (ZDF): Nachrichtensendungen und Magazine. Programmprofile, Kosten und Ansprechpartner (2018a), https://www.zdf.de/zdfunternehmen/zdf-programmprofile-und-kosten-genre-nachrichtensendungen-102.html (3.1.2019).
Zweites Deutsches Fernsehen (ZDF): Die ZDFtivi-Philosophie (2018b), https://www.zdf.de/kinder/ueber-zdftivi/die-zdftivi-philosophie-102.html (3.1.2019).

Claudia Vorst

11 Castingshow

11.1 Typische Merkmale des Genres
11.2 Geschichte der Castingshow
11.3 Rezeption von Castingshows
11.4 Castingshow-Analyse am Beispiel von GERMANY'S NEXT TOPMODEL
11.5 Filmdidaktische Überlegungen
11.6 Unterrichtspraktische Vorschläge zu GERMANY'S NEXT TOPMODEL

11.1 | Typische Merkmale des Genres

Auch wenn der eigentliche Boom der Castingshows in Deutschland erst mit dem 21. Jahrhundert beginnt, handelt es sich bei einer Veranstaltung, in der Akteurinnen und Akteure ihr Können vor Publikum und vor einer Jury unter Beweis stellen, um kein neues Phänomen: Im Zirkus des antiken Roms entscheidet der Daumen der Plebs über das Schicksal der Gladiatoren (s. Abb. 11.1), in der Literatur nimmt in Ovids *Metamorphosen* (ca. 1–8 n. Chr.) der Wettstreit zwischen dem Silenen Marsyas und Apollon, dem Gott der Harmonie, ein grauenvolles Ende, als die Musen in ihrer Funktion als antike Jury Marsyas zum Verlierer ausrufen, infolgedessen ihm von Apollon die Haut abgezogen wird. Er wird »wahrhaft bloßgestellt, das Innerste nach außen gekehrt, schonungslos dem fremden Blick offenbart« (Helms 2015, S. 11) – nicht unwahrscheinlich, dass manch von Dieter Bohlen gescholtener Bewerber sich gut in diese Figur hineinversetzen könnte.

Abb. 11.1: Eine antike Jury aus Plebs und Vestalinnen richtet mit umgedrehten Daumen über das Schicksal eines Gladiators (Gemälde von Jean-Léon Gérôme: *Pollice Verso*, 1872)

Reality-TV: Das Fernsehen war lange Zeit bestimmt durch eine deutliche **Trennung zwischen Informations- und Unterhaltungsangeboten**. Anfang der 1990er Jahre schiebt sich das Reality-TV (Realitäts- oder Wirklichkeitsfernsehen) als »neue […], dauerhafte […] Angebotsform des Fernsehens« (Klaus/O'Connor 2010, S. 51) bzw. als »Fernsehgattung eigener Art« (Keppler 2017, S. 238) zwischen diese ursprünglich weitgehend unterschiedlichen Bereiche, indem es Information und Unterhaltung unter Einbezug fiktionaler und realistischer Erzählweisen verknüpft und die Grenze zwischen Dokumentation und Fiktion verwischt.

»Sendungen des Realitätsfernsehens geben nicht – wie es der Anspruch des dokumentarischen Fernsehens ist – etwas wieder, was sich (weitgehend) unabhängig von seiner medialen Aufbereitung zuträgt oder zugetragen hat. Sie bieten aber auch nicht – wie es in fiktiven Formaten geschieht – etwas dar, was keinerlei oder keinen bestimmten Ort im Kontext der historischen und sozialen Wirklichkeit hätte. Stattdessen spielen sie ein Spiel – *ihr* Spiel – mit faktischen Verhältnissen und deren praktischer Bewältigung. Mehr oder weniger stark und mehr oder weniger deutlich *gestaltete* Wirklichkeit wird als gestaltete *Wirklichkeit* ausgegeben: Nach diesem Prinzip verfährt dieses Format.« (Ebd., S. 244; Kursivsetzung. i. O.)

Dass die Darstellung der Realität dabei verzerrt wird, stört das Format nicht, da letztendlich der Unterhaltungsfunktion Vorrang vor der Informationsfunktion gewährt wird.

Aufgrund der dynamischen Entwicklung des Reality-TV, des mitunter relativ kurzen Lebenszyklus einer Sendung (nicht alle der im Folgenden genannten Subgenres und Beispiele werden noch produziert bzw. gesendet) und des Gewöhnungseffekts beim Publikum sehen sich die Produzentinnen und Produzenten dazu gezwungen, dem Publikum immer wieder neue, innovative und Aufsehen erregende Inhalte zu bieten. Authentische Fälle, Schicksale, Geschichten und Erlebnisse werden durch **Scripted-Reality-Formate** ergänzt, in denen sich die Inhalte der Sendung nach einem Drehbuch richten, in dem narrative und dramaturgische Strukturen sowie Dialoge zumindest ansatzweise vorgegeben sind und von Laienschauspielerinnen und -schauspielern entsprechend inszeniert werden. Daneben bemühen sich die Produzentinnen und Produzenten, neue Reality-TV-Genres zu entwickeln, indem Merkmale verschiedener anderer Fernsehgenres und -gattungen miteinander kombiniert werden. Die Sendungen, die aus dieser **Hybridisierung** hervorgegangen sind, lassen sich dem narrativen und dem performativen Reality-TV zuordnen (zum Folgenden vgl. Keppler 1994, 2017; Klaus/Lücke 2003; Lünenborg u. a. 2011).

Narratives Reality-TV: Hierunter fallen vor allem jene Sendungsformate, die reale bzw. realistisch wirkende und meist katastrophale oder schicksalshafte Begebenheiten nicht-prominenter Akteurinnen und Akteure **authentisch oder authentisch inszeniert** wiedergeben und als mediales Ereignis stilisieren.

Zur Vertiefung

Genres des narrativen Realitätsfernsehens
- **Gewaltzentriertes Reality-TV:** Berichte über echte Fälle von Gewalt, Verbrechen, Unfälle und Rettungsaktionen, von einem Moderator bzw. einer Moderatorin anmoderiert, von einem Voice-Over-Erzähler bzw. einer Voice-Over-Erzählerin kommentiert und von den betroffenen Personen oder von Schauspielerinnen und Schauspielern nachgestellt (NOTRUF, 1992–2006; RETTER, 1992–1994; LEBENSRETTER, seit 2014)
- **Real Life Comedy-Formate:** humorvolle Ereignisse oder Inszenierungen des Alltags (MEIN NEUER FREUND, 2005; MEINE FREUNDIN, IHRE FAMILIE UND ICH, 2014)
- **Personal Help-Shows:** von Laienschauspielern und -schauspielerinnen nachgespielte fiktive, also gescriptete zwischenmenschliche Konflikte, für deren vermeintliche Bewältigung ihnen professionelle Unterstützung von Medizinerinnen und Medizinern (DR. VERENA BREITENBACH, 2002–2003), Psychotherapeutinnen und Psychotherapeuten (HILF MIR DOCH!, 2012–2014), Rechtsanwältinnen und Rechtsanwälten (VERKLAG MICH DOCH!, 2011–2014) oder Sozialarbeiterinnen und Sozialarbeitern (DIE SCHULERMITTLER, 2009–2013) zur Seite gestellt werden
- **Gerichtsshows:** Verhandlung von authentischen, zivilrechtlichen Fällen (RICHTERIN BARBARA SALESCH, 1999–2012) oder aufregenden Fällen des Strafrechts (RICHTER ALEXANDER HOLD, 2001–2013) mit Laiendarstellerinnen und -darstellern.

11.1 Typische Merkmale des Genres

Performatives Reality-TV: War der Auftritt im Fernsehen lange Zeit vor allem Prominenten vorbehalten, öffnen performative Formate des Reality-TV nun auch **nicht-prominenten Akteurinnen und Akteuren** den Weg vor die Kameras. Auch wenn die jeweiligen Handlungen und Inhalte an sich nicht alltäglich sind, wirken sie in den Alltag der Protagonistinnen und Protagonisten der jeweiligen Sendung zurück: Es wird geflirtet, geheiratet oder geschieden, Körper und Erscheinungsbild werden optimiert oder zum dominierenden Lebensinhalt gemacht. Die Darstellerinnen und Darsteller erhoffen sich von ihrer Partizipation primär keinen materiellen, sondern einen »ideellen und sozialen Gewinn« sowie eine »außeralltägliche Bestätigung ihrer alltäglichen Existenz« (Keppler 1994, S. 7 f.), die sie durch das Interesse der nicht-beteiligten Zuschauerinnen und Zuschauer vor den Bildschirmen und den televisuellen Rahmen in der Regel auch erhalten – und sei es durch Zurschaustellung von Banalitäten, Peinlichkeiten und Extravaganzen.

> **Zur Vertiefung**
>
> **Genres des performativen Reality-TVs**
> - **Daily Talk:** eines der prägendsten Formate des Reality-TV, z. B. Arabella (1994–2004), Vera am Mittag (1996–2005) oder Die Oliver Geissen Show, 1999–2009; Diskussionsthemen oft gekennzeichnet durch (zwischenmenschliche) Banalitäten, Tabu-Brüche und konstruierte Probleme des Alltags
> - **Beziehungsshows:** von Kameras begleitete und von Moderatorinnen und Moderatoren kommentierte Partnersuche (Bauer sucht Frau, seit 2005; Traumfrau gesucht, seit 2012), Versöhnung (Verzeih mir, 1992–2016), Zusammenführung (Julia Leischik sucht: Bitte melde dich!, seit 2011); Subgenres sind Beziehungs-Gameshows (Herzblatt, 1987–2005; Traumhochzeit, 1992–2013; Nur die Liebe zählt, 1993–2015), Reality-Datingshows (Der Bachelor, seit 2016; Adam sucht Eva – Gestrandet im Paradies, 2014–2015; Kiss Bang Love, seit 2016)
> - **Reality Soaps:** Hybride aus Soap Opera, Dokumentation und zum Teil aus Game- und Talkshow; Beobachtung eines künstlich inszenierten Alltags nicht-prominenter Akteure und Akteurinnen (Big Brother, 2000–2011; Berlin – Tag & Nacht, seit 2011); Subgenres sind Swap-Dokus, bei denen die Akteurinnen und Akteure ihre Umgebung und/oder ihre Rollen tauschen (Frauentausch, 2003–2017) sowie Living-History- und Survival-Formate, bei denen sich die Darstellenden in historischen (Schwarzwaldhaus 1902, 2002) oder lebensfeindlichen Settings (Wild Island – Das pure Überleben, 2015) behaupten müssen
> - **Problemlösesendungen:** Moderatorinnen und Moderatoren versuchen stellvertretend für die hilfsbedürftigen Akteurinnen und Akteure deren Probleme zu lösen (Helfer mit Herz, 2006–2012)
> - **Coaching-Formate:** Die Expertin bzw. der Experte agiert nicht anwaltschaftlich, sondern steht den Betroffenen beratend und unterstützend zur Seite (Die Super Nanny, 2004–2011; Die Superlehrer, 2009; Raus aus den Schulden, 2007–2015); weitere Formen: Make-Over-Shows zur Optimierung des Erscheinungsbildes von nicht-prominenten Akteurinnen und Akteuren (Extrem schön! – Endlich ein neues Leben!, seit 2009), ihres Zuhauses (Zuhause im Glück – Unser Einzug in ein

NEUES LEBEN, seit 2005) oder ihres Auftretens, Verhaltens und ihrer Persönlichkeit (EXTREM SCHWER – MEIN WEG IN EIN NEUES LEBEN, 2013–2017).
- **Castingshow:** besonders bei jugendlichen Zuschauerinnen und Zuschauern populäres Genre des Reality-TV (DEUTSCHLAND SUCHT DEN SUPERSTAR, seit 2002; THE VOICE OF GERMANY, seit 2011; GERMANY'S NEXT TOPMODEL, seit 2013).

11.2 | Geschichte der Castingshow

Definition

Castingshows sind ein **hybrides Format**, das Elemente der Comedy, der Doku-Soap, der Reality Soap und des Musikfernsehens in unterschiedlichen Schwerpunkten miteinander kombiniert. Elementar für das Genre ist ein Auswahlverfahren (Casting) nicht-prominenter Menschen, die in Konkurrenz zu anderen Kandidatinnen und Kandidaten ein bestimmtes Talent vor einer mehr oder weniger prominent und/oder professionell besetzten Jury unter Beweis stellen. Meist geht der **crossmedial vermarktete Wettbewerb** mit dem Versprechen einher, die Akteurinnen und Akteure unter Beobachtung durch Kameras durch professionelle Coaches weiterzubilden und auf die weiteren Ausscheidungsrunden des Wettbewerbs und die finale(n) (Live-) Show(s) vorzubereiten, in denen entweder die Jury und/oder das Publikum, z. B. per Telefonabstimmung (**Televoting**), über das Ausscheiden oder das Verbleiben der Kandidatinnen und Kandidaten entscheiden (vgl. Lünenborg u. a. 2011, S. 27). Dass der Sieger bzw. die Siegerin nach Ende der jeweiligen Castingshow schnell in Vergessenheit gerät, stört dabei die wenigsten, denn: »*Das Ziel einer Casting-Show ist eine Casting-Show*« (Pörksen/Krischke 2010, S. 21; Kursivsetzung i. O.).

Frühe Formen: Als mediales Sendeformat beginnt die Tradition der Castingshow in den 1930er Jahren mit der Übertragung von Talentwettbewerben im Radio (MAJOR BOWES AMATEUR HOUR, 1934–1952). In Deutschland ist es die ARD, die 1952 den INTERNATIONALEN MUSIKWETTBEWERB DER ARD und 1957 die Talentshow TOI TOI TOI – DER ERSTE SCHRITT INS RAMPENLICHT (1957–1961) einführt, in der neben musikalischen Einlagen auch Komikerinnen und Komiker und Akrobatinnen und Akrobaten auftreten und ihr Können dem Publikum unter Beweis stellen. Die Siegerinnen und Sieger werden mitunter vom Publikum durch Abstimmung per Applaus bestimmt. Mit HERZKLOPFEN KOSTENLOS (1959–1973) ist auch in der DDR seit 1959 ein Gesangswettbewerb übertragen worden. In den 1960er Jahren folgen UND IHR STECKENPFERD? (1963–1974) im ZDF und WER WILL, DER KANN – DIE TALENTPROBE FÜR JEDERMANN (1953–1956) in der ARD (vgl. Gräßer/Riffi 2012, S. 17; Lünenborg u. a. 2011, S. 25 f.).

1965 erscheint in den USA eine Zeitungsannonce mit dem Aufruf, sich für eine Fernsehshow zu bewerben bei der »vier verrückte Jungs zwischen 17 und 21 Jahren« gesucht würden. Auf diese Anzeige hin melden sich über 400 Bewerber, aus denen schließlich vier »insane boys« ausgewählt werden. Das Ziel der Auftraggeber ist, eine US-amerikanische Alternative zu den britischen The Beatles zu finden, um diese in der (mit der Band gleichnamigen) Sitcom THE MONKEES (1966–1968) zu vermarkten. Mit der so gesicherten medialen Aufmerksamkeit ist der finanzielle Erfolg der ersten Single dieser **weltweit ersten Castingband** so gut wie vorherbestimmt (vgl. Stahl 2002).

Erste interaktive Castingshow: 1983 startet in den USA die Talentshow STAR SEARCH (1983–2004), ein Format, in dem jeweils zwei Musiker und Musikerinnen, Schauspielerinnen und Schauspieler, Stand Up-Comedians bzw. Tänzerinnen und Tänzer gegeneinander antreten. Die Auftritte in der von Ed McMahon moderierten Show werden nach einem K. O.-System von einer **Expertenjury** beurteilt, ohne dass die Jurorinnen und Juroren die Leistungen der Teilnehmenden direkt kommentieren. Bei Gleichstand zwischen den jeweiligen Titelverteidigerinnen bzw. Titelverteidigern und deren Herausforderinnen und Herausforderern entscheidet am Ende der Show das **Publikum**. Auch wenn die Sendung STAR SEARCH als der Vorläufer aller interaktiven Castingshows gilt (vgl. Strachauer 2008, S. 50 f.), unterscheidet sie sich ebenso wie die anderen genannten Vorläuferformate von den heutigen Castingshows dahingehend, dass vor allem der Auftritt der einzelnen Künstlerinnen und Künstler, nicht aber das eigentliche Casting im Mittelpunkt steht. Nach welchen Kriterien Siegerinnen und Sieger gekürt und Verliererinnen und Verlierer bestimmt werden, ist für das Publikum nicht transparent – was vor allem dann nachvollziehbar ist, wenn man unterstellt, dass die Juryentscheidungen professionellen Kriterien unterliegen, die für Laien unter Umständen nicht selbsterklärend sind (vgl. Hallenberger 2012, S. 82).

Neuere Entwicklungen: Der **Selektionsprozess** an sich steht in Deutschland erstmals im Jahr 2000 mit der Gesangs-Castingshow POPSTARS (2000–2015) im Zentrum. Zwei Jahre später folgt RTL mit der bislang erfolgreichsten deutschen Castingshow DEUTSCHLAND SUCHT DEN SUPERSTAR, seit 2002), einer Adaption des US-amerikanischen POP IDOL (2001–2003). Ähnlich wie bei anderen Genres des Reality-TV zeugt auch das Castingshow-Genre von einer **großen Entwicklungsdynamik** und leidet unter dem Gewöhnungseffekt des Publikums, sodass zunehmend neue Talentfelder erschlossen werden. Und es scheint nahezu nichts zu geben, was nicht gecastet werden kann: Neben den Gesangswettbewerben etablieren sich spartenübergreifende Talentwettbewerbe (DAS SUPERTALENT, seit 2007), Modelshows (GERMANY'S NEXT TOPMODEL, seit 2006), Tanzwettbewerbe (DANCING STARS, seit 2005), Koch-Castingshows (MASTERCHEF, seit 1990), Kunst-Castingshows (ALLES FÜR DIE KUNST! – DIE FERNSEH-MASTERCLASS, 2012), Schauspiel-Castingshows (MISSION HOLLYWOOD, 2009), Puppenspiel-Castingshows (DIE PUPPENSTARS, 2016–2017) usw.

11.3 | Rezeption von Castingshows

In der öffentlichen Berichterstattung werden Castingshows, allen voran DEUTSCHLAND SUCHT DEN SUPERSTAR und GERMANY'S NEXT TOPMODEL, in der Regel nicht zu den pädagogisch wertvollen Genres gezählt: Werteverfall, Verstöße gegen die Menschenwürde, Häme und Herabwürdigung, die Vermittlung eines fragwürdigen Menschen- und Geschlechterbildes und bedenklicher sozialer Handlungsnormen sind die gängigen Vorwürfe gegen das Format. Als problematisch erachtet werden zudem der despektierliche Umgang der Jurymitglieder mit den Akteurinnen und Akteuren sowie die verfälschende, mitunter manipulative Inszenierung der künstlich erzeugten Wirklichkeit. Auch die stereotyp dargestellten Kandidatinnen und Kandidaten werden in ihrer Funktion als Role Model und Identifikationsfigur kritisch betrachtet. Nicht immer jedoch lassen sich die daraus abgeleiteten pädagogischen Bedenken durch die Ergebnisse der Medienrezeptionsforschung bestätigen.

Selbstfindung und Identitätsbildung

Soziale Funktion: Die Rezeption von Castingshows findet oft in sozialen Kontexten statt: Am häufigsten sehen Jugendliche die Sendung zusammen mit **Familienangehörigen**, seltener auch alleine oder mit Freundinnen und Freunden (vgl. Klaus/O'Connor 2010, S. 56). Während mit Verwandten eher persönliche Vorlieben und Abneigungen thematisiert und in Bezug zum eigenen Leben gesetzt werden, geht es in der **Peer-Group** in erster Linie um die Möglichkeit der sozialen Partizipation im schulischen Alltag, die die Rezeption angesagter Castingshows garantieren sollen. Der Austausch wird vor allem zur »Aushandlung von Identitätspositionen und Beziehungen« (ebd., S. 58) genutzt.

Orientierungsfunktion: Aufgrund der etlichen Anschlussmöglichkeiten, die Castingshows besonders für adoleszente Zuschauerinnen und Zuschauer bereithalten, dient das Genre der Orientierung für die **Verhandlung der eigenen Identität** (vgl. Hackenberg/Hajok/Selg 2011). Die Auseinandersetzung mit den Figuren führt zu einem internen Probehandeln, da die Rezipientinnen und Rezipienten die jeweiligen Akteurinnen und Akteure und deren Verhalten reflektieren, sich damit identifizieren, aber auch davon abgrenzen. Bemerkenswerterweise scheint für diese identitätsstiftende Reflexion Voraussetzung zu sein, dass die Zuschauerinnen und Zuschauer nicht umfassend erkennen, dass Castingshows die Realität nicht dokumentarisch abbilden, sondern inszenieren, und dass die Kandidatinnen verzerrt und typisiert ins Licht gerückt werden (vgl. Götz/Gather 2012, S. 90 ff.).

Normative Funktion: Castingshows werden von den Jugendlichen oft als »soziales Spiel« (vgl. Klaus/O'Connor 2010, S. 68) verstanden, dessen Regeln in der kommunikativen Auseinandersetzung mit den favorisierten und abgelehnten Protagonistinnen und Protagonisten und den gezeigten Ereignissen der einzelnen Episoden bestimmt werden: Wer sich der in Castingshows gestellten Forderung nach unbedingter Anstrengungs- und Aufopferungsbereitschaft, Dankbarkeit, Respekt und kritiklosem Gehorsam bis hin zur Unterwerfung verweigert, darf sich nur wenig Hoffnung auf das Erreichen des Finales machen. Der Glaube gerade jüngerer Zuschauerinnen und Zuschauer an die Authentizität des Gezeigten trägt dazu bei, dass sie die **Wertvorstellungen der Shows** verinnerlichen: »Selbstforderung, das Erbringen von Leistungen und eine Anpassung an die Ansprüche anderer« (Götz/Gather 2012, S. 93), aber auch Fairness sowie das durchaus als vereinbar empfundene Verhältnis von Kooperation und Konkurrenz (vgl. Klaus/O'Connor 2010, S. 59 ff.) werden als Teil des Wertekanons von Castingshows identifiziert und auf das eigene Leben übertragen; das eigene Selbst wird dahingehend angepasst.

Der Vorwurf der Aneignung **antisozialen Verhaltens** durch die Rezipientinnen und Rezipienten aufgrund des fragwürdigen zwischenmenschlichen Umgangs von Jurymitgliedern mit den Aspirantinnen und Aspiranten hat sich nicht bestätigt (vgl. Hajok/Selg 2012): Vielmehr scheint gerade ein solches in Shows präsentiertes Verhalten zu einer intensiveren Auseinandersetzung mit den dahinterstehenden Kommunikationsformen und Wertvorstellungen zu führen. Jugendliche können demnach sehr gut differenzieren zwischen der Häme eines Dieter Bohlen, die sie im eigenen Leben ablehnen, und dessen Unterhaltungsfunktion, die während der Rezeption zum Sehvergnügen beiträgt.

Differenzierende Rezeption

Crossmedialität und Medienkonvergenz: Castingshows unterliegen einer intensiven, crossmedialen **Mehrfachverwertung im TV-, Print-, Tonträger- und Onlinebereich**, was »auf allen Produktionsstufen kostensparende Synergieeffekte [...] und erweiterte[] Anwendungsmöglichkeiten« (Strachauer 2008, S. 56) mit sich bringen soll. Hierfür werden die Geschichten der einzelnen Episoden medienkonvergent weitererzählt: Sendung und Kandidatinnen und Kandidaten pflegen entsprechende Social Media-Accounts, auf den Onlineseiten der jeweiligen Sender werden ergänzende Videoclips angeboten, in sozialen Netzwerken wird über Akteurinnen und Akteure sowie Ereignisse diskutiert, was wiederum auch in Boulevardzeitungen Niederschlag finden und ihrerseits in die Erzählung der kommenden Episoden eingebaut werden kann. CDs werden produziert, Merchandising-Artikel verkauft und beliebte Akteurinnen und Akteure exklusiv und doch mehrfach in das sendereigene Programm integriert (vgl. ebd., S. 56 ff.).

11.4 | Castingshow-Analyse am Beispiel von GERMANY'S NEXT TOPMODEL

Das Format GERMANY'S NEXT TOPMODEL ist eine von Heidi Klum produzierte und moderierte Castingshow, deren Ziel es vordergründig ist, ein neues deutsches Topmodel zu finden. Hintergründig geht es der Show weniger um eine nachhaltige Model-Karriere junger Frauen, sondern um eine für ein großes Publikum möglichst unterhaltsame und ökonomisch erfolgreiche Inszenierung des Selektionsprozesses der Aspirantinnen. Die Show basiert auf dem Vorbild AMERICA'S NEXT TOPMODEL (seit 2003) und wird in Deutschland seit 2006 ausgestrahlt. Pro Jahr wird eine Staffel produziert, deren Ausstrahlung sich meist über mehrere Monate erstreckt. Wie der US-amerikanische Prototyp ist auch GERMANY'S NEXT TOPMODEL durch eine mehrphasige Dramaturgie und durch den Einsatz bestimmter Inszenierungsstrategien geprägt.

Castingshow

Abb. 11.2: Crossmediale Intimisierung, Personalisierung und Emotionalisierung: Facebook-Post vom 6.3.2018 über eine Kandidatin der 13. Staffel (Screenshot aus Facebook, https://www.facebook.com/germanys.next.topmodel, 13.3.2018)

Beispielanalyse

Dramaturgie von GERMANY'S NEXT TOPMODEL

Wie die meisten Castingshows folgt auch GERMANY'S NEXT TOPMODEL einer dreiphasigen Dramaturgie (vgl. Götz/Bulla/Mendel 2013, S. 20 ff.).
1. Bewerbungsphase: Die erste Phase wird bestimmt durch das eigentliche Casting, zu dem potenzielle Kandidatinnen anreisen, um ihre Eignung als angehende Models unter Beweis zu stellen. Schon in dieser frühen Phase wird dem Zuschauer bzw. der Zuschauerin deutlich gemacht, welche Anforderungen die potenziellen Hauptakteurinnen zu erfüllen haben bzw. welche Typen, Eigenschaften und Talente gesucht werden. Konkretisiert wird dies durch eine dramaturgisch geschickte Ge-

genüberstellung von aussichtsreichen und aussichtslosen Kandidatinnen. Interviews und kurze Portraits, die Einblicke geben in das Leben der Bewerberinnen, ergänzen das Bild, das sie im Casting vermitteln. Frauen, die die jeweils gefragten Eigenschaften nicht erfüllen, ihr Können selbst falsch einschätzen oder auf andere Weise der Jury unter dem Vorsitz des ehemaligen Supermodels Heidi Klum als ungeeignet erscheinen, werden – untermalt von polarisierenden Kamerahandlungen und einschlägigem Sounddesign – durch unmissverständliches Feedback der Juroren darauf hingewiesen. Neben den aussichtsreichen und -losen Teilnehmerinnen gibt es die Wackelkandidatinnen als dritte Gruppe. Während des Castings werden spannungsgenerierende Zweifel an deren Eignung für das Format immer wieder formuliert, sodass das Publikum ebenso wie die Bewerberinnen im Vagen darüber gelassen werden, wie die Entscheidung der Jury ausfallen wird.

2. Coachingphase: Der Kern der zweiten Phase, die den größten Anteil an der gesamten Show einnimmt, ist die Fortführung des zunehmend melodramatisch inszenierten Selektionsprozesses. Sobald der erweiterte Kandidatinnenkreis bestimmt ist, münden alle Episoden in einem Fotoshooting, auf das die Modelaspirantinnen durch Coaches, verschiedene Aufgaben und Herausforderungen vorbereitet werden sollen. Ihr Äußeres und ihr Auftreten werden den Bedürfnissen der Sendung angepasst. Je nach Ausrichtung der jeweiligen Episode lernen sie, sich ›richtig‹ zu bewegen, zu schauspielern, zu posieren usw. Hierfür werden den Akteurinnen professionelle, teils prominente Berater bzw. Beraterinnen, Trainerinnen und Trainer sowie geeignete Coaches zur Seite gestellt. Das Coaching findet in unvertrauten Settings und Kontexten (Kreuzfahrtschiff, Villa, Campingplatz) statt, in denen die Kandidatinnen nahezu pausenlos unter Beobachtung der Kameras stehen. In der Regel ist jede Episode von einem ausgefallenen und sich zum Teil staffelübergreifend wiederholenden bzw. ähnlichen Motto geprägt – in Staffel 12 etwa das obligatorische radikale und emotional aufgeladene Umstyling der Kandidatinnen (S12 E04), das ›Desert-Dirt-Shooting‹, bei dem die Kandidatinnen u. a. mit Dreck beworfen werden (S12 E05), das burleske ›Queen of the Desert-Shooting‹ (S12 E06), das hüllenlose ›Sexy Graffiti Shooting‹ (S12 E08), das sexualisierte ›Boys! Boys! Boys!-Shooting« (S12 E09) usw. Auf der Grundlage der daraus hervorgegangenen Fotografien wird theatralisch entschieden, wer eine Runde weiterkommt und wer aus dem Wettbewerb ausscheiden muss.

3. Showphase: Im Mittelpunkt dieser letzten Phase steht eine aufwendig inszenierte Show, in der die verbliebenen Teilnehmerinnen ihr Können vor der Jury und vor Live-Publikum unter Beweis stellen müssen. Während andere Castingshows wie DEUTSCHLAND SUCHT DEN SUPERSTAR die Selektion per Televoting in die Hände des Publikums legen, kann dieses bei GERMANY'S NEXT TOPMODEL nur über drei Sonderpreise abstimmen; die Entscheidung, wer Germany's Next Topmodel wird, liegt wie in allen Episoden zuvor bei Heidi Klum. Die Bekanntgabe der Siegerin am Ende jeder Staffel stellt den dramatischen Höhepunkt der Staffel dar.

Castingshow

Inszenierungsstrategien: Wie auch andere Genres des Reality-TV zeichnen sich Castingshows durch die **Vermischung von Alltäglichem und Außergewöhnlichem** aus: Die Kandidatinnen und Kandidaten sind alltägliche Menschen, die sich in dem nicht-alltäglichen Kontext des außergewöhnlichen Fernsehereignisses Herausforderungen stellen und sich an ihrer Leistung messen lassen. Aufgrund der zum Teil hohen Einschaltquoten erlangen sie mit der Ausstrahlung der jeweiligen Show schnell und zumindest für einen gewissen Zeitraum landesweite Prominenz. Das Bild, das dabei von ihnen gezeichnet wird, unterliegt einem **Spannungsverhältnis** zwischen dem Zuschauerwunsch nach größtmöglicher Authentizität einerseits und der Erwartung nach Unterhaltung und Spannung andererseits.

Schein des Authentischen

Da der Alltag eines ›Durchschnittsmenschen‹ jedoch tendenziell eher selten von sich aus fernsehtaugliche Unterhaltung garantiert, inszenieren Castingshows unter Wahrung des Scheins des Authentischen die dargebotene Realität, um gezielt Einfluss auf deren Inhalte und Verlauf nehmen zu können. Umso glaubhafter die Teilnehmenden diese Fremdinszenierung bzw. das Spiel mit Person, Starperson und Rolle beherrschen, desto authentischer wirkt das Dargestellte und umso größer ist das Identifikationspotenzial der Akteure und Akteurinnen für das Publikum (vgl. Strachauer 2008, S. 76). Die Kandidatinnen und Kandidaten haben es nicht vollständig in der Hand, welcher Darstellungsweise und Charakterisierung sie unterliegen. Der Rahmen, in dem sie sich bewegen, unterliegt genretypischen Regeln, Mustern und dramaturgischen Strukturen, die vordergründig auf Authentizität zielen, hintergründig jedoch durch visuelle, auditive und narrative Inszenierungsstrategien geformt werden.

1. Intimisierung: Seit Beginn des Reality-TV weicht das Genre den klassischen Dualismus von Privatheit und Öffentlichkeit auf, indem es den privaten Alltag der Akteurinnen und Akteure samt deren Persönlichkeit, Verhalten und Handlungen zum öffentlichen Gegenstand der Sendung macht (vgl. Strachauer 2008, S. 80).

In Castingshows wie GERMANY'S NEXT TOPMODEL findet sich diese Intimisierung vor allem in der ersten und zweiten Phase: Um dem Publikum ein erstes Bild der Protagonistinnen zu vermitteln, werden neben Interviews mit Familienangehörigen und Freundinnen und Freunden auch Szenen aus dem Alltag der Kandidatinnen veröffentlicht. Meist liegt der Fokus auf besonders schicksalsträchtigen, rührenden oder – wenn diejenige als Outcast inszeniert werden soll – nonkonformistischen Aspekten. Das Publikum wird über die Wohnsituation, den sozialen Kontext und die Lebensgestaltung der Kandidatinnen informiert (s. Abb. 11.2).

In der Coachingphase werden nicht nur die verschiedenen Aufgaben, Aktionen und Auftritte der Akteurinnen gefilmt, sondern auch der künstlich erzeugte Alltag und das Geschehen hinter der Bühne. Die Zuschauerinnen und Zuschauer erhalten einen tieferen Einblick in die von konstruierter Konkurrenz bestimmten Gruppendynamiken, in die Reaktionen der Kandidatinnen auf (häufig vorprogrammierte) Enttäuschungen, provozierte Tabubrüche und eigene Widerstände sowie in die individuellen

Entwicklungen der Aspirantinnen (vgl. ebd., S. 82). Die privaten und mitunter intimen Aufnahmen, die in diesem inszenierten Rahmen entstehen, werden auf diese Weise Teil der öffentlichen Wahrnehmung: Öffentlichkeit wird intimisiert, Privatheit im Gegenzug coram publico präsentiert.

2. Personalisierung: Castingshows wie GERMANY'S NEXT TOPMODEL sind seit Beginn darauf bedacht, eine besondere Beziehung zwischen den Akteurinnen und dem Publikum zu schaffen. Zu den anfangs unbekannten Kandidatinnen besteht vorerst nicht mehr als eine neugierige Distanz, die es zu überwinden gilt. Die angehenden Models werden deshalb nicht einfach nur vorgestellt, sondern einer Personalisierung unterzogen, d. h. durch biographische Hintergründe, Interviews und ›Homestorys‹ als sympathische oder streitbare Persönlichkeiten inszeniert, um den Zuschauerinnen und Zuschauern die Identifikation mit den Akteurinnen bzw. die ablehnende Auseinandersetzung mit ihnen zu erleichtern. In der 12. Staffel widmet GERMANY'S NEXT TOPMODEL gar eine ganze Folge crossmedialen Enthüllungen, die scheinheilig als »Interview-Coaching« tituliert werden.

3. Emotionalisierung: Eng verbunden mit der Personalisierung ist die Emotionalisierung der Teilnehmenden. Im Gegensatz zum Daily Talk werden die Kandidatinnen in GERMANY'S NEXT TOPMODEL nicht einfach nur nach ihren Geschichten und Schicksalsschlägen befragt, sondern sollen diese vor der Kamera nacherleben und ggf. erneut durchleiden (vgl. Klaus/Lücke 2003, S. 208). Die Konfrontation der Akteurinnen mit tragischen, identitätsstiftenden Lebensereignissen, Provokationen, Schicksalsschlägen, privaten Geheimnissen, intimen Details, unerfüllten Hoffnungen und/oder persönlichen Ängsten hat das Ziel, die Emotionskontrolle der Kandidatinnen so zu destabilisieren, dass es zu möglichst starken und ungehemmten Gefühlsäußerungen kommt. Verstärkt wird die Emotionalisierung, indem die Jurorinnen und Juroren und Coaches, aber auch die Mitbewerberinnen wiederholt ihre meist kritischen Einschätzungen über die Leistungen und die Persönlichkeit der Akteurinnen kundtun, sodass die Bewerberinnen (und das Publikum) in ständiger Unsicherheit gehalten werden, wie das Urteil der Jury über die erzielten Fortschritte ausfallen mag.

Casting als Vorwand

»Tatsächlich liefert das Auswahlverfahren bei den meisten Casting-Shows nur den Vorwand, um ein Melodram aus Hoffen und Bangen, Aufstieg, Absturz und Verzweiflung, Sentimentalität, Kampf und Intrige zu weben.« (Pörksen/Krischke 2010, S. 24)

Diese Emotionalisierung wirkt auf die Anteilnahme der Zuschauerinnen und Zuschauer am Schicksal der Akteurinnen und etabliert eine »parasoziale Verbindung« (Götz/Bulla/Mendel 2013, S. 21) zwischen beiden Parteien, die das Publikum langfristig an die Sendung bindet.

4. Dramatisierung: Die Inszenierung von Castingshows wie GERMANY'S NEXT TOPMODEL folgt – wie alle Genres des Reality-TV – dem Prinzip der Dramatisierung. Die Shows realisieren diese mit Hilfe etlicher aus fiktionalen Serien oder Spielfilmen bekannter Stilmittel: Emotionalität wird in großen und lang anhaltenden Einstellungen ins Bild gesetzt, während die Musik die Stimmung entsprechend paraphrasiert.

11 Castingshow

Abb. 11.3: Emotionalisierung und Intimisierung nach dem Ausscheiden einer Kandidatin: Grobkörnige und unscharfe Low-Key-Bilder suggerieren voyeuristische Authentizität in der traurigen Toilettenszene hinter den Kulissen (GERMANY'S NEXT TOPMODEL S13 E04, 01:31:08)

Dramatische Situationen werden (mitunter auch in Zeitlupe) wiederholt, von einem Voice-Over melodramatisch kommentiert, mit schnellen Schnitten, Schwenks und Zooms, unerwarteten Szenenwechseln und teils irreführenden Cliffhangern versehen, Entscheidungen über das Weiterkommen oder Ausscheiden einzelner Kandidatinnen erfolgen extrem retardierend (vgl. Klaus/Lücke 2003, S. 210).

5. Stereotypisierung: Vergleicht man die Finalistinnen der Staffeln von GERMANY'S NEXT TOPMODEL, fällt auf, dass die Entscheidung, wer in die Schlussrunde einzieht, einem Schema zu folgen scheint: Es gibt so gut wie immer eine blonde und eine brünette, manchmal eine rothaarige Kandidatin und in der Regel ein dunkelhäutiges Model und/oder eines mit asiatischen bzw. südländischen Wurzeln. Diesem Cast entsprachen beispielsweise die aus der Sendung POPSTARS hervorgegangenen Siegerbands wie No Angels, Monrose, Bro'Sis, Preluders und Queensberry.

Eine gezielte Typisierung erfolgt jedoch nicht nur auf der Grundlage von Äußerlichkeiten, sondern erstreckt sich auch auf die Persönlichkeit der Teilnehmerinnen. GERMANY'S NEXT TOPMODEL bietet dem Publikum ein großes Spektrum an unterschiedlichen, aber immer wiederkehrenden und oft gegensätzlich inszenierten Charakteren und bietet einem heterogenen Publikum so maximales Identifikationspotenzial.

Zur Vertiefung

> **Castingshow-Stereotype**
>
> - **Die Zicke** sorgt durch ihre Lästereien für eine gereizte Gruppendynamik, spinnt Intrigen und dient der gemeinschaftsstiftenden kollektiven Empörung der Zuschauerinnen und Zuschauer.
> - **Der Freak** verleiht dem Publikum das Gefühl der Überlegenheit und befriedigt gleichzeitig einen voyeuristisch anmutenden Drang nach Skandalen.
> - **Das Aschenputtel** (als männliches Pendant fungiert in anderen Shows die Rolle des Underdogs) wird zu Beginn von allen unterschätzt, doch gelingt es ihr, nach und nach ihre vermeintlich inneren Ketten zu sprengen und ihr ›wahres Ich‹ zu zeigen.
> - **Die Naive** füllt aufgrund der zugeschriebenen Gutmütigkeit und Liebenswürdigkeit oft die Opferrolle aus und appelliert indirekt an das Mitgefühl der Zuschauerinnen und Zuschauer.
> - **Der Sonnenschein** sorgt für Heiterkeit und Ausgeglichenheit in der Kandidatinnengruppe, weist aber bei persönlichen Enttäuschungen eine große Fallhöhe auf.
> - Im Gegensatz dazu steht **die Coole**, deren harte Schale es im Verlauf der Staffel ›zu knacken‹ gilt und die so ein besonderes Emotionalisierungspotenzial birgt.

Dass eine solche pauschale Etikettierung, die oft über den gesamten Verlauf der Staffel aufrechterhalten wird, kaum der Vielschichtigkeit der realen Persönlichkeiten entspricht, interessiert in GERMANY'S NEXT TOPMO-

DEL kaum; um das Publikum auch langfristig an die Sendung zu binden, muss die Castingshow in kurzer Zeit verdeutlichen, mit wem es das Publikum jeweils zu tun hat (vgl. Strachauer 2008, S. 85 ff.).

11.5 | Filmdidaktische Überlegungen

Aufgrund der Einordnung der Castingshow zwischen Informations- und Unterhaltungsangebot bietet das Reality-TV-Genre für den Deutschunterricht ein großes didaktisches Potenzial.

Unterscheidung von Fiktion und Wirklichkeit: Die vermeintliche Authentizität von Castingshows ist ein wesentlicher Grund für die Faszination, die das Format auf junge Rezipientinnen und Rezipienten ausübt. Auf dieser Basis lässt sich mit Schülerinnen und Schülern anhand der **Analyse dokumentarischer Stilmittel** reflektieren, ob sich diese Authentizität in der Ästhetik der Castingshows widerspiegelt und inwiefern sich hinter dem Authentizitätsversprechen ein produzentenseitiges, konzeptionelles Strategiedenken verbirgt: Ist das Dargestellte realistisch oder soll es nur realistisch wirken? Haben sich bestimmte Szenen tatsächlich so abgespielt oder vermitteln die visuelle, auditive und narrative Ebene ein inszeniertes Bild der Wirklichkeit? Vermutlich wird eine derartige Fragestellung zu einem medienkritischen Blick auf genretypische Inszenierungsstrategien führen.

Inszenierungsmuster auf visueller, auditiver und narrativer Ebene

Genretypische Merkmale wie Personalisierung, Dramatisierung und Emotionalisierung auf der ästhetischen Ebene zu identifizieren und zu reflektieren, lässt sich beispielhaft am Spiel der Castingshows mit dem **Verhältnis von erzählter Zeit und Erzählzeit** erarbeiten. Gerade in den für das Genre zentralen Entscheidungssituationen über das Ausscheiden und den Verbleib von Kandidatinnen unterliegt das Geschehen häufig einer extremen Zeitdehnung: Mehrfache Schnitte auf die Jury und auf einzelne Kandidatinnen in verschiedenen Einstellungsgrößen, Rückschnitte auf die bangenden Konkurrentinnen hinter der Bühne, Wiederholungen, Zeitlupen und Rückblenden können das Verhältnis zwischen beiden Zeiteinheiten rasch verschieben. Eine Situation, die tatsächlich nur wenige Augenblicke eingenommen haben könnte, wirkt plötzlich spannungsgeladen, emotional und dramatisch.

Erzähltempo

Derartige Inszenierungsmuster zeugen auf der einen Seite von einer hohen immersiven Qualität, weshalb Schülerinnen und Schülern bei der privaten, naiven Erstrezeption die manipulativen Eingriffe auf der visuellen, auditiven und narrativen Ebene oft nicht bewusst werden. Auf der anderen Seite werden die Inszenierungsstrategien oft dominant, redundant und wenig subtil ins Bild gerückt, was aus didaktischer Perspektive von Vorteil sein kann, da dies die Funktionalisierung der weitgehend unmissverständlichen filmsprachlichen Mittel und der damit einhergehenden ästhetischen Wirkungszusammenhänge gerade für filmunerfahrenere Schülerinnen und Schüler erleichtert.

Identitätsorientierung: Es klingt auf den ersten Blick irritierend, doch können gerade Castingshows, die ihre Kandidatinnen und Kandidaten auf

Kosten individueller Vielschichtigkeit und facettenreicher Identität stereotypisieren, Schülerinnen und Schüler bei ihrer Ich-Entwicklung unterstützen. Die Akteurinnen und Akteure dienen als **Projektionsfläche**, auf die die Rezipientinnen und Rezipienten ihre eigenen Wünsche, Hoffnungen, Sehnsüchte und Vorstellungen übertragen können, und der Alteritätserfahrung, da die Zuschauerinnen und Zuschauer Unterschiede zwischen sich und den Teilnehmerinnen und Teilnehmern erkennen und eigene abgewehrte psychische Anteile in diese auslagern können – beides dient der Aushandlung der eigenen Identität. Differenzierungen wären dabei eher hinderlich. Vielmehr werden die Reduktionen der Kandidatinnen und Kandidaten auf bestimmte Klischees, Eigenheiten und Verhaltensweisen auf der **filmsprachlichen Ebene** durch die gezielte Montage einzelner, unter Umständen auch aus dem Kontext gerissener und stilistisch eindeutig gestalteter Einstellungen, durch Kommentare des Voice-Over, der Jury und der Mitbewerberinnen und Mitbewerber, durch ein charakteristisches Sounddesign sowie durch dramaturgische Arrangements (z. B. durch die Inszenierung direkter Konfrontationen zwischen Protagonist und Antagonist, deren oppositionelles Verhältnis durch die Setzung von ›ungünstigem‹ bzw. ›günstigem‹ Licht mithilfe entsprechender Ausleuchtung und Filter unterstrichen wird) zusätzlich verstärkt (vgl. Strachauer 2008, S. 85 ff.).

Ästhetische Distanz

Geschmacks- und Urteilsbildung: Mit der scharfen Kritik am umstrittenen Genre der Castingshow muss sich auch der Deutschunterricht auseinandersetzen, wenngleich er nicht Gefahr laufen darf, das Genre einseitig zu disqualifizieren mit dem Ziel, die Lernenden vor diesem bewahren zu wollen. Vielmehr muss er die Gratwanderung schaffen, einerseits die Alteritätserfahrungen, das Probehandeln und das gefahrlose Ausloten eigener und gesellschaftlicher Grenzen als Funktionen, die Castingshows samt ihrer Provokationen für Jugendliche erfüllen, zu berücksichtigen und ernst zu nehmen, und andererseits die genretypischen moralischen Grenzverletzungen als »strategisches Kommunikationsereignis« (Lünenborg u. a. 2011, S. 184) zu identifizieren und sie in ihrer aufmerksamkeitsökonomischen Funktion zu hinterfragen und zu bewerten. Zwar führt der hierfür notwendige distanziert-kritische Umgang unter Umständen zu einem eingeschränkten Sehvergnügen, fördert dafür jedoch eine **medienbezogene Kritikfähigkeit**, indem die Produktions-, Vermarktungs- und Rezeptionsbedingungen analysiert und die von Castingshows produzierte Öffentlichkeit und Realität kritisch hinterfragt werden (vgl. ebd.).

11.6 | Unterrichtspraktische Vorschläge
zu Germany's Next Topmodel

Mit den folgenden Aufgaben lassen sich die Rezeptionsgewohnheiten und -erfahrungen der Schülerinnen und Schüler in Bezug auf Castingshows ebenso thematisieren wie genretypische Inszenierungsmuster, die daraus resultierende Ästhetik und die damit verbundenen Wirkungsweisen. Sie ermöglichen den Lernenden sowohl eine lustvolle, subjektiv und emotional grundierte Auseinandersetzung mit den jeweiligen Castingformaten als auch deren distanziert-kritische Betrachtung.

Austausch von Rezeptionserfahrungen: Die Schülerinnen und Schüler tauschen sich über verschiedene Castingshows aus, die sie regelmäßig sehen.
Leitfragen: Was gefällt euch an den jeweiligen Castingshows, was gefällt euch nicht? Welche Moderatorinnen und Moderatoren, Kandidatinnen und Kandidaten findet ihr gut, welche nicht? Woran liegt das? Ob und unter welchen Umständen käme für euch die Teilnahme an einer Castingshow in Frage?

Vergleich verschiedener Castingshows: Laut einer Studie sind Formate wie THE VOICE OF GERMANY für deutlich mehr Kandidatinnen und Kandidaten mit Erfolgserlebnissen verbunden, während bei DEUTSCHLAND SUCHT DEN SUPERSTAR überdurchschnittlich häufig negative Erfahrungen gemacht werden.
Leitfragen: Worin unterscheiden sich die genannten Castingshows (Internetrecherche)? Wie bewertet ihr die Forschungsergebnisse?

Castingshow als Drama: Die beiden Grafikdesignstudierenden Gregor Weichbrodt und Grischa Stanjek haben 2011 das Finale der sechsten Staffel von GERMANY'S NEXT TOPMODEL transkribiert und in der Optik eines Reclam-Bändchens als Drama in sechs Aufzügen herausgebracht (vgl. https://issuu.com/grishka/docs/typo-buch-gntm).
Leitfragen: Was haltet ihr von dieser Idee? Auf welche Darstellungsmittel der Gattung Drama greift GERMANY'S NEXT TOPMODEL zurück?

Sequenz zu Ende schreiben: Als Textgrundlage dient die o. g. Transkription von Weichbrodt/Stanjek (vgl. https://issuu.com/grishka/docs/typo-buch-gntm/104). Die Schülerinnen und Schüler überlegen, wie der zweite Auftritt des sechsten Aufzugs enden und die Moderatorin Heidi Klum die Verkündigung der Gewinnerin des Finales moderieren könnte. Sie verfassen in Gruppenarbeit die entsprechenden Monologe und Dialoge. Im Nebentext sollen hierbei konkrete Inszenierungsideen für potenzielle Kameramänner und -frauen festgehalten werden.
Leitfragen: Was eignet sich für die Umsetzung als Dialog, was funktioniert besser als Monolog? Welche filmischen Mittel sollen eingesetzt werden (Nebentext)? In welchem Verhältnis steht die Erzählzeit zur erzählten Zeit und wie lässt sich das filmisch umsetzen?

Sequenz verfilmen: Die Schülerinnen und Schüler verfilmen ihre Textfassung des GERMANY'S NEXT TOPMODEL-Finales und verwenden hierbei zwei Videokameras bzw. Smartphones. Sie schneiden ihr Filmmaterial, unterlegen es mit Musik und vergleichen zuerst die Gruppenergebnisse untereinander und schließlich ihre Versionen mit der entsprechenden Szene des Finales der sechsten Staffel von GERMANY'S NEXT TOPMODEL (http://www.prosieben.de/tv/germanys-next-topmodel/video/jana-ist-das-neue-topmodel-clip).

11 Castingshow

Leitfragen für den Filmdreh: Welche Einstellungsgrößen, Kameraperspektiven und -bewegungen eignen sich für welche Szene? Wie unterscheiden sie sich in ihrer Wirkung?

Leitfragen für die Postproduktion: Welche Einstellungen eignen sich für die von euch intendierte Wirkung? Wie könnt ihr die gefilmten Einstellungen zusammenschneiden, damit die intendierte Wirkung erzielt wird? Wie gestaltet ihr das Tempo eurer Inszenierung? Welche Art von Musik passt als Untermalung, welche nicht?

Leitfrage für den Vergleich der Fassungen: Worin unterschieden sich die verschiedenen Inszenierungen? Welche Wirkung erzielen sie bei der Zuschauerin bzw. beim Zuschauer?

Primärliteratur

GERMANY'S NEXT TOPMODEL. 14 Staffeln. Produktion: Tresor TV/RedSeven (seit 2013). Deutschland 2006. Erstausstrahlung: ProSieben.

Sekundärliteratur

Götz, Maja/Gather, Johanna: »Die Faszination ›Castingshow‹ – Warum Kinder und Jugendliche Castingshows sehen«. In: Daniel Hajok/Olaf Selg/Achim Hackenberg (Hg.): *Auf Augenhöhe? Rezeption von Castingshows und Coachingsendungen.* Konstanz 2012, S. 87–100.

Götz, Maya/Bulla, Christine/Mendel, Caroline: *Sprungbrett oder Krise? Das Erlebnis Castingshow-Teilnahme. Eine Befragung von ehemaligen TeilnehmerInnen an Musik-Castingshows.* Düsseldorf 2013.

Gräßer, Lars/Riffi, Aycha: »›The (Casting-) Show Must Go On ...‹. Ein Fernsehformat in der Diskussion«. In: Daniel Hajok/Olaf Selg/Achim Hackenberg (Hg.): *Auf Augenhöhe? Rezeption von Castingshows und Coachingsendungen.* Konstanz 2012, S. 17–31.

Hackenberg, Achim/Hajok, Daniel/Selg, Olaf: »Orientierung auf Augenhöhe. Nutzung und Aneignung von Castingshows durch Heranwachsende«. In: *JMS-Report* 34/1 (2011), S. 2–7.

Hajok, Daniel/Selg, Olaf: »Bohlens Sprüche, Klums Tipps – Der Umgang Heranwachsender mit Castingshow-Jurys«. In: Daniel Hajok/Olaf Selg/Achim Hackenberg (Hg.): *Auf Augenhöhe? Rezeption von Castingshows und Coachingsendungen.* Konstanz 2012, S. 101–114.

Hallenberger, Gerd: »Castingshow«. In: *tv diskurs. Verantwortung in audiovisuellen Medien* 16/3 (2012), S. 82–83.

Helms, Dietrich: »Von Marsyas bis Küblböck. Eine kleine Geschichte und Theorie musikalischer Wettkämpfe«. In: Dietrich Helms/Thomas Phleps (Hg.): *Keiner wird gewinnen. Populäre Musik im Wettbewerb.* Bielefeld 2015, S. 11–39.

Keppler, Angela: »Gestaltete Wirklichkeiten. Zu einigen Besonderheiten des Reality-TV«. In: Carsten Heinze/Thomas Weber (Hg.): *Medienkulturen des Dokumentarischen.* Wiesbaden 2017, S. 237–252.

Keppler, Angela: *Wirklicher als die Wirklichkeit? Das neue Realitätsprinzip der Fernsehunterhaltung.* Frankfurt a. M. 1994.

Klaus, Elisabeth/Lücke, Stephanie: »Reality TV – Definition und Merkmale einer erfolgreichen Genrefamilie am Beispiel von Reality Soap und Docu Soap«. In: *Medien- und Kommunikationswissenschaft* 51/2 (2003), S. 195–212.

Klaus, Elisabeth/O'Connor, Barbara: »Aushandlungsprozesse im Alltag: Jugendliche Fans von Castingshows«. In: Jutta Röser/Tanja Thomas/Corinna Peil (Hg.): *Alltag in den Medien – Medien im Alltag.* Wiesbaden 2010, S. 48–72.

Lünenborg, Margreth/Martens, Dirk/Köhler, Tobias/Töpper, Claudia: *Skandalisierung im Fernsehen. Strategien, Erscheinungsformen und Rezeption von Reality TV Formaten.* Berlin 2011.

Pörksen, Bernhard/Krischke, Wolfgang: »Die Casting-Gesellschaft«. In: Dies (Hg.): *Die Casting-Gesellschaft. Die Sucht nach Aufmerksamkeit und das Tribunal der Medien.* Köln 2010, S. 13–37.

Stahl, Matthew: »Authentic Boy Bands on TV? Performers and Impresarios in The Monkees and Making the Band«. In: *Popular Music* 21/3 (2002), S. 307–329.

Strachauer, Constance: *Deutschland sucht den Superstar. Castingshows im deutschen Fernsehen – Annäherung an ein Medienphänomen.* Saarbrücken 2008.

Christian Albrecht

IV   Serielle Formate

12 Jugendserie

12.1 Serielles Erzählen in TV-Serien
12.2 Teen Drama als Subgenre der Jugendserie
12.3 Serienanalyse am Beispiel von VERONICA MARS
12.4 Filmdidaktische Überlegungen
12.5 Unterrichtspraktische Vorschläge zu VERONICA MARS

12.1 | Serielles Erzählen in TV-Serien

Serialität: Serielles Erzählen hat gegenwärtig Hochkonjunktur. Besonders deutlich zeigt sich das an der enormen Popularität zahlreicher Serien des Quality-TV, die derzeit über Streaming-Anbieter wie Netflix oder im linearen Fernsehen angeboten werden. Die Feuilletons feiern Serien wie THE SOPRANOS (1999–2007), THE WIRE (2002–2008) oder MAD MEN (2007–2015) bereits seit einigen Jahren als **neue epische Großform** und ernsthafte Konkurrenz zum Roman oder sehen sie als Beginn einer narrativen Revolution (vgl. Staiger 2018).

Neu ist das Prinzip des seriellen Erzählens nicht. Als literarische Vorläufer und Vorbilder gelten der orientalische Zyklus *Tausendundeine Nacht* (ca. 8. Jh.), das *Decamerone* (14. Jh.) oder Novellenzyklen der Romantik. Beliebte Lesestoffe waren im 19. Jahrhundert Fortsetzungsromane in Zeitschriften (z. B. *Oliver Twist* von Charles Dickens, 1837–1839) und Filmserien gibt es schon seit den Anfängen des Kinos. Comicfiguren wie Superman oder Batman wandern seit über neun Jahrzehnten durch alle erdenklichen Erzählmedien, die ersten Soap Operas wurden ebenfalls bereits in den 1930ern im Radio ausgestrahlt.

Geschichte des seriellen Erzählens

Offensichtlich stellt das Serielle also seit jeher ein **wichtiges Formprinzip** des Erzählens, ein Gestaltungsprinzip von Kunst und ein Orientierungsmuster für die Rezeption von Texten dar (vgl. Faulstich 1994, S. 50).

Definition von TV-Serien: Grundsätzlich bezeichnet Serialität eine »auf Fortsetzung, Wiederkehr und Ähnlichkeit von Formen und Inhalten beruhende Struktur« (Ulrich/Knape 2015, S. 76). Damit lassen sich sowohl jahrhundertealte serielle Narrationen beschreiben als auch aktuelle TV-Serien. Doch das narrative Repertoire des seriellen Erzählens und seiner Rezeptionsformen hat sich in den letzten Jahrzehnten enorm erweitert: Neuere Serien zeichnen sich nicht mehr vornehmlich durch das Prinzip der Wiederholung aus (wie z. B. eine schematische Handlungsstruktur oder statische und stereotype Figuren), sondern bieten ein großes Experimentierfeld für **neue Erzählformen**. Deshalb fällt es zunehmend schwer, Serien im Hinblick auf ihre narrative Struktur eindeutig zu klassifizieren (s. Tab. 12.1; vgl. außerdem Weber/Junklewitz 2008). Zahlreiche aktuelle Produktionen sind Mischformen, die verschiedene strukturelle Aspekte miteinander kombinieren, z. B. abgeschlossene Episodenhandlungen (vertikales Erzählen) mit zusätzlichen, episodenübergreifenden Handlungssträngen (horizontales Erzählen).

12
Jugendserie

Qualitätsserien: In der Serienforschung gilt die zunehmende **Komplexität** serieller Erzählungen als ein zentrales Merkmal des sogenannten Quality-TV. Dieser Begriff geht zurück auf Robert J. Thompsons Studie *Television's Second Golden Age* aus dem Jahr 1996, in der mehrere Merkmale für Qualitätsserien benannt werden (s. Kasten).

Analysekategorien

> **Merkmale von Qualitätsserien (nach Thompson 1996)**
> - Wahrnehmung der Serienmacher als Künstler und der Serie als Kunstform
> - großes Figurenensemble und multiperspektivisches Erzählen
> - Kombination konventioneller Genres zu etwas Neuem
> - literarische Komplexität und Autorenzentriertheit
> - Selbstreflexivität
> - Aufgreifen kontroverser Thematiken und Realitätsnähe
> - Preise, Auszeichnungen und positive Kritiken

Als Beispiele für solche Qualitätsserien werden meistens US-amerikanische Produktionen angeführt, die ausnahmslos an erwachsene Zuschauer adressiert sind. Allerdings gibt es inzwischen auch zunehmend Formate für Jugendliche, die den Ansprüchen an eine Qualitätsserie gerecht werden.

Serien als Parallelwelten

Sozialer und kultureller Stellenwert: Aktuelle TV-Serien zeichnen sich oftmals durch eine große Nähe zur **Lebenswirklichkeit** ihrer Rezipienten aus. Sie präsentieren eine Vielzahl unterschiedlicher Lebensstile, reflektieren diese und stellen sie infrage; sie eröffnen leicht zugängliche, scheinbar unendliche Parallelwelten (vgl. Eichner/Mikos/Winter 2013, S. 10). Das gilt nicht nur für Serien, die an realen Schauplätzen und in der Gegenwart angesiedelt sind, sondern in gleichem Maße für Fantasy-, Mystery- oder Science Fiction-Serien, deren Figuren oft mit ähnlichen Konflikten und Problemen zu kämpfen haben wie ihre Zuschauer. Serien ermöglichen also »einen voyeuristischen Einblick in das komplizierte Leben von anderen, der in dieser Intensität und Nähe anders kaum erfahrbar ist« (ebd.). Auf diese Weise werden Serien zu Alltagsbegleitern, persönlichen Ratgebern und soziokulturellen Orientierungsmarken. Aufgrund ihrer digitalen und weltweiten Verfügbarkeit beschränkt sich ihr **kultureller Einfluss** inzwischen nicht mehr auf einen abgegrenzten geographischen Raum, sondern es entsteht zunehmend eine »transnationale Serienkultur« (ebd., S. 9).

Schließlich besitzen Serien einen »öffentlichen, oft rituellen Charakter« (Kelleter 2012, S. 14), denn sie werden von vielen Menschen zur gleichen Zeit oder in einem ähnlichen Zeitraum rezipiert, einige Serien erlangen sogar Kultstatus. So wird der Start der neuen Staffel einer Erfolgsserie mittlerweile nicht mehr nur von einer kleinen Fangemeinde sehnsüchtig erwartet, sondern findet ein großes Spektrum an **kommunikativer Resonanz**: vom Gespräch im Freundes- oder Kollegenkreis über die Berichterstattung in Publikumszeitschriften, Feuilletons und Social-Media-Kanälen bis hin zu wissenschaftlichen Vorträgen und Aufsätzen.

12.1 Serielles Erzählen in TV-Serien

	inhaltliche Verknüpfung	Erzählstruktur	Anzahl der Episoden	Beispiele
Episodenserie (*episodic series*)				
Episodenserie im engeren Sinne	gering, nur durch Thema und Hauptfiguren; kaum Charakterentwicklung	keine zusammenhängende Serienhandlung; kaum narrative Entwicklung	unbestimmt, aber begrenzt	THE SIMPSONS (seit 1989) DERRICK (1974–1998)
Episodenserie im weiteren Sinne	stärker, Charakterentwicklung möglich	Episodenhandlung wird durch sich entwickelnden Rahmenplot ergänzt	unbestimmt, aber begrenzt	AKTE X (1993–2002; 2016–2018)
Fortsetzungsserie (*continuous serial*)				
Mehrteiler (*mini-series*)	stark	Serienhandlung insgesamt abgeschlossen	wenige (i. d. R. 4 bis 10)	IM ANGESICHT DES VERBRECHENS (2010)
abgeschlossene Fortsetzungsserie	stark	Serienhandlung insgesamt abgeschlossen	viele, aber begrenzt, häufig in mehreren Staffeln	Telenovelas (z. B. VERLIEBT IN BERLIN, 2005–2007), andere Serien wie LOST (2004–2010)
Endlosserie	stark	Serienhandlung insgesamt offen	prinzipiell endlos	Soaps (z. B. GZSZ, seit 1992; LINDENSTRASSE, seit 1985), Sitcoms (z. B. THE BIG BANG THEORY, seit 2007)
Reihe (*anthology*)	nur Rahmenkonzept und Hauptfiguren	kaum zusammenhängende Serienhandlung	unbestimmt	TATORT (seit 1970)

Tab. 12.1: Klassifikation von TV-Serien in Anlehnung an Schlütz (2016, S. 19)

Rezeption: Für das Medium Fernsehen ist das serielle Prinzip seit seinen Anfängen konstitutiv, und es prägt das Zuschauerverhalten. So wird z. B. in vielen Haushalten abends um 20 Uhr die Tagesschau eingeschaltet, und das Programm einiger Sender besteht fast ausschließlich aus Serien (z. B. beim öffentlich-rechtlichen Kinderkanal KiKA). War jedoch früher die Auswahl des Sendeplatzes von entscheidender Bedeutung für den Erfolg oder Misserfolg einer Serie, so relativiert sich dies heute zunehmend angesichts der orts- und zeitunabhängigen Distribution von Fernsehsendungen über Online-Mediatheken und Streaming-Anbieter. Auf diese Weise entstehen zudem **neue Rezeptionsmodalitäten**: Musste man im linearen Fernsehen einen Tag oder eine Woche auf die Ausstrahlung der nächsten Episode einer Serie warten, rezipieren insbesondere Jugendliche Serien heute gerne im Binge Watching (›Komaglotzen‹), d. h. sie sehen sich mehrere Episoden oder gleich eine gesamte Staffel an einem Stück an (s. Kap. 1.2.1).

Serienrezeption geschieht nicht zuletzt inter- und transmedial vernetzt in einem **Medienverbund**: So existieren zu einer TV-Serie häufig passende Webseiten oder Merchandising-Produkte, und die erzählte Serienwelt wird durch Adaptionen sowie Fortsetzungen in verschiedenen Erzählmedien (Tie-in-Comics, -Romane, -Filme, -Computerspiele usw.) transmedial erweitert. Einige Rezipienten werden schließlich selbst Teil des Produktionsprozesses ihrer Lieblingsserien, indem sie im Internet ihr Feedback zu laufenden Serien posten bzw. twittern, mit anderen Fans über mögliche Fortsetzungen diskutieren oder sich als Autoren am Schreiben von Online-Fanfiction beteiligen.

12.2 | Teen Drama als Subgenre der Jugendserie

Fragt man 12- bis 19-Jährige nach ihren **Lieblingssendungen** im Fernsehen, dann werden seit Jahren Sitcoms, Soaps und Animationsserien an vorderster Stelle genannt. In der JIM-Studie 2018 (Feierabend u. a. 2018) gibt z. B. die Mehrheit der Befragten die Sitcoms THE BIG BANG THEORY (seit 2007, s. Kap. 13) und HOW I MET YOUR MOTHER (2005–2014) als ihre Favoriten an. Es folgen die Animations-Kultserie DIE SIMPSONS (seit 1989), die Krimireihe NAVY CIS (seit 2003) und Doku-Soaps wie z. B. SHOPPING QUEEN (seit 2012). Serien sind somit zweifellos die beliebtesten Fernsehformate bei Jugendlichen.

Coming of Age

Genredefinition: Einer großen Beliebtheit erfreut sich neben der Sitcom auch das **Teen Drama**, das sich seit den 1990er Jahren als neues Subgenre der Jugendfernsehserie etabliert hat (vgl. Moseley 2015). Kernzielgruppe solcher Serien sind Teenager, also Jugendliche im Alter von etwa 13 bis 19 Jahren. Im Teen Drama werden die gleichen Themen wie im Coming-of-Age-Film und im Adoleszenzroman verhandelt: Identitätsfindung, Ablösung vom Elternhaus, Erfahrungen in der Peer-Group und in der Schule, Cliquenbildung, Freundschaft und Feindschaft, Anbahnung von Liebesbeziehungen und erste Erfahrungen mit Sexualität, Übernahme von Verantwortung, aber auch Gewalt und Kriminalität sowie Fragen nach der Zukunft und ganz grundsätzlich nach dem Sinn des Lebens (vgl. Kaczmarek 2012).

Das übliche **Setting** für das Teen Drama ist zum einen die Schule – in den US-amerikanischen Serien die High School – und zum anderen das Elternhaus der Protagonisten (vgl. Moseley 2015, S. 39). Schule und Familie dienen als Ausgangs- und Kulminationspunkt der im Plot verhandelten Themen und sie ermöglichen ein Aufeinandertreffen von unterschiedlichen, oft stereotypen Charakteren. Das Foyer der Schule, die Schließfächer und Klassenzimmer sind Orte der Begegnung und der Konfrontation, in der Cafeteria-Sitzordnung spiegeln sich wiederum die Gruppenbildungen in der Schülerinnen- und Schülerschaft und die damit verbundenen Rivalitäten. Zuhause müssen sich die Jugendlichen die vorhandenen Räume mit ihren Familienmitgliedern teilen, sie besitzen aber in der Regel auch ein eigenes Zimmer, also einen privaten Rückzugsraum.

Abgrenzung zum Teenie-Film: Während einem Kinofilm mit 90 bis 120 Minuten nur eine sehr begrenzte **Erzählzeit** zur Verfügung steht, ermöglicht das serielle Erzählen im Teen Drama die Konstruktion einer weitaus komplexeren Erzählwelt. Im Rahmen einer Serienstaffel – die in der Regel zwischen 5 und 20 Stunden dauert – kann insbesondere eine viel **detailliertere Figurenzeichnung** der jugendlichen Protagonisten stattfinden. Im Gegensatz zu den einfachen, linear angelegten Charakteren der traditionellen Serien bekommen die Figuren im Teen Drama genügend Raum und Zeit, um sich zu entwickeln – oftmals auch in eine Richtung, die man als Zuschauer nicht erwartet hätte. Detaillierter gezeichnet werden nicht nur die jugendlichen Figuren, sondern auch die Erwachsenen. Während Eltern in Spielfilmen aufgrund der begrenzten Erzählzeit teilweise sehr holzschnittartig wirken, erscheinen sie in Serien oft individueller und dadurch auch glaubwürdiger. Außerdem greift eine Serie meist auf ein deutlich größeres Figurenensemble zurück als ein Spielfilm. Insgesamt bietet die **narrative Extensivität und Offenheit** des Teen Drama die Chance, sich differenziert und tiefergehend mit einer Vielzahl von Themen auseinanderzusetzen und diese aus verschiedenen Blickwinkeln zu beleuchten.

Geschichte des Teen Drama: Wichtige **Meilensteine** in der Entwicklung des Genres sind in den 1990er Jahren Serien wie z. B. BEVERLY HILLS, 90210 (1990–2000), MY SO-CALLED LIFE (1994), FREAKS AND GEEKS (1999–2000) oder DAWSON'S CREEK (1997–2003). Ende der 1990er Jahre mischt die Serie BUFFY, THE VAMPIRE SLAYER (1997–2003) die Grundkonstituenten des Teen Drama mit Elementen des Horrorgenres und markiert den Beginn einer neuen Ausrichtung des Genres: Es folgen zahlreiche weitere Genrekombinationen mit Fantasy-, Mystery- oder Science Fiction-Versatzstücken, z. B. SMALLVILLE (2001–2011), THE VAMPIRE DIARIES (2009–2017), PRETTY LITTLE LIARS (2010–2017) oder THE 100 (seit 2014).

Genrekombinationen

Im deutschen Fernsehen und über die gängigen Streaming-Anbieter werden zum einen zeitnah die populären US-amerikanischen Jugendserien angeboten, es gibt aber auch eigene Produktionen, die die genretypischen Themen, Figuren und Schauplätze des Teen Drama aufgreifen und weiterentwickeln, z. B. BERLIN BERLIN (2002–2005), TÜRKISCH FÜR ANFÄNGER (2005–2008) oder die nach dem Vorbild von 24 – TWENTY-FOUR (2001–2010) erzählte Kinderserie ALLEIN GEGEN DIE ZEIT (2010–2012).

12.3 | Serienanalyse am Beispiel von VERONICA MARS

An welchen Punkten die Analyse einer Serie im Unterricht ansetzen kann, soll nun am Beispiel der US-amerikanischen Serie VERONICA MARS gezeigt werden. Die Serie besteht aus 64 Folgen in drei Staffeln und wurde in den Jahren 2004 bis 2007 produziert und in den USA ausgestrahlt. Im deutschen Fernsehen war VERONICA MARS ab 2006 im ZDF zu sehen und läuft seither regelmäßig als Wiederholung in verschiedenen Sendern und im Video-on-Demand-Angebot, außerdem ist eine DVD-Ausgabe erhältlich. Im Folgenden wird zum einen die gesamte Serie in den Blick genommen, zum anderen exemplarisch als einzelne Episode der Pilot, also die erste Episode der ersten Staffel (VM S01 E01, dt. Titel: Freundschaftsdienste).

Serienhandlung: Im Mittelpunkt der Serie steht die 17-jährige Veronica Mars, die in der Kleinstadt Neptune in Kalifornien aufwächst. Die Erzählung beginnt damit, dass Veronicas Leben an einem absoluten Tiefpunkt angelangt ist: Ihre beste Freundin Lilly wurde ermordet, ihr Freund Duncan – Lillys Bruder – hat sie sitzenlassen, ihr Vater Keith hat seinen Job als Sheriff und seinen guten Ruf verloren, ihre Mutter ist vor kurzem ausgezogen und Veronica wurde bei einer Party unter Drogen gesetzt und anschließend vergewaltigt. Die Protagonistin reagiert auf diese furchtbare und scheinbar ausweglose Situation nicht mit einer äußeren oder inneren Flucht, ihr größtes Ziel ist es vielmehr, die Wahrheit über Lillys Tod herauszufinden, denn hier liegt Veronicas Ansicht nach der Ursprung all ihrer Probleme. Da ihr Vater Keith nach seiner gescheiterten Sheriff-Karriere als Privatdetektiv arbeitet, kennt sie viele Tricks und Möglichkeiten zur Ermittlung und Recherche. Bei ›Mars Investigations‹ übernimmt sie heimlich alle Fälle, die ihr Vater aus Zeitgründen ablehnen müsste.

Pilotfilm der Serie

Themen: Die Serie Veronica Mars kombiniert in den einzelnen Episoden durchgehend private und familiäre Themen mit kontroversen gesellschaftlichen Fragen. Dies wird bereits in der Eröffnungssequenz des Pilots deutlich, die Neptune als eine »Stadt ohne Mittelstand« (VM S01 E01, 00:00:41–00:00:42) vorstellt: »Das ist meine Schule. Wenn man hierher kommt, dann sind deine Eltern entweder Millionäre oder sie arbeiten für welche« (VM S01 E01, 00:00:31–00:00:37). Neben der Thematisierung von sozialer Ungleichheit werden im Lauf der Serienhandlung zahlreiche weitere ernste und teils kontroverse Themen aufgegriffen. So geht es um Homosexualität, Gender und Religion, aber auch um sexuelle Gewalt, Diskriminierung und Rassismus.

Erzählstruktur: Veronica Mars ist weder eine reine Episodenserie im klassischen Sinne, noch eine reine Fortsetzungsserie. Es werden **abgeschlossene Episodenhandlungen**, meistens pro Episode ein neuer Fall für Veronica, mit mehreren fortlaufenden, **episodenübergreifen Handlungssträngen** kombiniert. So geht es in der gesamten ersten Staffel zentral um die Fragen, wer Lilly Kane ermordete, von wem Veronica vergewaltigt wurde, weshalb ihre Mutter auszog, ob Keith Mars tatsächlich auch ihr biologischer Vater ist und weshalb ihr Freund Duncan sie so plötzlich sitzenließ. In der zweiten und dritten Staffel ändert sich das Erzählkonzept der Serie aufgrund der Vorgaben der US-amerikanischen Fernsehsender, die damals mit den Einschaltquoten der ersten Staffel unzufrieden waren: hin zu kürzeren Spannungsbögen und zu einem stärkeren Fokus auf die Episodenhandlung, dem ›case of the week‹. Cliffhanger am Ende einer Episode sind zu Beginn der Serienstaffeln eher die Ausnahme, werden aber zum Ende einer Staffel vermehrt eingesetzt, insbesondere im Rahmen der episodenübergreifenden Handlung.

Der Pilot erfüllt mehrere **expositorische Funktionen**: Erstens werden die zentralen Figuren (Veronica, Wallace, Duncan, Logan, Weevil, Keith) und die Stadt Neptune als Ort (mit in der Serie regelmäßig wiederkehrenden Schauplätzen: High School, Strand, Wohnung und Büro der Mars-

Familie, Büro des Sheriffs, Veronicas Auto) vorgestellt. Zweitens wird in Form von acht Flashbacks die Vorgeschichte der Serienhandlung erzählt. Hieraus werden die Fragen abgeleitet, an denen sich die episodenübergreifenden Handlungsstränge der ersten Staffel orientieren.

> **Erzähltechniken in Serien**
>
> **Voice-Over:** Erzählstimme einer im Bild nicht direkt sichtbaren Figur, oftmals mit Kommentaren und Wertungen im Rahmen einer subjektiven Erzählperspektive mit interner Fokalisierung (s. Kap. 4.3)
>
> **Flashback (Rückblende):** eingeschobene Sequenz mit Darstellung von Ereignissen, die zeitlich vor der Erzählgegenwart liegen, i. d. R. als subjektiv perspektivierte Erinnerung einer Figur; teilweise formal markiert durch Überblendung, Weichzeichner, veränderte Farbgebung
>
> **Cliffhanger:** am Ende einer Episode wird ein Handlungsfaden nicht zu Ende geführt, sondern bricht kurz vor dessen Auflösung ab; erzähldramaturgisches Mittel zur Spannungssteigerung

Zur Vertiefung

Genremix: VERONICA MARS verwehrt sich einer eindeutigen Genre-Zuordnung. Das größte Gewicht liegt aufgrund des Settings zwischen Familie und Elternhaus zweifellos auf dem Genre des Teen Drama. Unübersehbar sind jedoch darüber hinaus die Versatzstücke des **Film Noir**, denen sich die Serie bedient: die Figur des Hard Boiled Detective mit pessimistischer Weltsicht, großem Zynismus und Ermittlungsmethoden am Rande der Legalität; eine erzählte Welt voller sozialer Ungerechtigkeit, Korruption und Gewalt; eine subjektive Erzählperspektive mit Voice-Over und Flashbacks als Erzähltechniken (s. Kasten).

Film-Noir-Stil in VERONICA MARS

Beispielanalyse

Die erste Episode zeigt bereits, wie sich die Serie die genannten Stilprinzipien des Film Noir zu eigen macht und diese mit den typischen Themen, Figuren und Schauplätzen des Teen Drama verbindet: Das schwach beleuchtete Büro von Mars Investigations scheint mit seinem antiken Mobiliar und den bunten Glasfenstern aus der Zeit gefallen und bildet ein typisches Noir-Setting (Abb. 12.2). Als im Pilot Celeste Kane, Mutter der ermordeten Lilly, dort auftaucht, erinnert das an den Filmanfang des Film-Noir-Klassikers THE MALTESE FALCON (1941) mit Humphrey Bogart in der Hauptrolle. Später observiert Veronica aus ihrem Auto heraus die verdächtigen Aktivitäten von Mr. Kane im Camelot Motel und agiert hier wie ihr Film-Noir-Vorbild. Dass sie zwischendurch nicht zur Whiskeyflasche greift, sondern zur Thermoskanne mit Kaffee, verweist wiederum auf das Teen Drama und den anderen, offiziellen Teil ihres Lebens. Dieser wird durch die Sequenzen an der High School dargestellt, wo sich Veronica als müde, aber trotzdem gut vorbereitete Schülerin, als Außenseiterin, die alleine am Mensatisch sitzt (Abb. 12.1), als mutige Retterin des gedemütigten neuen Schülers Wallace und als subversiv agierende Kämpferin gegen Ungerechtigkeit zeigt.

12
Jugendserie

Abb. 12.1–2: Zwischen Teen Drama und Film Noir: Veronica Mars (Kristen Bell) führt ein Doppelleben als High-School-Schülerin und Privatdetektivin (VERONICA MARS S01 E01, 00:03:45, 00:27:38)

Figurencharakterisierung: Der Genremix spiegelt sich in der **vielschichtig angelegten Protagonistin** Veronica wider (vgl. Braithwaite 2008, S. 134 f.), die von Kristen Bell exzellent dargestellt wird. Im Hinblick auf die Film-Noir-Dimension verkörpert sie in ihrer Rolle als Privatdetektivin die Tradition des Hard Boiled Detective im Sinne von Macht, Wissen und Autorität. Gleichzeitig trägt sie jedoch Züge der Femme Fatale, die im Film Noir eigentlich als Antagonistin des männlichen Detektivs fungiert. Auf diese Weise stellt die Figur Veronica die Genrekonventionen in Frage und trägt zur Dekonstruktion der typisch männlichen Figur des Hard Boiled Detective bei.

Im Hinblick auf das Teen Drama Genre repräsentiert Veronica in ihrer Rolle als jugendliche Schülerin die klassische weibliche Heldin des Melodrams, die mit Problemen in der Familie und mit ihren Freunden oder mit Konflikten in der Partnerschaft konfrontiert wird. Im Kontrast hierzu steht ihr kompromissloser und zeitweise wenig zimperlicher Umgang mit ihren Mitmenschen, insbesondere ihre teils rüde verbale Ausdrucksweise gegenüber Männern. Veronica ist zweifellos eine Feministin, es würde jedoch zu kurz greifen, sie allein auf diese Rolle – oder eine der anderen genannten Facetten – zu reduzieren.

Veronicas **Gegenspieler** bei ihrer leidenschaftlichen Suche nach Wahrheit und Gerechtigkeit, das wird bereits in der ersten Episode sehr deutlich, sind in erster Linie die ›09er‹, also die gut betuchten und einflussreichen Familien Neptunes (wie die Familien Kane und Echolls, insbesondere Logan Echolls) und darüber hinaus der neue Sheriff Don Lamb, der als äußerst inkompetent und korrupt dargestellt wird. Die Anzahl von Veronicas Freunden und Unterstützern ist hingegen sehr begrenzt: Neben ihrem Vater Keith kann sie sich vor allem auf Wallace verlassen, etwas später freundet sie sich außerdem mit Cindy ›Mac‹ Mackenzie an. Die hier skizzierten Fronten – und das macht die Serie besonders interessant – gelten nicht für die gesamte Serienhandlung, sondern es kommt zu wechselnden Bündnissen und neuen Freundschaften. So wird beispielsweise der Anführer der Biker-Gang, Eli ›Weevil‹ Navarro, vom Gegenspieler zum wichtigen Verbündeten und mit Logan Echolls – von Veronica anfangs als »typisch psychiotischer Vollidiot« (VERONICA MARS S01 E01, 00:04:30–0:04:34) eingestuft – entwickelt sich später eine Liebesbeziehung.

Eine Vermittlung der verschiedenen, auf den ersten Blick unvereinbaren Facetten der Figurenzeichnung von Veronica findet durch die **Erzählform der Serie** statt. Die interne Fokalisierung – insbesondere das

Voice-Over, das bereits im Pilot sehr präsent ist – vermittelt die Handlung aus der subjektiven und emotionalen Perspektive der Hauptfigur und ermöglicht eine Innensicht in Veronica. Der Einblick in ihre Gedanken- und Gefühlswelt offenbart, dass sie in Wahrheit längst nicht immer so tough ist, wie sie sich ihrer Umwelt präsentiert. Die Zuschauer erhalten auf diese Weise die Chance, im Fortgang der Serienhandlung über mehrere Episoden und Staffeln hinweg die Entwicklung von Veronicas Persönlichkeit mitzuverfolgen.

Insgesamt ist die Hauptfigur Veronica Mars – insbesondere im Vergleich mit Charakteren anderer Jugendfernsehserien und Jugendfilmen – ungewöhnlich komplex sowie vielschichtig gezeichnet und deshalb immer für eine Überraschung gut.

Selbstreflexivität: Die Serie Veronica Mars ist eine wahre Fundgrube für **intertextuelle Verweise** auf die Hoch- und Populärkultur. In jeder Episode finden sich zahlreiche explizite oder implizite Anspielungen auf Kinofilme und andere TV-Serien, auf literarische Figuren, prominente Persönlichkeiten aus der Politik oder dem Showbusiness, auf bekannte Produkte und Marken oder auf Werke der Bildenden Künste (vgl. die Datenbank auf der Fan-Webseite marsinvestigations.net). So sind bereits die Titel der einzelnen Episoden sehr anspielungsreich, z. B. verweist Like a Virgin (S01 E08) auf den gleichnamigen Madonna-Song oder Das Schweigen des Sheriff Lamb (S01 E11) auf den bekannten Serienkillerfilm Das Schweigen der Lämmer. Der Titel Mars gegen Mars (S01 E14) setzt einen intertextuellen Verweis zum Filmdrama Kramer gegen Kramer, in dem es um einen alleinerziehenden Vater geht, der um sein Sorgerecht kämpft. Die Hommage der Serie an das Noir-Genre wird explizit, als Veronicas Vater Keith sein Date in eine Kinovorstellung der beiden Film Noir-Klassiker The Maltese Falcon und The Big Sleep mit Humphrey Bogart ausführt (VM S01 E16). Bereits diese wenigen Beispiele geben einen Eindruck von dem weit verzweigten intertextuellen und intermedialen Geflecht, das die Serie herstellt.

Rezeption und Fankultur: Anders als bei Kinofilmen können die Anzahl der Zuschauer und ihre Reaktionen unmittelbare Konsequenzen für den Produktionsprozess einer Serie haben: Rob Thomas, der Erfinder und Showrunner von Veronica Mars, war angesichts der unerfüllten **Quotenerwartungen** dem Sender gegenüber sehr kompromissbereit, um eine Absetzung der Serie zu verhindern bzw. hinauszuzögern. Das zeigt sich beispielsweise in einer Anpassung der Erzählstruktur der zweiten und dritten Staffel an die Erwartungen des Mainstream-Zuschauers, der meist nur einzelne Episoden einer Serie rezipiert und deshalb mit episodenübergreifenden Handlungssträngen wenig anfangen kann. Gleichzeitig gelang es Thomas jedoch, die Erwartungen der ›Marshmallows‹ – so bezeichnen sich die Veronica Mars-Fans selbst – nicht zu enttäuschen, z. B. mit versteckten Highlights wie einem Gastauftritt von Joss Whedon (in S02 E06: Die Rückkehr des Abel Koontz), dem Erfinder der Kultserie Buffy und selbst bekennendem Veronica Mars-Fan.

Anpassung der Erzählstruktur

Die Marshmallows sorgen bis heute dafür, dass die Serie nicht in Vergessenheit gerät. In den einschlägigen **Fanfiction-Foren** im Internet schreiben sie weiterhin Treatments und Drehbücher für neue Episoden

Erweiterung des Erzähluniversums

oder entwickeln Variationen bestehender Episodenhandlungen. Hinzu kommen mehrere, sehr detailliert ausgearbeitete Fan-Webseiten und Datenbanken, die mittlerweile seit über einem Jahrzehnt online verfügbar sind. Parallel arbeitet der Serienerfinder Rob Thomas kontinuierlich an der Erweiterung des VERONICA MARS-Erzähluniversums: Mithilfe eines **Crowdfunding-Projekts** im Internet sammelte er 2013 bei den Fans 5,7 Millionen Dollar ein, die für die Realisierung eines Kinofilms eingesetzt wurden. Eine Romanserie von Thomas erzählt seit 2014 die Geschichte im Anschluss an die Kinofilm-Handlung weiter. Hinzu kommt der metafiktional angelegte Webserien-Spin-off PLAY IT AGAIN, DICK (2014). Inzwischen kündigte der US-amerikanische Streaminganbieter Hulu die Ausstrahlung der vierten Staffel von VERONICA MARS ab Juli 2019 an.

12.4 | Filmdidaktische Überlegungen

Serialitätsdidaktik: Für die Schule besitzt die Frage nach dem seriellen Erzählen schon deshalb eine hohe Relevanz, weil Serien in verschiedenen medialen Formen im Medienhandeln von Kindern und Jugendlichen einen zentralen Bezugspunkt bilden (s. Kap. 1.2). Im Deutschunterricht – und insgesamt in der Schule – spielen Serien allerdings gegenwärtig keine große Rolle. Als Gegenstand dienen sie bisher fast ausschließlich dazu, sich kritisch mit der eigenen Mediennutzung auseinanderzusetzen. Eine Reflexion von Serialität als narrativem Formprinzip findet in der Regel nicht statt.

Petra Anders und Michael Staiger (2016 S. 10 ff.) nennen für den Umgang mit Serien zahlreiche **lese-, sowie literatur- und mediendidaktische Ansatzpunkte** für den Kompetenzbereich »Lesen – Umgang mit Texten und Medien« im Deutschunterricht:

Das Serielle als Hilfe im Prozess der Texterschließung:
- **Prinzip der Wiederholung:** Entlastung im Rezeptionsprozess durch gleichbleibende Erzählkonstituenten (z. B. Figuren, Räume, Handlungsmuster) und Darstellungsweisen
- **Prinzip der Variation:** Lust am Entdecken von Abweichungen in der Handlungsstruktur und Darstellungsweise, Entschlüsseln der seriellen Logik
- **Synchronisation und Untertitelung:** Aufgreifen der Herkunftssprachen der Schüler, fächerübergreifende Sprachbildung durch Vergleich der Sprachfassungen

Das Serielle zur Reflexion des individuellen Rezeptionsverhaltens:
- **Intensität der Serienrezeption:** hohes Identifikationspotenzial mit den Figuren und serielle Erzählform erhöhen die Motivation zum Weiterschauen und zur analytischen Auseinandersetzung mit der Serie
- **Medienverbund:** Schüler können sich mit ihren je unterschiedlichen Interessen, Voraussetzungen und Fähigkeiten an der Auseinandersetzung mit einer Serie beteiligen

- **Mediennutzung:** Serien sind aufgrund ihrer hohen individuellen Bedeutsamkeit für Kinder und Jugendliche ein guter Ausgangspunkt für das Nachdenken über das eigene Medienhandeln sowie soziokulturelle und ökonomische Dimensionen der Mediennutzung
- **Rezeptionsmuster und -modalitäten:** Reflexion des eigenen Umgangs mit Serien, Stärkung des lese- bzw. rezeptionsbezogenen Selbstkonzepts

Das Serielle als Brücke zur Teilhabe am sozialen und kulturellen Leben:
- **Begleit- und Anschlusskommunikation:** Unterrichtsgespräche über Serienpräferenzen oder Internet-Recherche, Sichtung und Auswertung von Reaktionen (Texte und Filmclips) auf eine aktuelle Serie
- **Enkulturation:** Auseinandersetzung mit intertextuellen Bezügen zur aktuellen und historischen Populärkultur

12.5 | Unterrichtspraktische Vorschläge zu Veronica Mars

Eine Auseinandersetzung mit der Serie Veronica Mars kann an allen genannten Punkten ansetzen, die im Rahmen der Analyse (s. o.) herausgearbeitet wurden. Grundsätzlich ist hierfür eine Sichtung der gesamten Serie nicht zwingend notwendig, da anhand des Pilots und weiterer einzelner Episoden viele zentrale Aspekte von Serialität im Unterricht erarbeitet werden können.

Ausgangspunkt einer Unterrichtseinheit kann ein Austausch über die Serienpräferenzen der Schülerinnen und Schüler, über ihre Rezeptionsformen und über allgemeine Unterschiede zwischen Spielfilmen und Serien sein. Die Auseinandersetzung mit der Serie Veronica Mars kann mit der gemeinsamen **Analyse des Pilots** beginnen. Hierbei stehen die Erschließung der Episodenhandlung und der zentralen Fragen, an den sich die episodenübergreifenden Handlungsstränge der ersten Staffel ausrichten, im Fokus. An eine Figurencharakterisierung der Protagonistin Veronica kann sich die Reflexion der Erzählform und Erzählperspektive der Serie anschließen. Damit sind die Grundlagen für eine weitergehende Auseinandersetzung mit der gesamten Serie gelegt. Die Bearbeitung der folgenden Themen und Aufgaben kann in arbeitsgleichen oder arbeitsteiligen Gruppen erfolgen. Die Arbeitsergebnisse (mit Screenshots und kurzen Filmausschnitten) können im Rahmen von Kurzpräsentationen im Plenum oder in einem Museumsgang (Markt der Möglichkeiten) im Klassenraum zusammengetragen werden.

Vergleich von Erzählanfängen: Gegenüberstellung des Beginns des Pilots (VM S01 E01) in der deutschsprachigen DVD-Version und in der englischsprachigen Fassung (in der dem Vorspann ein kurzer Teaser vorangestellt ist, der Veronica bei ihrer Observation am Camelot Motel zeigt, vgl. http://www.criticalcommons.org/Members/jmittell/clips/veronica-mars-pilot-opening/view)

Leitfragen: Welche Rezeptionserwartungen für die Serie werden durch die beiden Erzählanfänge geweckt? Welche Rolle spielen hierbei die filmischen Gestaltungsmittel?

Episodenvergleich: Analyse und Vergleich zwei bis drei weiterer Episoden der ersten Staffel im Hinblick auf die Erzählstruktur (Episodenhandlung und episodenübergreifende Handlungsstränge) und die Erzählform (insbesondere den Einsatz von Voice-Over)
Leitfragen: Welchen Fortschritt gibt es bei der Beantwortung der episodenübergreifenden Fragen aus dem Piloten? Welche Gemeinsamkeiten und Unterschiede gibt es in den einzelnen Episoden in Bezug auf das behandelte Thema (*case of the week*) und die Erzählform? Welche zusätzlichen Informationen liefert das Voice-Over?

Genrebezogene Analyse zwei bis drei weiterer Episoden der ersten Staffel im Hinblick auf die Merkmale des Teen Drama und des Film Noir (s. o.)
Leitfragen: Wann agiert Veronica in ihrer Rolle als Detektivin, wann ist sie einfach nur Schülerin? Gibt es Szenen, in denen sich die beiden Rollen überlagern? Wie unterscheidet sich die filmische Darstellung der Szenen in Bezug auf den Genre-Schwerpunkt?

Analyse der Figurenkonstellation: Exemplarisch in einer Episode mit Visualisierung in Form eines Schaubilds
Leitfragen: Welche Figuren tauchen in der Episode auf und welchen Stellenwert besitzen sie für die Handlung? In welcher Beziehung stehen die Figuren zueinander, wer dient für Veronica als Unterstützer, wer als Gegenspieler?

Analyse von ausgewählten Fanfiction-Texten: Deutschsprachige Texte finden sich z. B. auf dem Portal https://www.fanfiktion.de
Leitfragen: Welche Figuren, Schauplätze und Ereignisse aus der Serie werden in der Fanfiction aufgegriffen? Weshalb? Was motiviert die VERONICA MARS-Fans, solche Texte zu schreiben?

Vergleich der Synchronfassung und/oder Untertitelung: Am Beispiel einer ausgewählten Episode mit Hilfe von Transkriptionen und aus der DVD extrahierten Untertiteln (z. B. mit der Software SubRip, s. Kap. 19.1.3)
Leitfragen: Wie gut ist die Übersetzung aus dem Englischen in andere Sprachen gelungen? An welchen Stellen weicht die gesprochene Synchronfassung von der schriftlichen Untertitelung ab? Wie unterscheidet sich die Rezeption des Originals mit Untertiteln von der Rezeption einer Synchronfassung?

Primärliteratur
DIE SPUR DES FALKEN (THE MALTESE FALCON). Regie: John Huston. USA 1941. DVD/Blu-ray: Warner Home Video.
VERONICA MARS. 3 Staffeln. Creator: Rob Thomas. USA 2004–2007. DVD: Warner Home Video.

Sekundärliteratur

Anders, Petra/Staiger, Michael: »Serialität und Deutschdidaktik«. In: Dies. (Hg.): *Serialität in Literatur und Medien*. Bd. 1: *Theorie und Didaktik*. Baltmannsweiler 2016, S. 2–27.

Braithwaite, Andrea: »›That girl of yours, she's pretty hardboiled, huh?‹ Detecting Feminism in Veronica Mars«. In: Sharon Marie Ross/Louisa Ellen Stein (Hg.): *Teen Television. Essays on Programming and Fandom*. Jefferson, N.C. 2008, S. 132–149.

Eichner, Susanne/Mikos, Lothar/Winter, Rainer: »Einleitung«. In: Dies (Hg.): *Transnationale Serienkultur. Theorie, Ästhetik, Narration und Rezeption neuer Fernsehserien*. Wiesbaden 2013, S. 9–17.

Faulstich, Werner: »Serialität aus kulturwissenschaftlicher Sicht«. In: Günter Giesenfeld (Hg.): *Endlose Geschichten. Serialität in den Medien*. Hildesheim 1994, S. 46–54.

Feierabend, Sabine/Rathgeb, Thomas/Reutter, Theresa: JIM 2018 – Jugend, Information, Medien. Basisuntersuchung zum Medienumgang 12- bis 19-Jähriger in Deutschland (2018), https://www.mpfs.de/fileadmin/files/Studien/JIM/2018/Studie/JIM_2018_Gesamt.pdf (2.12.2018).

Giesenfeld, Günter (Hg.): *Endlose Geschichten. Serialität in den Medien*. Hildesheim 1994.

Kaczmarek, Ludger: »Teenie-Film«. In: *Lexikon der Filmbegriffe*, 12.10.2012, http://filmlexikon.uni-kiel.de/index.php?action=lexikon&tag=det&id=1064 (1.9.2017).

Kelleter, Frank: »Populäre Serialität. Eine Einführung«. In: Ders. (Hg.): *Populäre Serialität. Narration – Evolution – Distinktion. Zum seriellen Erzählen seit dem 19. Jahrhundert*. Bielefeld 2012, S. 11–46.

Moseley, Rachel: »Teen Drama«. In: Glen Creeber (Hg.): *The Television Genre Book*. London 2015, S. 38–41.

Schlütz, Daniela: *Quality-TV als Unterhaltungsphänomen. Entwicklung, Charakteristika, Nutzung und Rezeption von Fernsehserien wie* The Sopranos, The Wire *oder* Breaking Bad. Wiesbaden 2016.

Staiger, Michael (Hg.): *Serielles Erzählen. Themenheft von »Der Deutschunterricht«*, H. 6. Seelze 2018.

Thompson, Robert J.: *Television's Second Golden Age. From Hill Street Blues to ER*. New York 1996.

Ulrich, Anne/Knape, Joachim: *Medienrhetorik des Fernsehens. Begriffe und Konzepte*. Bielefeld 2015.

Weber, Tanja/Junklewitz, Christian: »Das Gesetz der Serie. Ansätze zur Definition und Analyse«. In: *MEDIENwissenschaft* 25/1 (2008), S. 13–31, http://dx.doi.org/10.17192/ep2008.1.663 (6.1.2018).

Michael Staiger

13 Sitcom

13.1 Geschichte des Genres
13.2 Formen und Funktionsweisen von Komik
13.3 Sitcomanalyse am Beispiel von The Big Bang Theory
13.4 Filmdidaktische Überlegungen
13.5 Unterrichtspraktische Vorschläge zu The Big Bang Theory
13.6 Anregungen für eine Leistungsüberprüfung in der Sekundarstufe I

Bislang galt die Sitcom im Bildungskontext als wenig seriöser Unterrichtsgegenstand, doch jugendliche Fernsehzuschauer und -zuschauerinnen stört das freilich nicht: In den vergangenen Jahren waren es stets Sitcoms, die von 12- bis 19-Jährigen in Studien zur Mediennutzung als beliebteste Fernsehsendung benannt wurden (s. Kap. 1.2.1 u. Kap. 19.2.8). Es kann deshalb angenommen werden, dass der Deutschunterricht bei der Thematisierung des Genres auf entsprechend positiven Rezeptionserfahrungen aufbauen kann.

13.1 | Geschichte des Genres

Definition: Das TV-Genre Sitcom, eine Abkürzung für ›Situation Comedy‹ (also etwa Situationskomödie), beschreibt audiovisuelle, für das Fernsehen mit dem vorrangigen Ziel der **Erheiterung der Zuschauer bzw. der Zuschauerinnen** produzierte, fiktionale, ca. 18–30-minütige Serien, deren Humor sich vor allem aus komischen Situationen und Dialogen speist. Charakteristisch für das Genre ist der *laugh track*, also aufgezeichnete Zuschauerreaktionen eines imaginären oder tatsächlich anwesenden Publikums. Die Sitcom ist eines der, wenn nicht das stabilste und beliebteste TV-Genre. Für die Genese der Sitcom sind drei Vorformen prägend:

- **Theatrale Vorformen:** Ein genretypisches Merkmal der Sitcom ist die Performativität, die aus der gleichzeitigen Anwesenheit von Darstellerinnen bzw. Darstellern und Publikum rührt und deren Ursprünge bis in die Blütezeit des US-amerikanischen Vaudeville, der britischen Music Halls und des Varieté-Theaters Ende des 19. und Anfang des 20. Jahrhunderts zurückreichen. Spezifisch für diese Vorformen der Sitcom war der Auftritt eines Künstlers bzw. einer Künstlerin vor einem Live-Publikum, dem er oder sie Erzählungen über komische Ereignisse oder Parodien in der Rolle einer fiktionalen Figur vortrug (vgl. Neale/Krutnik 1990, S. 182 f.).
- **Stummfilmkomödie:** Seit der Erfindung des Films waren komische Stoffe und Formate allgegenwärtig. Bereits 1895 antizipierten die Brüder Auguste und Louis Lumière in ihrem Kurzfilm L'Arroseur arrosé Elemente des späteren Slapsticks.

Vorformen der Sitcom

- **Comedian Comedy:** Mit dem Siegeszug des Rundfunks in den 1930er und 1940er Jahren wechselten etliche Comedians des Theaters zum Fernsehen. Da sich ihr Publikum so auf eine größere Zuhörerschaft ausdehnte, sahen sich die Künstlerinnen und Künstler gezwungen, immer wieder neues Material zu entwickeln und aufzuführen. Um diesen Anforderungen begegnen zu können, entwickelten sie Showkonzepte, die auf reproduzierbaren Situationen und charakteristischen Figuren basierten und vor allem Plots aufwiesen, die variiert und seriell wiederholt werden konnten, ohne langweilig zu werden.

Zur Vertiefung

THE JACK BENNY PROGRAM **als erste Comedian Comedy**

Eine Emanzipation der Fernsehformate von der Theaterbühne zeigt sich in der Sendung THE JACK BENNY PROGRAM (1950–1965). Während in deren Anfängen die Show noch einem Varieté mit Sketchen, Musikeinlagen und Werbeeinspielern glich, integrierte der Moderator Jack Benny zunehmend die unverbundenen Elemente zu einem kohärenten Schauspiel mit festem Ensemble, *running gags*, Standardsituationen und folglich hohem Wiedererkennungswert (s. Abb. 13.1). Neu war auch, dass Jack Benny seinen Namen mit seiner Figur teilte, da er die (angeblichen) Vorbereitungen für seine nächste Sendung zum Thema seiner Sketche machte und sich selbst in der Figur des Moderators verkörperte. Diese Tradition der Comedian Comedy (vgl. Seidman 1981; Mills 2009, S. 38) findet sich auch in der jüngeren Serienlandschaft: Sitcoms wie ROSEANNE (1988–1997, 2018) oder SEINFELD (1989–1998) zeigen ebenso Überschneidungen von Darstellerin bzw. Darsteller, Figur und Starpersona und verdeutlichen die lange Tradition komischen seriellen Erzählens.

Abb. 13.1: Jack Benny und sein Sidekick Rochester (Eddie Anderson) (CBS Television 1977)

Genrewandel: Mit der Zeit entwickelte sich die Sitcom weiter, erschloss sich **unterschiedliche Themengebiete und Zielgruppen**. Dies führte zu nennenswerten Unterschieden innerhalb des Formats, die unterschiedliche Ansätze der Typologisierung (vgl. z. B. Mitz 1980; Taflinger 1996; Amann 2012) zu fassen versuchen (s. Kasten).

Zur Vertiefung

Genrewandel und Typologie der Sitcom
- ab 1950: Es dominieren vor allem **Domcoms** (*domestic comedy*), also Familienserienkomödien, deren Situationen und Konflikte sich vor allem aus dem alltäglichen familiären Umfeld der gutverdienenden Mittelklasse speisen (z. B. I LOVE LUCY, 1951–1957; FATHER KNOWS BEST, 1954–1960).
- ab 1960: **Workcoms** entdecken den Arbeitsplatz als Handlungsort, ohne dass sich am Grundmuster der Sitcom etwas ändert, da nun die

Arbeitskollegen als »extended family« und als »[p]eople with problems like family relations« fungieren (Großkopf 1996, S. 245). **Fantastic Sitcoms** wie BEWITCHED, 1964–1972; I DREAM OF JEANNIE, 1965–1970; THE ADDAMS FAMILY (1964–1966) und THE MUNSTERS (1964–1966) entsprechen der Sehnsucht der 1960er Jahre nach Eskapismus und zauberhafter Problembewältigung (vgl. Reinhard 2006, S. 130).

- ab 1970: **Black Sitcoms** zeichnen sich durch ein vorrangig afroamerikanisches Ensemble aus (z. B. THE JEFFERSONS, 1975–1985; WHAT'S HAPPENING!!, 1976–1979).
- ab 1980: **Sitcoms über Singles und Freundschaften** (z. B. THE GOLDEN GIRLS, 1985–1992; FRIENDS, 1994–2004; SEINFELD, 1989–1998) sowie die **Dramedy** (*dramatic comedy*) mit ihrem Kontrast zwischen dramatischer Situation und komischer Verarbeitung (z. B. ALLY MCBEAL, 1997–2002) stehen im Mittelpunkt des Genres.
- ab 2000: Sitcoms mit **homosexuellen Serienfiguren** gewinnen an Popularität (z. B. WILL & GRACE, 1998–2006; BEWEGTE MÄNNER, 2003–2005; MODERN FAMILY, seit 2009).
- ab 2010: Vermehrt erscheinen Comedy-Serien, deren Handlung und Handlungsfeld von Zynismus, depressiver Grundstimmung und existenzieller Sehnsucht geprägt sind und als **Sadcom** (*sad comedy*) bezeichnet werden (vgl. Jaffe 2015). Hauptmerkmal ist die zynische, pessimistische Interaktion der Protagonisten und Protagonistinnen mit ihrer Um- und Lebenswelt als Resultat der Erkenntnis der eigenen Grenzen und Fähigkeiten (z. B. BOJACK HORSEMAN, seit 2014).

Ästhetik: Die traditionelle Sitcom ist durch eine intermediale Ästhetik gekennzeichnet. Sie ist **theatralisch** und performativ, weil sie oft vor Publikum aufgeführt wird bzw. aus der Tradition der Studiobühne heraus theatral geprägt ist. Sie ist **filmisch**, weil sich Szenen wiederholen und aus verschiedenen Blickwinkeln montieren lassen, und sie ist **televisuell**, weil das Spiel des Darstellers bzw. der Darstellerin nicht nur die anwesenden Zuschauerinnen und Zuschauer, sondern auch die Menschen vor den Fernsehgeräten zu adressieren hat (vgl. Becker 2008).

Traditionelle Sitcoms

Auf der visuellen und narrativen Ebene wird diese intermediale ästhetische Komplexität von der Anzahl der beim Dreh eingesetzten Kameras und der damit verbundenen Bandbreite der Kamerahandlungen bestimmt. Speziell für die Sitcom I LOVE LUCY etablierte der Kameramann Karl Freund in den 1950er Jahren ein **Multi-Camera-Setup**, ein Mehr-Kamera-Verfahren. Szenen müssen so nicht mehrmals aus verschiedenen Blickwinkeln mit nur einer Kamera gedreht werden, da pro Take drei bzw. später auch vier Aufnahmen verschiedener Kameras zur Auswahl stehen. Die Darstellung findet traditionell vor Live-Publikum statt und ist auf dieses und die durch es entstehende Dynamik ausgerichtet, weshalb sich Multi-Camera-Sitcoms durch eine von »signify liveness« (Butler 2010, S. 15) geprägte Ästhetik und durch eine lineare Erzählweise auszeichnen (s. Abb. 13.2).

Auch wenn die klassische Sitcom mehrfach für tot erklärt worden ist, pflegen populäre neuere Sitcoms wie TWO AND A HALF MAN (2003–2015),

13 Sitcom

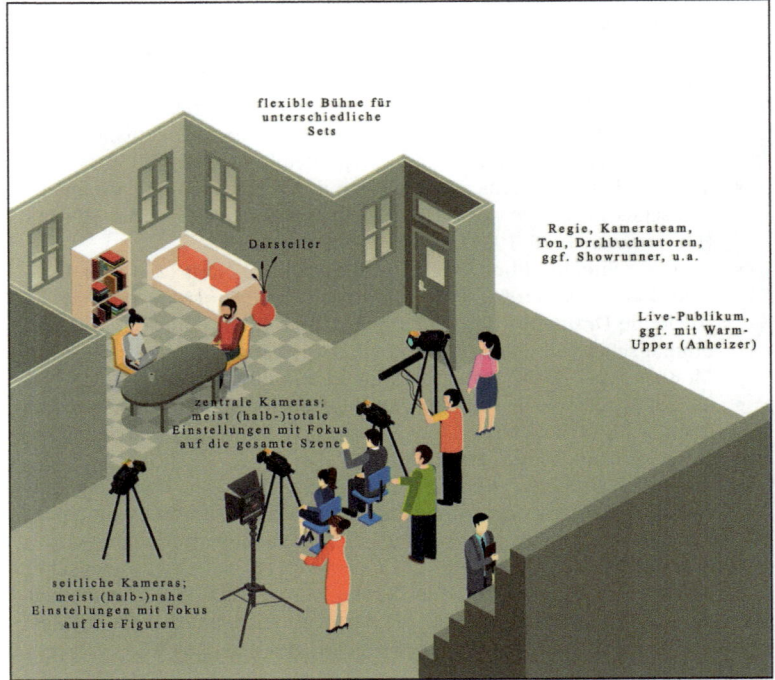

Abb. 13.2: Typisches Setup einer Multi-Camera-Sitcom (eigene Darstellung mit Illustrationen von Macrovector, https://www.freepik.com/macrovector)

FRIENDS, THE KING OF QUEENS (1998–2007) und THE BIG BANG THEORY (seit 2007) die Tradition des Multi-Camera-Setups beständig und festigen die damit verbundene Ästhetik neben dem komischen Inhalt und der seriellen Erzählstruktur als wichtige **genrebildende Komponente**.

Moderne Sitcoms

Moderne Sitcoms wie CURB YOUR ENTHUSIASM (seit 2000), ARRESTED DEVELOPMENT (2003–2006, seit 2013) NEW GIRL (seit 2011) und MODERN FAMILY verzichten auf den Dreh im Mehrkameraverfahren zugunsten eines sog. **Single-Camera-Setups**, einem Standardverfahren, das vor allem im Kino etabliert ist, aber auch schon in Sitcoms der 1950er und 60er Jahre wie LEAVE IT TO BEAVER (1957–1963) oder Ende der 1980er Jahre in THE WONDER YEARS (1988–1993) zum Einsatz kam. Hier werden Szenen mit nur einer Kamera gedreht, sodass für unterschiedliche Einstellungen und Perspektiven Kamera, Licht und Ton jeweils neu ausgerichtet werden müssen. Der Verzicht auf Livepublikum und auf die Bühnensituation eröffnet der Single-Camera-Sitcom die Möglichkeit, ›on location‹ zu drehen. Single-Camera-Sitcoms müssen nicht in gleichem Maße den Anspruch an direkten, unmittelbaren und schnellen Humor erfüllen, den ein Live-Publikum erwarten würde, sodass sich der Verlauf der Dialoge und Szenen nicht am Lachen der Zuschauerinnen und Zuschauer orientieren muss und der Humor häufig subtiler wirkt. Da auch kein Laugh Track die Pointen markiert, muss und kann jeder selbst entscheiden, welche Szenen und Dialoge komisch wirken.

Dramaturgie der klassischen Sitcom

Die einzelnen Episoden klassischer TV-Sitcoms weisen in ihrer Gesamtstruktur große Ähnlichkeiten untereinander auf, da sie weitgehend einem feststehenden dreiaktigen und zyklischen Aufbau aus Exposition, Konfrontation und Auflösung folgen.

1. Exposition: Im ersten Akt zu Beginn jeder Episode wird das Ausgangsproblem, in der Regel die Konfusion einer Alltagssituation (vgl. Großkopf 1996, S. 245), vorgestellt. Worin diese besteht, wird dem Zuschauer bzw. der Zuschauerin relativ schnell deutlich. Seit den 1990er Jahren beginnt die Exposition bei einigen Sitcoms mit einem sogenannten Cold Open, einer kurzen Vorszene vor dem eigentlichen Vorspann, die die Neugier des Publikums wecken und es am Um- oder Abschalten hindern soll. Manchmal führt dieser die Rezipientinnen und Rezipienten direkt in die Handlung ein, manchmal besteht der Cold Open aber auch nur aus einem ersten, vom Rest der Episode unabhängigen Sketch, der am Ende (meist direkt vor dem Outro, nur selten danach) in Form eines sogenannten Stingers erneut thematisch in einer letzten Pointe aufgegriffen werden kann.

2. Konfrontation: Der zweite Akt zeigt das Bestreben der Figuren, den in der Exposition etablierten Konflikt zu lösen, wobei sie ihn häufig ungewollt noch weiter verkomplizieren. Oft teilt sich die Haupthandlung in verschiedene Plots, den Haupt- oder A-Plot sowie ein bis zwei Subplots. Während in ersterem die Haupthandlung der Protagonisten und Protagonistinnen erzählt wird, bleibt der B- und ggf. der C-Plot der Nebenhandlung und den Nebenfiguren vorbehalten, die für inhaltliche Abwechslung und die zeitliche Situierung der Episode sorgen. Die Übergänge von einer Handlungslinie zur nächsten können durch kurze Unterbrechungen in Form einer Trick- oder Abblende oder anderer visueller und auditiver Interpunktionsmittel (wie das Atomteilchen bei The Big Bang Theory, die Establishing Shots der Sitcoms der 1990er oder die Überbrückungsmusik in The King of Queens, Seinfeld oder Scrubs, 2001–2010) strukturiert sein. Haupt- und Nebenplot können miteinander verbunden (Zopfdramaturgie) oder unabhängig voneinander erzählt werden. Da Single-Camera-Sitcoms auf eine größere Anzahl an Figuren und Drehorten und so auch auf eine größere Anzahl an Szenen zurückgreifen können, weisen sie häufig mehr und nicht selten gehaltvollere Subplots als Multi-Camera-Produktionen auf. Ist der Hauptplot vertikal, d. h. episodenübergreifend konzipiert, begünstigt das Rezeptionsformen wie das sog. Binge Watching, also das Konsumieren mehrerer Episoden nacheinander (s. Kap. 1.2.2).

3. Auflösung: In der traditionellen Sitcom gelingt es den Figuren nach ca. 22–30 Minuten (je nach Anzahl und Dauer der Werbeunterbrechungen), die Konfusion der Alltagssituation aufzulösen. Damit die folgende Episode nach einem ähnlichen Muster erzählt werden kann, ist es notwendig, den Status quo sowohl der Figurenkonstellation als auch der Grundsituation am Ende jeder Episode wiederherzustellen und zur Normalität zurückzukehren. Dies hat zur Folge, dass sich binnenepisodische

> Ereignisse weder auf die Figuren noch auf die folgenübergreifende Handlung substanziell auswirken. Aufgrund dieser zyklischen Erzählweise verzichtet die klassische Sitcom auf tiefgreifende dramaturgische Wendepunkte, wie sie etwa für Soap Operas charakteristisch sind. Den Status quo über einen längeren Zeitraum völlig unangetastet zu lassen, ist jedoch allenfalls animierten Sitcoms wie THE SIMPSONS (seit 1989) möglich, deren Figuren von Alterungsprozessen verschont bleiben.

Figuren: Im Mittelpunkt jeder klassischen Sitcom stehen einige wenige, in der Regel sympathische Hauptfiguren, zu denen das Publikum leicht Zugang findet und deren Persönlichkeit es sich schnell erschließen kann. Während einige Sitcoms vor allem auf eine Figur zugeschnitten sind (z. B. UNBREAKABLE KIMMY SCHMIDT, seit 2015), drehen sich andere Sitcoms wie z. B. FRIENDS um ein Figurenensemble, bei dem mehrere Charaktere gleichberechtigt nebeneinander stehen.

Da die Rezeptionshaltung der Zuschauerinnen und Zuschauer einer Sitcom vor allem auf Erheiterung ausgerichtet ist, müssen sich Sitcom-Figuren nicht durch vielschichtige dramatische Grundkonflikte und Mehrdimensionalität auszeichnen, sondern eher durch komisch wirkende, charakteristische **Überzeichnungen und Stereotypisierungen**, die die Figuren in ein kontrastreiches und so komisch wirkendes Wechselverhältnis zu ihrer Umwelt stellen und den Rezipienten bzw. die Rezipientin zum Lachen bringen (vgl. Eschke/Bohne 2010, S. 64). Trotz aller Stereotype müssen sie so komplex angelegt sein, dass die Zuschauerinnen und Zuschauer dem Grundkonflikt der Figuren folgen wollen und an der Wiederherstellung des Ausgangszustands einer Figur am Ende jeder Episode interessiert sind.

13.2 | Formen und Funktionsweisen von Komik

Um das Potenzial des Komischen der Sitcom didaktisch erschließen zu können, ist es hilfreich, die Mechanismen zur Erzeugung von Komik zu kennen, die sich – zumindest im Fall der traditionellen Sitcom – mit Hilfe dreier klassischer Humortheorien beschreiben lassen (vgl. Knop 2007, S. 45 ff.).

Humortheorien   1. **Überlegenheitstheorie:** Auf Plato geht die Annahme zurück, dass sich der Mensch vor allem in Situationen der eigenen Überlegenheit über ein schwächeres Gegenüber amüsiert. Man lacht nicht mit, sondern über Berthold ›Ernie‹ Heisterkamp aus STROMBERG (2004–2012), Chief Wiggum aus THE SIMPSONS oder Joey aus FRIENDS. Mitunter wird dem Rezipienten bzw. der Rezipientin diese Überlegenheit im Gewand der Ironie oder des Sarkasmus präsentiert.

2. **Inkongruenztheorie:** Lachen entsteht auch dann, wenn Zuschauererwartungen gezielt unterlaufen und gebrochen werden, indem etwa bestimmte Situationen, Kontexte bzw. Vorstellungsbereiche in einer unerwarteten und somit komischen Weise kombiniert werden.

13.2 Formen und Funktionsweisen von Komik

Erwartungsbruch durch intermediale Bezüge und Zitate

In der Episode DIE HERREN DES RINGS (S03 E17) von THE BIG BANG THEORY spielt die destruktive, manipulative und besitzergreifende Macht des Rings aus Tolkiens *Der Herr der Ringe* (1954) eine essentielle Rolle (s. Abb. 13.3). Nur wer diese Anspielung erkennt, versteht die Reflexivität des Witzes, die die Darsteller durch ihr unerwartetes Spiel erzeugen.

Zur Vertiefung

Abb. 13.3: Das ironische Spiel des intermedialen Zitats: THE BIG BANG THEORY (S03 E17, 00:04:13) trifft *Der Herr der Ringe*

3. Entspannungstheorie: Lachen ermöglicht darüber hinaus eine innere Distanzierung zu prekären Themen und Situationen, die innerpsychisch nur schwer zuzulassen sind. Der Humor der Serie STROMBERG etwa speist sich in weiten Teilen daraus, dass Bernd Stromberg als Protagonist gesellschaftliche Tabus bricht. Er macht seine Witze gezielt auf Kosten sozial Benachteiligter oder auf Kosten von Minderheiten. Was der Zuschauer oder die Zuschauerin dabei als komisch empfindet, ist jedoch nicht die Diskriminierung, sondern Strombergs Scheitern an fundamentalen zwischenmenschlichen Verhaltensnormen. Indem wir uns über seine fragwürdigen Werthaltungen und Einstellungen amüsieren, distanzieren wir uns von derartigen Gedanken und verarbeiten diese zugleich.

Wort- und Dialogwitz: Dialoganalysen zeigen, dass ein Kommunikationsbeitrag einer Sitcom-Figur selten mehr als drei bis vier Zeilen im Drehbuch umfasst, bevor ein Sprecherwechsel stattfindet. Wenn die Gags so schnell erfolgen, dass sie sich in nur einer Drehbuchzeile unterbringen lassen, spricht man von sogenannten ›**Onelinern**‹. Diesen begrenzten Raum müssen die Drehbuchautorinnen und -autoren bzw. die Schauspielerinnen und Schauspieler nutzen, um möglichst viele Lacher zu generieren, um der Erwartung des Publikums nach andauernder Erheiterung zu entsprechen. Als Standard gilt heute, mindestens drei Pointen auf einer Drehbuchseite unterzubringen (vgl. Meyer 2012). Der traditionelle Sitcom-Witz folgt dabei einem weitgehend festen Aufbau aus Einführung (Set-Up), Pointe (Punchline) und Nachtrag (Tag), der zum nächsten Lacher überleitet, die Pointe mit der Handlung verbindet und diese so vorantreibt.

Running Gags: Für die Komik einer Sitcom sind konstante serielle Elemente wie immer wiederkehrende humoristische Verhaltensweisen, Ereignisse oder Situationen prägend. Als Auslöser fungieren die Figuren, deren spezifische Running Gags zum Markenzeichen werden und beim Rezipienten bzw. bei der Rezipientin eine heitere Erwartungshaltung auslösen: Setzt sich in THE BIG BANG THEORY jemand auf Sheldons Platz auf dem Wohnzimmersofa, freut man sich auf seine pikierte Reaktion, und in HOW I MET YOUR MOTHER (2005–2014) wartet der Zuschauer bzw. die Zuschauerin auf schallende Ohrfeigen, die Barney aufgrund einer verlorenen Wette immer wieder kassiert. Oft werden Running Gags auch als

Catch Phrases realisiert, also in Form kurzer und spezifischer Ausrufe oder Sätze einzelner Figuren. In Momenten des Triumphs ruft Sheldon »Bazinga!«, Joey drückt sein Interesse an Frauen in der Serie Friends mit einem anzüglichen »How you doin'?« aus und Alf goutiert gelungene Witze in Alf (1986–1990) mit einem eruptiven »Ha! I kill me!«.

13.3 | Sitcomanalyse am Beispiel von The Big Bang Theory

Figuren

Serienhandlung: The Big Bang Theory ist eine US-amerikanische Sitcom der Produzenten und Drehbuchautoren Chuck Lorre und Bill Prady, die seit 2007 auf dem US-Fernsehsender CBS ausgestrahlt wird. Im Zentrum der bislang zwölf Staffeln stehen vier überdurchschnittlich begabte Wissenschaftler: Sheldon Lee Cooper (Jim Parsons), Leonard Hofstadter (Johnny Galecki), beide Mitbewohner derselben Wohngemeinschaft, und deren allgegenwärtige Freunde Howard Wolowitz (Simon Helberg) und Rajesh ›Raj‹ Koothrappali (Kunal Nayyar). Die Serie inszeniert die Figuren als stereotype Nerds, also als hochintelligente junge Männer, die sich enthusiastisch für Technologie, Science Fiction, Rollenspiele und Comics begeistern können, aber grundlegende soziale Defizite aufweisen. Die hervorstechendste Figur ist dabei Sheldon, ein brillanter, aber durch und durch neurotischer, pedantischer und zwanghafter Physiker mit autistischen Zügen. Zwischenmenschliche Beziehungen auf emotionaler Ebene sind ihm fremd, auf Veränderungen in seinen festen Routinen reagiert er aufgebracht. Aufgrund seines logischen und rationalen, maschinell anmutenden Verhaltens und aufgrund seiner Emotionslosigkeit und Humorresistenz erinnert Sheldon an die Charaktere Spock und Data aus den Star Trek-Reihen, einer Serie, die häufig in The Big Bang Theory thematisiert wird. Da Sheldon innerhalb der Fangemeinde als eine der beliebtesten Figuren gilt, erstaunt es nicht, dass der US-amerikanische Sender CBS auf die Idee von Jim Parsons hin Sheldons Kindheit im Spin Off Young Sheldon (seit 2017) verarbeitet.

Leonard Hofstadter ist zwar ebenso als Nerd konzipiert, zeichnet sich aber durch ein höheres Maß an sozialer Kompetenz und ein größeres Interesse an zwischenmenschlicher Interaktion aus, das vor allem in Annäherungsversuchen zur Nachbarin Penny (Kaley Cuoco) besteht. Bei dieser handelt es sich um eine junge Frau, die den amerikanischen Traum von einer Karriere als Schauspielerin träumt, mangels Erfolg aber zunächst als Kellnerin arbeitet. Penny wird, vor allem zu Beginn der Serie, als naive und weit weniger intelligente, dafür aber umso attraktivere und emotional-empathische Protagonistin ebenfalls stereotypisiert. Sowohl hinsichtlich ihres Verhaltens, ihrer Interessen und ihres Auftretens bildet Penny das Gegenstück zu den vier Wissenschaftlern, deren Leben sie gründlich auf den Kopf stellt. Ihr Erscheinen in der Pilotfolge wirkt auf Sheldon, Leonard, Howard und Raj wie der Urknall, der Big Bang, aus dem heraus sich die Geschichte entwickelt (vgl. Hornberger 2015, S. 232; Ruf 2015, S. 52).

Ästhetik und Dramaturgie: THE BIG BANG THEORY ist eine klassische Sitcom, die im Multi-Camera-Verfahren und vor Live-Publikum gedreht wird. Ein Großteil der Szenen spielt in der WG von Sheldon und Leonard, insbesondere im Wohnzimmer mit der für Sitcoms obligatorischen Couch. Zum Teil wird die Handlung auch in die Wohnungen der anderen Protagonisten bzw. der Protagonistin, in das Treppenhaus, den Comicladen und die Universität verlegt.

THE BIG BANG THEORY folgt einer dreiaktigen, zyklischen Struktur, deren Sequenzen durch eine Abblende in Form eines animierten Atoms unterteilt werden. Der Status Quo wird am Ende jeder Episode wiederhergestellt, allerdings entwickelt sich THE BIG BANG THEORY im Laufe der Zeit von einer Nerd-Comedy hin zu einer Sitcom, die Freundschaft und Beziehung in den Mittelpunkt stellt. Zwar tragen Sheldon, Leonard, Raj und Howard über alle Staffeln hinweg die Charakterzüge von Nerds, doch vollziehen sie aufgrund neuer Figurenkonstellationen und episodisch übergreifender Handlungsstränge tiefgreifende Charakterentwicklungen: Raj legt seine Angst ab, mit und vor Frauen zu sprechen, Howard durchläuft einen Wandel vom Schürzenjäger zum halbwegs selbst- und bodenständigen Ehemann der Mikrobiologin Bernadette Rostenkowski (Melissa Rauch). Penny gelingt der Wandel von der Kellnerin zur selbstbewussten Pharmareferentin, und selbst Sheldon durchläuft einen Entwicklungsprozess, der ihn schließlich dazu befähigt, eine Beziehung mit der Neurobiologin Amy Farrah Fowler (Mayim Chaya Bialik), die ebenfalls von Staffel zu Staffel weniger holzschnittartig wirkt, einzugehen und ein Gespür für Humor zu entwickeln.

Komik: THE BIG BANG THEORY schöpft die Pointen vor allem aus Kontrasten: Zum einen sind dies Kontraste, die unter den fünf Hauptfiguren herrschen, zum anderen solche, die die vier Nerds zu ihrer Umwelt aufweisen. Diese Gegensätze führen dann zu Situationskomik, wenn sich die vier Freunde aufgrund ihres Unvermögens, Alltagssituationen im herkömmlichen Sinne zu meistern, situationsunangemessen verhalten und die zu lösenden Konflikte zusätzlich verkomplizieren.

Schwerpunktverschiebung

Figurencharakterisierung und Humor in THE BIG BANG THEORY

Beispielanalyse

Neben den so entstehenden Erwartungsbrüchen sind es auch die stereotypen Charakterzeichnungen, die den Rezipienten bzw. die Rezipientin zum Lachen bringen sollen. Der lange Zeit notorisch auf der Suche nach sexueller Erfüllung stets scheiternde Howard, der neurotische, schonungslos direkte Sheldon, der um gelingende soziale Interaktion ungeschickt bemühte Leonard und der über sechs Staffeln hinweg selektiv mutistische Raj und seine scheinbar homosexuellen Stereotypen bieten hierfür eine breite Projektionsfläche. Identifikationsfigur für den Zuschauer bzw. die Zuschauerin ist dabei Penny, die ihre Verwunderung über das Verhalten ihrer vier Freunde quasi stellvertretend für den Rezipienten bzw. die Rezipientin verbal und nonverbal zum Ausdruck bringt. Die Dialoge der Figuren werden bestimmt von Wortwitz, schlagfertigen Pointen und Ironie und Sarkasmus. Intermediale Bezüge zu bestimmten Bereichen der Populärkultur erzeugen ebenso komische Situationen wie

– für den Eingeweihten – die vielen authentischen wissenschaftlichen Referenzen, die originell mit der Handlung und den Dialogen verwoben werden. THE BIG BANG THEORY setzt zudem auf eine Reihe von Running Gags, die vor allem mit Sheldon verknüpft sind: sein Zwang zum dreimaligen Klopfen an Türen, das Beharren um seinen festen Platz auf der Couch, sein stetes Bemühen um das Verstehen von Sarkasmus, seine Catch Phrase »Bazinga!« im Augenblick des Triumphs usw.

Verhandlung von Normalität

Thema Außenseitertum: THE BIG BANG THEORY leistet v. a. durch das Personal einen Beitrag zum Diskurs über Normalität und Außenseitertum. Während das Außenseitertum in der Serie durch die vier Wissenschaftler verkörpert wird, personalisiert Penny die Normalität. Stetig werden in humorvollen Settings Norm- und Wertvorstellungen thematisiert und hinterfragt, jedoch ohne dass dies einseitig zu Lasten der männlichen Hauptfiguren geht. Denn das, was Penny als negative Abweichung von der Normalität wahrnimmt und womit die Serie Komik erzeugt, bewerten die Protagonisten entweder als Normalzustand bzw. als positive Abweichung davon. Die vier Wissenschaftler kennen ihre individuellen Werte und Normen und akzeptieren gegenseitig ihre schrulligen Verhaltensweisen und Interessen völlig selbstverständlich. Nur vereinzelt scheinen die Protagonisten unter der Zuschreibung ›Nerd‹ zu leiden, am ehesten Leonard, der unter Drogeneinfluss bekennt: »I hate my name. It has ›nerd‹ in it. Len-nerd.« (S03 E08, 00:10:17). Insgesamt aber verwenden sie die Zuschreibung ›Nerd‹ selbstironisch oder verstehen sie als Kompliment, indem sie sich als Teil einer exklusiven Gemeinschaft mit herausragenden Qualitäten verstehen. Der eher negativ konnotierte Stereotyp erfährt in THE BIG BANG THEORY hierdurch eine positive Umdeutung.

»Es werden in der Serie also zwei Kategorien von Normalität entwickelt und miteinander konfrontiert: Die Normalität Pennys und die Normalität des Nerd-Freundeskreises. Damit stellt die Sitcom TBBT auf einer dritten Ebene die Frage nach der Kategorie ›normal‹ als solcher.« (Hornberger 2015, S. 235)

Schülerinnen und Schüler können diese Verhandlung von Normalität als subjektiv bedeutsam erfahren. Gerade für jüngere Zuschauerinnen und Zuschauer, die sich in der Phase der Adoleszenz intensiv mit den Fragen auseinandersetzen, was normal ist und was nicht, welchen gesellschaftlichen Stellenwert Normalität hat, wie die eigene Identität mit abweichenden Gruppenidentitäten harmoniert oder kollidiert, wie damit einhergehende gruppenspezifische Rollenverteilungen immer wieder verhandelt werden müssen und welche Konsequenzen sich aus Abweichungen von gesellschaftlich etablierten Normen ergeben, kann die Reflexion über die in THE BIG BANG THEORY thematisierten und (natürlich überzeichneten) (Ab-)Normalitätsentwürfe identitätsstiftend sein.

13.4 | Filmdidaktische Überlegungen

Komik und Humor: Es scheint paradox – wir sehen Serien wie FRIENDS, TWO AND A HALF MEN und WILL & GRACE, weil wir sie als unterhaltsam und lustig empfinden, doch nur selten bringt uns das Genre wirklich dazu, laut zu lachen. Woran das liegt, lässt sich im Unterricht anhand von folgenden Fragen reflektieren (auch anhand von Beispielen auf Videoportalen wie YouTube): Wie oft lachst Du beim Ansehen von Sitcoms? Wie wirken Sitcoms, wenn das Konservenlachen entfernt wird? Wie verändert das Hinzufügen eines Laugh Tracks die Rezeption einer Serie, bei der es sich um keine Sitcom handelt?

Die Reflexion kann Lernenden die Erfahrung ermöglichen, dass das Lachen nicht nur eine emotionale Reaktion auf eine Pointe darstellt, sondern auch eine deutliche **kommunikative und interaktive Komponente** aufweist: Man lacht selten alleine, umso häufiger aber in der Gruppe. Diese animiert uns zum Mitlachen und befreit uns von der Verantwortung, Situationen selbst als komisch und als gesellschaftlich unproblematisch interpretieren zu müssen (vgl. Mills 2009, S. 81). Da jedoch selten in Gruppen ferngesehen wird, kompensiert in der klassischen Sitcom ein Laugh Track die fehlende Gemeinschaftlichkeit. Wird er dagegen entfernt, werden manche Sitcom-Szenen mitunter überhaupt nicht als komisch identifiziert.

Humor als soziales Ereignis

Auch die **Dynamik der Theatralität** der Sitcom wird deutlich, wenn das Konservenlachen getilgt wird. Denn jedes herzhafte Lachen eines tatsächlichen oder mitgedachten Live-Publikums unterbricht die Kommunikation zwischen zwei oder mehreren Figuren und zwingt die Schauspielerinnen und Schauspieler zur Anpassung ihres Gesprächsverhaltens an die damit verbundenen Gegebenheiten, indem sie bewusste Pausen setzen, die in normalen Kommunikationssituationen künstlich wirken würden.

Welche Herausforderungen dies für die **Synchronisation** einer Sitcom ins Deutsche darstellt, da die Pointen in der Übersetzung nicht deckungsgleich mit der Originaltonspur sind, wird deutlich, wenn im Unterricht das Original mit der übersetzten Fassung verglichen wird. Behielte man den Einsatz des Original-Gelächters auch in der synchronisierten Fassung unverändert bei, würden die Reaktionen des Live-Publikums im Verhältnis zu den Pointen unter Umständen zeitversetzt erscheinen.

Serialität erkennen: Ein Ziel des Deutschunterrichts ist es, den Lernenden die Reflexionsfähigkeit eines **kritischen Zuschauers** bzw. einer kritischen Zuschauerin zu ermöglichen (s. Kap. 3.1). Eine solche kritische Rezeption verharrt nicht naiv beim Inhalt der Darstellung. Der Rezipient bzw. die Rezipientin ist nicht das »Opfer der Strategien des Autors, der ihn [bzw. sie] Schritt für Schritt durch eine Reihe von Voraussagen und Erwartungen führt« (Eco 1988, S. 168), sondern er bzw. sie versteht die Serie in ihrer Serialität als ästhetisches Produkt, das sich bestimmten Darstellungs- und Variationsstrategien bedient, die er bzw. sie aufmerksam wahrnehmen, reflektieren und genießen kann.

Zu Beginn der Arbeit mit Sitcoms empfiehlt es sich, zunächst auf Multi-Camera-Sitcoms zurückzugreifen: Deren konsistenter und serienübergreifend vergleichbarer Aufbau und die allenfalls langsame Entwicklung der Serienfiguren ermöglicht Schülerinnen und Schülern erste Einblicke in die **prototypische Dramaturgie** des Genres und hilft ihnen, die **zyklische Erzählweise** der Sitcoms zu reflektieren. Die seriellen Wiederholungen der Struktur erleichtern Schülerinnen und Schülern den Erwerb narrativer Kompetenz über das Erkennen des Status und der Dynamik fiktionaler Weltmodelle und der damit einhergehenden narrativen Strukturen und Sitcom-spezifischen Erzähldramaturgie, aber auch über das Erkennen etwaiger Abweichungen von dieser Serialität, die entsprechend als Spezifikum der einzelnen Episode gewertet werden können.

Wert der Redundanz

Dass gerade die traditionelle Sitcom keine ausgewiesene filmästhetische Komplexität aufweist, steht einer Beschäftigung mit ihrer Ästhetik nicht im Wege. Gerade für filmunerfahrenere Schülerinnen und Schüler können die durch das Aufnahmeverfahren bedingte **Komplexitätsreduktion** und die **Redundanz** der Sitcom hilfreich sein, einzelne Wirkungen der Kamerahandlungen zu beobachten und in ihrer Funktion zu hinterfragen, um so narrative Kompetenz aufzubauen (vgl. Schultz-Pernice 2016). Die Auseinandersetzung mit Multi-Camera-Sitcoms ermöglicht auf diese Weise einen schnellen, kompetenten und gewinnbringenden Umgang mit der Struktur eines gesamten (Sub-)Genres. Die Erweiterung des Unterrichtsgegenstands durch Single-Camera-Sitcoms dient der Progression und ermöglicht den Schülerinnen und Schülern gerade in der Gegenüberstellung der zwei Kameraverfahren einen erleichterten Zugang zu dem oft schwerer zugänglichen Bereich einer filmischen und dadurch facettenreicheren Ästhetik.

Zur Vertiefung

Intermedialer Vergleich verschiedener Kamera-Setups

Exemplarisch lassen sich die Unterschiede in der Ästhetik und Erzählweise von Single- und Multi-Camera-Setups mit Schülerinnen und Schülern an der Episode MY LIFE IN FOUR CAMERAS (S04 E17) der Serie SCRUBS erarbeiten. Der Protagonist, der Arzt Dr. John Michael ›J. D.‹ Dorian, muss in dieser Episode seinem Patienten Charles James, dem Drehbuchautor der Sitcom CHEERS (1982–1993), die Diagnose Lungenkrebs mitteilen. In einer für SCRUBS typischen eskapistischen Tagtraum- bzw. Phantasiesequenz stellt sich J. D. vor, seine Arbeit sei eine Sitcom, in der mit solch schwierigen Situationen in einer lustigen Leichtigkeit umgegangen werden würde. Ab diesem Moment ändert sich die Ästhetik der Episode: Im Gegensatz zum eigentlichen Single-Camera-Setup wird die Phantasiereise als Multi-Camera-Show realisiert.

Die Rezeption dieser Episode ermöglicht den Lernenden eine direkte Gegenüberstellung beider Setups, deren Spezifika aufgrund der ästhetischen Transformation in der Traumsequenz und an den entsprechenden Bruchstellen deutlich zum Vorschein kommen. Da die Merkmale der klassischen Sitcom ironisch überspitzt dargestellt werden, lassen sich auf einer Metaebene Genretradition und -zugehörigkeit diskutieren. Im intermedialen Vergleich können die Schülerinnen und Schüler die aus der Bühnenatmosphäre vor Livepublikum, aus dem entsprechenden Laugh Track und aus dem Studioapplaus resultierende Performativität, die verstärkt stereotypisch wirkenden Charakterzeichnungen der einzelnen Figuren, den weniger naturalistischen Look, den grobschlächtigeren Humor und die gekünstelt wirkende Handlung samt den typischen Dialogpausen während des Gelächters erörtern. Sie können die unterschiedlichen Wirkungen und Funktionen reflektieren, die verschiedene Kameraverfahren erfüllen, und erkennen, dass in Scrubs – trotz des eigentlichen Verzichts auf einen Laugh Track – Pointen auditiv markiert werden, indem immer dann markante Soundeffekte wie das Scratchen einer Schallplatte, ein Wischer (Whoosh-Effekt) und kurze musikalische Einspieler der Tonspur hinzugefügt werden, wenn in klassischen Sitcoms das Einsetzen des Konservenlachens zu erwarten wäre.

Reflexion der eigenen Serienrezeption: Reflektieren Schülerinnen und Schüler die Stellung der Sitcom in der deutschen Fernsehlandschaft, gewinnen sie Einblicke auf **finanziell-ökonomischer, kultureller und rezeptionsästhetischer Ebene**: Gibt es beliebte Sitcoms in der Klasse – welche sind das und warum? Was findest Du persönlich lustig an der Sitcom? Welche Unterschiede gibt es eurer Meinung nach zwischen US-amerikanischen Sitcoms und Sitcoms aus anderen Ländern?

Über die Auseinandersetzung mit den eigenen Sehgewohnheiten kann es Lernenden gelingen, individuelle Rezeptionsmuster zu durchleuchten und die Frage nach Authentizität und Originalität als Voraussetzungen für ein gelungenes Rezeptionserlebnis zu formulieren. Am Beispiel deutscher Adaptionen US-amerikanischer Sitcoms (wie Hilfe, meine Familie spinnt (1992) nach dem US-amerikanischen Vorbild Married . . . with Children (1987–1997)) können sie erkennen, welche engen intermedialen Bezüge zwischen Original und Kopie bestehen, dass etwa ganze Originaldrehbücher samt Handlung, Set, Dialogen, ja selbst Mimik und Gestik identisch auf das deutsche Format übertragen werden sollten. Sie hinterfragen die Mechanismen der Vermarktungskontexte, in denen Fernsehserien eher als Rahmen für Werbeunterbrechungen und weniger als Kunst verstanden werden, ebenso wie die Bedeutung kultureller und konzeptioneller Unterschiede.

13.5 | Unterrichtspraktische Vorschläge zu The Big Bang Theory

Die Arbeit mit Sitcoms sollte – wie bei allen anderen Genres auch – den Schülerinnen und Schülern neben analytischen auch ästhetische Zugänge eröffnen, wofür sich unter anderem handlungs- und produktionsorientierte Verfahrensweisen anbieten, die mit analytischen Auseinandersetzungen kombiniert werden können.

Erschließen der Narration und der Dramaturgie (analytischer Zugang): Vergleich verschiedener Episoden im Hinblick auf Erzählstruktur und -dramaturgie. Analyse der Handlungslinien einer TBBT-Episode (aus verschiedenen Staffeln) nach Wahl der Schülerinnen und Schüler, Darstellung der Ergebnisse in einem vorgegebenen Schema (s. als Beispiel Abb. 13.4). Vergleich der Ergebnisse (nach Chronologie der Staffeln) im Plenum im Hinblick auf Gemeinsamkeiten und Unterschiede. Diskussion der Funktion und Wirkung der Dramaturgie sowohl für die jeweilige Episode als auch episodenübergreifend.

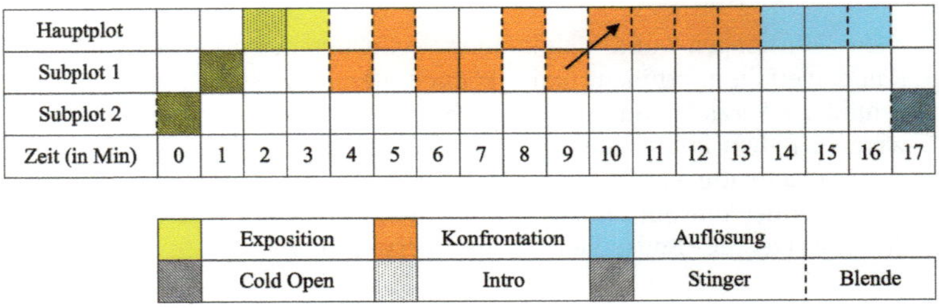

Abb. 13.4:
Dramaturgie der
THE BIG BANG THEO-
RY-Episode DIE TÖD-
LICHE MORTADELLA
(S09 E21) (eigene
Darstellung)

Hauptplot																	
Subplot 1																	
Subplot 2																	
Zeit (in Min)	0	1	2	3	4	5	6	7	8	9	10	11	12	13	14	15	16	17

	Exposition		Konfrontation		Auflösung	
	Cold Open		Intro		Stinger	Blende

Leitfragen: Wie ist die Episode dramaturgisch aufgebaut (Exposition, Konfrontation, Auflösung)? Welche seriellen Elemente (Cold Open, Stinger, Cliffhanger, Interpunktionsmittel usw.) gibt es? Welche Zeitpunkte sind für Werbeunterbrechungen besonders geeignet?

Erschließen der Narration und der Dramaturgie (handlungs- und produktionsorientierter Zugang): Entwicklung der dramatischen Struktur für eine eigene TBBT-Episode und Verfassen eines Exposés. Überarbeitung der Ergebnisse in Schreibkonferenzen, anschließend Transformation einer ausgewählten Sequenz des Exposés in ein grob skizziertes Storyboard. Filmische Umsetzung einer kurzen Szene aus einem der Storyboards (experimentell mit Multi-Camera- und Single-Camera-Setups). Präsentation und Reflexion der Ergebnisse im Plenum.

Leitfragen (für die Erstellung des Exposés): Welches Thema soll eure TBBT-Episode behandeln? Vielleicht behandelt ihr ja gerade im Physikunterricht ein Thema, das sich als Aufhänger für die Episode metaphorisch ins Bild setzen lässt? Wie kann das Thema dramaturgisch umgesetzt werden (Exposition, Konfrontation, Auflösung)? Welche seriellen Elemente (Cold Open, Stinger, Cliffhanger, Interpunktionsmittel usw.) sollen in der Episode vorkommen?

13.6 | Anregungen für eine Leistungsüberprüfung in der Sekundarstufe I

Dieser Vorschlag für eine Leistungskontrolle für die Sekundarstufe I fordert von den Lernenden genrespezifisches Wissen, genrespezifische Filmerschließungskompetenzen und Reflexionsvermögen der eigenen Sehgewohnheiten.

Aufgaben:
1. Nenne generelle Merkmale einer Sitcom und erläutere mit einem Beispiel, inwiefern die Sitcom ein traditionsreiches Genre ist.
2. Wähle eine Sitcom aus, die Du selbst gerne schaust. Belege mit Beispielen, warum es sich um eine Sitcom handelt. Gehe dabei auf die Figuren, den Aufbau, die Art des Kameraeinsatzes und den Humor ein.
3. Beurteile: Was macht eine gute Sitcom für dich aus?

Primärliteratur
SCRUBS – DIE ANFÄNGER (SCRUBS). 9 Staffeln. Creator: Bill Lawrence. USA 2001–2010. DVD: Touchstone.
THE BIG BANG THEORY. 12 Staffeln. Creator: Chuck Lorre/Bill Prady. USA 2007. DVD: Warner Home Video.

Sekundärliteratur
Amann, Caroline: »Sitcom: Untergruppen«. In: *Lexikon der Filmbegriffe*, 13.10.2012, http://filmlexikon.uni-kiel.de/index.php?action=lexikon&tag=det&id=4528 (11.2.2019).
Becker, Christine: »Acting for the Cameras. Performing in the Multi-Camera Sitcom«. In: *Mediascape. UCLA's Journal of Cinema and Media Studies* (2008), http://www.tft.ucla.edu/mediascape/Spring08_ActingForTheCameras.html (11.2.2019)
Butler, Jeremy G.: *Television Style*. New York 2010.
CBS Television: »Photo of Jack Benny and Eddie Anderson as Rochester from a 1977 special about Jack Benny's earlier television series. The special used clips from earlier Benny shows« (15.7.1977), https://commons.wikimedia.org/wiki/File:Jack_Benny_Eddie_Anderson_Jack_Benny_Program.jpg (22.2.2018).
Eco, Umberto: »Die Innovation im Seriellen«. In: Ders. (Hg.): *Über Spiegel und andere Phänomene*. München: 1988, S. 155–180.
Eschke, Gunther/Bohne, Rudolf: *Bleiben Sie dran! Dramaturgie von TV-Serien*. Konstanz 2010.
Großkopf, Monika: »Falling for Grace. Berufstätige Frauen und Mütter in den US-Sitcoms der 90er Jahre«. In: Christiane Hackl/Elizabeth Prommer/Brigitte Scherer (Hg.): *Models und Machos. Frauenbilder in den Medien*. Konstanz 1996, S. 243–276.
Hornberger, Barbara: »Verhandlungen über Nerds und Normalität in THE BIG BANG THEORY«. In: Julius Othmer/Andreas Weich (Hg.): *Medien – Bildung – Dispositive. Beiträge zu einer interdisziplinären Medienbildungsforschung*. Wiesbaden 2015, S. 221–241.
Jaffe, Jenny: »The Rise of the Sadcom«. In: *Vulture* (2015), http://www.vulture.com/2015/09/rise-of-the-sadcom.html (11.2.2019).
Knop, Karin: *Comedy in Serie. Medienwissenschaftliche Perspektiven auf ein TV-Format*. Bielefeld 2007.
Meyer, Heinz-Hermann: »oneliner«. In: *Lexikon der Filmbegriffe*, 13.10.2012, http://filmlexikon.uni-kiel.de/index.php?action=lexikon&tag=det&id=6015 (11.2.2019).
Mills, Brett: *The Sitcom*. Edinburgh 2009.
Mitz, Rick: *The Great TV Sitcom Book*. New York 1980.
Neale, Steve/Krutnik, Frank: *Popular Film and Television Comedy*. London 1990.
Reinhard, Elke: *Warum heißt Kabarett heute Comedy? Metamorphosen in der deutschen Fernsehunterhaltung*. Berlin 2006.
Ruf, Oliver: Technologie, Techniktheorie und Technikdiskurse im populären US-amerikanischen TV-Serienformat »The Big Bang Theory«. In: Andreas Hirsch-Weber/Stefan Scherer (Hg.): *Technikreflexionen in Fernsehserien*. Karlsruhe 2015, 41–60.
Schultz-Pernice, Florian: »Narrative und normative Probleme des seriellen Erzählens und ihr Potenzial für den Aufbau narrativer Kompetenzen und die Wertebildung«. In: Petra Anders/Michael Staiger (Hg.): *Serialität in Literatur und Medien*. Bd. 1: *Theorie und Didaktik*. Baltmannsweiler 2016, S. 42–55.
Seidman, Steve: *Comedian Comedy. A Tradition in Hollywood Film*. Ann Arbor 1981.
Taflinger, Richard F.: Sitcom: What It Is, How It Works (1996), http://public.wsu.edu/~taflinge/sitcom.html (11.2.2019).

Christian Albrecht

14 Kinderserie

14.1 Animationsserien für Kinder
14.2 Der Anime als Subgenre des Animationsfilms
14.3 Analyse einer Animationsserie am Beispiel von Wickie und die starken Männer
14.4 Filmdidaktische Überlegungen
14.5 Unterrichtspraktische Vorschläge zu Wickie und die starken Männer

14.1 | Animationsserien für Kinder

Ein häufiges audiovisuelles Format seriellen Erzählens ist die Filmgattung Animationsfilm. Wie beim Comic geht es vor allem beim Anime (Definition s. unten), der tatsächlich auf dem Akt des Zeichnens basiert, um die rasche Reproduzierbarkeit gezeichneter Figuren. Am besten geeignet sind in diesem Zusammenhang solche Figuren, die bei **hohem Wiedererkennungseffekt** gleichzeitig leicht zu zeichnen und zu variieren sind. Diesem Merkmal ist eine Verwandtschaft mit dem seriellen Erzählen (s. Kap. 12.1) immanent; so lässt sich narrativ gewendet umformulieren: Optimal beim seriellen Erzählen sind solche Figuren, die bei hohem Wiedererkennungseffekt gleichzeitig leicht zu schildern wie auch erzählerisch zu variieren sind, zum Beispiel aufgrund origineller Merkmale oder ihres archetypischen Charakters. Dies gilt vor allem für die Animationsserien für Kinder.

Kinderfernsehen: Zahlreiche Serien dieses Formates sind Bestandteil der Kinderprogramme auf Free-TV- oder Pay-TV-Sendern. 2D- und 3D-Animation (s. u. sowie Kap. 5.2) stehen gleichberechtigt nebeneinander. Serien wie Pettersson und Findus (2000–2012), Lauras Stern (2002–2011), Yakari (seit 2005) oder Der kleine Rabe Socke (2016–2017) sind 2D-Animationen. Einige der beliebtesten Anime-Serien wurden teilweise in 3D-Animation neu aufgelegt, so Die Biene Maja (2013–2017), Heidi (2015) oder Wickie und die starken Männer (2014). Weitere Beispiele für 3D-Animationen sind etwa Super Wings (seit 2015), eine Serie rund um eine Gruppe anthropomorphisierter Flugzeuge, analog zu amerikanischen Filmreihen wie Cars (USA 2006–2017) oder Planes (2013). Tashi (2014–2015) ist eine Serie über die Abenteuer zweier Jungen in einer phantastischen Parallelwelt im antiken China. Mascha und der Bär (seit 2009) erzählt von den vergnüglichen Verwüstungen, die ein kleines Mädchen im Alltag eines friedliebenden Bären anrichtet, wobei an literarische Vorbilder wie Alan Alexander Milnes *Pu der Bär* (1926) und die archetypische Konstellation aus einem gutmütigen großen Bruder und einer lästigen, aber liebenswerten kleinen Schwester erinnert wird.

Bekannte TV-Serien

Stoffe: Die Beliebtheit der genannten Serienproduktionen resultiert aus dem **Klassikerpotenzial** ihrer Serienstoffe: Das Potenzial liegt vor allem in den prägnanten Textmerkmalen, wie sie Bettina Hurrelmann (1996) für die Kinder- und Jugendliteratur herausgearbeitet hat. So weisen auch viele der Fernseh- und Filmerzählungen eine Handlung mit Erzählstrukturen von archetypischem Charakter auf, die folgende **Motive** enthält: Gut und Böse, Scheitern und Erfolg, Glück und Unglück, Heldenreise, Auszug und Kampf. Die Figurenzeichnung lädt vielfältig zur Identifikation und Erprobung von Rollen und Emotionen ein; die Raumgestaltung erzeugt oft eine intensive Raumatmosphäre. Leichter als ein Realfilm können Animationsfilme beispielsweise die fiktiven chinesischen Abenteuerszenarien von Jack und Tashi genauso wie die gemütlichen Unterwasserwelten von SpongeBob und seinen Freunden visualisieren. Auch mit dem starken Bewegungsbedürfnis von Kindern korrespondieren Animationsfilme in hohem Maße.

Zur Vertiefung

> **Bewegung im Zeichentrickfilm**
>
> Die Bewegtheit des Zeichentrickfilms dient eigentlich »vor allem der Suggestion von Belebtheit« (Hänselmann 2016, S. 130). Bereits der russische Stummfilmregisseur Sergej Eisenstein hat in frühen theoretischen Schriften mit Blick auf Walt Disneys animierte Cartoons auf die Verwandtschaft zwischen »anima«, also Seele, und »animation«, also Bewegung, hingewiesen:
>
> »Und tatsächlich: die Zeichnung wird »durch Bewegung belebt, beseelt.« [...] Aus genau demselben Prinzip folgt: *Was* sich bewegt, ist *also* beseelt, das heißt angetrieben von einem inneren, selbständigen Willensimpuls.« (Eisenstein 2011, S. 53, zitiert nach Hänselmann 2016, S. 130)

14.2 | Der Anime als Subgenre des Animationsfilms

Unterschiede zwischen 3D und 2D

Tricktechnik: Die Bewegtheit der Trick- oder Animationsfilme (zur Begriffsdifferenzierung vgl. Hänselmann 2016, S. 63 ff.) ist Resultat einer **optischen Täuschung**: Wie beim Realfilm werden Einzelbilder aufgenommen und so schnell nacheinander projiziert, dass die menschliche Wahrnehmung daraus eine Bewegung rückschließt. Allerdings wird eine tatsächlich vollführte Bewegung beim Realfilm in 24 Einzelbilder pro Sekunde *zerlegt*, während sie beim Animationsfilm aus 24 noch herzustellenden Einzelbildern erst *aufgebaut* wird. Während beim **3D-Animationsfilm** mit Hilfe von Computern dreidimensionale Formen konstruiert und bewegt werden, sind beim klassischen **2D-Animationsfilm** zweidimensionale Zeichnungen die Basis für die Illusionserzeugung (vgl. Rall 2015, S. 212). Die Vielfalt der Möglichkeiten scheint grenzenlos. Hier kann der Animator

> »[...] mit jedem Bild nach Gutdünken eine völlig neue Form zeichnen, die Figur radikal verändern. Eingeschränkt ist er nur durch die eigene Fähigkeit, dies auch zeichnerisch überzeugend umzusetzen: Es gibt keine technischen Hindernisse. Radikale Kamerafahrten können ebenso umgesetzt werden wie dramatische Veränderungen der Hintergründe. Extremstes Squash und Stretch der Figuren ist mit wenigen Schritten genauso umsetzbar wie interessant designte Verwandlungen (Metamorphosen) der Charaktere.« (Rall 2015, S. 213)

Zwar können in 3D-Filmen visuelle Effekte wie etwa aufwändige Oberflächenstrukturen leichter hinzugefügt werden, das mimisch-gestische Repertoire der Figuren ist jedoch aufgrund der rechnerisch vordefinierten Formen begrenzt.

Beim **Anime**, einer Sonderform der 2D-Animation, auf der einige der erfolgreichsten Trickfilmserien für Kinder basieren (s. o.), ist dies anders. Hier werden oft statische Hintergründe verwendet, vor denen die Figuren als bewegte Elemente in den Einzelbildern agieren: allerdings stilisiert. Mit Blick auf die Filmproduktion muss – zusätzlich zur oben genannten künstlerischen Einschränkung (zeichnerische Fähigkeiten) – eine weitere, produktionsökonomische Einschränkung genannt werden: Der Anime ist auf **wesentliche Elemente** reduziert. Das hat den Vorteil, dass möglichst wenig zusätzliche Variationen umgesetzt werden müssen und mehrere Zeichner an einem Film arbeiten können; sie geht aber zu Lasten der künstlerischen Qualität. Hänselmann erinnert daran, dass speziell die sogenannte limitierte Animation »[a]ufgrund ihrer plumpen Nutzung für den seriellen Fernsehzeichentrickfilm [...] noch immer das Stigma des Minderwertigen« trage (Hänselmann 2016, S. 66).

Limitierte Animation: Die limitierte Animation aus produktionsökonomischen Erwägungen heraus bedeutet Beschränkungen im Umgang mit dem graphischen und malerischen Ausgangsmaterial, die spezifische ästhetische Wirkungen erzeugen. So wurde etwa WICKIE UND DIE STARKEN MÄNNER (1974) mit dem Verfahren der **Cel-Animation** hergestellt: Vor einfarbig colorierten oder mehrfarbig gezeichneten Papierhintergründen – bisweilen sieht man marmorierte Elemente – werden Folien mit opak kolorierten Figuren aufgelegt. So muss streckenweise nur die Figur selbst variiert werden, während der Hintergrund gleich bleiben kann. Sie wird »auf bis zu fünf oder mehr übereinandergeschichtete Folien gemalt, wobei jede Folie einen anderen Bestandteil der Figur trägt (Körper, Arme, Kopf, Mimik usw.)« (Hänselmann 2016, S. 65). Somit muss auch die Figur nicht für jede Bewegung komplett neu gezeichnet werden, sondern es werden Schichten übereinandergelegt, etwa der Hintergrund, die Figur mit Kopf, aber ohne Mimik, dann eine Folie mit den konstant bleibenden Gesichtselementen – bei der Figur des Wickie evtl. reduzierte Augen und Nase – und schließlich die Folie, auf der beispielsweise die Mundbewegungen variiert werden. (s. Abb. 14.1–14.3).

Abb. 14.1–3: Cel-Animation: Aquarellierter, weitgehend identischer Hintergrund, davor eine stilisierte, variable Figur. Vorspann zur Serie von 1974 (00:00:33, 00:00:34, 00:01:03)

14.3 | Analyse einer Animationsserie am Beispiel von Wickie und die starken Männer

Handlung und Entstehungsgeschichte: Beispielhaft analysiert werden soll hier die Anime-Serie Wickie und die starken Männer von 1974 – mit Ausblicken auf weitere Bestandteile des **Medienverbundes** nach dem gleichnamigen Kinderbuch von Runer Jonsson (dt. Erstausgabe von 1964) und dessen Folgebänden. Die Serie beschreibt die Abenteuer eines kleinen Wikingerjungen, der aufgrund seiner schwächlichen Disposition, seiner Sensibilität und Intelligenz kein typischer Vertreter dieses als rauflustig, wagemutig, dabei nicht sehr reflektiert dargestellten Volkes ist. Konflikte mit seinem Vater Halvar, der das genaue Gegenteil ist, nämlich mutig und kraftvoll, dabei eher intuitiv-egozentrisch handelnd, sind vorprogrammiert – doch Wickie verdient sich dessen Respekt wie auch den der anderen Wikinger durch listige Einfälle und pfiffige Erfindungen, mit denen er allen immer wieder aus der Patsche hilft. Neben der geschilderten Figurenkonstellation, der Abenteuerhandlung bzw. Heldenreise (s. Kap. 4.4) und den entfernten Handlungsorten besteht ein zusätzlicher Reiz für Kinder darin, dass die Titelfigur viele Erfindungen der Menschheitsgeschichte, vom Katapult bis zum Drachenflieger, mit einfachsten Mitteln individuell vorwegnimmt.

Die heute zum kollektiven Fernsehgedächtnis gehörende Serie basierte zum Zeitpunkt ihres Entstehens auf einer ungewöhnlichen Entscheidung. Wickie und die starken Männer war 1972/73 die **erste Anime-Koproduktion** zwischen Deutschland und Japan. Josef Göhlen, der damalige Leiter des ZDF-Kinderprogramms, importierte hiermit eine ästhetisch reduzierte Gebrauchsanimation, wobei er die Bestellung wie folgt legitimierte: »Trickfilme eignen sich als Träger von längeren Geschichten besonders dann, wenn es sich um gute Phantasiestoffe handelt. Durch den Trickfilm wird die Faszination des Stoffes noch größer« (zit. nach Doelker-Tobler 1986, S. 250). Göhlen hebt also das besondere Rezeptionsvergnügen hervor, das aus dem Zusammenspiel von qualitativ hochwertigen literarischen Stoffen und den spezifischen ästhetischen Gestaltungsmitteln des Trickfilms entsteht.

Buchvorlage

Dass es sich bei der literarischen Vorlage zu Wickie und die starken Männer um einen »guten Phantasiestoff« handelt, wurde in der Jurybegründung des Deutschen Jugendliteraturpreises (AKJ 1965) offenbar: Runer Jonssons erstes *Wickie*-Kinderbuch entspricht den oben genannten Merkmalen von Klassikern der Kinder- und Jugendliteratur, z. B. wird die Figurenkonstellation hervorgehoben, weil die exotisch wirkenden, mutigen Wikinger im Kontrast zum kleinen, pfiffigen Kind stehen. Die Raumgestaltung der Erzählung ist durch lange Beutezüge der Seefahrer abenteuerlich gestaltet, der Ton ist insgesamt witzig und humorvoll und die Illustrationen dem Text in ihrer Qualität ebenbürtig (vgl. ebd.).

14.3 Analyse einer Animationsserie am Beispiel von Wickie und die starken Männer

Zur Vertiefung

Wickie: Junge oder Mädchen?

Maya Götz hat 2013 in einer repräsentativen Studie Kinder befragt, ob sie Wickie für einen Jungen oder ein Mädchen halten. Ergebnis: Bis zu einem Viertel der Probanden, ob männlich oder weiblich, deuten die Figur standhaft als Mädchen. Götz erklärt sich dies einerseits an uneindeutigen äußerlichen Merkmalen, so etwa an Wickies langhaariger Wikingerfrisur oder seinem Kettenhemd, das einem kurzen Rock ähnelt, oder am neutralen Namen, der »auch eine Verkürzung des Namens »Viktoria« sein könnte. Andererseits zeichnet sich die Figur durch ihr gängigen Gender-Klischees zuwider laufendes Handeln und ihre Einfühlsamkeit aus, da sie »ihre Probleme ausschließlich mit Köpfchen und nicht mit Waffen, Technik oder Muskelkraft« löse, ihre Angst deutlich zeige und noch dazu »anime-typisch in übergroßen Mimiken« Gefühle offenbare (vgl. Götz 2013, 43).

Handlung und Charakteristika: Die erste Episode mit dem Titel »Der Wettlauf« (S01 E01) setzt mit einer Sprecherstimme ein, die die Zuschauerinnen und Zuschauer orientiert:

Erzählanfänge

»Vor ungefähr 1000 Jahren lebte da, wo wir heute auf der Landkarte Schweden und Norwegen finden, das Volk der Wikinger. Es waren tapfere Männer, Seefahrer, die wegen ihrer Tapferkeit bewundert, aber noch mehr gefürchtet wurden. Die Menschen, die auf den Inseln und an den Küsten lebten, waren jedes Mal heilfroh, wenn ihre Schiffe vorbei fuhren und die tapferen Krieger sich nicht holten, was nicht niet- und nagelfest war.« (00:01:10 ff.)

Im Gegensatz zur geschilderten Tapferkeit der Wikinger wird direkt danach Wickies Flucht vor einem Wolf gezeigt. In der Episode gewinnt Wickie einen unfairen Wettkampf gegen seinen Vater Halvar mit Hilfe einer eigenen Erfindung. Die nächsten Episoden starten ohne ausführliche Exposition, immer jedoch wird kurz visuell oder auditiv eine kurze Orientierung gegeben, die das Geschehen geographisch-narrativ verortet: Episode 2 steigt mit einem fern am Ufer liegenden Wikingerschiff ein, Episode 3 beginnt zwar ohne visuelle Erinnerung an die Wikinger, die Erzählerstimme aus dem Off schafft jedoch den Anschluss an die vorhergehende Folge. Episode 4 zeigt Halvar, der das Armdrücken zweier seiner Leute kommentiert: Sie mögen zeigen, dass sie ›richtige Wikinger‹ seien – wodurch erneut auf das Motiv der Bewährung Wickies angespielt wird. Am Ende deutet ein Cliffhanger an, dass in der nächsten Folge die Konfrontation mit einem feindlich gesonnenen Wikinger und seiner Bande bevorstehe. Diese Episode 5, überschrieben mit »Der Schreckliche Sven«, beginnt mit einer idyllischen Szene an Deck, die Erzählerstimme kündigt jedoch bereits Unheil an. Die spannende Episode endet mit einem heiteren Lied, gesungen von einer Kinderstimme, das so für einen Spannungsabbau sorgt, usw.

Beginn: Die Episoden beginnen jeweils mit einem **Vorspann** (Dauer: 01:09 Min.) mit charakteristischen Bildfolgen aus der Serie, bevor der Folgentitel eingeblendet wird. Wickie schießt mit Pfeil und Bogen auf eine Schießscheibe, dort entstehen die Buchstaben seines Namens. Dann

Abb. 14.4–5: Wickies Geistesblitz in der 2D-Serie (1974, 00:01:01) und in der 3D-Serie (2014, Bilddetail der ZDF-Serien-Startseite (13.3.2019)

werden ein geblähtes Segel und der Bug des väterlichen Schiffes gezeigt sowie in rascher Folge die anderen Protagonisten aus der Wikinger-Gruppe bzw. weitere Figuren, zum Beispiel ein König, und die Piraten des Schrecklichen Sven, die grässlich lachen, bevor sie beim Entern mit einem Baumstamm abgewehrt werden und ins Meer stürzen. Ein Eichhörnchen und der im WICKIE-Song genannte Wolf kommen ebenfalls vor, aber keine weiblichen Figuren oder andere Kinder (zur – in diesem Punkte nachvollziehbaren – Kritik an den Gender-Stereotypen der Serie vgl. Götz 2013). Der Vorspann endet mit den **typischen Gesten**, die Wickie in jeder Episode bei einem seiner Geistesblitze vollführt: Er reibt sich von allen Seiten die Nase, schnipst erfreut mit den Fingern und abschließend erneut in einer weit ausholenden Gebärde, dabei signalisiert ein Sternenmeer, dass ihm etwas eingefallen ist.

Ende: Beendet wird jede Episode von einem 20-sekündigen Rolltitel-Abspann mit den Credits, begleitet von Instrumentalmusik. Vorspann und Abspann, typische Binnenhandlungen und wiederkehrende Elemente sorgen für Orientierung in der Serie, die ab 1974 im wöchentlichen Rhythmus ausgestrahlt wurde. In der Rahmung wird das Motiv der Heldenreise dekliniert, sodass die ersten beiden TV-Staffeln à 26 Episoden jeweils mit einer Heimkehr nach Flake endeten, die dritte aber mit der ungewissen Fahrt in den Krieg; in der Binnenstruktur liegt eine Episodenserie mit einer **vertikalen Dramaturgie** (vgl. Mikos 2014, S. 5, s. Kap. 12.1) vor. Das bedeutet hier, dass es sich bis auf die erste Episode um inhaltlich abgeschlossene Einheiten handelt, die auch isoliert verstanden werden können. Ausnahmen bestätigen die Regel. So werden gelegentlich zwei Episoden, die in 23 Minuten nicht auserzählt werden könnten, horizontal miteinander als Binnenerzählung verknüpft, wie etwa die Entführung durch den Schrecklichen Sven, Befreiung und Flucht in der Episode danach. Kindgerechte **Cliffhanger** sorgen dafür, dass die Zuschauer weiterschauen: Eine ruhige Erzählerstimme kündigt an, dass den Wikingern noch einiges bevorstehe.

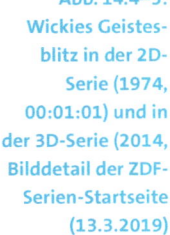

Spannung

Neben der spannenden Handlung bleibt immer auch die psychologische Spannung erhalten. Die Beziehung zwischen Wickie und seinem Vater wird zwar bereits in der ersten Episode entlastet: Halvar erkennt, dass Wickie fehlende körperliche Kräfte und fehlenden Mut durch Intelligenz kompensieren kann, und überreicht ihm am Ende der Episode 1, noch vor der Abfahrt, zur Belohnung seinen Helm, da er nun »ein richtiger Wikinger« sei (anders im Film, in dem die Vater-Sohn-Beziehung komplexer erzählt wird, wo Halvar zunächst die Initiation verweigert und nur widerstrebend das Wikinger-Attribut herausrückt). In der Serie kann sich Wickie der Wertschätzung seines Vaters gewiss sein – der in Momenten des Stolzes verbal anrührend feinfühlig reagiert. In Episode 7 (»Die neunzehn Wölfe«) kehren die Wikinger zum ersten Mal ins Dorf zurück und werden bereits von weitem sehnsüchtig erspäht. Auf dem Schiff rühmt derweil Halvar seinen Sohn bzw. lässt ihn rühmen:

14.3 Analyse einer Animationsserie am Beispiel von WICKIE UND DIE STARKEN MÄNNER

Halvar: Das ganze Dorf steht ja wieder auf der Klippe und jubelt. Na, wie fühlst du dich, mein Junge, hm?
Wickie: Ich weiß nicht, irgendwie ist mir das peinlich.
Halvar: Nun mach aber mal 'n Punkt. Du hast doch deine Sache an Bord prima gemacht.
Snorre: Ja, als wir weggefahren sind, warst du bloß ein halber Wikinger. Jetzt bist du ein ganzer.
Tjure [Snorres ewiger Streitpartner]: Er redet sonst nur Unsinn, aber das stimmt.
Gorm [nach einem Luftsprung]: Ja, ich bin entzückt von dir, entzückt!
Halvar: Was hast du gesagt? Sag's doch bitte nochmal, Gorm, ich hab's nämlich nicht richtig verstanden... [...] (WICKIE 1974, S01 E07, 00:02:20–00:02:43).

Wie hier ersichtlich wird, erzählt die Serie nicht nur von mehrdimensionalen Charakteren (Wickies Kernfamilie), sondern präsentiert auch eine Reihe von witzigen, jedoch relativ eindimensionalen Nebenfiguren. Einschränkend muss bemerkt werden, dass die Frauenfiguren, die in der älteren Serie die Stimme der Vernunft verkörpern, durchweg sehr reduziert dargestellt werden (vgl. Götz 2013) und selten witzige Momente haben. Insgesamt zeichnet die Anime-Serie jedoch eine reizvolle Spannung zwischen inhaltlicher Mehrdimensionalität und reduzierter zeichnerischer Umsetzung aus. Das »Stigma des Minderwertigen« (Hänselmann 2016, S. 66), das der limitierten Animation des seriellen Zeichentrickfilms bis heute anhaftet, ist hier nicht berechtigt.

Wickie als Realfilm: WICKIE UND DIE STARKEN MÄNNER (2009) von Michael Herbig in Spielfilmlänge bleibt nah an der Fernsehserie von 1974 (z. B. die Umsetzung von Wickies charakteristischer »Ich hab's!«-Geste, zahlreiche Figuren und ganze Episodenhandlungen). Die in Süddeutschland, auf Malta und Gozo aufwändig gedrehte Produktion enthält Spezialeffekte wie z. B. ein von Felldrachen durch die Lüfte gezogenes Wikingerschiff (s. Abb. 14.6); zudem wird die Verbindung zu den isländischen Sagas durch kartographische Elemente verdeutlicht, die wie auf uraltes Pergament gezeichnet aussehen und dann in 2D-Animationen in die Optik kolorierter Holzstiche übergehen.

Die Haupthandlung des Realfilms beschränkt sich im Wesentlichen auf die Entführung der Kinder von Flake durch den Schrecklichen Sven. Dabei nutzt der Film andere Serienepisoden als Nebenhandlungen, zum Beispiel Faxes traurig endende Liebe zu einer schönen Fremden, oder arbeitet sie als List ein, so die Nutzung eines Sägefischs als Säge. Interessant

Abb. 14.6: Von Felldrachen durch die Lüfte gezogenes Wikingerschiff (Bilddetail aus dem Realfilm WICKIE UND DIE STARKEN MÄNNER 2009, 01:14:36)

ist die Umsetzung der bekannten Animationselemente im Realfilm, die von Zeichnern mit Leichtigkeit zu bewältigen sind, hier aber computeranimierte Tricksequenzen oder aufwändige Bauten verlangen: die Verfolgung durch einen echten Wolf, das fliegende Schiff (s. Abb. 14.6), ebenso der von Seelöwen über die weite See gezogene Wickie u. v. m.

Im Realfilm findet sich im Wesentlichen die gleiche **Figurenkonstellation** wie in der Fernsehserie von 1974. Allerdings wurde die Zahl der Wikinger geringfügig um ein paar im Film nicht namentlich genannte Nebenfiguren erhöht und zeigt prominente Schauspieler (u. a. Jürgen Vogel, Anke Engelke) in winzigen Gastrollen. Auch der Regisseur und Koproduzent Michael Herbig tritt in einer hinzuerfundenen Rolle als affektierter Chronist Ramón Martínez Congaz auf. Und die freundschaftliche Beziehung zwischen Wickie und Ylvi (seiner Kusine!) wird im Film als beginnende Kinderliebe umgedeutet, zudem tritt Gilby als kindlicher Antagonist aus der Kinderbande hervor. Von der Struktur und Mythologie der isländischen Sagas ist hier die Figurenkonstellation der Wikinger im Dorf Flake und ihr Grundkonflikt mit einem verfeindeten Kollektiv (der Schreckliche Sven und seine Männer) übernommen sowie die Fahrt hinaus an fremde Gestade.

Im Unterschied zu den Animationsserien mit ihren jeweils 23 oder 12 Minuten langen Episoden können im Realfilm die Beziehungen zwischen den Familienmitgliedern wie auch deren Charaktere differenzierter dargestellt werden. So versucht der Spielfilm, die Frauenfiguren bei aller Nähe zur Serie ein wenig zu differenzieren, setzt aber keine wirklich überzeugende gendergerechte Strategie um.

Dramaturgie

3D-Adaption der Wickie-Serie: Die 40 Jahre nach der deutsch-japanischen Anime-Produktion entstandene deutsch-österreichisch-französische Animationsserie reduziert die psychologische Grundspannung. Durch die Kürzung der 78 Episoden auf je 12 Minuten ist eine mehrdimensionale Darstellung von Figuren und Ereignissen schwierig. Hinzu kommt, dass es durch die Ausstrahlungspraxis der Serie (gleichzeitig auf diversen Kindersendern mit täglichen Wiederholungen) für die zuschauenden Kinder auch keine klar erkennbare Chronologie der einzelnen Episoden gibt. Nicht einmal der Anfang der Serie lässt sich im laufenden Fernsehprogramm klar identifizieren, denn selbst die erste Episode der neuen Serie verzichtet auf eine Exposition und steigt direkt in die Handlung ein; den Wettstreit zwischen Wickie und Halvar thematisiert sie nicht. Die Figuren wurden in der neuen Serienadaption klar modernisiert. Ylvi ist quasi Wickies mutigeres weibliches Gegenbild; sie hat hier mehr Kontur. Wickie nennt seinen Vater »Paps«. Wie auch im Realfilm wird zudem in der 3D-Serie spätestens ab Episode 7 (»Wickie oder Gilby«) die kindliche Rivalität zwischen den Jungen Wickie und Gilby ausgeschärft, wobei Gilby teilweise recht böse Streiche spielt und versucht, mit Kraft zu punkten; insgesamt drei Episoden tragen Gilbys Namen im Titel.

Somit wird in *beiden* Neuverfilmungen die figürliche Kinderwelt insgesamt ausgebaut. Das in einer modernen Welt mit antiautoritären oder autoritativen Erziehungsmethoden atavistisch anmutende Motiv der Selbstbehauptung eines kleinen Jungen in einer männlich dominierten Umgebung wird zurückgenommen.

14.4 | Filmdidaktische Überlegungen

Beim Umgang mit der Anime-Serie WICKIE UND DIE STARKEN MÄNNER lernen die Schülerinnen und Schüler die **Filmgattung Animationsfilm** vertieft kennen, wobei Fachtermini wie ›Cel-Animation‹ oder ›limitierte Animation‹ der Sekundarstufe vorbehalten bleiben. Die verlangsamte Rezeption trägt zur Sensibilisierung für die ästhetischen Gestaltungsmittel bzw. beim Vergleich der verschiedenen Verfilmungen für die je spezifischen Gestaltungsmittel im 2D- und im 3D-Animationsfilm im Gegensatz zum Realfilm bei. Neben dem vielfältig nachgewiesenen **Motivationspotenzial** liefert die Serie viele Ansatzpunkte für den analytischen und den produktiven bzw. kreativitätsfördernden Umgang mit Filmen und Serien. Auch bietet der Stoff thematische Anknüpfungspunkte (Vater-Sohn-Beziehung, Freundschaft, Wikinger) und ist ein hervorragender Anstoß für den **gendersensiblen Unterricht**.

Als didaktische Ansatzpunkte für den Deutschunterricht bieten sich an: *Didaktische Lernchancen*

- **Begegnung mit der Filmgeschichte:** Durch den Vergleich des historischen Beispiels mit aktuellen Serien oder den anderen WICKIE-Verfilmungen erhalten die Schülerinnen und Schüler einen Einblick in die Filmgeschichte. Bei entsprechendem Input kann auch ein vertiefter Einblick in die Produktions- und Distributionsmechanismen des Animationsfilms gewonnen werden.
- **Filmästhetik:** Die Schülerinnen und Schüler benennen und begründen Gefühle und Eindrücke und beschreiben den 2D-Animationsfilm als gestaltetes Werk etwa mit Hilfe von Filmstills, auf denen das Verfahren der Cel-Animation sichtbar wird, evtl. auch im Vergleich mit anderen Filmgattungen.
- **Filmsprache/Filmgestaltung:** Eine Analyse der immer konstanten seriellen Elemente wie Handlungsaufbau, Raumgestaltung, Figurenkonstellation ermöglicht literarische Lernprozesse. Die Schülerinnen und Schüler beschreiben zudem unterschiedliche Animationsfilm-Genres anhand von gestalterischen, inhaltlichen Merkmalen und ihrer Veröffentlichung (auch unter Nutzung der Paratexte der Serien: Titelmelodie, Vor- bzw. Abspann, DVD-Cover, Web-Auftritt usw.). Der Zusammenhang zwischen Bewegtheit und Belebtheit kann bei der Analyse einzelner Filmbilder (z. B. Vorder-, Mittel- und Hintergrund, Personen- und Objektanordnung, Handlungsort, Requisiten) und deren Aussage sowie Wirkung beschrieben werden; somit wird bereits bei Grundschulkindern der erst später zu vermittelnde Terminus der Mise-en-Scène eingeführt. Sie nehmen die unterschiedliche Wirkung von Geräuschen, Musik und Sprache wahr, beschreiben diese und erkennen hierbei wichtige Funktionen.
- **Filmproduktion/Filmpräsentation:** Anhand ›spielerischer‹ Vorformen (z. B. Daumenkino) erleben und beschreiben sie die elementare filmische Illusion der Bewegung. Professionellere, aber zeitaufwändig umzusetzende Möglichkeiten eröffnen Stop Motion und Legetrick-Technik.

- **Filmnutzung:** Klassiker der Kinder- und Jugendliteratur – oder des Kinderfilms – ziehen Rezeptionsspuren über mehrere Generationen. Die Schülerinnen und Schüler beschreiben die Einflüsse der Serie auf ihre eigenen Vorstellungen und gleichen ihr Geschmacksurteil mit dem anderer ab – hier: auch mit dem von Erwachsenen (Eltern, Lehrkräfte usw.), die möglicherweise die Rezeption der ›Ur‹-Serie gegenüber der neuen 3D-Animation glorifizieren (vgl. auch Rose/Marci-Boehncke 2010, S. 154). Der intergenerationelle Austausch trägt somit auch zur gegenseitigen Toleranz und zur Entwicklung eines kulturellen Filmgedächtnisses bei.
- **Gendersensible Filmbildung:** Der gendersensible Unterricht thematisiert die unterschiedliche Darstellung von Frauen und Männern, z. B. am Beispiel der Figur Ylvi.

14.5 | Unterrichtspraktische Vorschläge zu Wickie und die starken Männer

Nutzung der Potenziale des Seriellen: Grundsätzlich ist es denkbar, exemplarisch an nur einer Episode zu arbeiten. Um das Spezifische der Serie herauszustellen, sollten die Schülerinnen und Schüler aber möglichst mit mehreren Episoden arbeiten und das Serielle immer wieder dadurch entdecken, dass sie jene vergleichend rezipieren. Dies kann gut arbeitsteilig geschehen bzw. vorbereitet werden – erst recht dann, wenn der Medienverbund oder auch nur die jüngere Serie mit einbezogen werden sollen.

Leitfragen: Wie hängen die einzelnen Episoden miteinander zusammen? Entwickelt sich Wickie oder bleibt er gleich?

Ästhetische und narrative Merkmale: Die Analyse der spezifischen ästhetischen Merkmale und Ausdrucksmöglichkeiten von Zeichentrickangeboten (vgl. Rathmann 2009, S. 95) kann im offenen Filmgespräch, durch Mitprotokollieren im Klassenverband oder in Kleingruppen (am Laptop/PC), durch Schreiben zu einzelnen Episoden und Szenen bzw. Bildern – mit gezielten Schreibaufträgen oder in einem Medientagebuch – geschehen.

Leitfragen: Welches ist deine Lieblingsstelle in der Serie? Was kannst du dazu schreiben?

Vergleich verschiedener Episoden: Vergleich der alten und der neuen Serie, der Serie(n) mit dem Realfilm bzw. anderen Bestandteilen des Medienverbunds. Neben einer Analyse der Figurengestaltung/-konstellation lohnt auch die Analyse der Bildsprache und der Herstellung.

Leitfragen: Gibt es Figuren, die detaillierter gezeichnet sind als andere? Wie werden Komik, Spannung, Ärger visualisiert? Welche Bildsprache (z. B. graphische Elemente/Konturen, Farbenspektrum, Flächenaufteilung, Perspektive, variierte vs. nicht variierte Elemente) ist insgesamt typisch für die Serie?

Medienrezeptionsgespräche: Grundschulkinder sprechen mit Erwachsenen, die WICKIE UND DIE STARKEN MÄNNER gesehen haben, als sie selbst noch Kinder waren.
    Leitfragen: Woran erinnern sich die Erwachsenen? Welche Gemeinsamkeiten und Unterschiede zur alten Serie fallen beim gemeinsamen Schauen der neuesten Serie auf?

Produktive Zugänge: Kinder gestalten einen Trickfilm (vgl. Vorschläge bei Ammann/Fröhlich 2008, z. B. mit Apps auf dem Tablet wie iStopMotion oder Puppet Pals, s. Kap. 19.1.3). *Trickfilmproduktion*
    Leitfragen: Welche Hintergründe eignen sich, um davor eine Figur agieren zu lassen, welche nicht? Welche Farben, Strukturen? Für die Sekundarstufe I: Wie sieht eine ähnliche Abenteuer-Serie, aber mit anderen Helden (z. B. Frauen als Protagonistinnen) aus?

Kennenlernen des Herstellungsverfahrens: Als zusätzlichen Input zur Filmgeschichte und -produktion gibt es online eine Reihe von Erklärfilmen zu den Suchbegriffen ›cel animation‹ oder ›The History of Cel Animation‹, die, meist in englischer Sprache, auch ohne Ton gut verständlich sind und somit im Unterricht bereits der Klassenstufen 3 und 4 den Entstehungsprozess von Anime-Serien erklären – und natürlich darüber hinaus genutzt werden können. Das Layering bei der Cel-Animation lässt sich immerhin exemplarisch nachvollziehen mit einfachen Zeichen- und Büromaterialien (z. B. Transparentfolien mit übereinander geschichteten/gehefteten Transparenthüllen, in die Papiere eingelegt werden können).
    Leitfragen: Was erfährst du im Internet darüber, wie Animationsfilme hergestellt werden? Welche Ergebnisse bringen dir die Suchbegriffe ›2 d animation‹, ›cel animation‹ oder ›the history of cel animation‹?

Primärliteratur
Jonsson, Runer: *Wickie und die starken Männer* (VICKE VIKING 1963). Stuttgart 1964.
WICKIE AUF GROSSER FAHRT. Regie: Michael Herbig. Deutschland 2011. DVD/Blu-ray: Highlight Video.
WICKIE UND DIE STARKEN MÄNNER (CHÎSANA BAIKINGU BIKKE). 3 Staffeln (78 Episoden). Creator: Runer Jonsson, Josef Göhlen. Deutschland/Japan/Österreich 1974. DVD: UFA Kids/Universum.
WICKIE UND DIE STARKEN MÄNNER (CHÎSANA BAIKINGU BIKKE). Regie: Hiroshi Saitô, Chikao Katsui. Japan 1974. DVD: UFA Kids/Universum.
WICKIE UND DIE STARKEN MÄNNER. Regie: Michael Herbig. Deutschland 2009. DVD/Blu-ray: Highlight Video.
WICKIE UND DIE STARKEN MÄNNER. 1 Staffel (78 Episoden). Creator: Alexs Stadermann. Deutschland/Frankreich/Österreich 2014. DVD: Studio 100/Universum.

Sekundärliteratur
Ammann, Daniel/Fröhlich, Arnold (Hg.): *Trickfilm entdecken. Animationstechniken im Unterricht*. Zürich 2008.
Arbeitskreis für Jugendliteratur e. V. (AKJ): »Wickie und die starken Männer. Jurybegründung« (1965), http://www.djlp.jugendliteratur.org/datenbank

suche/kinderbuch-2/artikel-wickie_und_die_starken_ma-1801.html (18.8.2018).

Doelker-Tobler, Verena: »Zeichentrickfilm und Comics aus medienpädagogischer Sicht«. In: Alphons Silbermann (Hg.): *Comics und visuelle Kultur. Forschungsbeiträge aus zehn Ländern*. München 1986, S. 248–252.

Götz, Maya: »Wickie – Junge oder Mädchen? Kinder auf repräsentativem Niveau befragt«. In: *TelevIZIon* 16/2 (2013), S. 43.

Hänselmann, Matthias C.: *Der Zeichentrickfilm: Eine Einführung in die Semiotik und Narratologie der Bildanimation*. Marburg 2016.

Hurrelmann, Bettina: »Klassiker der Kinder- und Jugendliteratur. Basisartikel«. In: *Praxis Deutsch* 135 (1996), S. 18–25.

Mikos, Lothar: »Fernsehserien im Wandel«. In: *kjl&m* 66/1 (2014), S. 3–11.

Rall, Hannes: *Animationsfilm. Konzept und Produktion*. Konstanz 2015.

Rathmann, Claudia: »›Alles ist möglich!?‹. Zeichentrickserien im Deutschunterricht«. In: Klaus Maiwald/Petra Josting (Hg.): *Comics und Animationsfilme. Jahrbuch Medien im Deutschunterricht 2009*. München 2010, 94–107.

Rose, Stefanie/Marci-Boehncke, Gudrun: »›Na klar, ich hab's!‹ – Wickie in der Remake-Rezeption. Wie Lehrer und Schüler über Film ins Gespräch kommen können«. In: Klaus Maiwald/Petra Josting (Hg.): *Verfilmte Kinder- und Jugendliteratur. kjl&m extra 10*. München 2010, S. 154–165.

Claudia Vorst

V Filmische Kurzformen

15 Gedichtfilm und Poetry Clip

15.1 Genretypische Merkmale
15.2 Verbreitung und Typen des Gedichtfilms
15.3 Analyse eines Poetry Clips am Beispiel von Ponys
15.4 Filmdidaktische Überlegungen
15.5 Unterrichtspraktische Vorschläge

15.1 | Genretypische Merkmale

Als ›Gedichtfilme‹ bezeichnet man kurze Filme, die lyrische Texte zum Inhalt haben und bei denen das Gedicht in gesprochener oder geschriebener Form »vollständig anwesend, les- oder hörbar bleibt« (Orphal 2012, S. 69). Gedichtfilme können zum Beispiel Musikvideos, Live-Mitschnitte von Gedichtperformances, Poetry Clips, Brick-Filme oder Animationsfilme zu Gedichten sein (weiterführend zur Typologie vgl. ebd., S. 41). In der Gegenüberstellung der Abbildungen 1 und 2 wird das Spektrum des Genres veranschaulicht.

Gedichtfilme sind also eine »Kurzfilmgattung, die sich ausschließlich über die Bezugnahme auf eine literarische Gattung definiert« (Orphal 2014, S. 18). Sie integrieren oder adaptieren lyrische Texte und übersetzen die flüchtige mündliche Darbietung oder das statische Schriftbild eines Gedichts in eine linear ablaufende Bildform.

Adaption oder Edition? Da Dichtung eine eigene performative Dimension besitze, ist Orphal zufolge eine Lyrikadaption keine Übertragung eines Textes in ein (anderes), visuelles Medium. Es wird durch die Adaption nur in einem anderen Medium performt bzw. aufgeführt (Orphal 2012, S. 69). Anzumerken ist, dass der Begriff ›Aufführung‹ ein konkretes Ereignis (z. B. Live-Rezitation eines Textes) meint, eine **Inszenierung** aber die im Film verstetigte und immer gleiche Performance bedeutet, und sich daher als der bessere Begriff eignet. Die Inszenierung eines Textes im Gedichtfilm ist zugleich eine Deutungshypothese des Textes durch denjenigen, der den Film verwirklicht. MacDonald (2007) sieht die audiovisuelle Realisierung von Gedichten nicht als Adaption, sondern als **Edition**. Ein Film enthalte den ganzen Gedichttext und nicht, wie bei einer

Abb. 15.1–2: Animationsfilm DER ERLKÖNIG (2009) und Live-Mitschnitt PICK ME UP POEM der Slam-Poetin FEE

Funktion des Gedichtfilms

Romanverfilmung, nur eine gekürzte Version des Romans. Daher mache der Film die im Gedicht angelegten Worte zugänglich und als neue Edition verfügbar.

Text-Bild-Beziehungen: In den meisten Gedichtfilmen ersetzen die Bilder nicht die Worte; vielmehr gehen die gesprochenen oder geschriebenen Verse des Gedichts mit filmischen Bildern eine Kombination ein (vgl. Orphal 2012, S. 69).

»Die Lyrikverfilmung wird von einem Gedicht nicht nur ›inspiriert‹, sie ist vielmehr seine subjektive interpretierende Veranschaulichung. Gleichzeitig ist die Lyrikverfilmung auch ein eigenständiges Gebilde, eine Wort-Bild-Form, in der das Bild und das Wort eine gemeinsame Botschaft übermitteln, diese gemeinsam konstituieren« (Novikova 2013, S. 87).

Zusammenspiel von Text und Bild

Gedichtfilme sind zwar prinzipiell mit denselben Analyseinstrumenten wie andere Filme zu untersuchen (vgl. Novikova 2013, S. 104), es stellen sich jedoch darüber hinaus aufgrund der Eigenheit des Gedichts als Sprach- und Sprechkunstwerk besondere Fragen hinsichtlich der **Passung zwischen Sprachbild und visuellem Filmbild**. Die Analyse muss »sowohl die Medienspezifik lyrischer Texte als auch die Medienspezifik des Films« berücksichtigen (Albrecht 2014, S. 269). Bei der Untersuchung von Gedichtfilmen steht daher folgende Frage im Mittelpunkt: Wie begegnen sich die dem Gedicht eigenen sprachlichen Bilder und die visuellen, medialen Bilder, die dem Film eigen sind?

Transformation von Text zu Film: Der Prozess, in dem ein lyrischer Text zu einem Gedichtfilm wird, lässt sich in zwei verschiedene Stufen einteilen (s. Analysekategorien).

Mehrschichtige Bedeutung: Beim Transfer von poetischen Texten auf den Bildschirm wechselt der Modus **vom Telling zum Showing** (Hutcheon 2006, S. 70). Vielfältige Gestaltungsmittel werden bei der Übertragung von Gedichten in Filme wirksam, sodass Film sinnträchtige visuelle Bilder zu den Gedichttexten erzeugt (ebd., 44). Die Meinung, dass ein Film die eigenen Vorstellungen zerstöre, die sich die Leserinnen und Leser vom Text gemacht hätten, lässt sich bei der Auseinandersetzung mit einem Gedichtfilm entkräften: Der Film verdeckt nicht den Text und die damit angeregten Vorstellungen, sondern verdeutlicht vielmehr das Potenzial, das im (Gedicht-)Text steckt. Das vielschichtige Zusammenspiel von Elementen des Systems Films und des Systems Gedicht ergibt eine »**besonders komplexe Semantik**« (Novikova 2013, S. 102).

Filmische Mittel wie Beleuchtung, Kameraführung, Montage sind als bedeutungskonstituierend anzusehen; die gewählte Beleuchtung z. B. aktiviert bestimmte Konnotationen und erzeugt neue Bedeutungen, die dann – kombiniert mit dem eingesprochenen oder eingeblendeten Gedichttext – zu einer mehrschichtigen Bedeutung wachsen (vgl. ebd., S. 102 f. sowie Anders 2012a). Zwar kann ein Gedichtfilm auch Gefahr laufen, »interpretatorisch beliebig und willkürlich zu wirken« (Albrecht 2014, S. 275), wenn er sich zu sehr vom Text entfernt. Vielmehr jedoch fördert die Auseinandersetzung mit Lyrikverfilmungen aber wohl die Ambiguitätstoleranz (vgl. Novikova 2013, S. 258).

15.1 Genretypische Merkmale

Transformationsstufen nach Novikova (2013, S. 106 ff.) *Analysekategorien*

Erste Transformationsstufe: Der verbale Code des Gedichts wird in den Film übertragen

- *Vom Text zum filmischen Wort:* Bei der filmischen Adaption kommt (meist) gesprochener Ton in Form der Rezitation zum Film dazu (seltener: eingeblendeter Gedichttext).
  - Relevante Analyseaspekte, z. B. Geschlecht des Sprechers, Alter, Einstellung zum gelesenen Text (neutrales Lesen, ironische Distanz, Pathos usw.), durch die Stimme vermittelte Emotionen, rhythmische und prosodische Aspekte des Sprechvortrags
- *Vermittlungsinstanzen:* Bei der filmischen Adaption erzählt weniger die Kamera als vielmehr ein Sprecher, der den Text vermittelt:
  - Figur auf der Leinwand rezitiert als Handelnde den Text (on-Ton), der in eine Rahmenhandlung eingebettet ist
  - Sprecher (on-Ton) ist keine handelnde Figur, erhält aber als Vortragender/Performer eine Identität; der Akt der Deklamation ist zentral
  - Sprecher aus dem Off spricht den Text, der einer Figur im Film zugeordnet ist
  - Sprecher aus dem Off spricht den Text, der keiner Figur im Film zugeordnet werden kann (akusmatische Stimme, die Allwissenheit suggeriert)
  - Selbstinszenierung des empirischen Autors (Verfasser, Sprecher und Filmer des Textes sind dieselbe Person)
  - Sprecher aus dem Off ist der empirische Autor; er spricht den Text, der einer Figur im Film zugeordnet ist
  - Kamera als organisierende, den Sprecher »korrigierende« Funktion des abstrakten Autors
  - Kamera wird erst dann zum dominierenden Erzähler, wenn der Gedichttext eingeblendet wird oder ganz fehlt (und nicht eingesprochen wird)

Zweite Transformationsstufe: Der Film codiert ausgewählte Elemente des Gedichts, d. h. er setzt Sprache in Film um, sodass Wort-Bild-Beziehungen entstehen

- *Transformationsarten:*
  - illustrierend: verbales Zeichen und filmisches Zeichen (audiovisuelle Sinneinheit) sind redundant, sie weisen auf dasselbe Objekt hin bzw. der Film imitiert das sprachliche Zeichen
  - (um)deutend: verbales Zeichen und filmisches Zeichen (audiovisuelle Sinneinheit) weisen auf dasselbe Objekt hin, der Film imitiert aber nicht, sondern verwendet ein verwandtes Bild, das auf Konvention beruht (z. B. statt Sonne das Bild einer Glühbirne)

Es ist ratsam, schon in der Grundschule mit filmischen Adaptionen von Gedichten zu beginnen, um ein Bewusstsein dafür zu schaffen, dass Film und Literatur jeweils eigenständige Kunstwerke sind, die einander nicht ersetzen, sondern z. B. im Fall des Gedichtfilms einander bedingen und den Deutungsspielraum bereichern.

15.2 | Verbreitung und Typen des Gedichtfilms

Marginal oder populär? Bohnenkamp (2005, S. 29) konstatiert, dass »die dritte große literarische Gattung, die Lyrik, in der Verfilmung seit jeher lediglich eine marginale Rolle« gegenüber Verfilmungen von erzählenden und dramatischen Texten spiele. Krommer (2006) nennt mit Rückgriff auf Schmidt/Schmidt (2001) konkrete Zahlen: Zwischen 1945 und 2000 seien nur 13 Gedichte verfilmt worden. Hier ist anzumerken, dass bei dieser Zählung das Musikvideo vermutlich nicht als ein solcher Gedichtfilm betrachtet worden ist. Seit 2006 trägt das Internet mit YouTube und anderen Portalen dazu bei, dass »Poesiefilme sich einer wachsenden Beliebtheit und Verbreitung in subkulturellen Kreisen erfreuen« (Littschwager 2010, S. 7). Diese Distributionsrolle übernehmen auch die einschlägigen **Festivals** (z. B. Bamberger Filmfesttage, ZEBRA Poetry Festival, Kurzfilmfestival in Oberhausen, Berlinale), wobei das ZEBRA Poetry Film Festival (Berlin/Münster) als internationales Forum sogar explizit dazu aufruft, zu einem vorher festgelegten Festivalgedicht einen Gedichtfilm einzureichen, zum Beispiel in 2018 zu Ann Cottens Gedicht »Unendlicher Spannteppich (des VIP-Empfangsraums)« (2012).

Der frühe Gedichtfilm: Der knapp zehnminütige Schwarz-Weiß-Stummfilm MANHATTA aus dem Jahr 1921 illustriert das gleichnamige Gedicht von Walt Whitman bzw. unterlegt seine Filmbilder mit den Gedichtzeilen (vgl. dazu Anders 2018a, S. 198 ff.).

Die Montage aus 65 Einstellungen des Fotografen Paul Strand und des Malers Charles Sheeler zeigt in der Chronologie eines einzigen Tages die Facetten des Stadtlebens in New York City. In diesem dokumentarischen Film ist die Kamera die dominierende Vermittlungsinstanz, während der Gedichttext eingeblendet und mit Musik unterlegt wird. Die freien Verse des New Yorker Lyrikers Walt Whitman unterstreichen die positive Darstellung der Großstadt.

Gedichtfilm in Spielfilmlänge: Gedichtfilme für das Kino wurden aus verschiedenen, meist kommerziellen Gründen, kaum produziert (vgl. Krommer 2006, S. 85; Kammerer 2008, S. 63). Das Filmdrama POEM – ICH SETZTE DEN FUSS IN DIE LUFT UND SIE TRUG (2003) von Ralf Schmerberg ist

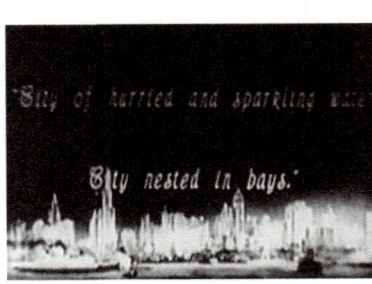

Abb. 15.3–4: Gedichtzeilen aus *Manhatta* von Walt Whitman im Film MANHATTA (00:05:07) mit passender Stadtansicht (00:05:09)

der bisher einzige deutschsprachige Gedichtfilm in Spielfilmlänge; er wurde als Episodenfilm realisiert. In dem Film sind 19 Gedichtrezitationen als Poem (d. i. ein mehrteiliges Werk, das lyrische und epische Anteile hat) zusammengestellt. Die Transformation des Gedichts in den Film erfolgt auf jeweils verschiedene Weise: Mal ist ein Sprecher, mal die Kamera die dominierende Vermittlungsinstanz. Der Text wird mal aus dem Off, mal durch eine handelnde, dann wieder durch eine rezitierende Figur ins Bild gebracht. Die Wort-Bild-Formen sind ebenso vielfältig und lassen sich unterscheiden in Rezitation, Inszenierung von Einzelbildern/Sequenzen und eine komplexe Kontextualisierung (vgl. Hesse/Krommer/Müller 2005).

Spielarten

Musikvideos: Songs sind lyrische Texte – daher erscheint es sinnvoll, alle (vgl. Krommer 2006) oder ausgewählte Musikvideos (vgl. Novikova 2013, S. 66) als Gedichtfilme zu bezeichnen. Seit 1981 liefen Musikvideos in dem eigens dafür eingerichteten Musik-Fernsehkanal MTV; lange vorher entsteht bereits eine Tradition des Musikvideos, auf die sich spätere Videos beziehen (vgl. Anders 2018a, S. 87). Mittlerweile finden sich im Internet unzählige Musikvideos, teilweise in eigens eingerichteten YouTube-Kanälen wie VEVO. Musikvideos lassen sich in Präsentationsvideos (singender Protagonist), narrative Videos (mit einer das Lied einbettenden Geschichte) und Konzeptvideos (Verknüpfung von Bild und Musik in assoziativ-illustrativer Art) typologisieren (Neumann-Braun/Schmidt 1999, S. 13).

Eine neue Form des Musikvideos ist der **Structural Remix**. Er verbindet mindestens zwei (popkulturelle) Musikstücke, meist auf unterhaltsame Art. Zum Beispiel wird im Remix von Maciej Harasymczuk (2017) zum Titelsong »Let it go« von DIE EISKÖNIGIN – VÖLLIG UNVERFROREN (s. Kap. 5) der Name »Harry Potter« so einmontiert, dass er die Nomen im Songtext ersetzt. Während das Video läuft, werden immer dann, wenn ein Nomen erwartet wird, ein Filmstill oder eine sehr kurze Szene aus einem HARRY POTTER-Film sichtbar. Eine Montage aus Versatzstücken des lyrischen Songtexts und Filmszenen entsteht, die sich großer Beliebtheit erfreut.

Brickfilme (*Brick*, engl.: Stein): Das sind Stop-Motion-Filme, in denen sich Lego-Figuren in Legobauten bewegen. In der Brickfilm-Szene gibt es Wettbewerbe, zu denen themenspezifisch gebaut und gefilmt wird. In 2006 war das Thema »Literaturverfilmungen«; es entstanden u. a. kurze Filme zu den Goethe-Gedichten *Gefunden* und *Glück und Traum* (vgl. Wehn 2006). In dem Film GEFUNDEN rezitiert ein männlicher Sprecher aus dem Off den lyrischen Text, der davon handelt, dass eine Person ziellos im Wald unterwegs ist und auf eine schöne Blume trifft, die sie pflücken will. Eine zentrale Textstelle wird von einer weiblichen Stimme, die die Blume verkörpert, eingesprochen: »Soll ich zum Welken gebrochen sein?« Der Gedichtfilm setzt die filmischen Codes illustrierend ein: Das verbale Zeichen zum Wort ›Blume‹ gibt der Film durch ebensolch ein filmisches Zeichen (Lego-Blume) wieder; der Film imitiert also das sprachliche Zeichen (s. Abb. 15.5).

Abb. 15.5: Brick-Film GEFUNDEN (2006) nach einem Gedicht von Goethe (1813)

Die Zuschauerinnen und Zuschauer interpretieren das Gedicht in der filmischen Umsetzung als Naturgedicht, was der Nachspann des Gedichtfilms unterstützt (vgl. Anders 2018a, S. 143 ff.). Dem Gedicht von 1813 ist jedoch im übertragenen Sinn (Blume steht für Frau) die Lesart als Liebeslyrik eingeschrieben: Goethe schrieb das Gedicht für seine Frau Christiane Vulpius zum 25. Jahrestag der ersten Begegnung der beiden im Ilmpark in Weimar (1788). Der Deutungsspielraum ist in diesem Fall durch die filmische Adaption eingeschränkt. Mittlerweile gibt es auf den gängigen Online-Videoportalen unzählige kurze Filme, die mit Lego (oder Playmobil) Gedichte umsetzen und aus professionalen Kontexten, privatem Interesse oder Unterrichtsprojekten entspringen. Die Qualität in Bezug auf Vermittlung (z. B. Sprecher, Vortrag) und Transformation (illustrierend oder deutend) variiert stark.

Gedichtanimation in Scratch: Die von Mitchel Resnick entwickelte visuelle Programmiersprache Scratch steht als kostenlose Ressource seit 2007 online und offline zur Verfügung und wird im Bildungskontext, aber auch im Freizeitbereich von Kindern und Jugendlichen weltweit genutzt, um selbstprogrammierte Projekte zu entwickeln und auf einer Online-Community-Plattform zu teilen. Die Projekte sind mehrsprachenfähige animierte Handlungsfolgen, die als kurze Filme ablaufen, sobald ein Anwender das Projekt mit Tastenklick auf eine grüne Fahne startet. Neben Spielen, Grußkarten und digitalen Geschichten (vgl. Anders 2018b) stehen auch Projekte zu animierten Gedichten diverser (Amateur-)Programmierer online. Viele Text-Bild-Gestaltungen sind mit selbst- oder fremdkomponierter Musik unterlegt oder nutzen Sprecherstimmen.

In Scratch finden sich für Gedichtfilme **drei unterschiedliche Varianten:**
- Gedichttexte, die komplett selbst verfasst wurden,
- programmierte Wörtersammlungen, aus denen nicht der Programmierer, sondern der Benutzer der Gedichtanimation ein eigenes Gedicht zusammenstellt,
- Gedichtzeilen von anderen Lyrikern, die der jeweilige Programmierer für das eigene Projekt nutzt (zum Gedicht »Herbsttag« von Rilke s. Abb. 15.6–7).

Zur Vertiefung

Scratch-Projekte

Scratch-Projekte sind mit der Videopoesie und der animierten Multimediapoesie (vgl. Dencker 2010) verwandt. Sie zählen zu den **elektronischen Gedichten** (E-Poetry), denn sie werden mit dem Computer verfasst bzw. programmiert, beziehen Schrift, Ton und Bild ein, enthalten bewegte Buchstaben und werden nicht auf Papier ausgedruckt, sondern am Computer abgespielt. Charakteristisch sind Bewegung, Multimedialität, Interaktivität und Prozessualität (vgl. Reither 2003, S. 13). Der elektronische lyrische Text besteht aus zwei Ebenen: dem Programmcode und dem auf dem Bildschirm durch die programmierte Maschine realisierten Text bzw. Film. **Rückmeldungen** zu den Gedichtanimationen in Scratch entstehen in Form von Likes, Remixes und Kommentaren.

15.2
Verbreitung und Typen des Gedichtfilms

Abb. 15.6–7: Scratch-Projekt HERBST von goch mit Sicht auf den Code

Poetry Clip: Ein Poetry Clip ist die filmische Adaption eines Text, der für einen Poetry Slam geschrieben wurde. Beim Poetry Slam dürfen alle Arten von Texten vorgetragen werden, die im Rahmen des Zeitlimits (meist 5 Minuten) performt werden können und vom Performenden selbst verfasst wurden. Der Poetry Clip ist also nicht nur ein Gedichtfilm, sondern bezieht auch erzählende oder dialogartige Texte ein. Anders/Abraham bezeichnen den Poetry Clip als Hybrid-Medium »zwischen Live-Performance, Schauspiel, Verfilmung und Musikvideo« (2008a, S. 8). Ein Poetry Clip ist die Edition eines Slam-Textes, da der Film den ansonsten nur mündlich vorgetragenen Text durch den Film verstetigt. Ursprünglich folgten die von Wolf Hogekamp, Bas Böttcher und Rolf Wolkenstein gedrehten Filme (vgl. spokenwordberlin 2008) der Idee: Ein/e Autor/in – ein Ort – ein Text (vgl. Anders 2012b, S. 263). Der Transformationsprozess vom (gesprochenen) Text zum Film ist leicht nachvollziehbar: Der (empirische) Autor performt seinen Slam-Text vor der Kamera und vor einer Kulisse. Der Sprechvortrag vor der Kamera ähnelt zumeist dem auf der Bühne, wo der entsprechende Slam-Text üblicherweise vorgetragen wird. Die Vermittlungsinstanz des Textes ist vor allem der Sprecher im on-Ton, der im Poetry Clip meist keine handelnde Figur ist, sondern als Performer im Vordergrund steht und sich im Clip selbst inszeniert. Der Akt der **Deklamation** ist im Poetry Clip zentral. Einige Clips arbeiten eher illustrierend, indem sie eine dem Text entsprechende Kulisse wählen. So performt Nora Gomringer ihren Text DU BAUST EINEN TISCH (2003) bezeichnenderweise vor einem Baumarkt. In anderen Clips kommen durch eine originelle Kulissenwahl Umdeutungen zustande (s. Kap. 15.3). Weit über das skizzierte Format hinaus, gehen aktuelle Clip-Formate, die mit Musikunterlegung, Voice-Over und Film-im-Film- oder Foto-im-Film-Einlagen arbeiten oder Green Screen benutzen (vgl. Anders 2017).

Über Gedichte hinaus

15.3 | Analyse eines Poetry Clips am Beispiel von PONYS

Der Kurzfilm PONYS ist ein rund zweieinhalbminütiger Poetry Clip aus dem Jahr 2009. Der Text wurde von Wolf Hogekamp geschrieben und performt; Rolf Wolkenstein und Paul Hofmann führten Kamera und Regie. Der Poetry Clip ist eine filmische Edition des Slam-Textes *Es regnet Ponys* von Wolf Hogekamp, den dieser bereits vor Entstehung des Films live geslammt hat, der aber erst nach der filmischen Umsetzung gedruckt veröffentlicht wurde (Hogekamp 2010). Der Text ist semantisch stark verdichtet und prägnant, er erschien in der Prosa-Reihe des Verlags.

Bilder erweitern Bedeutungen

Inhalt des Gedichts und Clips: Der Clip beginnt mit Baugeräuschen, die den Abriss des Palastes der Republik begleiten. Der Performer tritt ins Bild, zeigt auf die Kulisse der Baustelle und behauptet »Da hinten stehen Ponys!« Während diese Behauptung im Printtext möglich erscheint, da kein realer Ort als Kontext vorgegeben ist, wirkt diese Aussage in der Filmversion absurd, da der Text vor der Großstadt-Kulisse Berlin, teilweise vor dem Palast der Republik, gesprochen wird, wo Ponys eher nicht anzutreffen sind. Der Performer zeigt während seiner Deklamation des Textes immer wieder auf Orte, an dem diese Ponys zu sehen seien. Diese Orte liegen außerhalb des vom Zuschauenden erfassbaren Bildausschnitts (»Und da vorne steht ein Pony, das hat mich so liebevoll angesehen«). Dadurch entsteht eine Form der **Medienkritik**: Bekommen Zuschauerinnen und Zuschauer auch sonst Informationen präsentiert, die sie nicht einordnen bzw. nachprüfbaren können (Stichwort: fake news)?

Abb. 15.8: Wolf Hogekamp performt seinen Text (PONYS, 00:01:23)

Inszenierung und Transformation: Die Übertragung vom Text zum filmischen Wort (vgl. Transformationsstufe 1 nach Novikova 2013, s. Kap. 15.1) erfolgt durch **Rezitation** durch den empirischen Autor Wolf Hogekamp. Der Autor vermittelt seinen Text im Film selbst. Hogekamp erzeugt mit seiner Stimme, Mimik und Gestik eine zunehmend aufgeregte Stimmung: Er möchte die Zuschauerinnen und Zuschauer einerseits davon überzeugen, dass er Ponys gesehen habe und andererseits mit Hilfe der Zuschauerinnen und Zuschauer herausfinden, woher diese Ponys kommen und warum sie da sind. Der Sprecher inszeniert sich sowohl als Performer als auch als ahnungsloser, aufgebrachter Bürger in der Mitte der Großstadt (»Und ich hab mal wieder nichts mitgekriegt«).

Abb. 15.9: Gegen eine illustrierende Deutung des Textes (PONYS, 00:01:44)

Wenn er mit dem Regenschirm im Wind steht (s. Abb. 15.8), wirkt Hogekamp auch wie ein Außenreporter, der über die Stadt berichtet.

Dieser Poetry Clip codiert ausgewählte Elemente des Slam-Textes, d. h. er setzt Sprache in Film um, sodass Wort-Bild-Beziehungen entstehen (vgl. Transformationsstufe 2 nach Novikova 2013, Kap. 15.1). Vor allem entstehen in diesem Poetry Clip Beziehungen zwischen den Textaussagen und Bildern der Stadt Berlin. Die Transformationsart ist in zwei kurzen Einstellungen **rein illustrierend**: Auf der Foto-im-Film-Einlage (s. Abb. 15.9) sind zwei Reiter auf Ponys zu sehen. Die Reiter und Ponys sind jedoch mit einem Rotstift so verunstaltet, dass dieser illustrativen Abbildung eine deutliche Absage erteilt wird.

Der Clip transformiert den Begriff ›Pony‹ vor allem **umdeutend** und macht ihn so zur Metapher. Die Zuschauerinnen und Zuschauer versuchen zu verstehen, was der Autor mit der Bezeichnung Ponys meinen könnte. Diese Leerstelle wird nicht gefüllt, vielmehr lädt der extrem mehrschichtige Clip ein, den Text im Kontext der Bilder zu deuten.

Montage als Merkmal im Clip Ponys

Beispielanalyse

Zahlreiche im Filmclip durch Montage dargestellte **Wechsel** unterstützen die im Text angelegte Orientierungslosigkeit der durch den Performer verkörperten Erzählinstanz:

- Die Stadt verändert sich rasant: Der Performer Hogekamp spricht erst vor dem im Abriss befindlichen Palast der Republik. Er ist danach in einem kleinen Park zu sehen. Er wechselt wieder den **Ort** und steht nun vor der leeren Fläche, die sich nach dem Abriss des Palastes der Republik in der Mitte Berlins auftut. Im Hintergrund fährt ein Spreeschiff vorbei, Realgeräusche sind zu hören.
- Die **Bedeutungsebene** des Wortes »Pony« wechselt ebenfalls: War vorher noch von dem Tier die Rede, meint der Slam-Poet jetzt die Frisur »Würde mir ein Pony überhaupt stehen?« Die Kamera verfolgt ihn, während er über ein Pony – als Tier – spricht und in das Grün zeigt. Das Sprechen über Ponys erscheint später als Platzhalter für das Sprechen über etwas anderes, vermeintlich Politisches. Der Sprecher deklariert seine eigene Ahnungslosigkeit »Ich weiß das nicht« und fragt beständig die Zuschauerinnen und Zuschauer, ob sie mehr wüssten. Er resümiert: »Es wird weiterhin Ponys regnen«.
- Die **Vortragsgeschwindigkeit** wechselt: Als der Performer fragt, was ein Pony eigentlich darf, nimmt sein Vortrag plötzlich Fahrt auf.
- Der Performer wechselt sein **Aussehen**: Seine Frisur und Haarlänge ist in den montierten Einstellungen unterschiedlich.
- Das **Wetter** ändert sich und der Slam-Poet vermutet, unter seinem Regenschirm stehend: »Ich glaube, es wird den ganzen Tag Ponys regnen«.
- Wechsel der **Blickrichtung**: Direkt in die Kamera blickend fragt der Performer die Zuschauerinnen und Zuschauer, ob sie – »bitte schön« – wüssten, wo man sich hier unterstellen könne.
- **Stimmungswechsel** des Performers: Er beginnt, mit Personen außerhalb des gezeigten Bildausschnitts zu sprechen, diese teilweise zu beschimpfen. Die Kamera spielt zudem mit Nähe und Distanz: Je aufgeregter der Slam-Poet wird, desto näher zeigt sich sein Gesicht. Er beschimpft schließlich die Zuschauerinnen und Zuschauer: »Das sind doch nicht eure Ponys!«

- Wechselndes **Raumgefüge**: Der Sprecher zeigt ständig auf etwas außerhalb des Bildrahmens, das den Zuschauenden verborgen bleibt (»Und du da hinten, was willst du denn mit einem Regenschirm?«).

Die **Inkohärenz des Gesagten und Gezeigten** wird in dem kurzen Video nicht nur durch die beschriebenen Wechsel, sondern auch durch Eigenheiten der Produktion dieses Clips (zwischen den einzelnen Aufnahmen liegen zwei Jahre) und daraus resultierende bewusste Anschlussfehler verstärkt. Die Machart des Clips erinnert an die **antagonistische Montage** bei Alexander Kluge, bei der die Widersprüche durch Montage organisiert werden. Vielleicht deutet der Clip dadurch an, dass auch der Übergang von einem politischen System zum nächsten – wie in Deutschland nach dem Mauerfall – inkohärent, sprunghaft, gar widersprüchlich wirkt.

Durch die Inszenierung des Textes im Gedichtfilm erhält der Text ganz **neue Bedeutungsebenen**, die beim Live-Vortrag nicht realisiert werden könnten: Als Zuschauerin bzw. Zuschauer des Clips scheint man dem medial inszenierten (politischen) Hin- und Her ausgeliefert zu sein, ohne dieses zu verstehen oder mitgestalten zu können. Der Slam-Text wird durch diese umdeutende filmische Edition zu einem politischen Text.

15.4 | Filmdidaktische Überlegungen

Ein Unterrichtsvorhaben mit Gedichtfilmen und Poetry Clips lässt sich aus verschiedenen didaktischen Perspektiven begründen:

Potenziale

Handlungs- und Produktionsorientierung: Der Umgang mit verfilmten Gedichten bietet eine willkommene **Abwechslung im Lyrikunterricht**. Die Schülerinnen und Schüler entwickeln einen eigenen Vorschlag für eine filmische Adaption zu einem Gedicht, setzen diese als Storyboard oder filmisch selbst um und vergleichen dann ihr Produkt mit einem bereits existierenden Gedichtfilm (z. B. wie im obigen Beispiel den Brick-Film GEFUNDEN). Auch die oben beschriebenen Gedichtanimationen in Scratch sind ein solcher handlungs- und produktionsorientierter Zugang zu Gedichten. Wie bei Gedichtfilmen, die mit der Kamera gedreht werden, geht es auch in Scratch-Projekten um die Passung von Bild, Text und Ton und die damit zusammenhängende **Interpretation des Textes** durch die visuelle und akustische Darstellung. Die Schülerinnen und Schüler erkennen so, dass eine filmische (bzw. programmierte und wie eine Animation ablaufende) Adaption eines Gedichts eine **Deutungshypothese** ist und es keine richtige und ausschließliche Deutung eines literarischen Textes gibt. Darüber hinaus konkretisieren sie ihre eigene Vorstellungsbildung zu einem Gedicht in den Filmbildern und eröffnen damit einen Dialog über die Bedeutung des zugrundeliegenden Textes. Anstelle einer Live-Rezitation vor der Klasse oder einem anderen Publikum drehen Schülerinnen und Schüler einen Gedichtfilm, um einen eigenen poetischen Text zu präsentieren (z. B. wie im oben analysierten Poetry Clip

PONYS) oder einen Text von Anderen (z. B. eine Ballade aus dem Schulbuch) im geschützten Raum der Filmproduktion auswendig zu rezitieren.

Inklusionsdidaktisches Potenzial: Gedichtfilme sind alternative Textzugänge für Schülerinnen und Schüler, für die ein schriftlich fixierter Text eine Barriere darstellt. Sie erleben den Gedichtfilm als **niedrigschwelliges Angebot**, um Zugang zur Weltliteratur und/oder zeitgenössischer Literatur zu erhalten und im Literaturunterricht über den Inhalt und die filmische Darbietung mitreden zu können.

Text- und filmanalytische Kompetenzen: Die Schülerinnen und Schüler lernen unterschiedliche Formen kurzer filmischer Adaptionen zu poetischen Texten kennen und im Vergleich voneinander abzugrenzen (z. B. Musikvideo, Poetry Clip, Gedichtfilm aus POEM, Scratch-Gedicht), erkennen und formulieren Merkmale eines Gedichtfilms und beschreiben die Transformation vom Text zum Film (s. die Transformationsstufen in Kap. 15.1) sowie das Verhältnis Bild und Text. Sie setzen sich mit dem Gedicht und seiner Adaption bzw. Edition auseinander und bearbeiten z. B. folgende Fragen: Auf welche Konflikte, gesellschaftlichen Missstände oder Ereignisse macht das Gedicht aufmerksam? Inwiefern bietet die filmische Adaption eine Aktualisierung, Verschärfung, Abmilderung, Verfremdung des Gedichttextes?

15.5 | Unterrichtspraktische Vorschläge

Für den erschließenden Umgang mit Gedichtfilmen bietet sich das didaktische Phasenmodell von Günter Waldmann (2018) an; die Lerngruppe kann arbeitsteilig vorgehen, sodass eine Gruppe den Text und die andere den Gedichtfilm intensiver behandelt und dann Erfahrungen austauscht und beide Medien zusammenbringt.

Spielhafte Einstimmung: Auseinandergeschnittene Verse des Gedichts puzzeln, Vergleich verschiedener gepuzzelter Versionen mit dem Originalgedicht, Screenshots aus dem Gedichtfilm in eine sinnvolle Reihenfolge bringen und mit dem Gedichtfilm vergleichen.
Leitfragen: Welche Reihenfolge der Verse oder Bilder erscheint dir passend? Inwiefern weicht deine Version von dem Originaltext ab? Welche Version erscheint dir interessanter?

Lesen und Wahrnehmen des Gedicht(films): Lautes Vorlesen (Rücken an Rücken mit einem Partner, chorisches Sprechen mit einer Kleingruppe), um für die Rezitation des Textes sensibilisiert zu werden; leises Lesen und Markieren von Metaphern, Schlüsselaussagen. Mehrmaliges Ansehen des Gedichtfilms, zu einzelnen Einstellungen und Motiven im Film Bildgespräche führen (vgl. Abraham/Sowa 2016, S. 107 ff.).
Leitfragen: Welche Vorlesevarianten gibt es? Welche Wörter sind dir im Text wichtig? Wie wirken die Filmbilder? Woran erinnern sie/kennst du ähnliche? Wie sind sie gemacht?

15 Gedichtfilm und Poetry Clip

Konkretisierende subjektive Aneignung: Ein Storyboard für eine filmische Umsetzung des Textes entwickeln und dann den bereits vorliegenden Gedichtfilm sichten und diesen mit dem eigenen Storyboard vergleichen.
Leitfragen: Illustrieren die für den Film gewählten Bilder das, was im Text gesprochen wird oder findet der Film neue Bilder für das im Text Beschriebene? Unterstützen die Kameraperspektiven, Einstellungsgrößen, Montagen, Farben die Textaussagen bzw. eröffnen sie weitere Deutungsmöglichkeiten des Textes?

Textuelles Erarbeiten des Gedichts und seiner filmischen Adaption, z. B. Rezitation analysieren.
Leitfragen: Wer spricht den Text (z. B. empirischer Autor, eine Figur, ein Off-Sprecher?), Wie wirken Stimme und Körpersprache des Sprechers? Wie inszeniert sich die Sprecherin bzw. der Sprecher (z. B. gewählte Kulisse, Situation, weitere Figuren)?

Einen eigenen Gedichtfilm drehen: Die Schülerinnen und Schüler entwickeln nach dem Lesen und Aneignen eines Gedichttextes ein Storyboard, in dem sie ihre filmästhetischen Entscheidungen festhalten. Sie drehen ihren eigenen Gedichtfilm oder programmieren nach einem Storyboard mit Scratch und begründen ihre filmische Adaption. Dazu verwenden sie mündliche oder schriftliche Textsorten aus dem Handlungsfeld Film, z. B. einer anderen Schülergruppe ein Interview zum Dreh des Gedichtfilms mit Angabe der filmästhetischen Entscheidungen geben oder einen Brief aus der Sicht einer Jury eines Gedichtfilm-Festivals verfassen und darin begründen, warum dieser Film besonders gelungen ist.
Leitfragen: z. B. Wo steht die Kamera? Welche Kulisse wählen wir für welche Gedichtzeile? Bilden wir den Text ab oder finden wir neue Bilder? Wer spricht den Text wie?

Wirkungen erzeugen

Wirkungsvolle Stimmungen: Eine populäre Art, Stimmungen zu erzeugen, ist ein ASMR-Video (Autonomous Sensory Meridian Response-Video). Es ist darauf angelegt, beim Zuschauenden ein besonderes Gefühl zu vermitteln während er oder sie zum Beispiel wahrnimmt, dass eine Torte geschnitten wird oder jemand flüstert (Freude, Beruhigung, Spannung/Entspannung). Auch der Gedichtfilm will u. a. eine bestimmte Stimmung, die im Gedicht angelegt ist, über das Video erreichen und verstärken. Auch wenn also ein solches ASMR-Video kein Gedichtfilm ist, könnte die Kenntnis solcher neuen Formen relevant für die Produktion eigener Gedichtfilme für das Netz sein: Wer für ein Publikum produziert, das an solche neue Genres gewöhnt ist, kann beispielsweise Verse aus vergangenen Jahrhunderten mit diesen aktuellen Techniken des moodmanagements kombinieren.
Leitfragen: Welche Stimmung ruft das Gedicht hervor? Wie könnten wir diese mit den uns zur Verfügung stehenden Mitteln (z. B. Geräuschquellen, Bewegungen) unterstützen?

Primärliteratur

DER ERLKÖNIG. Regie: Georg Weidebach. Deutschland 2009, https://www.youtube.com/watch?v=wusVHokSa98 (6.1.2019).
FROZEN – LET IT GO BUT EVERY NOUN IS REPLACED WITH »HARRY POTTER«. Remix: Maciej Harasymczuk. 2017, https://www.youtube.com/watch?v=iAksyojlfuA (6.1.2019).
GEFUNDEN. Regie: golego animation. Deutschland 2006, https://www.youtube.com/watch?v=XDIGbLQrzIQ (6.1.2019).
HERBST. Programmierung: goch, https://scratch.mit.edu/projects/28913106/#editor (6.1.2019).
Hogekamp, Wolf: *Es regnet Ponys*. Berlin 2010.
MANHATTA. Regie: Charles Sheeler, Paul Strand. USA 1921, https://www.youtube.com/watch?v=kuuZS2phD10 (6.1.2019).
POEM. ICH SETZTE DEN FUSS IN DIE LUFT UND SIE TRUG. Regie: Ralf Schmerberg. Deutschland 2004. DVD: Lingua Video Medien.
PONYS. Regie: Rolf Wolkenstein, Paul Hofmann. Deutschland 2009, https://www.youtube.com/watch?v=giIBZ0VEIeY (6.1.2019).
spokenwordberlin: POETRY CLIPS (2008), https://www.youtube.com/user/spokenwordberlin/about (6.1.2019).

Sekundärliteratur

Abraham, Ulf/Sowa, Hubert: *Bild und Text im Unterricht*. Seelze 2016.
Albrecht, Christian: »Lyrikverfilmungen im Literaturunterricht«. In: Volker Frederking/Axel Krommer (Hg.): *Taschenbuch des Deutschunterrichts*. Bd. 3: *Aktuelle Fragen der Deutschdidaktik*. Baltmannsweiler ³2014, S. 267–290.
Anders, Petra: *Lyrische Texte im Deutschunterricht. Grundlagen, Methoden, multimediale Praxisvorschläge*. Seelze ²2018a.
Anders, Petra: »Vom User zum Maker. Kinder gestalten und erzählen mit Scratch«. In: Henriette Dausend/Birgit Brandt (Hg.): *Lernen digital – Fachliche Lernprozesse im Elementar- und Primarbereich anregen*. Waxmann 2018b, S. 17–36.
Anders, Petra: »Der Gedichtfilm als Inszenierung von Interpretation im Web 2.0«. In: Ulf Abraham/Ina Brendel-Perpina: *Kulturen des Inszenierens*. Stuttgart 2017, S. 324–334.
Anders, Petra: »Intermedialität der Slam Poetry«. In: David Bathrick/Heinz-Peter Preußer (Hg.): *Inter- and transmedial Literature – Literatur inter- und transmedial*. New York 2012a, S. 281–310.
Anders, Petra: *Poetry Slam im Deutschunterricht*. Baltmannsweiler 2012b.
Anders, Petra/Abraham, Ulf: »Poetry Slam und Poetry Clip. Formen inszenierter Poesie der Gegenwart. Basisartikel«. In: Dies. (Hg.): *Poetry Slam & Poetry Clip*. Praxis Deutsch 35 (2008a), S. 6–15.
Anders, Petra/Abraham, Ulf (Hg.): *Poetry Slam und Poetry Clip*. Praxis Deutsch 208 (2008b).
Bohnenkamp, Anne: *Literaturverfilmungen*. Stuttgart 2005.
Dencker, Klaus Peter: *Optische Poesie: von den prähistorischen Schriftzeichen bis zu den digitalen Experimenten der Gegenwart*. Berlin 2010.
Hesse, Matthias/Krommer, Axel/Müller, Julia: »Poem« – Lyrikverfilmungen als Impuls für den Deutschunterricht«. In: *Deutschunterricht* 58/3 (2005), S. 44–48.
Hutcheon, Linda: *A Theory of Adaption*. New York 2006.
Kammerer, Ingo: »Einsamkeit zu zweit- von der eigentümlichen Paarbeziehung verfilmter Lyrik«. In: Michael Gans/Roland Jost/Ingo Kammerer (Hg.): *Mediale Sichtweisen auf Literatur*. Baltmannsweiler 2008, S. 59–70.
Krommer, Axel: »Lyrik und Film. Film theoretische, literaturwissenschaftliche und mediendidaktische Anmerkungen zur wechselseitigen Erhellung der

Künste«. In: Gudrun Marci-Boehncke/Matthias Rath (Hg.): *BildTextZeichen lesen. Intermedialität im didaktischen Diskurs*. München 2006, S. 81–92.

Littschwager, Simin Nina: *Verfilmung von Lyrik mit Beispielanalysen aus dem Film Poem*. Marburg 2010.

MacDonald, Scott: »Poetry and Avant-Garde Film: Three Recent Contributions«. In: *Poetics Today* 28/1 (2007), S. 1–41.

Neumann-Braun, Klaus/Schmidt, Axel: »McMusic«. In: Klaus Neumann-Braun (Hg.): *Viva MTV!: Popmusik im Fernsehen*. Frankfurt a. M. 1999, S. 7–42.

Novikova, Anastasia: *Lyrikverfilmungen im Deutsch-als-Fremdsprache-Unterricht: theoretische Grundlagen und didaktische Praxis*. Hamburg 2013.

Orphal, Stefanie: *Poesiefilm: Lyrik im audiovisuellen Medium*. Berlin 2014.

Orphal, Stefanie: »Die vergessene Gattung. Lyrikverfilmung als Impuls für die Adaptationsforschung«. In: *Adaption: text into film and beyond*. Konstanz 2012, S. 65–79.

Reither, Saskia: *Computerpoesie. Studien zur Modifikation poetischer Texte durch den Computer*. Bielefeld 2003.

Schmidt, Klaus M./Schmidt, Ingrid: *Lexikon Literaturverfilmungen. Verzeichnis deutschsprachiger Filme 1945–2000*. Stuttgart/Weimar ^{2}2001.

Waldmann, Günter: *Produktiver Umgang mit Literatur im Unterricht. Grundriss einer produktiven Hermeneutik*. Baltmannsweiler ^{11}2018.

Wehn, Karin: »Lyrik des Internet« (2006), https://www.heise.de/tp/features/Lyrik-des-Internet-3406316.html (2.2.2019).

Petra Anders

16 Kurzstummfilm

16.1 Geschichte und Ästhetik der Stummfilmkomödie
16.2 Laurel und Hardy als Stummfilm-Duo
16.3 Analyse eines Kurzstummfilms am Beispiel von The Finishing Touch
16.4 Filmdidaktische Überlegungen
16.5 Unterrichtspraktische Vorschläge zu The Finishing Touch

16.1 | Geschichte und Ästhetik der Stummfilmkomödie

Der Stummfilm: Die Geschichte der bewegten Bilder beginnt am Ende des 19. Jahrhunderts; bevor am Ende der 1920er-Jahre der Tonfilm erfunden wurde, vollzog sie sich stumm – weil den frühen Filmen noch eine technisch-mechanisch im Material angelegte Tonspur fehlte. Ihre **Aufführung** vor Publikum hingegen war in der Regel alles andere als geräuschlos. Häufig wurde sie von Pianisten oder Orchestern begleitet, bisweilen von einem Filmerzähler bzw. Filmerklärer. Die Funktion der fehlenden auditiven Ebene übernahmen oft in den Film selbst einmontierte Zwischentitel mit schriftlichen Erläuterungen oder wörtlicher Rede. Und als Jahrzehnte später (ab der zweiten Hälfte der 1970er Jahre) die frühen Stummfilmkomödien für das TV-Vorabendprogramm wiederentdeckt wurden und in Deutschland beispielsweise unter dem Obertitel Väter der Klamotte (ZDF, 1973–1986) liefen, oft gefolgt von Männer ohne Nerven (ZDF, 1975–1979) mit weitgehend identischem Konzept und zum Teil denselben Stars, wurden sie von bekannten Schauspielern wie Ernst Hilbich neu synchronisiert oder durch den Kabarettisten Hanns Dieter Hüsch ironisch-kalauernd kommentiert.

Mit der **Erfindung des Tonfilms** und dessen Möglichkeit der synchronen Wiedergabe von Bild und Ton wurde der Stummfilm im eigentlichen Sinne weitestgehend verdrängt. Dessen ungeachtet gab es in den Folgejahrzehnten immer wieder Schauspieler und Regisseure wie beispielsweise Charlie Chaplin, die aus ästhetischen Erwägungen (weiterhin) auf die gesprochene Sprache im Film verzichteten. Ein aktuelles Beispiel ist der Film The Artist (2011), der just die Ablösung des Stummfilms durch den Tonfilm thematisiert, dabei den Niedergang eines männlichen Stummfilmstars gegenläufig zum Aufstieg einer im Tonfilm erfolgreichen Schauspielerin erzählend. Heute gibt es weltweit Festivals bzw. Festival-Sektionen, die entweder die frühe Geschichte des Kinos lebendig halten wollen, indem sie Werke aus der kinematographischen Frühzeit zeigen, oder aber die **ästhetisch-dramaturgischen Mittel** des ›sprachlosen‹ Films in neuen Kontexten verwenden. Beispielhaft zu nennen sind die Internationalen Stummfilmtage in Bonn oder die italienischen Le Giornate del Cinema Muto in Pordenone, seit 2015 auch das Kurz-Stumm-Filmfestival in Essen, das zunächst Hörgeschädigte adressierte.

Stummfilme bis in die Gegenwart

16 Kurzstummfilm

Verfremdung und Komik

Filmästhetik: Der Stummfilm birgt für heutige Betrachterinnen und Betrachter aufgrund seiner filmischen Mittel, von denen viele allein aus technischen Notwendigkeiten resultierten (Schwarzweißfilm, Zwischentitel, instrumentale Musikbegleitung), ein hohes **Verfremdungspotenzial**. Hinzu kommt, dass durch das Fehlen der auditiven Ebene Handlungslogik und Emotionen anders vermittelt werden müssen – durch einen heutzutage oft übertrieben wirkenden Einsatz körpersprachlicher Mittel (Mimik, Gestik, Kinesik, Bewegungen im Raum; Choreographie der Figuren miteinander und ihre Reaktionen aufeinander) und die zugehörigen Kostüme, Masken oder Frisuren (vgl. Beil u. a. 2012, S. 13). Die hochdramatische Mimik und Gestik an der Grenze zur Überzeichnung trugen von Anfang an dazu bei, das komische Genre im Stummfilm zu etablieren. Zudem wies das Filmmaterial noch keine gute Qualität auf, was neben einer starken Ausleuchtung ein kontrastreiches Make-up notwendig machte. Dies akzentuierte wiederum die Mimik der Darstellerinnen und Darsteller auf dramatisch-komische Weise. Stan Laurel, von dem noch die Rede sein wird, bestand auch dann noch auf der weißen Schminke, als diese technisch nicht mehr nötig gewesen wäre. Er wollte so den kindlichen Charakter seiner Figur unterstreichen. Marlene Dietrich, Greta Garbo und Henny Porten waren Beispiele für weibliche Stars; Asta Nielsen oder Mary Pickford spielten sowohl auf der dramatischen als auch auf der komischen Klaviatur.

Komischer Kurzstummfilm

Stummfilmkomödie: Das Genre der Stummfilmkomödie zeichnet ein Hang zum Slapstick, zur Comedy und zur Groteske aus. Es erinnert an aktuell beliebte komische (oft serielle) Darstellungsformate im Fernsehen (s. Kap. 13) oder auf der Bühne ebenso wie die Bereitschaft der Rezipientinnen und Rezipienten, sich auch über gröbere (physische) Komik ohne doppelten Boden zu amüsieren. Insbesondere der komische Kurzstummfilm lebte von seinen **Stars**, die Georg Seeßlen (1982) als eine Grundbedingung für die Entwicklung des komischen Films allgemein ansieht. Dies lässt sich u. a. rezeptionspsychologisch erklären: Je bekannter der komische Star ist, desto stabiler ist die Garantie für komisches Verhalten, desto gesicherter wird somit die Annahme bestätigt, dass sich der Star auch im nächsten Film auf komische Art und Weise gegen die Widrigkeiten des Alltags, die Regeln einer als willkürlich empfundenen Umwelt auflehnen wird.

Hierfür stehen Namen wie Charlie Chaplin, Harold Lloyd oder Buster Keaton, aber auch das Duo, das im Mittelpunkt des vorliegenden Kapitels steht: Laurel & Hardy, im deutschen Sprachraum jahrelang auch bekannt als »Dick und Doof« bzw. zunächst »Dick und Dof« (vgl. Aping 2014, S. 30). Komik in ihrer grenzüberschreitenden Funktion braucht gleichzeitig Sicherheit, Vergewisserung der Grenzen – gerade in einem noch jungen Genre. Auf der Ebene der Figurencharakterisierung ist dies die **komische Figurentypisierung**: die immer stoische Mimik eines Buster Keaton, das freundliche Brillengesicht eines Harold Lloyd, die kontrastiv angelegte Figurenkonstellation und die Bowler-Hüte bei Laurel & Hardy oder der watschelnde Gang und die Attribute Melone, Spazierstock, Anzug und Schnurrbärtchen bei Chaplin.

Komik: Wenn viele der komischen Kurzstummfilme zudem Elemente aus dem traditionellen Slapstick aufweisen, Autoritäten verspotten bzw.

deren Attribute zerstören, absurd-gewaltvolle physische Aktionen wie Schlägereien, komische Verfolgungsjagden oder Tortenschlachten enthalten und dabei die Handlung anarchisch eskalieren lassen, nutzt der noch junge Stummfilm als Vergnügungsangebot Elemente einer viel älteren, aus theatral-circensischem Kontext bekannten Tradition: der anarchischen Clownsprügeleien der **Commedia dell'arte** (vgl. Wulff 2012). Die Komik im Kurzstummfilm kann also auf mehreren Ebenen liegen – auf der Ebene der Figuren (Figurencharakterisierung und Interaktion), der Handlung bzw. Handlungslogik, des Erzählmodus (z. B. Parodie) usw.

Die bereits erwähnten Zwischentitel geben in Form von Erklärung bzw. Erzählerkommentar (*expository titles*) oder als wörtliche Rede der Figuren (*dialogue intertitle*) fehlende Informationen oder »Anfang und Ende eines Filmakts an« (Lenk 2012). Sie können aber auch dazu dienen, der komischen Handlung eine weitere Spiegelung oder Ironisierung hinzuzufügen, und erzeugen Sinnerwartung auf die kommenden Bilder. Ein Beispiel im hier betrachteten Kurzstummfilm THE FINISHING TOUCH ist der erste Zwischentitel: »The story of two boys who went to school for nine years – and finished in the Infants« (00:00:15). Er weckt Neugier auf die Handlung, indem er eine fortschreitende Regression der Hauptfiguren ankündigt, ohne bereits etwas von der im Zentrum stehenden Verwüstung (eines Holzhauses) vorwegzunehmen. Auch die Zwischentitel sind so ein wichtiges Moment der Rezeptionslenkung.

Funktionaler Zwischentitel

16.2 | Laurel und Hardy als Stummfilm-Duo

Das Komiker-Duo: Unter dem bürgerlichen Namen Arthur Stanley Jefferson im Jahr 1890 geboren war **Stan Laurel** ein britischer Komiker aus einer Schauspielerfamilie, der mit 20 Jahren zunächst als Mitglied einer Truppe um Charlie Chaplin als Top Act auf US-Tournee war. Ab 1914 tourte er mit seiner ersten Frau durch Varietés, bevor er 1917 zum Film ging. Der große Durchbruch gelang jedoch erst durch die Zusammenarbeit mit Oliver Hardy.

Oliver Norvell Hardy war ein US-amerikanischer Komiker und Theatersänger mit abgebrochener musikalischer Ausbildung, zunächst Kinobesitzer, dann ab 1915 selbst Schauspieler. 1926 begann er mit dem Filmproduzenten Hal Roach zu arbeiten, dessen Studio auf Komödien spezialisiert war. Nach einigen Filmen, in denen Laurel und Hardy gemeinsam auftraten, wurde ihr Potenzial als komisches Paar entdeckt. Laurel, der eigentlich nicht mehr vor der Kamera stehen, sondern kreativ für den Film tätig sein wollte, ließ sich zur Rückkehr überzeugen. So wurden sie seit 1927, genauer: seit dem Film THE SECOND HUNDRED YEARS, als ›Comedy Duo‹ angekündigt und auch international sehr erfolgreich vermarktet.

Abb. 16.1: LAUREL & HARDY – Eingangsbild, das alle Filme des Duos eröffnet

Kurzstummfilm

Zur Vertiefung

Die Karriere von Laurel & Hardy

Ungeachtet der regelmäßigen juristischen Auseinandersetzungen zwischen dem Studioboss Hal Roach und vor allem Stan Laurel über die künstlerische Ausrichtung, die Art der Kooperation, ausstehende Gagenzahlungen und die öffentliche Wahrnehmung Laurels nach diversen Alkoholeskapaden und Scheidungsskandalen konnte über die folgenden Jahre ein Filmkorpus von rund 80 Kurzfilmen (für das Kinovorprogramm, bis 1935) und etlichen Spielfilmen entstehen. Die Arbeitsatmosphäre bei Roach war von Kreativität, Spontaneität und Vertrauen in die Hauptdarsteller geprägt. Auch der Übergang von den ersten Stummfilmen zum neuen Tonfilm ab 1929 gelang angesichts der professionellen Erfahrungen der beiden als Bühnenschauspieler bzw. Sänger problemlos.

Nach Auslaufen der Verträge mit dem Studio im Jahr 1940 war die Blütezeit der beiden Filmkomiker vorbei. In den späten 1940er und in den frühen 1950er-Jahren unternahm das Duo noch eine letzte Europa- und eine Englandtournee, auf denen die beiden begeistert gefeiert wurden. Stan Laurel überlebte seinen Filmpartner Oliver Hardy um acht Jahre und wurde 1961 mit einem Ehren-Oscar für sein Lebenswerk ausgezeichnet.

Elemente der Komik: Kern des Erfolgs des Duos Laurel & Hardy ist die oppositionelle Anlage der beiden Figuren, ein *odd couple*, das gemeinsam zu einer Mission antritt, aber einander bei der Erledigung der Aufgaben aufgrund widerstreitender Lösungswege immer wieder bekämpft. Äußerlich weisen sie trotz sehr unterschiedlicher Physis Gemeinsamkeiten auf, siehe die steifen Bowler-Hüte, die weißen Hemden und die Anzüge bzw.

Oliver Hardy – Figur »Ollie«	Stan Laurel – Figur »Stan«
▪ dicker Mann	▪ dünner Mann
▪ Realist	▪ Träumer
▪ erwachsener Mann	▪ großes Kind
▪ extrovertiert	▪ introvertiert
▪ möchte dominieren, dabei leicht ablenkbar	▪ folgt konzentriert seinem inneren Plan
▪ flirtend	▪ in der Regel nicht an Frauen interessiert
▪ beschwichtigt Autoritäten	▪ reagiert allergisch auf Ungerechtigkeit
▪ Handeln: strategisch	▪ Handeln: spontan, anarchisch
▪ zeigt bei Enttäuschung Ärger	▪ beginnt bei Enttäuschung zu plärren
▪ charakteristische Mimik/Gestik: »Tie twiddle« (verlegenes Wedeln, Zurechtzupfen der Krawatte); Lächeln, mit dem er eigene Fauxpas überspielt (vgl. Aping 2014, S. 24)	▪ charakteristische Mimik/Gestik: einfältiges Grinsen; grotesk verzogenes Gesicht beim Weinen; wilder Hüpfer am Anfang einer Verfolgungsjagd

Tab. 16.1: Charakteristika der Figuren Ollie und Stan im Vergleich

gelegentlich auch Arbeitshosen, aber ihre Charaktere könnten unterschiedlicher nicht sein.

Neben der oppositionell angelegten Grundstruktur der Charaktere, die bereits für viele explosive Missverständnisse sorgt, neben dem komischen Missverhältnis zwischen würdevoller Kleidung und anarchischer Handlung enthalten die Filme des Duos eine Reihe weiterer komischer Elemente. Ein besonderer Effekt ist der sogenannte *slow burn*, von dem nicht ganz klar ist, ob er von Oliver Hardy (der ihn oft verwendete) oder von Ed Kennedy, einem auch hier mitwirkenden Nebendarsteller, erfunden wurde. Diese ›Spätzündung‹ lässt sich in engerem und weiterem Sinne definieren. So bezeichnet der *slow burn* im engeren Sinne bei LAUREL & HARDY eine mimische Bewegungsfolge der Gesichtsmuskeln, mit der unterdrückte Wut, das Ringen um Selbstbeherrschung, Selbstmitleid und ein wortloser, verständnisheischender Appell mittels Direktadressierung der Zuschauerinnen und Zuschauer zum Ausdruck gebracht werden (vgl. Hardys direkter Blick in die Kamera, wenn Laurel sich wieder besonders unmöglich angestellt hat):

Komische Spätzündung

»Die Retardierung des eigentlichen Gefühls, seine Zerdehnung in eine kommunikative Handlung und die Absurdität der Situation prädestinieren den *slow burn* als eine komische Technik.« (Wulff 2012)

Andererseits bezeichnet der *slow burn* im weiteren Sinne genau diese **Zerdehnung** auch auf der Ebene der Handlung: die Pause zwischen einer Aktion und einer viel zu spät, dann aber besonders heftig erfolgenden Reaktion der Figur (entsetzt, wütend, listig), wodurch die Zuschauerinnen und Zuschauer, die diese Reaktion bereits antizipiert haben, sich bestätigt sehen oder aber – wenn die Reaktion eine andere ist als erwartet – ihr Gelächter noch steigern können.

So funktioniert auch die Szene in DINNER FOR ONE – DER 90. GEBURTSTAG (1961), in der Freddie Frinton nach mehrmaligem Stolpern über das Tigerfell am Boden (dies ein *running gag*) den Kopf des Tigers endlich wahrnimmt und nach einer kurzen Denkpause in kindlicher Manier über ihn hinweghüpft. »Derartige Trennungen oder Verzögerungen von Aktion und Reaktion haben eine deutlich reflexive Komponente, unterstreichen sie doch das Groteske des Geschehens«, meint Hans-Jürgen Wulff (2012). Bei LAUREL & HARDY wird der *slow burn* in der einen wie der anderen Ausprägung zur dramaturgisch inszenierten Interaktion mit den Zuschauerinnen und Zuschauern genutzt. Der komische Stummfilm bedient sich hier ausdrücklich eines Gestaltungsmittels, das die aus der Dramaturgie des Theaters bekannte ›vierte Wand‹ auflöst.

Ein weiteres wiederkehrendes komisches Element in den Filmen des Duos ist die Auflehnung gegen Autoritäten mit Hilfe der **Zerstörung von Gegenständen**, wobei bisweilen alle Grundelemente genutzt werden: Feuer/Qualm, Wasser/Schmieriges/nasse Kleidung, Steine oder Holz als Vertreter des Elementes Erde, Stürze als typische Luft-Bewegungen – und auch Kombinationen daraus: Tortenschlachten beispielsweise repräsentieren die komikerzeugende Verquickung dreier Elemente: Festes, Flüssiges, die Bewegung durch die Luft.

Vier Elemente in Auflösung

16.3 | Analyse eines Kurzstummfilms am Beispiel von THE FINISHING TOUCH

Der 1928 produzierte Kurzstummfilm THE FINISHING TOUCH mit Stan Laurel und Oliver Hardy wurde im deutschsprachigen Raum unter verschiedenen Titeln wie etwa DAS IDEALE WOCHENENDHAUS oder DAS UNFERTIGE FERTIGHAUS (vgl. Aping 2014) aufgeführt und im Fernsehen ausgestrahlt. Als Nebenfiguren agieren Dorothy Coburn als Krankenschwester, Sam Lufkin als Bauherr und Ed Kennedy als Polizist, der die Arbeiten überwacht. Die hier verwendete, restaurierte Version stammt von einer Kinowelt-DVD-Ausgabe und trägt dort den wenig aussagekräftigen deutschen Titel DICK UND DOOF SCHÖN LEISE. Erst der deutsche Untertitel DIE LETZTEN HANDGRIFFE gibt einen Ausblick auf den Filminhalt.

Filmhandlung: Das Duo soll ein bereits im Rohbau befindliches Holzhaus fertigstellen und möchte die vom Bauherrn gesetzte Frist noch unterbieten. Alles geht schief: Material wird unsachgemäß verarbeitet, Sicherheitsbestimmungen notorisch missachtet, und die Vorgabe, aufgrund des benachbarten Krankenhauses leise zu arbeiten, ist unmöglich einzuhalten, was zusätzlich einen Polizisten und eine Krankenschwester auf den Plan ruft. Schließlich steht zwar das Haus für kurze Zeit, bricht dann aber schrittweise zusammen.

Zur Vertiefung

> **Kapiteleinteilung der deutschsprachigen DVD-Ausgabe**
> 1. Die Profis kommen
> 2. Bitte nicht so laut!
> 3. Charmante Krankenschwester
> 4. Nägel ohne Köpfe
> 5. Das richtige Maß
> 6. Wer den ersten Stein wirft ...

Komik der Protagonisten: Passend zu ihren Rollen sind Laurel und Hardy mit den obligatorischen steifen Bowler-Hüten und weißen Hemden ausstaffiert, tragen dazu aber Arbeitskleidung: Jeans-Latzhose (Laurel) bzw. Weste und Jeans (Hardy). Die Arbeitsverteilung scheint hierarchisch aufgeteilt zu sein: Das signalisieren kleine Details wie Hardys (ziemlich aufgelöste) Fliege sowie Laurels Arbeitshandschuhe, ebenso Hardys Anweisungen, dass Laurel vorwiegend Aufräumtätigkeiten ausführen soll (Zwischentitel: »Clean up the debris! – An' pick up the rubbish! –«, 00:02:03). Damit legt dieser in selbstvergessenem Aktionismus sofort los, geht allerdings irgendwann zu echten Handwerkertätigkeiten über, woran er jedoch genauso scheitert wie Hardy.

Running Gags

Einen *running gag* stellt das Erklimmen des Rohbaus dar, zu dem es noch keine Eingangstreppe gibt. Ständig entfernt oder ersetzt Laurel die provisorische Bretterbrücke zur Veranda, sodass Hardy, der währenddessen das passende Baumaterial auswählt und hineintragen möchte, permanent kurz vor dem Haus auf den Boden purzelt. Als der Handlungsort endlich nach innen wechselt, bilden zwei Handvoll Nägel den Ausgangspunkt für den nächsten *running rag*. Deren Verarbeitung bzw. die körper-

16.3 Analyse eines Kurzstummfilms am Beispiel von THE FINISHING TOUCH

lichen Reaktionen darauf sind nicht zur Nachahmung empfohlen: Hardy kann folgenlos Nägel verschlucken, Laurel hingegen schmerzfrei über Nägel laufen.

Aus dem enormen Zeitdruck ergibt sich eine Reihe komischer Handlungen wie auch aus der Vorgabe, dass sie neben dem Krankenhaus sehr leise arbeiten sollen, was schier unmöglich ist, da gesägt und gehämmert werden muss. Wie der Stummfilm es schafft, Lärm zu simulieren, ist hierbei eine genauere Betrachtung wert: durch in der Szenerie stehende Schilder (00:03:58, Schild: »HOSPITAL QUIET«), durch Mimik und Gestik der den Lärm registrierenden Nebenfiguren – oder durch Zwischentitel. Sechs von insgesamt 17 Zwischentiteln thematisieren die Geräuschkulisse, wobei Hardys Ermahnung »Don't s-s-h-h so loud –« (00:04:04) im Stummfilm besonders komisch wirkt.

Geräusche im Stummfilm

»You've got the authority! – Make them stop that noise! –« [Krankenschwester zum Polizisten, 00:03:13]
»If you must make a noise – Make it quietly –« [Polizist, 00:03:56]
»Don't s-s-h-h so loud –« [Hardy, 00:04:04]
»You're gonna stop this noise – Or I'm gonna pet somebody!« [Krankenschwester, 00:07:55]
»Louder – I can't hear you« [Hardy, 00:11:12]
»Aw, shut up!« [Polizist zur Krankenschwester nach dem Sturz mitsamt einem Stapel Bretter, 00:11:58]

Komik der Nebenfiguren: Die Krankenschwester als Nebenfigur mit mehreren Kurzauftritten und der Polizist, der sich auf eine längere Beobachtung einstellt, verfolgen andere Interessen als die beiden ›Handwerker‹, die den Ordnungshüter erst nach der dritten Runde einer Verfolgungsjagd rund um das Haus registrieren. Als er sie mit der grotesken Bemerkung »Wenn ihr Lärm machen müsst, macht ihn leise!« auf das Krankenhaus hinweist, zeigen die beiden sich nur kurz einsichtig. Nach einer Weile, in der sie einander pantomimisch bedeuten leise zu sein und auf Zehenspitzen um das Haus schleichen, passieren die nächsten Stürze, auch der Polizist wird zunehmend in Mitleidenschaft gezogen. Zuerst trifft ihn ein Eimer am Kopf (00:08:02), später stürzt er mit einem Bretterstapel um und endet schluchzend vor Wut als menschlicher ›Tannenzapfen‹, weil er erst einen Eimer Leim, dann herunterfallende Holzschindeln abbekommt (s. Abb. 16.2, 16.3) – und später, als er wieder anrückt, noch einen Eimer Farbe.

Abb. 16.2: Der Polizist: noch Autorität (THE FINISHING TOUCH, 00:04:38)

Abb. 16.3: Der Polizist: nun derangiert (THE FINISHING TOUCH, 00:15:34)

Diese Eskalation ist von den Protagonisten natürlich nicht beabsichtigt, anders als die Racheaktion gegenüber der energischen Krankenschwester, die beiden einen Fausthieb versetzt hat. Zur Strafe wird sie von Laurel listig blamiert, nachdem Hardy ihn davon abgehalten hat, mit Gewalt auf sie loszugehen –

16
Kurzstummfilm

er reißt ein Stück Schmirgelpapier entzwei, und sie nimmt aufgrund des Geräusches an, ihr sei der Rock gerissen. Als sie in der letzten Sequenz mit einem Hammer bewaffnet zurückkehrt, gerät sie in die finale Auflösung, fällt in eine Zementwanne und endet somit ähnlich wie der Polizist: am Boden liegend und grotesk durch schmierige Materie entstellt.

Beispielanalyse

Das Finale von THE FINISHING TOUCH

Dass das spöttische Fazit im vorletzten Zwischentitel (»The house was finished – In spite of anything they could do –«, 00:15:35) kein gutes Ende einleitet, ahnen die Zuschauerinnen und Zuschauer bereits. Es folgen diverse Einsturzphasen des Hauses, ausgelöst durch die Landung eines Vogels auf dem Schornstein, bei denen, angefangen beim reklamierenden Bauherrn, jeder gegen jede und jeden mit allen Mitteln kämpft: rennend, schlagend, werfend. Die finale Verfolgungsjagd mit dem Hausbesitzer gibt dem Haus den Rest, weil der Material-LKW mit den kaputten Bremsen den Berg hinab- und ins Haus hineintrudelt: Der große Stein, der den Laster seit Beginn des Films am Zurückrollen hinderte, wurde als Wurfgeschoss benötigt und deshalb entfernt (s. Abb. 16.4, 16.5). Dieser »finishing touch« ist kein behutsames »Anlegen letzter Hand«, sondern ein gewaltvoller Zusammenprall. Hier liegt ein besonders langsamer, aber umso effektvollerer *slow burn* vor, denn aufmerksamen Zuschauern ist von Anfang an klar, dass die provisorische Bremse nicht dauerhaft halten wird: Murphys Gesetz muss sich irgendwann bewahrheiten. Ein Bremsklotz muss irgendwann wieder entfernt werden. Oder: Wenn eine Figur (hier: die Krankenschwester) in der einen Einstellung vor einer Wanne mit nassem Zement steht, wird sie ungefähr in der übernächsten hineinfallen.

Typische Motive

THE FINISHING TOUCH ist mit den Motiven des nicht erfüllbaren Auftrags, der Auflehnung gegen Autoritäten und der lustvollen Zerstörung ein typischer komischer Kurzfilm aus der Stummfilm-Ära. Gleichzeitig ist der Film in der Darstellung der Beziehung der beiden Protagonisten zueinander, die ihren je eigenen irrsinnigen Plan bar jeder Logik verfolgen und

Abb. 16.4: Dritter Zwischentitel/Start des *slow burn*: ›LKW rollt ins Haus‹ (THE FINISHING TOUCH, 00:01:46)

Abb. 16.5: Der Bremsstein wird als Wurfgeschoss entdeckt (THE FINISHING TOUCH, 00:19:23)

auf kindliche Weise blitzartig zwischen Zusammenhalt und Gegnerschaft umschalten, typisch für die Filme des Komiker-Duos Laurel & Hardy.

16.4 | Filmdidaktische Überlegungen

Nun richtete sich der komische Kurzstummfilm der 1910er und 1920er Jahre nicht intentional an Kinder und Jugendliche, sondern wurde von Erwachsenen im Kino als Vorfilm rezipiert. Dies hat sich im Laufe der Zeit durch ein divergierendes Rezeptionsangebot geändert. Viele der ab den 1960er Jahren Geborenen erinnern sich aus ihrer eigenen Kindheit an die oben erwähnten Vorabendserien VÄTER DER KLAMOTTE oder MÄNNER OHNE NERVEN. Was macht den Kurzstummfilm reizvoll auch für jüngere Rezipientinnen und Rezipienten? Und worin liegt sein motivationales, analytisches und produktives bzw. kreativitätsförderndes Potenzial für die Filmdidaktik?

Motivationspotenzial: Zum einen ist es die **Komik**, die motivierend auf Kinder wirkt und die zur szenischen (pantomimischen) Nachahmung bzw. zur Produktion von eigenen Kurzfilm-Varianten einlädt. Viele der komischen Elemente, ob auf der Ebene der Figuren oder der Handlung, sind für sie leicht verständlich, zumal es sich oft um semantisch oppositionelle Strukturen handelt, wie sie aus Märchen und Medien bekannt sind: zwei ungleiche Freunde, Aufgabe und Scheitern, Freunde vs. Gegner, dümmliche Männer vs. schöne und/oder rabiate Frauen.

Didaktische Lernchancen

Zum anderen kennen Kinder das schnelle **Umschlagen von Stimmungen und Handlungen** aus ihrer eigenen Entwicklung und dem Spiel ebenso wie wechselnde Freundschaftskonstellationen je nach Situation und Spielgefährten bzw. Geschwistern. Komikerzeugend bei Laurel & Hardy sind die massiv eingesetzte Körperlichkeit, der Kampf gegen individuell empfundene Willkür, gegen gesellschaftliche Unterdrückung und die logischen Verstöße gegen Naturgesetze. Regelverstöße, die (nicht) sofort geahndet werden, sind an der Tagesordnung. Die Regeln der Wohlanständigkeit und Erziehung werden kurz angedeutet, um dann umso schneller gebrochen zu werden. Schamlos werden hinter dem Rücken von Autoritäten Faxen gemacht.

Je nach Qualität des Bildmaterials und der aktuellen Technik lassen die schnell ablaufenden Bilder es so aussehen, als ob alle Figuren ständig rennen. Komisch wirken ebenfalls die völlig heterogenen Mittel, mit denen die Figuren sich zur Wehr setzen oder Lösungen finden – von tumbem Körpereinsatz bis zur taktischen Verbrüderung und durchaus listigen Bezwingung der Gegner. Die oben geschilderte **Rezeptionslenkung** der Zuschauerinnen und Zuschauer in ihren vielfältigen Formen (*slow burn* in der erstgenannten Definition als bewusste Überwindung der ›vierten Wand‹, wiederkehrende *running gags*, erwartungssteuernde Zwischentitel oder – je nach Bearbeitung – Sprecherkommentare, bei serieller Rezeption mehrerer Stummfilmkomödien die Konstanz und Varianz der Figurenmerkmale wie auch der Lieblingsmotive) trägt zur guten Verständlichkeit der Filme bei und erhöht die komische Wirkung.

Nun ist es denkbar, dass einzelne Kinder diesen Film bzw. Stummfilme generell befremdend finden. Denn moderne Medien sind visuell bunt, schnell geschnitten, reich an Bewegungen und Perspektiven; dies gilt nicht nur für den Animationsfilm (s. Kap. 5 u. 14), sondern bereits moderne Bilderbücher arbeiten mit einer Vielfalt von Bildstilen, Bildausschnitten und Perspektiven. Anders dagegen der schwarz-weiße Stummfilm, der auch visuell noch eher ›stumm‹ ist und diverse Stilmittel aus dem Theater entlehnt: Seine Kameraeinstellungen wechseln selten, und der Bildausschnitt (oft Halbtotale) erinnert an eine Theaterbühne, unterbrochen von wenigen Totalen. In der unterrichtlichen Begegnung liegt jedoch gerade die Chance von **Differenzwahrnehmungen** angesichts festgefügter Sehgewohnheiten. Indem Kinder über Unterschiede zu aktuellen Filmen sprechen, erkennen sie die filmischen Mittel umso besser und lernen, diese zu verbalisieren. Zudem können Kurzstummfilme als Ganzes rezipiert und werden. Es kann, muss aber nicht mit Ausschnitten gearbeitet werden: Der Vergleich mit weiteren Werken ist zeitlich möglich.

Weiteres didaktisches Potenzial: Neben dem vorhandenen Motivationspotenzial birgt die kurze Stummfilmkomödie weitere didaktische Chancen:

1. Begegnung mit der Filmgeschichte: Die Schülerinnen und Schüler lernen die Geschichte des frühen Kinos anhand der Filme eines bekannten Komiker-Duos exemplarisch kennen und erkennen die Unterschiede zwischen einem historischen Film, hier: Kurzstummfilm, und einem heutigen Film.

Bildliteralität

2. Filmästhetik und Filmsprache: Die Schülerinnen und Schüler beschreiben die Wirkungen der visuellen Mittel (s. Kap. 4.3) und erkennen, wie der Stummfilm die fehlende auditive Ebene kompensiert und wie durch verschiedene Gestaltungselemente Komik erzeugt und Rezeption gelenkt wird. Die Betrachtung von Schwarzweiß-Filmen trägt ferner zum Erwerb von Bildliteralität bei, indem sie für die Wirkung von (fehlenden) Farben, von starken Bildkontrasten usw. sensibilisiert (vgl. den Hinweis auf Duncker/Lieber in Kap. 10.2). Die Kinder werden bei der exemplarischen Analyse der filmischen Bildsprache für die Analyse moderner Kinderfilme, Medien oder des Erzählens selbst (typische Figurenkonstellationen, typische Handlungsverläufe in der Slapstick-Komödie) in verschiedenen Medien und Formaten sensibilisiert (vgl. Abraham 2013; Althüser 2017; Preuß 2017, S. 88 f.). Hierbei gilt es, subjekt- und gegenstandsbezogene Kompetenzen, betreffend die individuelle Rezeption wie auch die genaue Analyse der erzählten Geschichte und der technisch-ästhetischen Darstellungsweise, ins Verhältnis zueinander zu bringen. So sollen in Klasse 4 Gefühle und Eindrücke benannt und begründet werden – hier besteht ein Bezug zum Kompetenzbereich Filmnutzung –, und der Film als gestaltetes Werk soll an einfachen Beispielen beschrieben werden.

3. Filmsprache/Filmgestaltung: Anhand des komischen Kurzfilms können exemplarische gattungsspezifische Merkmale vermittelt werden: Begriffe wie Stummfilm, Zwischentitel, Gag oder Slapstick sind bereits für die ausgehende Grundschulzeit denkbar, während die Komik des *slow burn* zwar von Grundschülerinnen und Grundschülern verstanden wird, ohne dass jedoch jede Nuance der damit verbundenen Technik oder der zugehörige Terminus verstanden bzw. erworben werden müssten. Dies bietet sich vertiefend für die Sekundarstufe an, außerdem die Recherche (in Buch und Internet) zur Filmgeschichte des Stummfilms oder in Online-Filmlexika (s. Kap. 19.2.1) gezielt zu Begriffen wie *Commedia dell'arte* u. a. Ohne bereits in der Grundschule Einstellungsgrößen terminologisch auswendig zu lernen, sollte doch über deren Wechsel je nach angestrebter Wirkung und je nach Bewegung (von außen nach innen und zurück) reflektiert werden.

Filmproduktion/Filmpräsentation: Gerade bei den Filmen von Laurel & Hardy bieten sich handlungsorientierte Unterrichtssequenzen und eigene Filmproduktionen an. Ersteres, um z. B. die oppositionelle Anlage der beiden Figuren nicht nur im Filmgespräch, sondern auch im pantomimischen Nachvollzug und anschließender Bewertung durch die Mitschülerinnen und Mitschüler zu erkennen. Letzteres, um den Handlungsaufbau (Exposition, Aufgabe, allerlei Missgeschicke bis zur völligen Auflösung) und weitere spezifische Genremerkmale sowie filmische Gestaltungsmittel nachzuvollziehen und dabei auch mediale Kompetenzen rund um Video- oder Smartphone-Kamera und Tablet zu fördern.

16.5 | Unterrichtspraktische Vorschläge zu The Finishing Touch

Neben eher analytisch-beobachtenden Aufgaben, die im Filmgespräch oder in Form von Schreibaufgaben (z. B. Filmprotokoll) bearbeitet werden können und den Film selbst oder auch weitere Kurzfilme zum Gegenstand haben, lohnen sich handlungsorientierte Einheiten, in denen die typischen Elemente des Stummfilms pantomimisch-spielerisch erprobt werden.

Erschließung der Komik von Laurel & Hardy: In Kleingruppen Beobachtungsaufgaben zu Figuren, Handlung, Filmsprache und komischen Elementen (*running gags, slow burn*) bearbeiten. Einzelne Szenen anhand von Filmausschnitten und Standbildern analysieren (z. B. das ›unendlich‹ lange Brett mit Laurel als Träger, 00:06:17 bis 00:06:40), Wirkung von Filmton untersuchen.

Leitfragen: Wie *unterscheiden* sich Laurel und Hardy voneinander und worin sind sie sich *ähnlich*? Inwieweit unterstützt die Musik die gezeigten Bilder? Welche Instrumente und Geräusche wirken komikerzeugend?

Ästhetik des Stummfilms erkunden: Reflexion über Filmsprache und -ästhetik des Stummfilms. Einsprechen eigener Dialoge oder eines Sprecherkommentars zu ausgewählten Szenen bei ausgeschaltetem Filmton. Filmvergleich mit Tonfilmen des Duos, z. B. Laurel und Hardy als Schornsteinfeger (1933), Laurel und Hardy im Krankenhaus (1932), Der zermürbende Klaviertransport (1932). Vergleich mit Filmen anderer Stummfilm-Komiker.

Leitfragen: Welche Wirkung hat ein Schwarzweiß-Film im Vergleich zu einem Farbfilm? Welche Funktion haben die Zwischentitel? Was unterscheidet THE FINISHING TOUCH von einem lustigen Film von heute? Würden bzw. sollten einige Stellen im Film heute professioneller aussehen (z. B. der erkennbar künstliche Vogel auf dem Kamin, 00:16:52)?

Eigene Produktionen **Eine eigene Laurel & Hardy-Episode erfinden:** Pantomimische Nachahmung des Duos zu zweit als Vorübung (selbstverständlich können dabei auch Mädchen in die Rolle der beiden Akteure schlüpfen). Eine eigene Geschichte in Gruppenarbeit erfinden und schriftlich skizzieren (unter Berücksichtigung folgender Elemente: Aufgabe für Laurel und Hardy, Pech und Pannen, Verfolgungsjagd). Vorüberlegungen zu einer Filmproduktion (Texte: Exposé, Treatment, Drehbuch, Storyboard; Ausstattung: Kostüme, Requisiten; filmische Gestaltung: Zwischentitel, Begleitmusik; Aufnahmetechnik: Videokamera, Tablet, Smartphone usw.).

Primärliteratur
DICK UND DOOF SCHÖN LEISE – DIE LETZTEN HANDGRIFFE (THE FINISHING TOUCH). Regie: Clyde Bruckman. USA 1928. DVD: Kinowelt Home Entertainment (Dick & Doof Collection 2, DVD Nr. 7).

Sekundärliteratur
Abraham, Ulf: »Kurzspielfilme im Deutschunterricht. Basisartikel«. In: *Praxis Deutsch* 237 (2013), S. 4–10.
Alic, Selma: *Comedy Narrative. Erzählstrukturen und Komik in der Hollywood-Komödie*. Marburg 2014.
Althüser, Gerrit: »Verbindung La Ciotat – Berlin. Stummfilme als Zugang zur ästhetischen Gestaltung einer aktuellen Kinderbuchverfilmung«. In: Henriette Hoppe/Claudia Vorst/Christian Weißenburger (Hg.): *Bildliteralität im Übergang von Literatur und Film. Eine interdisziplinäre Aufgabe und Chance kompetenzorientierter Fachdidaktik*. Frankfurt a. M. 2017, S. 99–116.
Amann, Caroline/Schlichter, Ansgar: »slow burn«. In: *Lexikon der Filmbegriffe*, 22.7.2011, http://filmlexikon.uni-kiel.de/index.php?action=lexikon&tag=det&id=5215 (4.2.2019).
Aping, Norbert: *Das kleine Dick-und-Doof-Buch: Die Geschichte von Laurel und Hardy in Deutschland*. Aktualisierte Neuauflage. Marburg 2014.
Beil, Benjamin/Kühnel, Jürgen/Neuhaus, Christian: *Studienhandbuch Filmanalyse. Ästhetik und Dramaturgie des Spielfilms*. München 2012.
Lenk, Sabine: »Zwischentitel«. In: *Lexikon der Filmbegriffe*, 12.10.2012, http://filmlexikon.uni-kiel.de/index.php?action=lexikon&tag=det&id=853 (22.1.2019).
Preuß, Christine: »Lernen durch frühes Kino – Filmbildung im Unterricht«. In: Henriette Hoppe/Claudia Vorst/Christian Weißenburger (Hg.): *Bildliteralität im Übergang von Literatur und Film. Eine interdisziplinäre Aufgabe und Chance kompetenzorientierter Fachdidaktik*. Frankfurt a. M. 2017, S. 87–98.
Seeßlen, Georg: *Klassiker der Filmkomik. Geschichte und Mythologie des komischen Films*. Reinbek bei Hamburg 1982.
Wulff, Hans-Jürgen: »Slapstick«. In: *Lexikon der Filmbegriffe*, 20.12.2012, http://filmlexikon.uni-kiel.de/index.php?action=lexikon&tag=det&id=340 (22.1.2019).

Claudia Vorst

17 Werbespot

17.1 Funktion und Verbreitung
17.2 Genretypische Merkmale
17.3 Analysen entlang der Geschichte des Werbespots
17.4 Filmdidaktische Überlegungen
17.5 Unterrichtspraktische Vorschläge

17.1 | Funktion und Verbreitung

Werbung ist »der Versuch, das Wissen, die Meinungen, die Emotionen oder das Verhalten, kurz die Einstellungen anderer in einer ganz bestimmten Weise zu beeinflussen.« (Zurstiege 2015, S. 10). Der audiovisuellen, also filmischen Werbung kommt dabei eine besondere Bedeutung zu:

Werbemarkt: Die Fernsehwerbung ist bislang die dominierende Werbeform. 2017 gaben Unternehmen fast 32 Milliarden Euro in Deutschland für Werbung aus. Den größten Umsatz erzielte die **Fernsehwerbung** (15,3 Mrd. Euro). Der Rundfunkstaatsvertrag regelt seit 1991 die Richtlinien für Fernsehwerbung (s. Tab. 17.1 zu den Richtlinien zur Werbung). Auch die Online-Werbung prosperiert: Von 2015 bis 2017 stieg ihr Anteil um 7,5 %, dagegen verzeichnete die Printwerbung im gleichen Zeitraum einen Rückgang von über 5 %. **Online-Spots** entwickeln sich zu einer für die Unternehmen zunehmend wichtigen Werbeform, da sie eine größere Verbreitung in kürzerer Zeit erreicht als die noch führende Fernsehwerbung. Weil audiovisuelle Werbung unterschiedliche Sinneskanäle anspricht, erhoffen sich die Werbetreibenden eine höhere Konsumentenaktivierung als bei der Print-Werbung.

Fakten und Zahlen

Kosten: Die Herstellungskosten von Werbespots liegen zwischen EUR 50.000 und mehreren Millionen Euro. So kostete die an den Film MOULIN

	Öffentlich-rechtliches TV (gebührenfinanziert)	Privates TV (werbefinanziert)
Wo wird geworben?	Nur bei ARD und ZDF	Auf allen Sendern
Wann wird geworben?	Nicht an Sonn- und Feiertagen und nur bis 20.00 Uhr	Sieben Tage und 24 Std./Tag
Wie lange wird geworben?	20 Min./Tag	20 % pro Stunde (= 12 Min.)
Welche Sendungen dürfen nicht von Werbung unterbrochen werden?	Übertragung von Gottesdiensten und Kindersendungen	Übertragung von Gottesdiensten und Kindersendungen
Welche Werbeformen werden nicht als Werbung definiert?	Sponsoring, Eigenwerbung, Produktplatzierungen	Sponsoring, Eigenwerbung, Produktplatzierungen

Tab. 17.1: Richtlinien zur Werbung (lt. Rundfunkstaatsvertrag)

Rouge (2001) angelehnte Werbung für Chanel No. 5 (2004) mit Nicole Kidman 20 Millionen Dollar. Die Platzierungskosten bei den Fernsehsendern sind sehr unterschiedlich und hängen ab von der Tages- und Jahreszeit (im Sommer ist Werbung billiger als im Winter) sowie der Reichweite und dem Marktanteil des Senders. Während am frühen Morgen auf einem Spartensender eine Werbung nur wenige hundert Euro kostet, sind die **Werbeplätze** bei den meist gesehenen Vollprogrammen während der Prime Time (19.00–23.00 Uhr) am teuersten. Da Werbung mehrfach am Tag läuft, bieten die Sender auch rabattierte Blockbuchungen an. Der teuerste Einzelwerbeplatz ist der unmittelbar vor der Tagesschau (»Best Minutes«); die Platzierung bei Großereignissen (Fußball-WM, Super Bowl-Finale) erzielt Höchstpreise.

Orientierungs- und Ratgeberfunktion: Werbung verfolgt die Strategie, in der zunehmend als unübersichtlich empfundenen Welt positive Orientierungsmarken zu setzen, die vermeintlich zum Erfolg führen. In den Zeiten des sogenannten Wirtschaftswunders wirkten Spots wie **Gebrauchsanleitungen**, die zeigen, wie das Produkt richtig und zum Wohl des imaginierten Musterhaushaltes eingesetzt werden muss (z. B. Waschmittelreklamen). Später docken solche Werbungen eher an das **Lebensgefühl** und die differenzierteren Geschlechterbeziehungen an (z. B. die Calgonit-Werbung von 1995: »Dann klappt's auch mit dem Nachbarn«). Auch Prominente oder Expertinnen und Experten (vermeintliche Apotheker, Ärzte) liefern Orientierung, wenn sie mit ihrem Gesicht, Namen oder Status für ein Produkt werben und dabei dessen vermeintliche Qualität gegenüber anderen Produkten hervorheben.

Ästhetischer Genuss: Seit den 1980er Jahren ist eine enge ökonomische und ästhetische Verzahnung von Film- und Werbebranche festzustellen: Werbungen imitieren den Look aktueller Erfolgsfilme oder zitieren Filmklassiker (z. B. IKEA-Spot The Shining, 2017). Kinoproduktionen setzen bestimmte Produkte deutlich ins Bild (z. B. Automarken in den James Bond-Filmen), Filmfiguren tauchen in Branchenwerbung auf (z. B. Darth Vader im VW-Passat-Spot, 2011). Einen regelrechten Hype erzielte BMW mit seinen für das Internet produzierten aufwändigen The Hire-Werbefilmen (2001/2002 und 2016), in denen der Schauspieler Clive Owen verschiedene Abenteuer erlebt. Bekannte Regisseurinnen und Regisseure (z. B. David Fincher, Ridley Scott, Anton Corbijn, Michael Bay, Alex Proyas, Lasse Hallström, Zack Snyder, Gore Verbinski, die Coen-Brüder) werden selbst zu Produzenten für Werbespots. Martin Scorsese stellte zum Beispiel deutliche **Bezüge zur Filmgeschichte** her, indem er für den Sekthersteller Freixenet mit The Key to Reserva (2007) einen fast zehnminütigen Spot schuf, in dem es um aufgefundene Drehbuchseiten eines nicht realisierten Hitchcock-Films geht.

17.2 | Genretypische Merkmale

Kürze: Zu Beginn des Fernsehens konnte eine Werbung durchaus mehrere Minuten dauern. Heute ist ein Spot im Fernsehen zwischen 20 und 30 Sekunden lang. Abweichend davon gibt es kürzere Spots (z. B. unmittelbar vor der TAGESSCHAU oder die Reminder, die sich auf einen bereits kürzlich gezeigten längeren Spot beziehen – auch Tandemspot genannt), aber auch längere Spots, die häufiger in Spartenkanälen, wie Sport 1 als zentrale Unterbrecherwerbung eingesetzt werden. Kino- und Internetwerbung erzählen komplexere Geschichten und überschreiten nicht selten die 30-Sekunden-Grenze.

Redundanz: Ein typisches Merkmal der Fernsehwerbung ist es, Name, Nutzen und Gebrauchswert des Produktes während des Spots mehrfach zu erwähnen, häufig in Verbindung mit Bedürfnissen und/oder Werten (»Frische«, »Sauberkeit«, »Freiheit«, »Glück«, »Erfolg«).

Slogan (Claim): Signifikant für viele Werbespots ist ein Werbespruch, meist elliptisch gestaltet, der besonders eingängig ist und durch die Verbindung zwischen Produkt und Slogan einen hohen Wiedererkennungswert besitzt. Er wird in audiovisuellen Werbungen in der Regel am Schluss eingespielt. Dabei werden auch bewusst Verstöße gegen die Sprachrichtigkeit in Kauf genommen, wie »Da werden Sie geholfen« (Telefonauskunft, 1998) oder »Deutschlands meiste Kreditkarte« (Mastercard, 1993).

Zwischen Klischee und Originalität

Emotionalisierung und Storytelling: Unternehmen (u. a. der Kosmetik-, Mode- und Autoindustrie) setzen verstärkt auf das Storytelling. In diesen Werbespots steht weniger die Information über ein Produkt im Vordergrund, sondern die erzählte Geschichte und deren formale Gestaltung. Die Clips sollen unterhalten, den Rezipienten auf der Gefühlsebene ansprechen und damit eine positive Einstellung zur beworbenen Marke bewirken. Gut erzählte Geschichten enthalten einen Spannungsbogen, spiegeln ein Lebensgefühl oder den Zeitgeist wider. Als Klassiker des Storytellings gilt die bereits in den 1950er Jahren entwickelte Marlboro-Reklame.

Klischees und Stereotype: Die traditionelle Filmwerbung inszenierte den Musterhaushalt einer Mittelschichtsfamilie mit klarer Rollenverteilung und dem Figureninventar der stets gepflegt gekleideten, oft Schürze tragenden Hausfrau und dem in Haushaltsdingen uninformierten Ehemann in Anzug und Krawatte. Auch in zeitgenössischer Filmwerbung dominieren klare Rollenbilder. Ein Blick in die Kinderwerbung verdeutlicht dies: So arbeitet Mädchenwerbung häufig mit positiven Signalfarben (insbesondere mit der Farbe Rosa) und einer gemäßigten Schnittfrequenz, während die Werbung für Jungen oft schnell geschnitten und dunkelfarbig gestaltet ist. Die zeitgenössische Erwachsenenwerbung bedient diese Rollenklischees ebenfalls mehrheitlich: Werbung zeigt den muskulösen, gut aussehenden Mann mit Dreitagebart oder die perfekt geschminkte, sinnliche Frau. Diese Klischees werden jedoch auch ironisch gebrochen, z. B. indem eine Rollenumkehrung stattfindet.

17.3 | Analysen entlang der Geschichte des Werbespots

Abb. 17.1: Beppo Brehm in der ersten Werbung des deutschen Fernsehens 1956 (00:00:53)

Werbung als Ratgeber: In Deutschland wurde der **erste Werbefilm** mit dem Titel MAHLZEIT! am 3. November 1956 im Bayerischen Rundfunk ausgestrahlt. Die beliebten Volksschauspieler Liesl Karlstadt und Beppo Brehm sitzen in einem Restaurant, Brehm bekleckert das Tischtuch und es entwickelt sich ein Gespräch mit dem Ober über die Vorzüge des Waschmittels Persil. Dieser Schwarzweiß-Film war mit 55 Sekunden eher kurz und einfach inszeniert.

Der Spot LASS DICH DURCH NICHTS BEIRREN! aus dem Jahr 1956 lief zunächst als Kinowerbung und später im Fernsehen. Der Film hat eine Länge von 2 Minuten, 49 Sekunden. Die Firma Henkel ließ für die Werbung Mitglieder der 1948 gegründeten Kabarettgruppe *Die kleinen Vier* engagieren, die eine eigene Fernsehsendung im Bayerischen Rundfunk hatte und damit über einen gewissen Bekanntheitsgrad verfügte.

Beispielanalyse

Redundanz und Klischee als Merkmale klassischer Werbespots

Der Spot LASS DICH DURCH NICHTS BEIRREN! beginnt mit einer Totalen, die aus der Aufsicht die Straßenszene in einer Großstadt zeigt. Eine sternförmige Effektblende leitet über auf den Protagonisten Herbert Müller, der ständig **drei Worte** wiederholt: »Henko, Persil, Sil.« Eine Bekannte fällt ihm um den Hals: »Grüß dich Herbert! Wo steckst du?« Das Bild friert ein (Freeze-Frame) und aus dem Off erklingt die Stimme der Ehefrau Müller: »Lass dich durch nichts beirren.« Er schiebt die Bekannte weg und geht die drei Worte wiederholend weiter. In gleicher Weise verhält er sich gegenüber einem Touristen, der ihn nach dem Weg fragt. Dann läuft er fast vor einen LKW. Jedes Mal friert das Bild ein und aus dem Off ist die Ermahnung seiner Frau zu hören. Endlich erreicht er das Geschäft. Aufzählend bahnt er sich einen Weg vorbei an drei einkaufenden Frauen, schiebt sie wenig freundlich beiseite und endet schließlich, die drei Worte deklamierend, vor dem Kaufmann, der ihn anstrahlt. Es folgt eine Rückblende: Frau Müller (in Großaufnahme) erklärt ihrem Gatten den Kaufauftrag, indem sie ihm die Funktionen der einzelnen Waschmittel erläutert. Vor Ort im Geschäft gratuliert der Kaufmann Herrn Müller (Nahaufnahme) zu seiner »klugen Frau, [...] die weiß, was sie will.« Dann erklärt er nochmals die Funktion der drei Waschmittel, indem er die jeweiligen Packungen auf die Ladentheke stellt. An die Frauen im Laden gewandt und mit erhobenem Zeigefinger (in Nahaufnahme) mahnt er an: »Lassen auch Sie sich nicht beirren...« – Schnitt auf **drei lachende** Frauen (Halbnahe Aufnahme) – »... die richtige Waschmethode: Henko, Persil, Sil.« Mit einer orchestralen Schlussmusik und der Einstellung auf die **drei Packungen** (Pack-Shot) endet die Werbung.

Die männliche Figur Heribert Müller erfüllt das Klischee des in Haushaltsdingen überforderten Ehemannes. Wie ein Kind wiederholt er in diesem Spot allein 12 Mal den Namen des Produktes.

Abb. 17.2–3: Redundanz der Zahl Drei in LASS DICH DURCH NICHTS BEIRREN! (00:00:09–00:02:40)

Entstehungshintergrund von LASS DICH DURCH NICHTS BEIRREN!

Der Werbespot entstand aufgrund eines starken Konkurrenzdrucks. Nachdem die US-amerikanische Firma Sunlicht Mitte der 1950er Jahre mit Sunil ein synthetisches Vollwaschmittel auf dem Markt gebracht hatte, das Einweichen und Nachspülen überflüssig machte, verlor die Firma Henkel ihre Marktführerschaft. Insofern war der Spot der Versuch, Vollwaschmittel zu diskreditieren, da sie nicht »strahlend weiß« waschen würden.

Zur Vertiefung

In den 1960er-Jahren werden die Werbungen kürzer (30 bis 60 Sekunden), was ökonomisch begründet ist, da mehrere Unternehmen in der knappen Werbezeit zwischen 18:00 und 20:00 Uhr platziert werden wollten und bis zur Einführung des Dualen Rundfunks im Jahr 1984 in ARD und ZDF nur während diesem Zeitfenster Werbung ausgestrahlt werden durfte. Inhaltlich dominieren weiterhin die Ratgeber-Werbungen, in denen bestimmte Typen (Klementine, Frau Sommer, Miss Tilly oder Meister Proper) die **Leistungsfähigkeit des Produktes** anpreisen (»Nicht nur sauber, sondern rein«, Ariel; »Meister Proper putzt so sauber, dass man sich drin spiegeln kann«, Meister Proper).

Bis in die 1970er Jahre

Ästhetische Innovation: Der Düsseldorfer Künstler Charles Wilp bündelte 1969 bis 1975 in rund 20 Spots als Werbung für das Getränk Afri Cola den Zeitgeist der neuen Jugend- und Studierendenbewegungen in kurzen Bildarrangements. Die Spots sind inhaltlich wie ästhetisch neuartig:
- Atonale Musik
- Werbetext in elliptischen Satzfetzen mit Anaphern, Alliterationen und Hyperbeln
- von Anglizismen geprägte Jugendsprache
- Kameraaufnahmen durch eine vereiste Glasscheibe hindurch
- schnelle Montagen
- angeschnitten gezeigte Objekte

- ausgelassene Partystimmung
- enthemmte Körperdarstellung
- androgyner Frauentyp, langhaariger Männertyp

Die Spots dieser Reihe exponieren antirassistische, multikulturelle Aspekte der Protestbewegung in der Hippie-Kultur sehr deutlich. Homosexualität und Emanzipation der Geschlechter werden ebenso ikonographisch aufgegriffen wie die Proteste gegen den Vietnamkrieg. Der Slogan wird von Spot zu Spot leicht verändert, sein Kennzeichen bleibt aber eine **elliptische Sinn-Unsinn-Konstruktion**, die sich sprachlich wie folgt darbietet:

Abb. 17.4: Durch Eis gefilmt: DER AFRI-COLA-RAUSCH (1968)

»Alle im Afri Cola-Rausch. Afri Cola ist Genuss mit der schwarzen Cola-Bohne. Feierabend: Afri Cola. Alles ist in Afri Cola: Mini-Cola als Stimulanz, Sexy-Cola: Stimmungselixier, Super-Cola: alkoholfreies Partygetränk, Flower-Cola: Erfrischung auch bei schlechtem Wetter, Pop-op-Cola: das alte Rezept und die neue Konzeption – Sexy-mini-super-flower-pop-op-Cola– alles ist in Afri Cola.«

Bis in die 1990er Jahre

Filmische Erzählstrategien im Werbespot: Seit den 1980er Jahren ist eine engere Verzahnung von populären (Kino-)Spielfilmen und Werbung zu erkennen. Aus der ursprünglichen Konkurrenz von Fernsehen und Kino wird ein von kommerziellen Interessen geprägter Austausch, der aber auch zu neuen ästhetischen Werbeproduktionen führt. Der Werbespot greift **Motive und Gestaltungstechniken** der Blockbuster auf und wird immer filmischer, d. h. er löst sich von der auf Redundanz und Pack-Shot-Bildern reduzierten Werbung und wird ästhetischer. Werbefilme, insbesondere aus den Bereichen Mode und Autos, werden immer aufwändiger und teurer. Sie imitieren das große Kino, und häufig steht das zu bewerbende Produkt nicht mehr im visuellen und akustischen Zentrum.

Ein Beispiel dafür ist die Werbung DRUGSTORE (1994), die der durch Werbe- und Musikspots bekannt gewordene französische Regisseur Michel Gondry für die Jeansmarke Levi's schuf. Sie erzählt in hart ausgeleuchteten Schwarzweiß-Bildern eine Geschichte mit überraschender Pointe, die zum Hin- und Mehrfach-Sehen einlädt. Das Produkt verschwindet hinter dem Narrativ.

DRUGSTORE gibt es in zwei Versionen unterschiedlicher Länge. Als Kinowerbung dauert sie 90 Sekunden. Für das Fernsehen wurde sie auf knapp 60 Sekunden gekürzt.

Abb. 17.5–6: Schuss-Gegenschuss-Sequenz aus DRUGSTORE (1994)

Moderne filmische Erzählstrategien im Werbespot DRUGSTORE

Beispielanalyse

Der TV-Spot besteht aus ca. 40 Einstellungen, die mit wenigen Ausnahmen aus der subjektiven **Point-of-View-Perspektive** des jungen Mannes gefilmt sind. Die erste Einstellung zeigt, wie ein Wagen aus dem Dunkel einer Garage fährt. Im weiteren Verlauf werden in rascher Abfolge Ansichten der Kleinstadt aus der Perspektive des Fahrers gezeigt. Der durch entsprechende US-amerikanische Spielfilme geschulte Zuschauer erkennt anhand der alten Fahrzeuge, der staubigen Straßen und der teils heruntergekommenen Häuser, dass die Geschichte in den 20er/30er Jahren des letzten Jahrhunderts spielt – womöglich zur Zeit der Großen Depression. Die Stadtansichten sind mit Hilfe der Montagetechnik des **Jump-Cut** lose aneinandergereiht und erzeugen im Zusammenhang mit der rhythmischen Ambient-Techno-Musik auf der Tonspur eine große Dynamik.

Wenige Einstellungen später fährt der Wagen auf einen Drugstore zu. Für einen kurzen Moment wechselt die Erzählhaltung. Die Kamera zeigt, wie der Fahrer aus einem alten klapprigen Pritschenwagen mit einer Firmenaufschrift steigt; wir sehen allerdings nur seine Jeans, Hemd und Hosenträger. Als **Pars-pro-toto-Effekt** verweisen Kleidungsstücke und Firmenwagen auf die Arbeitswelt des Fahrers.

Zurück in der Ich-Perspektive betritt der Fahrer den Laden und bewegt sich auf die Theke zu, vorbei an zwei Frauen und einem Mädchen, das ihn anlächelt. Auch hier wird die Kamerafahrt durch dynamische Jump-Cuts beschleunigt. Der Ladenbesitzer – nun in Großaufnahme – nimmt den Käuferwunsch entgegen und gibt ihm eine Schachtel mit Kondomen. Weiterhin aus der subjektiven Sicht zeigt die Kamera groß die Schachtel mit der Aufschrift »LatexCondoms«. Sie wird geöffnet. Drei Kondome. Schnitt auf eine Kundin (Nah), die ihn mit großen Augen anblickt, Schnitt auf das Kind (Aufsicht), das ihn anlächelt. Wir sehen, wie er die Kondomschachtel in die kleine, ursprünglich als Taschenuhrfach gedachte Tasche seiner Jeans steckt und aus dem Laden geht.

Während der Autofahrt gibt es einen Zeitsprung in den Abend mit Hilfe eines **matching dissolve** (Überblendung). Eine Lokomotive rast vorbei. Die metaphorische Einstellung auf den dampfenden Triebwagen ist deutlich sexuell konnotiert. Der Fahrer ist am Haus der Freundin angekommen. Die Schnittfrequenz nimmt hier noch einmal zu, und an den Bildrändern sind kleine Lichteffekte zu erkennen, die die Nervosität vor dem ersten Date anzeigen. Die Tür öffnet sich und der Besitzer des Ladens erkennt den jungen Mann, der nun erstmals zu sehen ist (**Schuss-Gegenschuss**). Dieser erschrickt ebenfalls und erinnert sich (**Rückblende Drugstore**). Der Vater versucht, seine Tochter davon abzuhalten auszugehen. Doch sie löst sich von ihm. Das Paar verlässt (nun aus der Perspektive des Vaters) das Grundstück. Zurück bleibt ein resigniert blickender Vater. In diese Schlusseinstellung werden der ironische Text »Watch pocket created in 1873. Abused ever since.« (»Uhrentasche, 1873 kreiert. Seitdem häufig missbraucht«) und das Levi's-Logo eingeblendet.

Die in der Vergangenheit spielende Geschichte wird hier mit aktueller Musik und filmischen Erzählstrategien kombiniert und dynamisiert.

17 Werbespot

Zur Vertiefung

Alternativversion mit umgekehrten Geschlechterrollen

In einer zweiten Version des Spots drehte Michel Gondry das Geschlechterverhältnis um, indem er die mit den gleichen Schauspielern gefilmten Rollen vertauscht. Jetzt holt eine selbstbewusste junge Dame, noch von der harten Arbeit gezeichnet, den neuen Geliebten ab – alle anderen Einstellungen bleiben gleich. Dadurch endet der Film mit zwei unerwarteten Pointen.

Aktuelle Tendenzen

Virale Online-Werbespots: Die Vorteile der Online-Spots für Unternehmen sind geringere Platzierungskosten und eine prinzipiell weltweite Adressatengruppe. Denn viral meint, dass ein digitalisierter Werbespot sich rasant wie ein Virus durch kommunikative Aktivitäten wie posten, liken, forwarden der Mitglieder der Netzgemeinschaften in sozialen Netzwerken verbreitet. Es sind besonders ungewöhnliche, schockierende oder unterhaltsame Inhalte, die sich am schnellsten weiterverbreiten.

Der 2013 von NIVEA produzierte Clip THE STRESSTEST ist ein solcher **außergewöhnlicher** Werbespot: Er erhielt nach Auskunft der verantwortlichen Hamburger Werbeagentur Labamba bis 2017 allein auf der Online-Plattform YouTube über acht Millionen Aufrufe. Dabei löste der Clip in zahlreichen Foren auch Diskussionen über die **ethischen Grenzen** von Werbung aus. Viele User warfen Nivea vor, ahnungslose Menschen für eine Deo-Werbung in Angst zu versetzen. Trotz zahlreicher Auszeichnungen und des enormen Erfolgs als virale Werbung sind die STRESSTEST-Videos nicht mehr auf den Internetseiten der Firma Nivea zugänglich (dafür aber auf den einschlägigen Videoportalen).

Beispielanalyse

Inszenierte Kriminalisierung im Werbespot

In dem Spot macht ein Fotograf in der Wartehalle eines Flughafens heimlich Bilder einer jungen Frau. Eines der Bilder erscheint plötzlich auf der **Titelseite** einer Zeitung. Ein Schauspieler nimmt die Zeitung und setzt sich unmittelbar vor die junge Frau. Sie erkennt sich auf dem Titelblatt. Nun setzt eine **Lautsprecherdurchsage** ein, in der ihr Aussehen beschrieben wird und eine Fahndung einsetzt. Auf den Monitoren eines Nachrichtensenders erläutert ein Sprecher, dass sich die Frau auf der Flucht befinde und dringend von der Polizei gesucht werde. Alternierend schneidet der Film auf die Reaktionen der jungen Frau, die immer konsternierter wirkt (s. Abb. 17.7).

Das Dramatische der Situation wird gleichzeitig mit **wackelnder Kamera** unterstützt. Nachdem die Inszenierungsgeschichte am Beispiel der jungen Frau etwa zwei Drittel des Spots einnimmt, werden anschließend in schnellerer Reihenfolge weitere Personen beschrieben, die in gleicher Weise vorgeführt werden. Gegen Ende des Spots betreten zwei uniformierte **Wachleute** mit einem silber-metallischen Aktenkoffer den Warteraum und sprechen die vermeintlich Gesuchte an. Ihre Panik ist deutlich wahrnehmbar. Ein Wachhabender öffnet den Koffer, der lediglich Nivea-Produkte enthält, und löst damit die angstbesetzte Situation auf. Schließlich werden in schneller Montage die erleichterten Reaktionen der anderen fälschlicherweise Verdächtigten gezeigt.

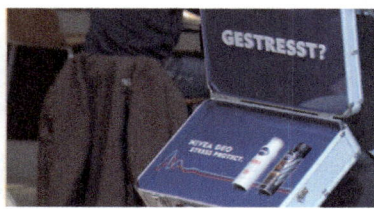

Abb. 17.7–10: Frau gerät in Stress durch willkürliche Kriminalisierung in THE STRESSTEST

17.4 | Filmdidaktische Überlegungen

Zielgruppe: Weil Kinder und Jugendliche auch eine Zielgruppe der Werbung sind, sei es über das eigene Taschengeld oder über das Kaufkraftpotenzial ihrer Eltern, ist es wichtig, sie im Unterricht bei ihrer Entwicklung zu gesellschaftlich handlungsfähigen Subjekten zu unterstützen und mit Wirkungsweisen und Absichten der Werbung zu konfrontieren. Dabei kann Werbung als Thema ab der Primarstufe (vgl. dazu Nöth 2014) eine Rolle spielen.

Bedeutung audiovisueller Werbung: Lehrpläne und Schulbücher berücksichtigen vor allem Plakatwerbung und Werbung in den Printmedien. Wie oben skizziert, verliert dieser Werbemarkt aber an Bedeutung, während audiovisuelle Werbeformate einen zunehmend größeren Einfluss haben. Aus deutschdidaktischer Sicht gibt es gute Gründe für die rezeptionsästhetische und analytische Auseinandersetzung mit Werbespots (vgl. Maiwald 2013, S. 229 f.).

Historischer Längsschnitt: Der oben in den Beispielanalysen skizzierte Längsschnitt durch die Geschichte der Werbespots zeigt, dass Kinder und Jugendliche über dieses Kurzformat filmanalytische und filmgeschichtliche Kenntnisse erwerben können. Neben den Darstellungsstrategien zur Vermarktung von Produkten geht es um größere gesellschaftspolitische Themen, z. B. um die sich verändernden gesellschaftlichen Rollenbilder, um die Inszenierung von Geschlecht und um ethische Fragen in der Werbung. Diese Fragestellungen werden eher im mediengeschichtlichen Vergleich als bei der Betrachtung von Einzelbeispielen offensichtlich.

17.5 | Unterrichtspraktische Vorschläge

Analyse: Die Schülerinnen und Schüler untersuchen Werbespots aus verschiedenen Zeiten im Hinblick auf die dargestellten Inhalte, die Bild- und Tongestaltung sowie die Montage. Sie erarbeiten im Austausch miteinander die Veränderung der Filmgestaltung auch im Hinblick auf Darstellung der Geschlechterrollen, des Familienbildes und des inszenierten Lebensgefühls. Zur Differenzierung für leistungsstarke Gruppen können Beispiele aus der Filmgeschichte als Vergleich zu den Werbespots herangezogen werden (z. B. Spielfilme aus der Zeit des sogenannten Wirtschaftswunders, Filme von Michel Gondry usw.).

Leitfragen: Wie sprechen die Protagonisten in den verschiedenen Werbespots? Inwiefern sind Merkmale der Werbung (z. B. Redundanz, Klischee und Stereotyp, Slogan) sichtbar oder ironisch gebrochen? Welche Spots setzen eher auf Storytelling, welche haben eher Ratgeber-Funktion?

Produktion und Präsentation: Schülerinnen und Schüler drehen eigene Werbespots, die sich an den Merkmalen und der Machart der im Unterricht im historischen Längsschnitt behandelten Beispiele orientieren, diese aber lustvoll ironisch brechen. Ein Bezug zum Schulalltag lässt sich leicht herstellen, z. B. in Form einer lustigen Schulwerbung oder indem ein vollautomatisches Hausaufgabenerledigungsprogramm oder ein holographischer Spickzettel beworben wird. Ebenso können bekannte Werbungen mit neuen (Unsinns-)Texten versehen oder miteinander collagiert werden, etwa um bestimmte Rollenbilder zu karikieren. Geschult wird dabei nicht nur der kreative Einsatz filmischer Mittel, sondern auch der kritische Umgang mit (Werbe-)Sprache und Werbestrategien.

Leitfragen: Für welches (frei erfundene) Produkt möchtest du werben? Wie muss ein Werbespot sein, um Gleichaltrige zu erreichen? Welche Ideen hast du, um Werbespots von anderen zu karikieren?

Umgang mit (dis-)kontinuierlichen Texten

Film in der Mediengesellschaft: Für den gesellschaftswissenschaftlichen Unterricht eignet sich die Auseinandersetzung mit dem Dualen Rundfunksystem, also dem Nebeneinander von öffentlich-rechtlichen und privaten Sendern (seit 1984). Hier können die unterschiedlichen Aufgaben der beiden Systeme analysiert werden (informieren, belehren und unterhalten vs. Geld verdienen). In Bezug auf die ökonomischen Aspekte ist eine Gegenüberstellung von Werbezeiten, Werbekosten und Werbeformen im Fernsehen erhellend. Weiterführend wäre die kritische Beschäftigung mit dem Duopol der privaten Anbieter unter dem Aspekt der Medienkonzentration und Meinungsbildung denkbar. Die Schülerinnen und Schüler üben im Deutschunterricht den Umgang mit diskontinuierlichen Texten, indem sie Angaben zum Marktanteil und zur Fernsehforschung auswerten (s. Vertiefungskasten).

Leitfragen: In welchen Sendern würdest du jeweils Werbespots zeigen, die an ein älteres oder ein jugendliches Publikum gerichtet sind? Inwiefern stellen Online-Spots, die viral vermarktet werden, für Unternehmen eine gute Alternative zur Fernsehwerbung dar?

Marktanteil und Fernsehforschung

Zur Vertiefung

Zur Ermittlung der Verweildauer eines Zuschauers bei einem Fernsehsender wird dessen Medienverhalten sekundengenau registriert. 5200 Haushalte mit mehr als 10.000 Personen bilden ein sogenanntes Fernsehpanel. Sie repräsentieren die Fernsehnutzung von 38 Millionen Haushalten, in denen etwa 76 Mio. Personen ab drei Jahren leben.

Aus deren Fernsehnutzung errechnet sich der prozentuale Marktanteil eines Senders und einer Sendung. Die Gesellschaft für Konsumforschung (GfK) misst nicht nur das Fernsehverhalten einzelner Personen, sondern differenziert auch in Altersgruppen. Für die Werbebranche gelten die 14- bis 49-Jährigen als relevanteste Zielgruppe, da sie (vermeintlich) über die größte Kaufkraft verfügen. Insofern sind die Marktanteile in dieser Alterskohorte für die Unternehmen wichtiger als die Gesamtzahl der Zuschauenden. Die Tabelle zeigt die so ermittelte tägliche Sehdauer im Jahr 2018:

Sender	Marktanteil gesamt in Prozent	Marktanteil 14- bis 49-Jährige in Prozent
ZDF	13,9	6,8
ARD Das Erste	11,5	7,0
ARD Dritte	12,7	5,2
RTL	8,3	11,3
SAT 1	6,2	8,1
VOX	4,8	6,9
PRO 7	4,4	9,5
Kabel 1	3,4	5,0

Primärliteratur

DER AFRI-COLA-RAUSCH. Regie: Charles Wilp. BRD 1968. DVD: Tacker Film (*Werbung aus der Flimmerkiste – Die Wunderwelt der frühen Fernsehwerbung*, 2010).

DRUGSTORE. Regie: Michel Gondry. USA 1994. DVD: Metropolis DVD (*The Work of Director Michel Gondry*, 2003).

LASS DICH DURCH NICHTS BEIRREN! Regie: o. A. Produktion: Insel Film. BRD 1956, DVD: Tacker Film (*Rendezvous unterm Nierentisch – Die Wirtschaftswunderrolle – Jubiläums-Edition*, 2015).

MAHLZEIT! Regie: o. A. BRD 1956. Mediathek des Bayerischen Rundfunks, https://www.br.de/mediathek/video/1956-die-anfaenge-der-fernsehwerbung-in deutschlandav:5a3c5a338f247a0018b7801f (17.4.2019).

THE STRESSTEST. Regie: Joeri Holsheimer. D 2013. Mediathek der Werbefilmagentur Rabbicorn, http://rabbicornfilms.com/filme/nivea-stresstest-2/?lang=de (17.4.2019).

Sekundärliteratur

AG Kurzfilm (Hg.): *100 Kurzfilme für die Bildung*. Dresden 2012, https://cdn.ag-kurzfilm.de/100-kurzfilme-f-r-die-bildung.pdf (17.5.2019).

Bak, Peter Michael: *Werbe- und Konsumentenpsychologie. Eine Einführung*. Stuttgart 2014.

Gunkel, Christop: »Sieh! Hier! Hin! – Skandalwerbung«. In: *Der Spiegel* (2009), http://www.spiegel.de/einestages/skandalwerbung-a-948486.html (20.1.2019).
Karstens, Eric/Schütte, Jörg: *Firma Fernsehen. Wie TV-Sender arbeiten*. Reinbeck 1999.
Keller, Harald: »Fundstücke des Fernsehens (7) – Der große Afri-Cola-Rausch« (2008), http://www.faz.net/aktuell/feuilleton/medien/fundstuecke-des-fernsehens-7-der-grosse-afri-cola-rausch-1668068-p2.html?printPagedArticle=true#pageIndex_1 (20.1.2019).
Kemmer, Heins-Günter: »Schaum-Schlägereien. Der Kampf um den Waschmittelmarkt lebt wieder auf«. In: *Die Zeit* Nr. 29 (1967), http://www.zeit.de/1967/29/schaum-schlaegereien (20.1.2019).
Klant, Michael: *Grundkurs Film 3. Die besten Kurzfilme. Materialien für die Sek. I und II*. Braunschweig 2013.
Maiwald, Klaus: »Filmdidaktik und Filmästhetik – Lesen und Verstehen audiovisueller Texte«. In: Volker Frederking/Axel Krommer/Christel Meier: *Taschenbuch des Deutschunterrichts*. Bd. 2: *Literatur- und Mediendidaktik*. 2., neu bearbeitete und erweiterte Auflage. Baltmannsweiler 2013, S. 221–242.
Möbus, Pamela/Heffler, Michael: »Werbemarkt 2017 (Teil 1)«. In: *Media Perspektive*, H. 3 (2018), S. 128–140.
Nöth, Lorenz: »Eine Filmdidaktik für die Grundschule«. In: Volker Frederking/Axel Kommer: *Taschenbuch des Deutschunterrichts*. Bd. 3: *Aktuelle Fragen der Deutschdidaktik*. Baltmannsweiler 2014, S. 403–438.
Schweiger, Günter/Schrattenecker, Gertraud: *Werbung. Eine Einführung*. Stuttgart 2009.
Svet, Anna: »Fernseh-Werbespots im handlungsorientierten Fremdsprachenunterricht«. In: Marc Hironimus (Hg.): *Visuelle Medien im DaF-Unterricht*. Göttingen 2014, S. 335–364.
Zurstiege, Guido: *Medien und Werbung*. Wiesbaden 2015.

Manfred Rüsel

18 Erklärvideo

18.1 Genretypische Merkmale
18.2 Stil und Technik bei der Produktion
18.3 Erklärvideoanalyse am Beispiel von DEUTSCHSTUNDEONLINE
18.4 Filmdidaktische Überlegungen
18.5 Unterrichtspraktische Vorschläge

18.1 | Genretypische Merkmale

Erklärvideos, auch bekannt als Tutorials, Explainer Videos, How-to-Videos, Lernvideos oder Erklärfilme, sind »Filme aus Eigenproduktion«, in denen »erläutert wird, wie man etwas macht oder wie etwas funktioniert bzw. in denen abstrakte Konzepte und Zusammenhänge erklärt werden« (Wolf 2015, S. 1). Erklärvideos sind Formate für das Internet. Sie sind zeitlich und örtlich flexibel abrufbar und können also genau dann rezipiert werden, wenn ein **Erklärungsbedarf** besteht.

Internetfilme

Merkmale: Grundsätzlich lassen sich Erklärvideos nach Wolf (2015) anhand dieser vier Merkmale beschreiben:
1. **Thematische Vielfalt:** Erklärvideos können sowohl in der Breite der Themenvielfalt als auch in der Tiefe/Spezialisierung der Themen weitergehen als professionelle, am Markt ausgerichtete Lehrfilme.
2. **Gestalterische Vielfalt:** Es gibt eine breite Varianz bei den didaktischen und mediengestalterischen Kompetenzen. Die Dauer der Videos reicht von weniger als zwei Minuten bis hin zu halbstündigen Produktionen oder ganzen Erklärreihen.
3. **Informeller Kommunikationsstil:** Es wird fast ausschließlich geduzt, wenig hierarchisch und nicht »von oben herab« kommuniziert. Häufig wird Humor in den Erklärungen eingesetzt. Insgesamt entsteht eine nicht-bedrohliche, fehlertolerante, positive Lernatmosphäre in den Videos.
4. **Diversität in der Autorenschaft:** Die Fachkompetenz von Erklärvideoproduzenten reicht von Inhaltslaien bis zu Inhaltsexperten. Je mehr Angebote es zu einem Erklärthema gibt, desto vielfältiger gestalten sich Bildungsbiographie und -habitus der Produzierenden.

Zur Vertiefung

Geschichte des Erklärvideos

Einer Case Study der Harvard Business School zufolge beginnt die Geschichte des Erklärvideos im Jahr 2004 mit der Initiative des US-Amerikaners Sal Khan (vgl. Sahlmann/Kind 2012). Der studierte Mathematiker, Elektrotechniker und Informatiker gab seiner Cousine in einer anderen Stadt **Nachhilfe** per Telefon und Yahoo Doodle, einer kollaborativen Online-Plattform, auf der ortsunabhängig gemeinsam gezeichnet und geschrieben werden konnte. Aus dieser individuellen Nachhilfesituation aber Tutorials für die seit 2005 online verfügbare Video-Plattform You-

Tube zu produzieren, sah Khan zunächst kritisch: »No, YouTube is for dogs and skateboards. It's not for serious learning.« (zit. nach ebd., S. 2). 2007 startete Khan jedoch die »Khan Academy« als eigenen YouTube-Kanal. Hier formte sich der Stil der ersten Erklärvideos heraus: Khan arbeitete ohne Script, d. h. ohne genaue inhaltliche oder gestalterische Planung, und nahm seine Videos meist in einem **one take** auf, d. h. er drehte das Video in einer einzigen, kontinuierlichen Einstellung ab. Khan selbst war nie im Bild zu sehen. Er arbeitete auf einer digitalen Tafel (z. B. dem Yahoo Doodle) und erklärte dabei sein Vorgehen. Die Videos wirkten inhaltlich wie in der Gestaltung ganz **einfach und zweckmäßig**. Mit diesem Stil überzeugte Khan (angeblich) auch Bill Gates und dessen Kinder und wurde mit dem neuen Lehrkonzept zu »Bill Gates' favorite teacher« (zit. nach ebd., S. 3).

Lernen oder leisten?

Vom Bildungsanspruch zum Geschäftsmodell: Ab 2010 förderte Google die sich etablierende non-profit-Organisation »Khan Academy«. Diese hatte 2017 über 4000 Lehrfilme und über 60 Millionen registrierte Benutzerinnen und Benutzer (vgl. YouTube-Kanal der Khan Academy) in 190 Ländern mit in 18 Sprachen übersetzten Erklärvideos. Das Fächerportfolio ist stetig gewachsen und bietet seit 2017 auch für den Sprachunterricht Tutorials in Grammatik an. Das individuelle Lernen geht derzeit mit Angeboten wie »LearnStorm« in eine eher **testorientierte Richtung:** Übungen, Multiple-Choice-Tests, Zertifizierungen und Wettbewerbe sollen Wissenslücken aufdecken, zum Lernen motivieren und Leistungen steigern helfen. Die Mission der »Khan Academy« ist es, eine kostenlose »world-class education« für alle und überall zu schaffen (vgl. Sahlmann/ Kind 2012, S. 5). Gleichzeitig wird Film in Form von Erklärvideos zum Wirtschaftsfaktor. Mehr noch: Ein Geschäftsmodell beeinflusst die Bildung. Den Anspruch, einen Beitrag zur **Bildungsgerechtigkeit** über Erklärvideos für alle zu leisten und die Meinungsbildung zu fördern, hat in Deutschland z. B. die Agentur für Komplexitätsreduktion mit ihrem »explainity education project« (http://www.explainity.de/).

Aktuelle Tendenzen: Eigenproduktionen lassen sich heute mithilfe von einfacher Software sehr professionell gestalten. Zudem möchten Privatpersonen in ihren Erklärvideos professionell wirken (vgl. Kap. 18.3), damit der von ihnen erklärte Inhalt glaubwürdig wirkt, was wiederum die Zuschauerzahl erhöhen könnte. Die Geschichte der »Khan Academy« (s. Vertiefungskasten) zeigt, dass Amateure auch zu Profis und Unternehmern werden können und sich das Filmformat der Erklärvideos dabei kaum ändert. **Erklärreihen** wie »Sofatutor« stellen Erklärvideos als kostenpflichtige Nachhilfe ins Netz, sodass der Markt der Amateure längst durch professionalisierte Unternehmen ergänzt bzw. übernommen wird. Auch ist der Übergang vom Erklärvideo zum Image- und Werbefilm fließend. So verkündet 2018 die Erklärfilm-Agentur Simplefilm: »Videos sind der Nummer-1-Hit der Marketing-Charts«. Die im universitären Bereich verbreiteten **MOOCs** (Massive Open Online Courses) erklären fachspezifische Inhalte für Studierende im E-Learning als Ersatz oder als Ergänzung für Präsenzvorlesungen. Auch hier kommen Erklärvideos zum Einsatz. **Tutorials** sind in Lernsituationen eingebettet, in denen Personen individuell und eigenständig lernen. (Lern-)Apps und Lernplattformen wie Scratch enthalten Erklärvideos, damit Erziehungsberechtigte oder Lehrkräfte über die Funktionsweise der App oder Plattform aufgeklärt werden und damit Kinder und Jugendliche beim Verwenden der Lernumgebung je nach Bedarf Informationen abrufen können. Erklärvideos werden hier zu Lernbegleitern und ergänzen die personelle Lernbegleitung bzw. lösen diese punktuell ab.

Kriterien für gute Lernvideos: Kinder und Jugendliche haben im Projekt IZED2 nach Sichtung vieler verschiedener Erklärvideo-Beispiele herausgefiltert, welche Faktoren für sie bei Lernvideos ungünstig sind. Aus den Beobachtungen haben Ebner/Schön (o. J.) mit den Schülerinnen und Schülern Kriterien für gute Lernvideos abgeleitet (s. Analysekategorien).

> **Kriterien für gute Lernvideos (nach: Ebner/Schön, o. J.)**
>
> - **Beschreibung:** Aus der Beschreibung des Videos (z. B. Titel und Beschreibung bei YouTube) geht klar hervor, um was es geht, was erklärt, gezeigt oder gelehrt werden soll.
> - **Aufbau:** Das Lernvideo zeigt in den ersten Sekunden, was einen in dem Video erwartet, und fasst am Ende kurz zusammen.
> - **Länge:** Das Lernvideo im Internet ist etwa zwischen 2 und 5 Minuten lang.
> - **Videoqualität:** Es muss das Wichtigste erkenn- und lesbar sein.
> - **Sprache:** Gesprochenes und Geschriebenes sollte möglichst einfach und den Zielgruppen angepasst sein. Fremdwörter werden in Lernvideos für Kinder vermieden oder gut erklärt.
> - **Wiederholungen:** Das Lernvideo definiert Fachbegriffe, erklärt sie anschließend an einem Beispiel und/oder blendet sie ergänzend ein.
> - **Keine Ablenkung:** Tanzt ein Bär im Hintergrund? So etwas kann für Lachen sorgen, vom Inhalt sollte aber dadurch nicht abgelenkt werden.
> - **Passende und anschauliche Visualisierung:** Im Lernvideo passt der gesprochene Text zum gezeigten Bild.
> - **Geschichten mit Informationen:** In Lernvideos geht es um Informationen. Diese können z. B. auch in Geschichten, Reportagen oder eine persönliche Geschichte verpackt sein.
> - **Unterhaltungswert:** Das Lernvideo konzentriert sich auf Inhalte, darf aber auch einen Unterhaltungswert haben.
> - **Wenig Personenaufnahmen:** Das Video betont nicht das »ich« (die Experten), sondern das »es« (die Information).
> - **Korrektheit:** Inhaltliche Fehler im Lernvideo sollten vermieden werden.
> - **Die richtige Lizenz:** Das Video enthält Hinweise, ob die Urheber erlauben, dass ihr Video von anderen auch modifiziert und wiederveröffentlicht werden kann.

Analysekategorien

18 Erklärvideo

Abb. 18.1: Aufnahme mit einem Screen Recorder (GermanSkills.com 2017, 00:12:08)

18.2 | Stil und Technik bei der Produktion

Zur Produktion von Erklärvideos gibt es vielfältige Möglichkeiten.

Kommentierte Bildschirmaufnahmen: In einer Art »One Man Show« nimmt der Erklärende seinen Bildschirm als Screen Cast mittels Screen Recorder (z. B. mit der kostenlosen Software Camtasia) beim Zeigen und Erläutern auf. Screen Casts kommen ohne Drehbuch und mit einer einzigen Einstellung aus. Verbreitet sind solche Filme bereits seit 2006 als Let's Play-Videos, in denen Personen mitschneiden, vorführen und kommentieren, wie (gut) sie ein Computerspiel spielen. Der eingesprochene Text geht in einem solchen Screen Cast über ein Mikrofon des Rechners oder ein angeschlossenes Mikrofon ein.

So erstellte eine Tutorin von GermanSkills.com eine Folie zum Thema Konjunktiv (s. Abb. 18.1), die sie für das Erklärvideo per **Screen Recorder** aufgezeichnet hat. Während sie erklärt, bewegt sie den Cursor (Pfeil) und zeigt damit an, auf welche Stelle des Bildschirms sie sich gerade bezieht.

Derartige Bildschirmaufnahmen wirken professionell, da online bereits zur Verfügung stehendes Material sichtbar wird. Hier sind jedoch urheberrechtliche Fragen zu beachten. Ausweichen kann der Erklärende wie im Beispiel auf selbst erstellte Folien, die mit eigenen Bildern und Inhalten angereichert sind. Es ist auf eine gute Übereinstimmung von Stimme und Bildinhalt und ein angemessenes Zeitmanagement zu achten, sodass der Zuschauer erkenntnisfördernde Bezüge herstellen kann und nicht von der Länge der Erklärung gelangweilt wird. **Kritisch** sei zu dem Beispiel in Abbildung 18.1 angemerkt: Wer den erläuternden Text nicht hört, versteht anhand des Bildes nicht, dass der zweite Satz im zweiten Beispiel (»Sie haben ein langes Wochenende«) falsch ist.

Legetrick-Filme: Der Erklärende entscheidet, welche Inhalte er in welcher Reihenfolge zeigen möchte. Er erstellt selbst die einzelnen Elemente, mit denen er seine Inhalte erläutern möchte. Klassische Legetrick-Filme sind schwarzweiß, d. h. eine schwarz umrandete Figur tritt auf weißem

Abb. 18.2: Ergänzung einer Sprechblase im Legetechnik-Video (Uni 2014, 00:00:45)

Hintergrund auf. Die gezeichneten und/oder ausgeschnittenen Sprechblasen, Figuren, Textbausteine, Hintergründe usw. werden bereitgehalten und die erklärende Person **animiert per Hand**, d. h. schiebt die Elemente spontan oder nach einem Drehbuch in Position, sodass ein Bild zunächst als Einzeleinstellung entsteht. Schiebt die Hand weitere Elemente zum Bild, entsteht eine Sequenz (s. Abb. 18.2).

Varianten

Ist eine Sequenz als inhaltlicher Abschnitt fertig, wischt die Hand alle Elemente fort und ein neuer inhaltlicher Gedanke wird aufgebaut. Jedes Bild (als Stop-Motion-Technik) oder eine ganze Sequenz nimmt der Erklärer **von oben** mit einer Kamera auf. Hierzu eignen sich Kameras aller mobilen Endgeräte (Handy, Smartphone, Tablet) oder eine Dokumentenkamera, die bereits ein Stativ hat. Die aufgenommenen Fotos können in einer Präsentations-App (z. B. Explain Everything oder Stop Motion Studio) geladen und weiterbearbeitet werden, z. B. um sie im Zeitraffer oder in normaler Geschwindigkeit abzuspielen. Der Ton des Sprechertextes wird parallel per mobiles Endgerät oder nachträglich (z. B. mit der kostenlosen Software Audacity) eingesprochen. Legetrick-Filme können sehr klar und einfach veranschaulichen, wenn die oder der Erklärende wesentliche Elemente des Inhalts definiert und eine ansprechende Story bzw. Handlungsführung wählt. Sie sind kostengünstig und wirken durch die selbst erstellten Elemente je nach gestalterischem Talent und Fachwissen des Erklärenden authentisch, charmant, stilvoll – oder aber dilettantisch.

Digitale Legetrick-Filme: Eine Alternative zum selbst gestalteten Film sind digitale Legetrick-Filme, die mit einfach zu bedienenden Programmen (z. B. Stop-Motion-Studio oder PowToon) leicht auch von Amateurinnen und Amateuren realisierbar sind. Sie wirken durch die Figurenauswahl und eine gleichmäßige Ausleuchtung und Synchronität von Bewegtbild und Sprechertext **professioneller** (vgl. http://www.de.mynd.com). Um an die Tradition des Legetrick-Films anzuknüpfen, gibt es Programme, die noch die animierende Hand als digitales Element anbieten. Bei anderen Programmen »sliden« die Figuren und Sprechblasen ein oder »pop-

Abb. 18.3: Amateur-Tutorial zur Erstellung eines Flat-Motion-Movies mit PowToon (Gadget-Geeks 2016, 00:03:06)

pen« einfach auf. Eine Abwandlung der Legetechnik ist der sogenannte **Whiteboard-Stil**: Hier zeichnet eine Hand im laufenden Film die einzelnen Situationen und wischt diese dann nacheinander wieder weg. Ob analog oder digital: Es entsteht eine bestimmte Spannung, welches Element als nächstes ins Bild geschoben oder vor den Augen der Zuschauerinnen und Zuschauer gezeichnet wird.

Technische Hilfen

Flat-Motion-Stil: Diese bunten, zweidimensionalen (daher: *flat*, flachen) Videos können mit entsprechender Software wie PowToon (s. Abb. 18.3) oder mit dem preiswerten, speziell für Schulen entwickelten Komplettprogramm GoAnimate for schools einfach gestaltet werden.

Die fertig erstellten Videos laufen in mindestens 24 Bildern pro Sekunde ab, sodass ein **filmischer Effekt** entsteht. Icons, Figuren und sogar Vorschläge für die Handlungsführung und das Genre sind in der Programmauswahl enthalten, sodass der Produzent die Inhalte einfügt und sich weniger um die Gestaltung kümmern muss.

Andererseits schränken die vorgegebenen Formate auch die inhaltliche Ausrichtung ein. Durch die dem Cartoon oder Comic verwandte Ästhetik wirken Flat-Motion-Filme unterhaltsam und kurzweilig.

Realfilm: Wenn eine reale Person vor der Kamera sichtbar ist und erklärt, dann kommt es auf das **filmische Erzählen** mit Licht/Ausleuchtung, Perspektive, Kameraeinstellungen, Stimmführung, Requisiten, Hintergründen sowie Schnitt an. Ist eine Erklärreihe geplant, sollten zur besseren Wiedererkennung Anschlussfehler (z. B. andere Frisur, anderer Kleidungsstil) vermieden werden. Ein Realfilm ist mit der PC-Kamera, einem mobilen Endgerät oder einer anderen hochwertigen Kamera technisch umsetzbar; der Film kann z. B. mit iStop-Motion, iMovie, Stop Motion Studio aufgenommen und bearbeitet oder durch Bilder ergänzt werden. Das Beispiel (s. Abb. 18.4) zeigt ein reines Anleitungsvideo zum Loom-Knüpfen, das Schritt für Schritt den Entstehungsprozess einer Minion-Figur zeigt, während die Tutorin im Voice-Over ihren Knüpfvorgang beschreibt.

Abb. 18.4:
Realfilm-Stil
(Rainbow Loom
Anleitungen 2014,
00:15:43)

Auch **Mischformen** sind möglich, wobei z. B. ein Legetrick-Video durch eine Realfilm-Passage anmoderiert wird, der Realfilm zur Veranschaulichung Passagen von Legetrick-Animationen enthält oder durch Inserts aufgelockert oder ergänzt wird. Eine Vermischung gelingt auch durch Green Screen-Effekte (z. B. mit Windows Movie Maker oder mit der Green Screen App von Do Ink), wobei sich die gefilmte reale Person oder ein Gegenstand nachträglich vor verschiedene Hintergründe platzieren lässt (s. Vertiefungskasten).

Zur Vertiefung

Green-Screen-Produktion

Eine Person oder ein Gegenstand wird zunächst vor einer grünen Leinwand (screen) gefilmt. Es ist darauf zu achten, dass die Person oder der Gegenstand selbst nicht grün ist. Im nächsten Schritt, dem sogenannten »Chroma Keying« (Farbstanzen), entfernt der Filmproduzent die grünen Farbflächen und ersetzt diese durch den gewünschten **Hintergrund**, der z. B. eine spektakuläre Schlucht oder eine Skyline, aber auch jedes beliebige Bild aus einer Animation sein kann. Die Person oder der Gegenstand des Vordergrundes und der neue Hintergrund müssen nun zu einem Gesamtbild gestaltet werden, sodass die Person z. B. vor der Skyline, nahe der Schlucht oder vor einer Folie mit den zu erklärenden Inhalten zu agieren scheint.

Egal welche Technik zur Produktion gewählt wird, bleibt das **fachliche Wissen** die zentrale Voraussetzung für gelungene Erklärvideos.

18.3 | Erklärvideoanalyse am Beispiel
von DEUTSCHSTUNDEONLINE

Unter DEUTSCHSTUNDEONLINE veröffentlicht eine weibliche YouTuberin seit einigen Jahren auf der Plattform YouTube Erklärvideos zu Themen des Deutschunterrichts der Sekundarstufe (vgl. deutschstundeonline 2012). Eines der Videos heißt WIE SCHREIBT MAN EINE GEDICHTANALYSE?

Fachlichkeit in Erklärvideos

Exemplarische Bedeutung: Das Video ist einerseits eine Eigenproduktion einer Amateurin – mit allen damit verbundenen Stärken und Schwächen. Andererseits ist an diesem Beispiel der Versuch einer Entwicklung vom Amateurhaften zur professionellen Vermarktung in Nuancen zu beobachten. Beide Argumente sprechen dafür, dieses Video für eine Analyse von Erklärvideos im Deutschunterricht der Sekundarstufe zu nutzen. Außerdem handelt es sich bei diesem Video um ein Beispiel, das – weil es fachlich richtige Inhalte vermittelt – ergänzend im Unterricht eingesetzt werden könnte und auch in der außerschulischen Nachhilfe eine Rolle spielen kann. Letztlich enthält es einerseits Elemente einer scheinbar individuellen Beratung, andererseits hat es, ähnlich einem How-to-Video, auch stark normativen Anleitungscharakter.

Inszenierung der Fachkompetenz: Die von der YouTuberin (zusammen mit einer anderen weiblichen Person, die manchmal auftaucht) etablierte Reihe verspricht aufgrund des Titels DEUTSCHSTUNDEONLINE ein Äquivalent zu einer analog gehaltenen Deutschstunde zu sein. Die Lernsituation für den Nutzer und die Nutzerin ist rein frontal. Die Sprecherin inszeniert sich so, wie es für Wissenschaftlerinnen und Wissenschaftler oder Lehrkräfte typisch ist: Sie sitzt vor einem Bücherregal bzw. in einem Arbeitszimmer. Die im Hintergrund sichtbaren Bücher sind Schulmaterialien, vor allem Erläuterungsreihen verschiedener Schulbuchverlage. Sie hat einen Stift in der Hand, mit dem sie beim Sprechen körpersprachlich Aussagen unterstützt. Die Sprecherin verweist auf andere von ihr produzierte Tutorials. Sie gibt auch den Link zu einem begleitenden Blog an, den sie betreut. Ihr **Expertenstatus** wird durch diese Inszenierung manifestiert. Über die Identität und den Qualifizierungsgrad der Sprecherin gibt es aber keine Hinweise. Im Impressum zur begleitenden Webseite finden sich nur rechtlich relevante Informationen. Ob diese Erklärvideoproduzentin von der Bildungsbiographie her ein Inhaltslaie ist, bleibt offen.

Abb. 18.5: Halbnahe Sicht auf die Tutorin (DEUTSCHSTUNDEONLINE 2012, 00:05:37)

Informeller Kommunikationsstil: Die Sprecherin schaut direkt in die Kamera. Sie ist in halbnaher bis naher Einstellung gezeigt (s. Abb. 18.5), sodass sich die Zuschauerinnen und Zuschauer auf sie und ihre Erklärungen konzentrieren können. Die Kamera suggeriert, dass die Tutorin ihren Zuschauerinnen und Zuschauern auf Augenhöhe, d. h. auch ebenbürtig, begegnet. Sie duzt ihre Zuhörerschaft, spricht sie direkt an und fordert durch Imperative (»Schaut euch auch unsere anderen Videos an«) dazu auf, auch andere Erklärvideos anzuklicken.

Mediale Gestaltung

Beispielanalyse

Das Video WIE SCHREIBT MAN EINE GEDICHTANALYSE? ist im **Realfilm-Stil** gedreht. Die Sprecherin ist als Tutorin sichtbar. **Ablenkung** ist kaum gegeben: Das Bild ruht und fokussiert die Tutorin frontal mit der PC-Kamera. Die **Videoqualität** ist jedoch eher minderwertig: Die Sprecherin nuschelt teilweise bzw. die Mundbewegungen und die Tonspur verlaufen nicht immer synchron. Die Aufnahme ist unscharf, teilweise sogar verschwommen. Die **Länge** des Erklärvideos überschreitet die empfohlene Dauer von maximal fünf Minuten (hier: 11:33 Min.).

Aus der Beschreibung dieses Videos geht hervor, dass es sich um die Anleitung einer Gedichtinterpretation handelt. Der **Aufbau** ist nachvollziehbar und an der Gliederung eines Interpretationsaufsatzes orientiert. Inhaltliche Sequenzen werden durch das Hereinschnellen eines Bildes markiert (00:00:54). Als Wiederholung und passende anschauliche Visualisierung werden in das Video teilweise **Inserts** eingebunden, die manche Kernaussagen schriftlich festhalten (00:05:37). Weitere Verweise und Verlinkungen zu anderen Erklärvideos der Reihe ermöglichen **individuelle Vertiefung**. Die Sprecherin stellt sich selbst als Lernvorbild dar: »Dann könnt ihr sehen, wie ich das mache« (00:02:41). Die **Sprache** der Tutorin ist an die Zielgruppe angepasst, aber nicht anbiedernd. Ihre Hinweise unterlegt sie mit Lernkarten, die wie eine Schultafel anmuten. Darauf stehen zentrale Handlungsschritte als Anleitung für eine Gedichtanalyse. Diese Anleitungen erläutert die Sprecherin nach dem Einblenden **korrekt** und ausführlich. Die Erzählzeit in der Anleitung will synchron zur erzählten Zeit wirken: Die Sprecherin scheint auf die Zuschauerinnen und Zuschauer zu warten, bis sie den Text, den sie bearbeiten möchten, gelesen haben; auch begleitet sie ihre Zuhörerinnen und Zuhörer dabei, wie sie die Texte bearbeiten (»wenn ihr das jetzt gemacht habt, dann [...]«, 00:05:31). Das Erklärvideo wirkt wie eine **Nachhilfesituation**. Es wird auch Zusatzmaterial offeriert: »Ich stell euch das Arbeitsblatt auf unseren Blog rein« (00:11:07). Die Sprecherin vermittelt durchgehend eine positive Lernatmosphäre: Wer das Video gesehen hat, weiß bei der Gedichtanalyse Bescheid (00:00:56).

Kritik: Insgesamt entspricht das Erklärvideo den wesentlichen Merkmalen des Formats (vgl. Wolf 2015) und hält den meisten Kriterien eines guten Lernvideos stand (vgl. Ebner/Schön o. J.). Der Unterhaltungswert könnte gehoben werden, etwa durch mehr passende und anschauliche Visualisierungen; dadurch besteht jedoch auch die Gefahr der Ablenkung. Vor allem die **mindere Videoqualität** lässt darauf schließen, dass die Erklärreihe in Eigenproduktion gedreht wird. Die Aufnahmequalität der Sprache könnte verbessert werden. Trotz seiner Länge ist das Video für Zuschauerinnen und Zuschauer funktional, da es eine vom Aufbau her gut nachvollziehbare und die eigene Analyse begleitende Anleitung vermittelt. Eine Lizenzangabe – etwa dass das Video verändert oder verbreitet werden kann – ist nicht vorhanden, daher gilt das Urheberrecht.

Problematisch ist der didaktische Ansatz, der jedoch dem **normativen Format** eines Erklärvideos geschuldet ist: Das Video vermittelt, dass Gedichte schrittweise verstanden werden könnten – es käme nur auf die Einhaltung der Handlungsschritte an. Prozesse des Nichtverstehens oder Irritationsmomente erhalten in einem solch schematisierten Ablauf wenig Raum. Statt einer Auseinandersetzung mit einem lyrischen Text geht es eher um das Erkennen einer angeblich vom Autor oder von der Autorin beabsichtigten Aussage. Allerdings mahnt die Sprecherin von selbst an, dass es bei einer Gedichtanalyse keine »richtige Lösung« gebe: »Ihr solltet nicht versuchen zu erraten, was der Lehrer hören möchte« (00:10:03).

18.4 | Filmdidaktische Überlegungen

Lernen mit und über Medien

Vorwissen: Erklärvideos knüpfen an Rezeptionsgewohnheiten aus dem Freizeitbereich von Kindern und Jugendlichen sowie Erwachsenen an. So schauen generell alle Altersgruppen je nach Erklärbedarf How-to-Videos, die auch Lerninhalte vermitteln, aber eher Anleitungscharakter haben. Möglicherweise ist das Vorwissen **genderabhängig**: Vielleicht bringen männliche Schüler mehr Erfahrungen mit Let's Play-Videos, also kommentierten Bildschirmfilmen zu Computerspielen, mit und Mädchen mehr Kenntnisse im Rezipieren von How-to-Videos zu einem anderen Hobby. Dieses Vorwissen ist für den Einstieg in die Arbeit mit Erklärvideos sehr lohnend und sollte bei der Produktion und beim analytischen Vergleich von Videos aus dem Freizeitbereich und den eher auf das Lernen bezogenen Erklärvideos immer eingebracht werden können.

Inklusion: Erklärvideos, die unterrichtlich relevante Inhalte vermitteln wollen, sind niedrigschwellig wirkende Bildungsangebote, die individuelles Lernen an **flexiblen Lernorten** ermöglichen. Die thematische und gestalterische Vielfalt der Erklärvideos machen diese zu einer attraktiven Ressource. Es gibt weltweit Angebote für Erklärvideos, wobei ähnliche Inhalte dann in mehreren Sprachen vorliegen. Zudem gibt es für viele Videos Untertitel. Das macht dieses Lernmedium zu einem **mehrsprachenfähigen** Angebot. Inhalte werden nachvollziehbarer, wenn Schülerinnen und Schüler diese vorbereitend in ihrer Herkunftssprache über ein solches Video wahrnehmen und dann im Unterricht daran anknüpfen.

Medienkritikfähigkeit: Um lernförderliche Angebote von Fake News und parodistischen Inhalten unterscheiden zu können, sind inhaltliche Vorwissensbestände, Medienerfahrungen sowie Fähigkeiten zur Beurteilung von Medien hinsichtlich ihres Informationsgehaltes und ihrer Darstellungsabsicht notwendig. Diese Fähigkeiten bringen Kinder und Jugendliche nicht mit – sie gehören zu den überfachlichen Kompetenzen, an deren Vermittlung der Deutschunterricht beteiligt sein muss. Ein Fall aus der Anfangszeit von YouTube (s. Vertiefungskasten) ist für eine Medienreflexion ein geeigneter Diskussionsanlass.

> **LonelyGirl15**
> Die bekannte YouTuberin LonelyGirl15 galt ihren meist jugendlichen Fans lange Zeit als Amateurin, die ihre pubertätsbedingten Alltagsprobleme erläuterte – erst im Nachhinein fiel auf, dass die Kamera sowie die Filmmusik zu professionell für eine Eigenproduktion waren und es sich um eine gebuchte Schauspielerin einer Marketingfirma handelte (vgl. Starzip.de 2017).

Zur Vertiefung

Lernen über Medien: Auch die Auseinandersetzung mit der Video-Plattform YouTube gehört zur **Medienanalyse** dazu. Die Plattform gibt einen ersten Aufschluss über die dort zu sehenden Erklärvideos: Der Name der Plattform YouTube signalisiert, dass es sich um einen Open Source-Kanal handelt, der es jeder Person ermöglicht, selbst zu senden (*you tube*, dt.: Du sendest). Die hier zu betrachtenden Filme können folglich von Amateurinnen und Amateuren produziert sein, auch wenn der Kanal professionelle Filme enthält. Über die Zeitleiste ist die Länge des Videos erkennbar. Der Titel unter dem Video gibt den Inhalt in Kürze bekannt. Ein darunter liegender Anmoderationstext fasst zentrale Fragen bzw. die Funktion und die Zielsetzung des Videos zusammen. Weitere Kategorien (z. B. Education) grenzen den Themenbereich weiter ein. Das Veröffentlichungsdatum ist keine echte Orientierung über die Aktualität des Inhalts, weil auch die vor geraumer Zeit produzierten Videos aktuell hochgeladen werden können. Manche YouTuber etablieren eine Reihe (z. B. »How to Deutsch«) und suggerieren durch diese Kontinuität, qualitativ hochwertige bzw. populäre Inhalte im Angebot zu haben.

Manchmal orientieren sich die Zuschauerinnen und Zuschauer (auch) an der **Quantität** der Views. Darüber wird die Popularität des Videos ersichtlich. Eine hohe Viewrate könnte für die Bedeutsamkeit des Videos sprechen, wie sie durch – nicht näher bekannte andere Zuschauerinnen und Zuschauer – zugewiesen wird. Jedoch können Personen ihre Videos durch günstig gekaufte Likes oder Views, die dann von beauftragten Arbeitnehmerinnen und Arbeitnehmern oder durch Algorithmen in sogenannten Klickfarmen umgesetzt werden, auch strategisch populärer machen. Eine Fangemeinde mit Millionen Views entpuppt sich dann als Fake. Die Anzahl der Views sagt wiederum wenig über die Qualität eines Videos aus. Auch ein inhaltlich minderwertiges Produkt kann hohe Klickraten haben.

Qualitätsurteile werden eher durch die Kommentarleiste deutlich: Hier posten – ebenfalls anonymisierte Zuschauerinnen und Zuschauer – ihre Meinung zum Video. Die Kommentierung erfolgt vermutlich während oder nach der Sichtung eines Videos. In den Kommentaren sind Schreibungen zu finden, die nicht den Rechtschreib- und Grammatikregeln für schriftlich fixierte Texte entsprechen. Die Kommentare wirken dadurch wie spontan mündlich geäußerte Meinungen. Sie werden durch stimmungsunterstützende Zeichen und Symbole (z. B. Ausrufe, Emojis) angereichert. Viele Kommentare sprechen den Produzenten des Erklärvideos direkt an (»danke! du hast mir echt geholfen! weiter so!«) und üben Lob wie Kritik. An diesen Kommentaren können sich zukünftige Zuschauerinnen und Zuschauer zwar orientieren, aber oft führen sie von den eigentlich zu vermittelnden Sachinhalten weg. Auch ergänzen einige Kommentare die erklärten Inhalte mit (vermeintlichem) Fachwissen, ohne dass der (fachliche) Hintergrund der in den Kommentarleisten hinzukommenden ›Experten‹ offengelegt wird. Auch diese Kommentare gehören zum **Medienverbund** des Videos. Daher sollten der Inhalt und die Funktion von Kommentarleisten im Unterricht thematisiert werden.

Ein Erklärvideo, wie es bei YouTube zu sehen ist, erscheint in einer personalisierten Medienumgebung: So generiert sich die eingeblendete Werbung durch die Daten, die das Abspielgerät bisher erhalten hat. Der Algorithmus bestimmt auch, welche weiteren Erklärvideos für spezifische Nutzerinnen und Nutzer bereitgehalten werden. Inwiefern Personen tatsächlich etwas Neues lernen oder nur mit Informationen, die bereits ihren Interessen entsprechen, durch die Zuteilung durch den **Algorithmus** weiterversorgt werden, ist ebenfalls ein Anlass für Medienreflexion im Unterricht.

Lernen mit Medien: Als Lehrmedium sind Erklärvideos in der Schule ein mehr oder weniger stark genutzter »Side-Kick« der Lehrkräfte über alle Fächer hinweg: Im Sportunterricht zeigen Videos, wie eine Übung funktioniert, in den musischen Fächern werden handwerkliche Hinweise via YouTube-Tutorial vermittelt, für den Deutschunterricht gibt es zahlreiche Videos, die grammatische Regeln erklären oder Merkmale bestimmter Epochen darstellen. In Vertretungsstunden kommt es vor, dass Tutorials gar den Unterricht ersetzen. Weiterhin spielen Erklärvideos zu unterrichtsbezogenen Themen eine Rolle bei der Unterrichtsvorbereitung, als Nachhilfe und bei der Vorbereitung auf Leistungskontrollen. Vorteilhaft ist, dass der Lerninhalt ortsunabhängig (z. B. bei Erkrankung von Schülerinnen und Schülern), zeitlich versetzt und wiederholt rezipiert werden kann.

Der Einsatz von Erklärvideos ist jedoch auch aus didaktischer Perspektive zu hinterfragen: So ist das Format dieser Videos dafür ausgerichtet, überwiegend **deklaratives Faktenwissen** zu vermitteln. Eine problemorientierte Herangehensweise an Inhalte kommt zu kurz. Auch gibt es bisher keine Übungsvideos. Die Wissensvermittlung wiederum hält nicht immer einer fachlichen Überprüfung stand. Lehrkräfte, Schülerinnen und Schüler sind dazu verleitet, aus diesen Kurzfilmen Informationen zu entnehmen, ohne der Frage nachzugehen, aus welcher **Perspektive** und auf der Basis welcher **Quellen** ein solcher Filminhalt vermittelt wird.

Inwiefern mithilfe von Erklärvideos tatsächlich nachhaltige Bildungsprozesse und Problemlösungsfähigkeiten angeregt werden und ob Schülerinnen und Schüler das selbständige Lernen ohne Lehrkraft tatsächlich erfolgreich bewältigen, ist fraglich. Vielmehr können Erklärvideos als Bestandteil des sogenannten Flipped Classroom nützlich sein: Schüler eignen sich über das Erklärvideo Wissen an, das dann im Schulunterricht gemeinsam anwendungsbezogen vertieft und problematisiert wird.

Produktionsorientierter Umgang: Lässt man Schülerinnen und Schüler selber Erklärvideos produzieren, birgt das viel Potenzial für das fachliche und überfachliche Lernen (Medienkompetenz): Im Verlauf einer Unterrichtsreihe ist die Produktion eines Videos in allen Phasen didaktisch sinnvoll verortbar. So sind im Einstieg Vorerfahrungen mit dem Thema zu erklären, in der Erarbeitungsphase kann die Produktion eines solchen Videos die Aneignung neuer Inhalte unterstützen. In der Sicherungsphase einer Unterrichtseinheit können die Lernenden ihren im Unterricht erworbenen Wissensstand im Video festhalten. Die Schüler verfestigen bei der gemeinsamen Erarbeitung des Videos ihr Wissen und transformieren es durch das Selbererklären. In welchem Stil auch immer das Video produziert wird – die wesentlichen fachlichen Herausforderungen sind für Schülerinnen und Schüler folgende: wesentliche Inhalte ausfindig zu machen, den Lerngegenstand angemessen zusammenzufassen und den Inhalt adressatengerecht zu vermitteln, wobei u. a. auch ein gekonntes Storytelling wichtig wird. Hier bieten sich im **medienintegrativen** Unterricht sehr gut Verknüpfungen zur Sachtextanalyse und zum spannenden Erzählen an.

Die von Schülern erstellten Erklärvideos können auch Bestandteile von (digitalen) **Portfolios** sein, die den individuellen Lernprozess (z. B. in der App Seesaw) dokumentieren.

18.5 | Unterrichtspraktische Vorschläge

Erklärvideos können vom Grundschulalter an selbst produziert werden. Die jeweiligen Programme sind leicht verständlich und z. B. am Tablet von Kinderhand zu bedienen (z. B. Explain Everything, Movie Maker, IMovie). Die Analyse und Reflexion der Erklärvideos sollten ebenfalls schon in der Grundschule angebahnt werden, da viele Kinder bereits in jungen Jahren in der Freizeit oder für die Hausaufgaben dieses Filmformat rezipieren und von Anfang an ein medienkritisches Bewusstsein über das Medium und ihr eigenes Nutzungsverhalten aufbauen sollten.

Analyse von Erklärvideos: Verschiedene (selbstgewählte) Erklärvideos von Schülerinnen und Schülern sichten lassen, gute wie negative Aspekte (z. B. in Form einer Tabelle) herausstellen, daraus eigene Kriterien für gute Lernvideos entwickeln und mit den Kriterien anderer Kinder und Jugendlicher vergleichen.

Leitfragen: Welche Stärken und Schwächen hat das Erklärvideo? Welche Kriterien kannst du für gute Erklärvideos aus deinen Erfahrungen mit dem Format ableiten?

Produktion von Erklärvideos: Die Sachtextanalyse mit der Produktion des Tutorials verknüpfen: Sachtext lesen, den Aufbau durch eigene Überschriften gliedern, Schlüsselbegriffe extrahieren und den erarbeiteten Aufbau sowie die wesentlichen Aussagen des Textes als Anhaltspunkte für eine Umsetzung des Sachtextes in ein Erklärvideo (z. B. für Mitschüler oder Schüler aus Parallelklassen) verwenden. Zum gleichen Thema in Gruppen je ein Erklärvideo in Legetechnik, in Flat-Motion-Technik, in Realfilm-Technik erarbeiten lassen und anschließend mit der Klasse die unterschiedlichen Stile und Techniken auf ihre Wirkung hin vergleichend untersuchen.

Leitfragen: Wie kannst du den Sachtext in ein Erklärvideo umsetzen? Welcher Produktionsstil passt zu deinem Thema? Wie kannst du Satzanfänge variieren und treffende Adjektive und Verben bei der Beschreibung einsetzen? Welche Gemeinsamkeiten und Unterschiede stellst du zwischen einer schriftlichen Vorgangsbeschreibung und einem Erklärvideo fest?

Reflexion der (eigenen) Mediennutzung: Das eigene und das schulische Mediennutzungsverhalten in Bezug auf Erklärvideos erheben und unter genderspezifischen Aspekten reflektieren. Wichtig ist ein forschender Blick, der Nutzungsverhalten zunächst nur beschreibt und nicht be- oder verurteilt.

Leifragen: Wie viele und welche Art Erklärvideos schaut unsere Klasse pro Woche (zu Hause/in der Schule)? Welche Unterschiede bestehen zwischen den verschiedenen Arten, die eure Klasse schaut (z. B. Anleitungs-, Let's-Play- und Lernvideos)? Welche Argumente sprechen für und gegen den Einsatz von Erklärfilmen im Unterricht?

Primärliteratur

Konjunktiv I oder II – Was ist der Unterschied? Produzent: GermanSkills.com, Deutschland 2017, https://www.youtube.com/watch?v=b7a9e5fXmUw (15.3.2019).

Learn How To Make Easy Animation in 10 min using Powtoon for Beginners. Produzent: GadgetGeeks, o. A. 2016, https://www.youtube.com/watch?v=FY4L7D-FoLA (15.3.2019).

Rainbow Loom Minion (deutsche Anleitung). Produzent: Rainbow Loom Anleitungen, Deutschland 2014, https://www.youtube.com/watch?v=C_crObou5WA (15.3.2019).

Spinner: Handlungs- und Produktionsorientierter Literaturunterricht (Leseförderung). Produzent: Uni, Deutschland 2014, https://www.youtube.com/watch?v=3dA4qeylGnw&t=4s (15.3.2019).

Wie schreibt man eine Gedichtanalyse? Produzent: Deutschstundeonline, Deutschland 2012, https://www.youtube.com/watch?v=c88GkOuLRNk&index=1&list=PLF4B180302FC92785 (15.3.2019).

Sekundärliteratur

Ebner, Martin/Schön, Sandra: »Was ist ein gutes Lernvideo?« (o. J.), https://www.medienpaedagogik-praxis.de/2013/03/11/was-ist-ein-gutes-lernvideo/ (8.1.2018).

Ganguin, Sonja/Baetge, Caroline: »Mädchen und die Faszination von YouTube«. In: Landesarbeitsgemeinschaft Mädchenarbeit in NRW e. V. (Hg.): *Betrifft Mädchen*, H. 2. Weinheim 2017, S. 52–57.

Holfelder, Ute/Schönberger, Klaus: *Bewegtbilder und Alltagskultur(en): Von Super 8 über Video zum Handyfilm. Praktiken von Amateuren im Prozess der gesellschaftlichen Ästhetisierung*. Köln 2017.

Sahlmann, William S./Kind, Liz: »Khan Academy«. In: *Harvard Business School Case 812–074*. November 2012.

Starzip.de: *Sie war die erste YouTuberin, bis ein Fan DAS entdeckte* (2017), https://www.youtube.com/watch?v=jMYMqr540-E (8.1.2018).

Wolf, Karsten D.: »Bildungspotenziale von Erklärvideos und Tutorials auf YouTube«. In: *merz* 1/59 (2015), S. 30–36.

Petra Anders

VI Anhang

19 Filmdidaktische Ressourcen

19.1 Interaktive Medien: Software, Apps und DVDs
19.2 Internetportale und Webseiten

19.1 | Interaktive Medien: Software, Apps und DVDs

19.1.1 | Filmanalyse

AKIRA III – Software zur Analyse und Präsentation audiovisueller Materialien: detaillierte Erschließung eines Filmes, z. B. durch Markierung von Schlüsselsequenzen, verschiedene Notizfunktionen und Analyse der Erzählstruktur in Form einer Filmpartitur, http://www.synchron-publishers.com/FS-13.html.

Cinemetrics – film data visualization: Erstellung eines »Fingerabdrucks« eines Films anhand der Länge der Szenen, des farblichen Bildaufbaus, der Bewegung und der Sprache, http://cinemetrics.fredericbrodbeck.de.

Cinemetrics.lv: Berechnung der Länge der Einstellungen einer Sequenz oder eines ganzen Films, mit Datenbank der Messungen zu zahlreichen Filmen, http://www.cinemetrics.lv.

Close-Up: DVD-ROM-Reihe für den Englischunterricht im Schöningh Verlag, herausgegeben von Carola Surkamp. Bisher erschienen: Einführung *Exploring the Language of Film*, Einzelausgaben zu Four Weddings and a Funeral, Slumdog Millonaire, The King's Speech, Juno, L. A. Crash, Minority Report, https://verlage.westermanngruppe.de/schoeningh/reihe/W00484/Close-Up.

Durchblick-Filme: DVD-Edition des Bundesverbands Jugend und Film (BJF) mit Arbeitsmaterial, http://www.durchblick-filme.de.

DVD educativ: Filmreihe von Matthias Film mit Unterrichtsmaterialien, https://www.matthias-film.de/materialien-dvd/.

Film: Wie geht das eigentlich? – Filmbildung für Kinder: Doppel-DVD des Bundesverbands Jugend und Film (BJF) mit Filmen, Making Of-Reportagen und Multimedia-Präsentationen zur Filmkunde für Kinder ab 6 Jahren, https://bjf.clubfilmothek.de/filme.php?id=2930368.

Filmanalyse: didaktische DVD des FWU (Institut für Film und Bild in Wissenschaft und Unterricht) mit umfangreichen Arbeitsmaterialien aus dem Jahr 2017, https://www.fwu-shop.de/filmanalyse.html.

Filme sehen lernen: dreiteilige DVD-Reihe von Rüdiger Steinmetz zur Filmästhetik (Grundlagen/Licht, Farbe & Sound/Filmmusik) mit zahlreichen Filmausschnitten, https://www.zweitausendeins.de/ruediger-steinmetz-filme-sehen-lernen-1-3-paket-67697.html.

Filmsprache/ The Language of Film: kostenlose App mit Lexikon zur Filmsprache mit über 400 Definitionen von wichtigen Begriffen zur Filmsprache, Filmanalyse und zum filmischen Erzählen. iOS oder Android, https://www.neue-wege-des-lernens.de/apps/.

Kurzfilm macht Schule: DVD-Sammlung von 18 Kurzfilmen für die Sekundarstufe mit Arbeitsmaterialien, http://www.bpb.de/173777.

Lola rennt – Interaktive Lernbausteine für die Filmbildung: Paket mit umfangreichem interaktivem Aufgaben- und Informationsmaterial zum 20-jährigen Jubiläum des Films Lola rennt, https://lola-rennt.neue-wege-des-lernens.de.

Schnitte in Raum und Zeit: Dokumentarfilm (2006) von Gabriele Voss zur Arbeit des Filmcutters, https://www.edition-filmmuseum.com/product_info.php/info/p31_Schnitte-in-Raum-und-Zeit.html.

Schule des Hörens und Sehens: DVD-ROM-Reihe der Hessischen Landesanstalt für privaten Rundfunk und neue Medien (LPR Hessen) mit Hintergrundinformationen für Lehrerkräfte und konkreten Vorschläge zur Integration und Umsetzung des Themas im Unterricht, http://www.lpr-hessen.de/medienkompetenz/materialien/.
- Die Welt der Töne. Hören als Thema im Unterricht (^{2}2015).
- Digitale Spielwelten. Computer- und Videospiele als Unterrichtsthema (^{2}2012).
- Ein Ereignis wird zur Nachricht. Medienberichterstattung als Thema im Unterricht (^{2}2016).
- Grenzen der Medienfreiheit. Jugendmedienschutz als Thema im Unterricht (^{2}2016).
- Handy und Internet 2.0. Neue Medien als Thema im Unterricht (^{2}2014).
- junges dokfest – Dokumentarfilm sehen und verstehen (2017).
- Understanding Media. Film und Medien im digitalen Zeitalter (^{2}2011, 3. Aufl. in Vorbereitung).

ShotLogger: Unterstützung bei der Analyse des visuellen Stils eines Films durch Messung der Anzahl und Länge von Einstellungen; Erstellung von Bildergalerien mit Screenshots, http://www.shotlogger.org.

VisionKino – didaktische DVDs: Sammlungen von Unterrichtsmaterialien und Filmausschnitten, https://www.visionkino.de/unterrichtsmaterial/didaktische-dvds/.
- Film verstehen | Geschichte: Holocaust.
- Film (er)leben!
- Im falschen Film?!

19.1.2 | Filmgeschichte

Auge in Auge – Eine deutsche Filmgeschichte: Dokumentation mit subjektiven Zugängen verschiedener Filmemacher zur Geschichte des deutschen Films, https://absolutmedien.de/film/8012/Auge+in+Auge+-+Eine+deutsche+Filmgeschichte.

Bundeszentrale für politische Bildung (BpB): DVD-Editionen einzelner Filmkanon-Filme, Dokumentationen u. v. m., http://www.bpb.de/shop/multimedia/dvd-cd/.

Edition Filmmuseum: gemeinsame DVD-Publikationsreihe von Filmarchiven und kulturellen Institutionen im deutschen Sprachraum, https://www.edition-filmmuseum.com.

Filmgeschichte weltweit: DVD-Box mit 16 BBC-Dokumentationen zur Filmgeschichte einzelner Länder von namhaften Gegenwarts-Regisseuren, https://absolutmedien.de/film/900/Filmgeschichte+weltweit.

Spielfilmpioniere: DVD des Deutschen Filmmuseums Frankfurt a. M. zur Aufführungspraxis von frühen Stummfilmen mit Unterrichtsmaterial, https://deutsches-filminstitut.de/filmmuseum/museumspaedagogik/spielfilmpioniere/.

The Story of Film – Die Geschichte des Kinos: 15-stündige Reise durch die Filmgeschichte auf 5 DVDs, http://www.arthaus.de/the_story_of_film.

19.1.3 | Filmproduktion

Adobe Spark Video: Werkzeug für Digital Storytelling. iOS, https://spark.adobe.com.
Animoto: Erstellung von kurzen Video-Slideshows. iOS, https://animoto.com.
Apple iMovie: einfach zu bedienendes, kostenloses Schnittprogramm mit vielen Übergangs- und Titeleffekten. iOS, macOS, https://www.apple.com/de/imovie/.
Avidemux: kostenlose Videoschnitt-Software mit einer Vielzahl an Funktionen. Windows, http://avidemux.sourceforge.net.
DramaQueen: Tool zum Verfassen von Exposés, Treatments oder Drehbüchern (Basisversion kostenlos). Windows, macOS, Linux, https://dramaqueen.info/dramaqueen-free-lifetime/.
Efexio: eigene Videos kostenlos mit CGI Special Effects anreichern. Windows, iOS, macOS, http://www.efexio.com.
Explain Everything: App (kostenpflichtig) zur Erstellung von (Whiteboard-)Präsentationen oder eigenen Erklärvideos. iOS, Android, https://explaineverything.com.
Hyperlapse: kostenlose App zum Drehen von Zeitraffer-Videos. iOS, https://hyperlapse.instagram.com.
Puppet Pals HD: App zur Herstellung eines eigenen Trickfilms im Stil des Legetricks, kostenpflichtige Erweiterungen. iOS, http://www.polishedplay.com/.
Quik – GoPro Video Editor: App zum Videoschnitt auf dem Handy. iOS, Android, https://quik.gopro.com/de/.
Stop Motion Studio: kostenlose App (Lite-Version) für kleinere Trickfilmprojekte. iOs, Android, https://www.cateater.com.
SubRip: Software zum Extrahieren von Untertiteln aus einer DVD (als Textdatei), https://sourceforge.net/projects/subrip/.
SymBoard: kostenloses Werkzeug zur Erstellung von multimedialen Lerneinheiten für den Unterricht. Windows, http://www.medid.de.
Trelby: kostenloses Textverarbeitungsprogramm zum Verfassen von Drehbüchern. Windows, Linux, https://www.trelby.org.
Videon: kostenpflichtige App zur professionellen Nachbearbeitung von Handy-Videos. iOS, http://www.luckyclan.com/apps/videon.

19.2 | Internetportale und Webseiten

19.2.1 | Filmdatenbanken und Filmlexika

adlr.link: zentrales Nachweisportal für die Bereiche Kommunikation, Film, Fernsehen oder Medien der Universitätsbibliothek Leipzig, https://katalog.adlr.link.
FabiO Film: Sammlung mit Links zu frei zugänglichen Fachbibliographien und Online-Datenbanken zum Thema Film, https://wiki.bsz-bw.de/doku.php?id=linksammlungen:fabio:film.
Fernsehserien.de: umfangreiche Datenbank zu deutschen und internationalen Fernsehserien, https://www.fernsehserien.de.
Filmportal.de: zentrale Internet-Plattform zum deutschen Film, zusammengestellt vom Deutschen Filminstitut, https://www.filmportal.de.
Filmposter-Archiv: umfangreiches Archiv mit Filmplakaten, http://www.filmposter-archiv.de.
Internet Movie Database: umfangreiche Online-Filmdatenbank, http://www.imdb.com.

LaCinethek: Video on Demand-Plattform mit Filmklassikern aus aller Welt, ausgewählt und kommentiert von Regisseurinnen und Regisseuren, https://lacinetek.de.
Lexikon der Filmbegriffe: Online-Lexikon mit 7000 Einträgen, herausgegeben von Hans Jürgen Wulff, http://filmlexikon.uni-kiel.de.
Lexikon des Internationalen Films: umfassende Filmdatenbank in deutscher Sprache, zugänglich über kostenpflichtigen Zugang, https://www.filmdienst.de.
OFDb.de – Die Online-Filmdatenbank: Daten zu über 300.000 Filmen, insbesondere zu unterschiedlichen Fassungen bzw. Versionen eines Films, http://www.ofdb.de.
Schnittberichte: Vergleich von Filmfassungen auf DVD, Blu-ray und von Fernsehausstrahlungen im Hinblick auf Kürzungen, mit Screenshots der gekürzten Szenen, https://www.schnittberichte.com.
Zweitausendeins Filmlexikon: Inhaltsangaben und filmographische Daten, http://www.zweitausendeins.de/filmlexikon.

19.2.2 | Schulfernsehen und Open Educational Resources

ARD-alpha Schulfernsehen: Film- und Onlineangebot des Bayerischen Rundfunks, https://www.br.de/fernsehen/ard-alpha/sendungen/schul fernsehen/.
Informationsstelle OER: Informationen zu Open Educational Resources und Übersicht verfügbarer Materialien, https://open-educational-resources.de/oer_materialien/.
Planet Schule: Gemeinschaftsprojekt von SWR und WDR zum multimedialen Schulfernsehen, https://www.planet-schule.de/.

19.2.3 | Filmanalyse

Bausteine zur Filmanalyse – Filme lesen lernen: einführende Texte von Manfred Rüsel und Filmausschnitte bei Mediaculture online, https://www.lmz-bw.de/bausteine-filmanalyse.html.
BR alpha Lernen: Reihen mit Erklärfilmen des Bayerischen Rundfunks für den Unterricht und zum Selbstlernen.
- Filme interpretieren (2016, 3 Teile), https://www.br.de/alphalernen/faecher/deutsch/filminterpretation-mediale-texte102.html.
- Filme verstehen (2016, 8 Teile), https://www.br.de/alphalernen/faecher/deutsch/filme-filmanalyse-mediale-texte100.html.

dok'mal!: Onlineportal des WDR für Kinder und Jugendliche ab 12 Jahren mit Erklärfilmen, Sachtexten und Glossar zur Filmanalyse, Filmproduktion und zum Dokumentarfilm, http://www.dokmal.de.
Tatort Film: Entstehung eines SWR-TATORTS von der Idee bis zur fertigen Sendung mit Einblick in sämtliche Produktionsprozesse, https://www.planet-schule.de/tatort-film/.
TopShot: kostenlose interaktive App zur Erkundung der Wirkung von filmischen Gestaltungsmitteln wie Look, Musik und Filmschnitt. iOS, Android, https://www.filmundschule.nrw.de/de/topshot/.

19.2.4 | Filmproduktion

dok'mal – Praxistipps für einen eigenen Film: verständlich aufbereitete Informationen von der Filmidee über die Vorproduktion und den Dreh bis hin zur Postproduktion und Veröffentlichung, https://www1.wdr.de/kultur/film/dokmal/praxistipps/.

filmmachen.de: umfangreiches Portal mit Informationen sowie Tipps und Tricks für angehende Filmemacherinnen und Filmemacher, http://www.filmmachen.de.

movie college: Online-Filmschule mit zahlreichen Informationen zur Filmgestaltung und Filmtechnik, https://www.movie-college.de/.

19.2.5 | Filmempfehlungen und Filmkritik

Kinderfilm des Monats: ausgewählt vom Kinderkinobüro des JugendKulturService in Berlin, mit Links zu Begleitmaterial, https://www.kinderkinobuero.de.

Filmdienst: Online-Portal mit Besprechungen aktueller Kinostarts, das seit 2018 die gedruckte Filmzeitschrift *film-dienst* ersetzt, https://www.filmdienst.de.

FilmTipps: Orientierungshilfe von VisionKino mit monatlichen Empfehlungen von sechs Filmen vor Kinostart hinsichtlich ihres filmpädagogischen Potenzials, https://www.visionkino.de/filmtipps/.

Kinder- und Jugendfilm Korrespondenz (KJK): Online-Archiv (1980er bis 2014) der Filmzeitschrift mit Schwerpunkt Kinder- und Jugendfilm, http://www.kjk-muenchen.de.

Kinderfilmblog: Blog von Rochus Wolff, der sich schwerpunktmäßig mit dem Kinder- und Jugendfilm befasst, https://kinderfilmblog.de/.

Kinderfilmwelt: multimediale Informations- und Lernplattform rund um das Thema Kinderfilm für Kinder von 6 bis 12 Jahren, https://www.kinderfilmwelt.de.

KinderundJugendmedien.de: Rezensionen zu Kinder- und Jugendfilmen sowie Family Entertainment Filmen, http://www.kinderundjugendmedien.de/index.php/filmkritiken.

Kino & Curriculum: Informationen über aktuelle Kinofilme, Verortung in Lehrplänen und Handreichungen für Filmgespräche, http://www.film-kultur.de/curri.html.

Kinofilmwelt: Portal mit Filmempfehlungen für jugendliche Zuschauerinnen und Zuschauer, https://www.kinofilmwelt.de/.

Kino-Zeit: Magazin für Filmkritik mit Rezensionen zu aktuellen Filmen, https://www.kino-zeit.de/.

19.2.6 | Unterrichtsmaterial und pädagogische Handreichungen

24 – Das Wissensportal der Deutschen Filmakademie: Einblicke hinter die Kulissen des Filmemachens durch zahlreiche Interviews mit Filmemachern und Erklärvideos, http://www.vierundzwanzig.de.

Bildungscent e. V. – Learning by Viewing (2008–2011): Filmhefte zum Herunterladen, https://www.bildungscent.de/programme/programme/learning-by-viewing/.

British Film Institute (BFI) – Classroom ressources for teachers: zahlreiche filmpädagogische Materialien in englischer Sprache zum Herunterladen, https://www.bfi.org.uk/education-research/teaching-film-tv-media-studies.

Bundeszentrale für politische Bildung: Filmhefte mit filmpädagogischen Begleitmaterialien zu ausgewählten Kinofilmen; DVD-Ausgaben mit Spiel- und Dokumentarfilmen, http://www.bpb.de/shop/lernen/filmhefte/.

Didactics: Filmhefte zum Download des Bildungsmedienanbieters Lingua Video, https://lingua-video.com/didactics.

filmABC: Unterrichtsmaterialien zu Spiel- und Dokumentarfilmen (Archiv des Angebots von 2005 bis 2015), http://www.filmabc.at.

Filmothek der Jugend NRW: kostenlose Handreichungen der Landesanstalt für Medien NRW zur Film- und Medienarbeit zum Herunterladen, https://www.filmothek-nrw.de/publikationen/.

Institut für Kino und Filmkultur (IKF): Vermittler zwischen Kino und Publikum sowie Schnittstelle zwischen Filmbranche und Bildungsbereich; Filmhefte zum Herunterladen, http://www.film-kultur.de.

Kino macht Schule: pädagogisches Begleitmaterial zu Filmen zum Herunterladen, http://www.kinomachtschule.at.

Kinofenster: Onlineportal für Filmbildung mit Filmbesprechungen, Hintergrundinformationen und Links zu filmpädagogischen Begleitmaterialien, Adressen und Links für die schulische und außerschulische Filmarbeit, http://www.kinofenster.de.

Kinokultur in der Schule: kostenlose Unterrichtsmaterialien zu aktuellen Kinofilmen; Organisation von Schulvorstellungen und Begegnungen mit Filmschaffenden in der Deutschschweiz; Weiterbildungen im Bereich Film, http://www.kinokultur.ch.

Klassiker sehen – Filme verstehen: Unterrichtsmaterial zum bundesweiten Programm zur schulischen Vermittlung von Filmgeschichte, https://www.filmklassiker-schule.de/.

Lehrerclub der Stiftung Lesen: Filmhefte und Arbeitsblätter zum Herunterladen, https://www.derlehrerclub.de/materialien/filmbildung/.

MediaCulture-Online: umfangreiches Portal des Landesmedienzentrums Baden-Württemberg mit Blog, Fachtexten, Tonarchiv und Unterrichtmaterialien zur Medienbildung, http://www.mediaculture-online.de.

mediamanual: Portal des österreichischen Bildungsministeriums mit aktuellen Informationen, Unterrichtsmaterialien und Wettbewerben zur Medienbildung, http://www.mediamanual.at.

so geht MEDIEN: Onlineangebot von ARD, ZDF und Deutschlandradio mit Videos, Audios, Quiz, interaktiven Karten und Texten zur Funktion von Medien und ihrem gesellschaftlichen Auftrag, https://www.br.de/sogehtmedien/.

19.2.7 | Institutionen, Projekte und Initiativen

Bundesverband Jugend und Film (BJF): Filmverleih für nichtgewerbliche öffentliche Vorführungen; Filmeditionen mit umfangreichem Begleitmaterial; Beratung und Information zu Themen der Jugendfilmarbeit, http://www.bjf.info.

Cineducation: Vernetzung von in der Filmbildung tätigen Institutionen in der Schweiz; Informationen und Links zur produktiven und rezeptiven Filmarbeit, http://www.cineducation.ch.

DaF-Filmportal: Handreichung zum Einsatz von Filmen im Deutsch-als-Fremdsprache-Unterricht, https://www.ph-freiburg.de/daf-filmportal/.

Deutsche Kinemathek: verschiedene Workshopangebote zur Filmbildung im Museum für Film und Fernsehen in Berlin, https://www.deutsche-kinemathek.de/bildungsangebote.

Film + Schule NRW: Initiative des Landes Nordrhein-Westfalen zur Förderung der digitalen Filmkompetenz von Schülerinnen und Schülern, https://www.filmundschule.nrw.de.

Filme für eine Welt: Vorstellung von Filmen, die mit verschiedenen Themen die Umsetzung von Bildung für Nachhaltige Entwicklung im Unterricht unterstützen, http://www.filmeeinewelt.ch.
Kinder- und Jugendfilmzentrum (KJF): Information, Expertise und Orientierung bei der Nutzung von audiovisuellen Medien im Rahmen der kulturellen Medienbildung, http://www.kjf.de.
Kinemathekenverbund: Positionspapier (2018) für die Stärkung der Filmbildung an Hochschulen und in der Ausbildung von Pädagoginnen und Pädagogen, https://deutsches-filminstitut.de/wp-content/uploads/2018/09/Positionen papier-Bildung_Kinemateksverbund_20181001.pdf.
Lernort Film: eine von Eva und Dirk Fritsch 2004 gegründete Initiative zur Vermittlung der Filmbildung für Filminteressierte, Multiplikatorinnen und Multiplikatoren und Lehrerinnen und Lehrer, http://www.lernortfilm.de.
Roadmovie: mobiles Kinoprojekt zur Förderung der Schweizer Filmkultur und zur Sensibilisierung von Schulkindern für das bewegte Bild, http://www.roadmovie.ch.
SchulKinoWochen: Schulklassen besuchen Kinovorstellungen, unterstützt durch pädagogische Referentinnen und Referenten, https://www.visionkino.de/schulkinowochen/.
Vision Kino: Information, Beratung und Publikationen zur Film- und Medienarbeit, sowie Vernetzung und Koordination von Initiativen und Institutionen, http://www.visionkino.de.

19.2.8 | Studien zur Mediennutzung

KIM-Studie/ JIM-Studie: regelmäßig durchgeführte Basisstudien des Medienpädagogischen Forschungsverbunds Südwest zum Medienumgang der 6- bis 13-Jährigen (KIM) und 12- bis 19-Jährigen (JIM), http://www.mpfs.de/studien/.
IZI-Grunddaten: jährlich aktualisierte Zusammenstellung von inter-/nationalen Studienergebnissen des Internationalen Zentralinstituts für das Jugend- und Bildungsfernsehen (IZI), http://www.br-online.de/jugend/izi/deutsch/home.htm.
FFA-Studien: jährliche Erhebungen der Filmförderungsanstalt zu Zuschauerzahlen im Kino (»Der Kinobesucher«) und zum Videomarkt, https://www.ffa.de/studien-und-publikationen.html.
Kinder-Medien-Studie: repräsentative Erhebung zur Mediennutzung von 4- bis 13-jährigen Kindern in Deutschland im Auftrag mehrerer Verlagshäuser, https://www.kinder-medien-studie.de.
EU Kids Online DE: Übersicht zu Studien zum Thema »Kinder und Internet«, https://www.eukidsonline.de/studienuebersicht/.
Schau hin: Vorstellung ausgewählter Studien durch die Initiative »SCHAU HIN! Was Dein Kind mit Medien macht.«, https://www.schau-hin.info/service/studien.html.

Michael Staiger

20 Literatur zur Filmanalyse und Filmdidaktik

20.1 Bibliographien und Datenbanken
20.2 Theorie, Analyse und Geschichte audiovisueller Texte
20.3 Filmproduktion
20.4 Filmbildung allgemein
20.5 Filmdidaktik für den Deutschunterricht

20.1 | Bibliographien und Datenbanken

Albrecht, Christian: »Film- und Fernsehdidaktik. Eine Bibliographie«. In: Volker Frederking (Hg.): *Filmdidaktik und Filmästhetik. Jahrbuch Medien im Deutschunterricht 2005*. München 2006, 302–328.

Albrecht, Christian: »Film- und Fernsehdidaktik. Eine Bibliographie (Teil 2)«. In: Petra Josting/Hartmut Jonas (Hg.): *Intermediale und interdisziplinäre Lernansätze. Jahrbuch Medien im Deutschunterricht 2006*. München 2007, 307–320.

Deutsches Institut für Internationale Pädagogische Forschung: FIS Bildung. Literaturdatenbank, http://fis-bildung.de (27.8.2018).

Eder, Jens/Kaczmarek, Ludger/Wulff, Hans J. (Hg.): *Medienwissenschaft: Berichte und Papiere*, http://berichte.derwulff.de (27.8.2018).

Fuchs, Mechtild/Michael Klant/Joachim Pfeiffer/Raphael Spielmann/Staiger, Michael: *Fachbibliographie Filmdidaktik* (2008), http://nbn-resolving.de/urn:nbn:de:bsz:frei129-opus-1057 (27.8.2018).

Indiana University (Hg.): Film Literature Index (FLI), https://webapp1.dlib.indiana.edu/fli/simpleSearch.jsp (27.8.2018).

Internationales Zentralinstitut für das Jugend- und Bildungsfernsehen: IZI-Datenbank.de. Die Suchmaschine zum Kinder-, Jugend- und Bildungsfernsehen, http://www.izi-datenbank.de/ (27.8.2018).

Janshoff, Friedrich: »Film verstehen – Spielfilme lesen lernen. Bibliographische Notizen für den Deutschunterricht«. In: *ide – Informationen zur Deutschdidaktik* 27/4 (2003), 110–117.

Janshoff, Friedrich: »Leitmedium Fernsehen. Bibliographische Notizen für den Deutschunterricht«. In: *ide – Informationen zur Deutschdidaktik* 30/2 (2006), 112–117.

Josting, Petra (Hg.): Projekt KiLiMM. Datenbank zur Kinder- und JugendLiteraturforschung und -didaktik sowie zur Medienforschung und Mediendidaktik, http://bibadmin.ub.uni-bielefeld.de/ (27.8.2018).

Kepser, Matthis: Teilkommentierte Fachbibliografie »Film- und Fernsehdidaktik« im Schulfach Deutsch. Version 1.1. (2016), http://nbn-resolving.de/urn:nbn:de:gbv:46-00105670-11 (16.8.2018).

Profanter, Sabine: »Filmbezogenes Lernen – »Bewegte Bilder« im Unterricht. Bibliographische Hinweise«. In: *ide – Informationen zur Deutschdidaktik* 39/1 (2015), 112–116.

Universität Zürich: Katalog der Bibliothek des Seminars für Filmwissenschaft, http://www.film.uzh.ch/de/bibliothek/katalog.html (27.8.2018).

Wulff, Hans J. (Hg.): Filmanalyse. Medienwissenschaft/Hamburg: Berichte und Papiere, H. 21 (1999), http://berichte.derwulff.de/0021_03.pdf (27.8.2018).

20.2 | Theorie, Analyse und Geschichte audiovisueller Texte

Albersmeier, Franz-Josef (Hg.): *Texte zur Theorie des Films*. Ditzingen ⁷2017.
Alvarado, Manuel/Buonanno, Milly/Gray, Herman/Miller, Toby (Hg.): *The SAGE Handbook of Television Studies*. Los Angeles 2015.
Beil, Benjamin/Kühnel, Jürgen/Neuhaus, Christian: *Studienhandbuch Filmanalyse. Ästhetik und Dramaturgie des Spielfilms*. Paderborn ²2016.
Beißwenger, Achim (Hg.): *YouTube und seine Kinder. Wie Online-Video, Web TV und Social Media die Kommunikation von Marken, Medien und Menschen revolutionieren*. Baden-Baden 2010.
Blothner, Dirk: *Erlebniswelt Kino. Über die unbewußte Wirkung des Films*. Bergisch Gladbach ²2003.
Bordwell, David/Thompson, Kristin/Smith, Jeff: *Film Art. An Introduction*. New York 2017.
Christen, Thomas (Hg.): *Einführung in die Filmgeschichte 2: Vom Neorealismus zu den Neuen Wellen. Filmische Erinnerungsbewegungen 1945–1968*. Marburg 2016.
Christen, Thomas/Blanchet, Robert (Hg.): *Einführung in die Filmgeschichte 3: New Hollywood bis Dogma 95*. Marburg ²2016.
Creeber, Glen (Hg.): *The Television Genre Book*. London ³2015.
Diederichs, Helmut H. (Hg.): *Geschichte der Filmtheorie. Kunsttheoretische Texte von Méliès bis Arnheim*. Frankfurt a. M. 2004.
Eder, Jens: *Die Figur im Film. Grundlagen der Figurenanalyse*. Marburg ²2014.
Fabe, Marilyn: *Closely watched films. An introduction to the art of narrative film technique*. Berkeley ¹⁰2014.
Faulstich, Werner: *Grundkurs Fernsehanalyse*. Paderborn 2008.
Faulstich, Werner: *Filmgeschichte*. Paderborn 2013.
Faulstich, Werner/Strobel, Ricarda: *Grundkurs Filmanalyse*. Paderborn ³2013.
Felix, Jürgen (Hg.): *Moderne Film Theorie*. Mainz ³2007.
Görne, Thomas: *Sounddesign. Klang, Wahrnehmung, Emotion*. München 2017.
Gräf, Dennis/Großmann, Stephanie/Klimczak, Peter/Krah, Hans/Wagner, Marietheres: *Filmsemiotik. Eine Einführung in die Analyse audiovisueller Formate*. Marburg ²2017.
Grisko, Michael (Hg.): *Texte zur Theorie und Geschichte des Fernsehens*. Stuttgart 2009.
Groß, Bernhard/Morsch, Thomas: *Handbuch Filmtheorie*. Wiesbaden 2018, https://doi.org/10.1007/978-3-658-09514-7 (27.8.2018).
Hagener, Malte/Pantenburg, Volker (Hg.): *Handbuch Filmanalyse*. Wiesbaden 2018, https://doi.org/10.1007/978-3-658-13352-8 (5.1.2019).
Hentschel, Frank/Moormann, Peter (Hg.): *Filmmusik. Ein alternatives Kompendium*. Wiesbaden 2018.
Hesse, Christoph/Keutzer, Oliver/Mauer, Roman/Mohr, Gregory: *Filmstile*. Wiesbaden 2016.
Hickethier, Knut: *Film- und Fernsehanalyse*. Stuttgart/Weimar ⁵2012.
Hill, John (Hg.): *The Oxford guide to film studies*. Oxford 2004.
Jacobsen, Wolfgang/Kaes, Anton/Prinzler, Hans H. (Hg.): *Geschichte des deutschen Films*. Stuttgart ²2004.
Jahraus, Oliver/Prokić, Tanja (Hg.): *Orson Welles' »Citizen Kane« und die Filmtheorie. 16 Modellanalysen*. Stuttgart 2017.
Jochim, Gregor: *Lexikon der Filmpannen*. Leipzig ³2002.
Kaul, Susanne/Palmier, Jean-Pierre: *Die Filmerzählung. Eine Einführung*. Paderborn 2016.
Keutzer, Oliver/Lauritz, Sebastian/Mehlinger, Claudia/Moormann, Peter: *Filmanalyse*. Wiesbaden 2014.

Koebner, Thomas (Hg.): *Reclams Sachlexikon des Films*. Stuttgart ³2011.
Krützen, Michaela: *Dramaturgie des Films. Wie Hollywood erzählt*. Frankfurt a. M. ³2011.
Krützen, Michaela: *Klassik, Moderne, Nachmoderne. Eine Filmgeschichte*. Frankfurt a. M. 2015.
Kuhn, Markus: *Filmnarratologie. Ein erzähltheoretisches Analysemodell*. Berlin 2011.
Kuhn, Markus/Haffke, Irina/Weber, Nicola V. (Hg.): *Filmwissenschaftliche Genreanalyse. Eine Einführung*. Berlin 2013.
Kurwinkel, Tobias/Schmerheim, Philipp: *Kinder- und Jugendfilmanalyse*. Konstanz 2013.
Marek, Roman: *Understanding YouTube. Über die Faszination eines Mediums*. Bielefeld 2013.
Maurer, Björn/Holzwarth, Peter: *Filme verstehen. Ein Leitfaden zur Filmanalyse im Studium am Beispiel des Spielfilms »Heidi«*. München 2018.
Mikos, Lothar: *Film- und Fernsehanalyse*. Konstanz ³2015.
Monaco, James: *Film verstehen. Kunst, Technik, Sprache, Geschichte und Theorie des Films und der Neuen Medien*. Reinbek bei Hamburg ⁵2017.
Nowell-Smith, Geoffrey: *Geschichte des internationalen Films*. Stuttgart 2006.
Ottiker, Alain: *Filme analysieren und interpretieren*. Stuttgart 2019.
Peltzer, Anja/Keppler, Angela: *Die soziologische Film- und Fernsehanalyse. Eine Einführung*. Berlin 2015.
Petrie, Dennis W./Boggs, Joseph M.: *The Art of Watching Films*. New York 2018.
Schleich, Markus/Nesselhauf, Jonas: *Fernsehserien. Geschichte, Theorie, Narration*. Tübingen 2016.
Thompson, Kristin/Bordwell, David: *Film History. An Introduction*. New York 2010.
Wildfeuer, Janina/Bateman, John A.: *Film Text Analysis. New Perspectives on the Analysis of Filmic Meaning*. Florence 2016.

20.3 | Filmproduktion

Begleiter, Marcie: *Storyboards. Vom Text zur Zeichnung zum Film*. Frankfurt a. M. 2003.
Borngässer, Vera: *Stop-Motion-Trickfilme selber machen für Dummies Junior*. Weinheim 2018.
Cristiano, Giuseppe: *Storyboard Design. Grundlagen, Übungen, Techniken. Ein Kurs für Illustratoren, Regisseure, Produzenten und Drehbuchautoren*. München 2008.
Eick, Dennis: *Digitales Erzählen. Die Dramaturgie der neuen Medien*. Konstanz 2014.
Field, Syd: *Das Drehbuch. Die Grundlagen des Drehbuchschreibens*. Berlin 2012.
Grabham, Tim: *Coole Videos drehen. Von der Idee zum YouTube-Hit*. München 2018.
Grabham, Tim u. a.: *Filmwerkstatt. So drehst du deinen eigenen Film mit Handy oder Digitalkamera*. München ⁴2014.
Harvell, Ben: *Filmen mit dem iPhone. Videos mobil drehen, bearbeiten und veröffentlichen*. Heidelberg 2012.
Kapp, Volker: *Motion Picture Design. Filmtechnik, Bildgestaltung und emotionale Wirkung*. München 2019.
Katz, Steven D.: *Die richtige Einstellung. Shot by shot. Zur Bildsprache des Films*. Frankfurt a. M. ⁶2010.
Klaßen, Robert: *Grundkurs digitales Video. Schritt für Schritt zum perfekten Film*. Bonn ²2014.

Lumet, Sidney: *Filme machen. Vom Drehbuch zum fertigen Film*. Berlin 2006.
McKee, Robert: *Story. Die Prinzipien des Drehbuchschreibens*. Berlin ^{12}2018.
Melzener, Axel: *Kurzfilm-Drehbücher schreiben. Die ersten Schritte zum ersten Film*. Ober-Ramstadt 2011.
Pagano, David/Pickett, David: *LEGO-Filme selbst drehen. Stop-Motion-Technik lernen und gekonnt einsetzen*. Heidelberg 2017.
Piercy, Helen/Ruffle, Mark/Schmidt-Wussow, Helen: *Trickfilmwerkstatt. So drehst du Animationsfilme mit Handy oder Digitalkamera*. München 2013.
Rall, Hannes: *Animationsfilm. Konzept und Produktion*. Konstanz 2015.
Schleicher, Harald/Urban, Alexander (Hg.): *Filme machen. Technik, Gestaltung, Kunst*. Frankfurt a. M. 2005.
Strauch, Thomas/Engelke, Carsten: *Filme machen. Denken und produzieren in filmischen Einstellungen*. Paderborn 2016.
Wendling, Eckhard: *Filmproduktion. Eine Einführung in die Produktionsleitung*. Konstanz ^{2}2015.
Willoughby, Nick: *YouTube-Videos selber machen für Dummies Junior*. Weinheim 2016.

20.4 | Filmbildung allgemein

Ammann, Daniel (Hg.): *Film erleben: Kino und Video in der Schule*. Zürich 2000.
Ammann, Daniel/Fröhlich, Arnold (Hg.): *Trickfilm entdecken. Animationstechniken im Unterricht*. Zürich 2008.
Barg, Werner/Niesyto, Horst/Schmolling, Jan (Hg.): *Jugend, Film, Kultur. Grundlagen und Praxishilfen für die Filmbildung*. München 2006.
Barkowsky, Katharina/Hüsemann, Kerstin/Rose, Johannes/Schneider, Olaf: *Filmsprache von A bis Z*. Paderborn 2016.
Bergala, Alain: *Kino als Kunst. Filmvermittlung an der Schule und anderswo*. Bonn 2006.
Bienk, Alice: *Filmsprache. Einführung in die interaktive Filmanalyse*. Marburg ^{5}2019.
Cannon, Michelle: *Digital media in education. Teaching, learning and literacy practices with young learners*. Cham 2018.
Chambers, Jamie/Reid, Mark/Andrew Burn (Hg.): *Film Education Journal*, https://www.ingentaconnect.com/content/ioep/fej (27.8.2018).
Decke-Cornill, Helene/Luca, Renate (Hg.): *Jugendliche im Film – Filme für Jugendliche. Medienpädagogische, bildungstheoretische und didaktische Perspektiven*. München 2007.
Eckert, Lena/Martin, Silke (Hg.): *FilmBildung*. Marburg 2014.
Fischer, Lucy/Petro, Patrice (Hg.): *Teaching film*. New York 2012.
Fritsch, Eva/Fritsch, Dirk: *Filmzugänge. Strukturen und Handhabung*. Mit einem Exkurs zur Filmmusik von Tomi Mäkelä. Köln 2010.
Ganguly, Martin: *Filmanalyse. Themenheft*. Stuttgart 2011.
Hartung-Griemberg, Anja/Ballhausen, Thomas/Trültzsch-Wijnen, Christine/Barberi, Alessandro/Kaiser-Müller, Katharina (Hg.): *Filmbildung im Wandel*. Wien 2015.
Henzler, Bettina: *Filmästhetik und Vermittlung. Zum Ansatz von Alain Bergala: Kontexte, Theorie und Praxis*. Marburg 2013.
Henzler, Bettina/Pauleit, Winfried (Hg.): *Filme sehen, Kino verstehen. Methoden der Filmvermittlung*. Marburg 2009.
Henzler, Bettina/Pauleit, Winfried/Rüffert, Christine/Schmid, Karl-Heinz/Tews, Alfred: *Vom Kino lernen. Internationale Perspektiven der Filmvermittlung*. Berlin 2010.
Hildebrand, Jens: *Film-Ratgeber für Lehrer*. Merzenich 2013.

Holighaus, Alfred (Hg.): *Der Filmkanon. 35 Filme, die Sie kennen müssen*. Bonn 2013.
Kamp, Werner/Rüsel, Manfred: *Vom Umgang mit Film*. Berlin 2007.
Kamp, Werner/Braun, Michael: *Filmperspektiven. Filmanalyse für Schule und Studium*. Haan-Gruiten 2011.
Keppler-Tasaki, Stefan/Paefgen, Elisabeth K. (Hg.): *Was lehrt das Kino? 24 Filme und Antworten*. München 2012.
Kinder- und Jugendfilmzentrum (KJF): *Pädagogische Altersempfehlung für Kinderfilme. Eine Expertise des Kinder- und Jugendfilmzentrums in Deutschland* (2011), http://www.kjf.de/tl_files/downloads/Expertise_Alters empfehlung.pdf (16.8.2018).
Klant, Michael/Spielmann, Raphael: *Grundkurs Film 1: Kino, Fernsehen, Videokunst*. Braunschweig ³2011.
Klant, Michael: *Grundkurs Film 3: Die besten Kurzfilme*. Braunschweig 2012.
Maurer, Björn: *Schulische Filmbildung in der Praxis. Ein Curriculum für die aktive und rezeptive Filmarbeit in der Sekundarstufe I*. München 2010.
Maurer, Björn: *Subjektorientierte Filmbildung in der Hauptschule. Theoretische Grundlegung und pädagogische Konzepte für die Unterrichtspraxis*. München 2010.
Munaretto, Stefan: *Wie analysiere ich einen Film? Das Standardwerk zur Filmanalyse*. Hollfeld 2014.
Müller, Ines: *Filmbildung in der Schule. Ein filmdidaktisches Konzept für den Unterricht und die Lehrerbildung*. München 2012.
Müller-Hansen, Ines: *Arbeitsbuch Film. Kopiervorlagen zur Geschichte, Analyse und Produktion von Filmen in der Sekundarstufe*. Mülheim an der Ruhr 2014.
Niesyto, Horst (Hg.): *Film kreativ. Aktuelle Beiträge zur Filmbildung*. München 2006.
Orgeron, Devin/Orgeron, Marsha/Streible, Dan (Hg.): *Learning with the Lights off. Educational Film in the United States*. New York 2012.
Parry, Becky: *Children, Film and Literacy*. Basingstoke 2013.
Pfeiffer, Joachim/Staiger, Michael: *Grundkurs Film 2: Filmkanon, Filmklassiker, Filmgeschichte*. Braunschweig 2010.
Priboschek, Andrej (Hg.): *Wie Fernsehen und Film Ihren Unterricht bereichern – und das Leben erleichtern*. *Grundschule*, H. 6 (2015).
Quy, Symon: *Teaching Short Films*. London 2007.
Rückert, Friederike (Hg.): *Bewegte Welt // bewegte Bilder. Bewegtbilder im kunst- und medienpädagogischen Kontext*. München 2018.
Schröter, Erhart: *Filme im Unterricht. Auswählen, analysieren, diskutieren*. Weinheim 2009.
Sommer, Gudrun/Hediger, Vinzenz/Fahle, Oliver: *Orte filmischen Wissens. Filmkultur und Filmvermittlung im Zeitalter digitaler Netzwerke*. Marburg 2011.
Spielmann, Raphael: *Filmbildung! Traditionen, Modelle, Perspektiven*. München 2011.
Stempleski, Susan/Tomalin, Barry: *Film. Resource Books for Teachers*. Oxford 2001.
Trüby, Daniel: *Mobiles Lernen an der Schnittstelle von Filmbildung und Sprachförderung*. München 2016.
Wacker, Kristina: *Filmwelten verstehen und vermitteln. Das Praxisbuch für Unterricht und Lehre*. Konstanz/München 2017.
Walberg, Hanne: *Film-Bildung im Zeichen des Fremden. Ein bildungstheoretischer Beitrag zur Filmpädagogik*. Bielefeld 2014.
Wegener, Claudia/Wiedemann, Dieter (Hg.): *Kinder, Kunst und Kino. Grundlagen zur Filmbildung aus der Filmpraxis*. München 2009.
Weller, Klaus: *Film School. Filme machen mit Kindern und Jugendlichen*. Konstanz 2015.

Wharton, David/Grant, Jeremy: *Teaching Analysis of Film Language*. London 2007.
Wurster, Maren: Mit der Familie ins Kino. Tipps und Informationen rund um den Kinobesuch. Leitfaden für Eltern (2012), https://www.visionkino.de/fileadmin/user_upload/Unterrichtsmaterial/leitfaeden/Leitfaden_fuer_Eltern.pdf (15.2.2019).
Wurster, Maren: Schule im Kino – Tipps, Methoden und Informationen zur Filmbildung. Praxisleitfaden für Lehrkräfte (2018), https://www.visionkino.de/fileadmin/user_upload/publikationen/leitfaeden/Praxisleitfaden_Schule_im_Kino.pdf (15.2.2019).
Zahn, Manuel: *Ästhetische Film-Bildung. Studien zur Materialität und Medialität filmischer Bildungsprozesse*. Bielefeld 2014.
Ziegenfuß, Claudia: Inklusion und Film – Methoden, Tipps und Informationen für eine inklusive Filmbildung. Praxisleitfaden (2018), https://www.visionkino.de/fileadmin/user_upload/Unterrichtsmaterial/leitfaeden/Praxisleitfaden_Inklusion_und_Film_Auflage_5.pdf (15.2.2019).

20.5 | Filmdidaktik für den Deutschunterricht

Abraham, Ulf (Hg.): Klassiker des Kinder- und Jugendfilms. *Praxis Deutsch*, H. 175 (2002).
Abraham, Ulf (Hg.): Kurzspielfilme. *Praxis Deutsch*, H. 237 (2013).
Abraham, Ulf: *Filme im Deutschunterricht*. Seelze ³2016.
Anders, Petra (Hg.): Filmisches Erzählen. *Deutsch 5 bis 10*, H. 17 (2008).
Abraham, Ulf/Anders, Petra (Hg.): Dokumentarfilme. *Praxis Deutsch*, H. 253 (2015).
Anders, Petra/Staiger, Michael (Hg.): *Serialität in Literatur und Medien*. 2 Bde. Baltmannsweiler 2016.
Beicken, Peter: *Wie interpretiert man einen Film? Für die Sekundarstufe II*. Stuttgart 2011.
Blell, Gabriele/Grünewald, Andreas/Kepser, Matthis/Surkamp, Carola (Hg.): *Film in den Fächern der sprachlichen Bildung*. Baltmannsweiler 2016.
Dreier, Ricarda (Hg.): Achtung Spoiler! – Rezeption und Ästhetik aktueller Fernsehserien. *kjl&m – forschung.schule.bibliothek*, H. 1 (2014).
Frederking, Volker (Hg.): *Filmdidaktik und Filmästhetik. Jahrbuch Medien im Deutschunterricht 2005*. München 2006.
Fuchs, Sonja/Joist, Alexander/Sackmann, Diana/Schappert, Christoph: *Literatur und Film: Analyse, Interpretation und Erörterung. Arbeitsheft mit Lösungen*. Berlin 2016.
Gast, Wolfgang (Hg.): *Film und Literatur. Analysen, Materialien, Unterrichtsvorschläge*. Grundbuch & 4 Bde. Frankfurt a. M. 1993–1995.
Holdorf, Katja/Maurer, Björn (Hg.): *Spiel-Film-Sprache. Grundlagen und Methoden für die film- und theaterpädagogische Sprachförderung im Bereich DaZ/DaF*. München 2017.
Jost, Roland/Kammerer, Ingo: *Filmanalyse im Deutschunterricht: Spielfilmklassiker*. München 2012.
Josting, Petra/Maiwald, Klaus: *Verfilmte Kinderliteratur. Gattungen, Produktion, Distribution, Rezeption und Modelle für den Deutschunterricht. kjl&m extra 10*. München 2010.
Kammerer, Ingo: *Film – Genre – Werkstatt. Textsortensystematisch fundierte Filmdidaktik im Fach Deutsch. Text, Materialien, Handlungsräume*. Baltmannsweiler 2009.
Kammerer, Ingo/Kepser, Matthis (Hg.): *Dokumentarfilm im Deutschunterricht*. Baltmannsweiler 2014.

Kepser, Matthis (Hg.): *Fächer der schulischen Filmbildung. Deutsch, Englisch, Geschichte u. a. Mit zahlreichen Vorschlägen für einen handlungs- und produktionsorientierten Unterricht.* München 2010.

Kötter, Engelbert/Schmolke, Philipp/Erlach, Dietrich/Schurf, Bernd (Hg.): *Filmisches Erzählen. Muster und Motive.* Berlin 2010.

Krämer, Felix: *SpielFilmSpiel. Szenisches Interpretieren von Film im Rahmen von Literaturdidaktik und Medienerziehung.* München 2006.

Krammer, Stefan/Welke, Tina (Hg.): Bewegte Bilder. *ide – informationen zur deutschdidaktik*, H. 1 (2015).

Leitzke-Ungerer, Eva (Hg.): *Film im Fremdsprachenunterricht. Literarische Stoffe, interkulturelle Ziele, mediale Wirkung.* Stuttgart 2009.

Lorenz, Matthias N. (Hg.): *Film im Literaturunterricht. Von der Frühgeschichte des Kinos bis zum Symmedium Computer.* Freiburg 2010.

Maiwald, Klaus (Hg.): Film und/als Literatur. *Literatur im Unterricht*, H. 3 (2013).

Maiwald, Klaus/Meyer, Anna-Maria/Pecher, Claudia M. (Hg.): *»Klassiker« des Kinder- und Jugendfilms.* Baltmannsweiler 2016.

Pfeiffer, Joachim/Staiger, Michael (Hg.): Filmdidaktik. *Der Deutschunterricht*, H. 3 (2008).

Rastner, Eva-Maria (Hg.): Fernsehen. *ide – informationen zur deutschdidaktik*, H. 2 (2006).

Schmideler, Sebastian (Hg.): Programmwechsel. Kinderfernsehen im Wandel. *kjl&m – forschung.schule.bibliothek*, H. 3 (2018).

Schmolke, Philipp/Erlach, Dietrich: *Spielfilmanalyse: Mythos und Kult.* Berlin 2005.

Schönleber, Matthias: *Schnittstellen. Modelle für einen filmintegrativen Literaturunterricht.* Frankfurt a. M. 2012.

Staiger, Michael (Hg.): Erzählliteratur und Film. *Der Deutschunterricht*, H. 3 (2013).

Staiger, Michael (Hg.): Serielles Erzählen. *Der Deutschunterricht*, H. 6 (2018).

Trüby, Daniel: *Mobiles Lernen an der Schnittstelle von Filmbildung und Sprachförderung.* München 2016.

Volk, Stefan: *Filmanalyse im Unterricht. Zur Theorie und Praxis von Literaturverfilmungen.* Paderborn 2004.

Volk, Stefan: *Filmanalyse im Unterricht II. Literaturverfilmungen in der Schulpraxis.* Paderborn 2011.

Welke, Tina/Faistauer, Renate (Hg.): *FILM im DaF/DaZ-Unterricht.* Wien 2015.

Wintersteiner, Werner (Hg.): Film im Deutschunterricht. *ide – informationen zur deutschdidaktik*, H. 4 (2003).

Michael Staiger

21 Autorinnen und Autoren

Prof. Dr. Petra Anders ist Professorin für Deutschunterricht und seine Didaktik in der Primarstufe an der Humboldt-Universität zu Berlin. Ihre Forschungsschwerpunkte sind Literatur- und Mediendidaktik mit dem Ziel der literarischen und sprachlichen Bildung.

Prof. Dr. Michael Staiger ist Professor für Neuere deutsche Literatur und ihre Didaktik an der Universität zu Köln. Seine Forschungsschwerpunkte sind integrative Literatur- und Mediendidaktik, Narratologie der graphischen Literatur (insbesondere des Bilderbuchs), Filmanalyse und Filmdidaktik sowie Digitale Kinderliteratur.

Christian Albrecht ist Wissenschaftlicher Mitarbeiter am Lehrstuhl für Didaktik der deutschen Sprache und Literatur an der FAU Erlangen-Nürnberg (Prof. Dr. Volker Frederking). Seine Forschungsschwerpunkte liegen in der Literatur- und Mediendidaktik, insbesondere in der Filmdidaktik, in der ästhetischen Kommunikation im Literaturunterricht, in digitaler Bildung und in der empirischen Unterrichtsforschung.

Manfred Rüsel ist Lehrer am Couven-Gymnasium in Aachen (Deutsch/Sozialwissenschaften), arbeitet unter anderem als Lehrbeauftragter an der RWTH Aachen, als Ausbilder für ›Mediengestalter/in Bild und Ton‹ in Nordrhein-Westfalen, als Dozent in der bundesweiten Lehrerfort- und Lehrerweiterbildung und in Schulprojekten zur Medien- und Sozialkompetenz.

Prof. Dr. Claudia Vorst ist Rektorin der Pädagogischen Hochschule Schwäbisch Gmünd und Professorin für deutsche Literatur und ihre Didaktik. Ihre Forschungsschwerpunkte sind Geschichte, Theorie und Praxis des Literaturunterrichts, Kinder- und Jugendliteratur, ihre Medien und ihre Didaktik sowie ästhetisches und erfahrungsbezogenes Lernen und Lehren in kompetenzorientierten Kontexten.

22 Sachregister

A

Abspann 10, 94, 151, 208, 211
Adaption *Siehe* Literaturverfilmung
Adaptionskonzept 82, 94
Adaptionsstrategie 82, 86, 91
Adressatengruppe *Siehe* Adressierung
Adressierung 49–50, 53, 61, 141, 188, 251
3-Akt-Schema 56, 69
Altersfreigabe 44, 50, 61, 115, 123–124
Animation 142
2D-Animation 69, 203–205, 208, 211
3D-Animation 51, 69, 203–204
Animationsfilm 66, 69–71, 78, 146, 203–204, 211, 217
Anime 203–206, 209–211, 213
Anschlusskommunikation 7, 10, 37–38, 122
Antagonist 60, 68, 166, 184, 210
Arthouse-Film 133
Audiodeskription 44, 91
Audiokommentar 38, 93, 143
Aufnahmetechnik 149
Authentizität 158, 162, 164–165

B

Beleuchtung *Siehe* Licht
Belichtung *Siehe* Licht
Bewahrpädagogik
Bildliteralität 145, 240
Bild-Ton-Kombination 36, 83
Binge Watching 175
Blockbuster 51, 59

C

Casting 42, 156–157, 160, 163
Castingshow 153, 156–163, 165–167
Cel-Animation 205, 211, 213
Cliffhanger 178–179, 207–208
Comedy 9, 154, 156, 188–189, 195, 232–233
Comic 58, 60, 62, 83
Coming-of-Age 88–89, 176
Computerspiel 258
Crossmedialität 156, 159

D

Design 142, 144
Detailaufnahme 54, 99, 119
Deutscher Jugendliteraturpreis 84, 206
Differenzerfahrung 7, 14, 36

Differenzwahrnehmung 240
Digitalisierung 3, 30
direct-to-video 50–51
diskontinuierliches Erzählen 97
Disney 67–68, 70–71, 77–78
Disneyfizierung 68
Distribution 50–51
Dokumentarfilm 22, 29–30, 129–139
Dokumentarfilmgeschichte *Siehe* Filmgeschichte
dokumentarischer Film *Siehe* Dokumentarfilm
Dokumentation 153, 155
Dramatisierung 163, 165
Dramaturgie 13, 23, 66, 70, 100, 113, 142, 159–160, 191, 195, 198–199, 208, 235
Drastik 114, 116, 119, 121–122
Drehbuch 38, 83–84, 92–93
DVD 4
DVD-Bonusmaterial 43, 45, 91, 93

E

Effektblende *Siehe* Effekte
Effekte 119, 123, 260
Einschaltquote 162
Einstellung 11, 220, 225, 227, 243, 249–250, 256, 258, 262
Einstellungsgröße 42–43, 54
Emotionalisierung 63
Emotionalität 163
Episode 175, 178, 181, 183–184
Episodenhandlung 173, 178, 182
Erklärstück 146–148
Erklärvideo 109, 255–256, 258, 262–268
Erzähldramaturgie 56
Erzählhaltung 249
Erzählperspektive 55, 82, 87, 93–94
Erzählstruktur 86
Erzähltechnik 56, 62
Exposé 38, 42, 91–93, 200, 242

F

fächerübergreifend 24, 44, 124, 182
fächerverbindender Ansatz 25
Fachsprache 27
Familie 158, 162
Familienfilm 50–51
Family Entertainment 51
Fanfiction 176, 181, 184

Sachregister

Fantastik 67
Farbe 50, 71, 92, 98, 100, 102–103, 108, 114, 124, 145, 150, 212, 228, 240, 245
Farbfiltertechnik *Siehe* Farbe
Farbgebung *Siehe* Farbe
Fernsehanalyse 142
Fernsehen 3, 6, 9, 187–188
Fernsehnachrichten 141, 149
Festival 51
Figur 49, 52–56, 60
Figurenanalyse 59–60, 63
Figurencharakterisierung 177, 180, 183, 232–233
Figurenkonstellation 38, 232
Fiktion 142, 153, 165
3D-Film 51, 69
Filmanalyse 37, 40–41, 44, 53, 84, 90, 107, 148, 150
Filmanfang 43–44
Filmausschnitt 42–43, 91, 94
Filmberuf 3, 7, 149
Filmbildung 3, 6–8, 21–22, 24–30
Filmbildungsprojekt 133
Filmcurriculum 24, 35
Filmerleben 10, 13–14, 26–27, 37, 43
Filmerziehung 39
Filmgeschichte 83, 97, 104, 106–108, 116, 118–119, 123, 129, 211, 213, 244, 252
Filmgespräch 38–39, 42–43
Filmgestaltung 211
Filmhandlung 42–43, 52–53, 55–56, 58–59, 62, 84, 88, 92, 94
Filmische Gestaltung 53, 56, 94, 146, 166, 240–241
Filmische Mittel *Siehe* Filmische Gestaltung
Filmkanon 44, 106–107, 109
Filmklassiker 41, 97–98, 104, 106–109, 123, 244
Filmkritik 50, 132, 137–139
Filmlesefähigkeit 36–37, 62
Filmmusik 13, 24, 43, 53, 55, 59, 63, 97
Filmnarratologie 40, 53
Film Noir 179–181, 184
Filmplakat 42–43, 60, 62, 82
Filmproduktion 205, 211, 241–242
Filmprotokoll 42, 44, 212, 241
Filmrezension 37–38, 43, 45
Filmschnitt 97
Filmsequenz 86, 91, 93–94
Filmsichtung 28, 43, 45
Filmtitel 42
Filmtrailer *Siehe* Trailer
Filmverständnis 142
Filmverstehen 11, 14
Filmvorspann 99, 183, 191, 205, 207–208
Filmwissen 35
Flashback 179
Fotografie 3
FSK 44, 61, 114–115, 122–123

G

Gedichtfilm 217–218, 220–222, 227–228
Gegenspieler *Siehe* Antagonist
Gender 76
Gendersensible Filmbildung 212
Genre 22, 49, 58–59, 61, 82–83, 88, 113–114, 119, 122, 174, 177, 217, 228, 260
Genremerkmale 43
Genremix 179–180
Genrewissen 78, 142
Genussfähigkeit 37
Geräusche 7, 11, 37, 42, 53, 55, 63, 118, 124, 134, 142, 146–147, 211, 237, 241
Gestaltungsmittel *Siehe* Filmische Gestaltung
Gestaltungstechniken 11
Gewalt 8, 18, 113, 121–122
Gewaltdarstellungen *Siehe* Gewalt
Gorefilm 119
Green Screen 223, 261

H

Handlungsstrang 173, 178, 181
Happy End 15, 52, 68, 75
Hauptfigur *Siehe* Protagonist
Hays-Code *Siehe* Production Code
Heldenreise 56–57, 62
Horror *Siehe* Horrorfilm
Horrorfilm 113–114, 116–117, 122–123
Humor 67
Hybridisierung 154, 156, 223

I

Identifikationsfigur *Siehe* Identifikationspotenzial
Identifikationspotenzial 13, 114
Identitätsbildung 158, 166
Illustration 65
Information 141–143, 149, 153
Inklusion 26–27, 44, 131, 227, 264
Intermedialität 40, 83, 89, 189, 193
Internet 4, 7, 9–10, 220–221, 244, 255, 257
Internetseite *Siehe* Internet
Intertextualität 83, 89, 181

Sachregister

J
Jugendschutz 17, 22, 122, 124
Jugendschutzgesetz 114

K
Kamera 24, 42–43, 54, 104, 114, 117–121, 124, 219–221, 223–226, 228, 249–250, 259–260, 262–263, 265
Kanon 36
Kindheitsfilm 50
Kinopublikum *Siehe* Adressierung
Klassiker 212
Komik 68, 72, 232, 234, 236–237, 239–241
Komödie 114, 187, 231–233, 239–240
Komplexität 174
Kontextualisierung 148
Kriminalfilm 100
Kritikfähigkeit 37, 166
Kultfilm 97, 104
Kurzfilm 6, 27, 31, 43, 66, 70, 116, 132–134, 187, 224

L
laugh track 187
Legetrick-Film 258–259
Lehramtsstudiengänge *Siehe* Lehrkräftebildung
Lehrerfortbildung *Siehe* Lehrkräftebildung
Lehrfilm *Siehe* Erklärvideo
Leistungsüberprüfung 94
Leitmedium 35
Lernvideo *Siehe* Erklärvideo
Let's Play-Video 258, 264
Licht 113–114, 117, 260
Lichtdramaturgie 97
Literaturverfilmung 38–39, 51, 67, 69, 81–82, 90, 92, 117, 136, 157, 176, 217, 219, 221–223, 226–228
Live-Publikum 187, 189–190, 195

M
Making of 93
Märchen 65–67, 71–74, 76, 78
Märchenfilm 65, 77
Märchenverfilmung 67
Marketing 50
Medienhandeln 36
Medienkompetenz 28, 36, 132, 267
Medienkonkurrenz 90
Medienkonvergenz 5, 142, 159
Medienkritik 224
Mediennutzung 9, 123–124, 141, 148, 150, 182–183, 268
Medienpädagogik 39–40, 107, 143
Mediensozialisation 10, 14, 28
Medienverbund 42, 142, 176, 182, 206, 266
Medienvergleich 84, 87, 90, 92
Medienwandel 3
Medienwechsel 81, 83, 90
Medienwissen 37
Mehrfachkodierung 89
Mehrsprachiger Film 26
Merchandising 50, 97, 159
Methodenarrangement 41, 45
Mindscreen 87
Moderator 142, 144–146, 149–151
Montage 11, 52, 54–55, 59, 116, 118, 124, 135, 137, 166, 218, 220–221, 225–226, 247, 250, 252
Montagetechniken *Siehe* Montage
Motiv 67, 88–89, 91, 204
Multi-Camera-Setup 189
Musical 69, 72
Musik *Siehe* Filmmusik
Musikvideo *Siehe* Gedichtfilm

O
odd couple 234
Off-Stimme 43, 151
Off-Ton 54
Online-Plattform 255
On-Ton 54
Open Educational Resources 30, 32
Originalfassung 138
Originalstoff 51, 67, 83
O-Ton 131–132, 151

P
Parallelmontage *Siehe* Montage
Peer-Group 10, 28, 37, 141, 148, 158, 176
Peers *Siehe* Peer-Group
Performativität 189
Peripetie 68, 72
Perspektive 100
Phantastik 66
Pilot 178–179, 181
Plakat *Siehe* Filmplakat
Poesiefilm *Siehe* Gedichtfilm
Poetry Clip 217, 224, 226
Production Code 114
Produktion 84, 252, 258, 261, 264, 267
Produktionskosten 143
Produktionsorientierte Verfahren 38, 41
Protagonist 50, 58, 60, 63, 68, 73, 84, 88

Q
Qualitätskriterien 44, 52–53
Quality-TV 173–174

Sachregister

R
Rape-and-Revenge *Siehe* Horrorfilm
Realfilm 260–261, 263, 267
Realität 142, 154, 158, 162, 166
Reality-TV 38, 129, 153–157, 162–163, 165
Remake 38
Rezension 37–38, 45, 91–92
Rezeption 3–4, 9–14, 26–27, 122
Rezeptionsmodalität 175
rezeptionsorientierte Verfahren 39, 41
Romanverfilmung *Siehe* Literaturverfilmung
Rückblende 12, 52, 55, 73, 98, 137, 165, 179, 246
Running Gag 188, 193, 196, 236

S
Sachanalyse 56
Sachfilm *Siehe* Erklärvideo
Schattendramaturgie *Siehe* Licht
Schlüsselszene 43–45, 86, 103
Schnitt 260
Screen Cast 258
Screenshot 38, 42–43
Scripted-Reality 154
Second Screen 10, 131
Selbstkontrolle 114–115, 124
Selbstreflexivität 174, 181
Semiotik 83
Sendezeit 142–143
Sequenz 63, 259
Serie 203, 205–213
serielles Erzählen 173, 203
Signalfarben 245
Single-Camera-Setup 190, 200
Sitcom 187–200
Slapstick 232, 240
slow burn 235, 240
Smartphone 40, 43, 149, 167
Soap Opera 155–156, 173
Sound Design 55
Soundtrack 42, 88–89
Soziale Medien 159–160, 174, 176
Sozialisation 122
Spannung 52, 63
Special Effects 97
Spielfilm 129, 137–139
Spiralcurriculum 21, 53
Splatter 118–119, 121
Sprachliches Lernen 21
Sprachproduktion *Siehe* Anschlusskommunikation
Sprachreflexion 137
Staffel 159–161, 163–164, 167
Steadicam *Siehe* Kamera
Stoff 67
Stop-Motion 66–67, 69, 79
Stopptrick 66, 70
Story 259
Storyboard 38, 43, 91–92, 226, 228
Storytelling 5, 245, 252
Storyworld 5, 88, 94, 109
Stummfilm 107, 117, 123, 220, 231–233, 235, 237–238, 240–241
Stummfilmkomödie 231, 239
Subgenre *Siehe* Genre
Symmedialität 40, 76
Synchronisation 38, 42, 142, 147

T
Teen Drama 176–177, 179–180, 184
Televoting 156, 161
Text-Bild-Kombination 6
Tierfreundschaftsfilm 49
Titelsequenz 98–99, 101, 108, 120
Ton 113, 118, 124
Tonfilm 231, 234
Torture Porn *Siehe* Horrorfilm
Trailer 42–43, 50, 82
Transmedialität 5, 37, 88, 94, 149, 176
Treatment 38, 42

U
Unterhaltung 142–143, 149, 153, 159, 162
Untertitel 26, 38, 42, 137, 143, 184
Unzuverlässiges Erzählen 77
Urhebergesetz 31
Urheberrecht 263
Urteilsfähigkeit 106

V
Vampirfilm 113–114, 116
Varieté 187–188
Verfilmung *Siehe* Literaturverfilmung
Vertigo-Effekt 98, 104–105, 109
Video 255–257, 260, 262–267
Voice-Over 38, 55, 58, 63, 85, 87, 93, 154, 164, 166, 179, 181, 184
Vorproduktion 84, 93
Vorspann 205, 207–208
Vorstellung 218
Vorstellungsbildung 40

W
Wendepunkt 68, 72
Werbefilm *Siehe* Werbespot
Werbespot 243–246, 250–252
Werbung *Siehe* Werbespot
Werktreue 67, 81, 90
Werte 159
Wiederholung 173, 177, 182

Z

Zeichensystem 83
Zeichentrick 69–70
Zeitdarstellung 55, 165

Zielgruppe *Siehe* Adressierung
Zombiefilm 115, 120
Zwischentitel 231–233, 236–240, 242

GPSR Compliance

The European Union's (EU) General Product Safety Regulation (GPSR) is a set of rules that requires consumer products to be safe and our obligations to ensure this.

If you have any concerns about our products, you can contact us on ProductSafety@springernature.com

In case Publisher is established outside the EU, the EU authorized representative is:

Springer Nature Customer Service Center GmbH
Europaplatz 3
69115 Heidelberg, Germany

Batch number: 10011334

Printed by Printforce, the Netherlands